앨리스터 코오번의
유스케이스

Writing Effective Use Cases

by Alistair Cockburn

Authorized translation from the English language edition, entitled Writing Effective Use Cases, 1st Edition by Alistair Cockburn published by Pearson Education, Inc, publishing as Addison-Wesley, Copyright © 2001.

All rights reserved. No part of this book may be reproduced or transmitted in any form or by any means, electronic or mechanical, including photocopying, recording or by any information storage retrieval system, without permission from Pearson Education, Inc.
Korean language edition published by INSIGHT PRESS, Copyright © 2011.

이 책의 한국어판 저작권은 저작권자와의 독점 계약으로 인사이트에 있습니다.

신저작권법에 의해 한국 내에서 보호를 받는 저작물이므로 무단전재와 무단복제를 금합니다.

앨리스터 코오번의 유스케이스

초판 1쇄 발행 2011년 1월 15일 **지은이** 앨리스터 코오번 **옮긴이** 임병인 **펴낸이** 한기성 **펴낸곳** 인사이트 **편집** 김민희 **제작** 김강석 **본문디자인** 디자인플랫 **용지** 세종페이퍼 **출력** 경운출력·현문인쇄 **인쇄** 현문인쇄 **제본** 자현제책 **등록번호** 제10-2313호 **등록일자** 2002년 2월 19일 **주소** 서울시 마포구 서교동 469-9번지 석우빌딩 3층 **전화** 02-322-5143 **팩스** 02-3143-5579 **블로그** http://blog.insightbook.co.kr **이메일** insight@insightbook.co.kr **ISBN** 978-89-91268-93-7 13560 책값은 뒤표지에 있습니다. 잘못 만든 책은 바꾸어 드립니다. 이 책의 정오표는 http://insightbook.springnote.com/의 '출간도서목록' 카테고리에서 확인하실 수 있습니다. 이 책의 국립중앙도서관 출판시도서목록(CIP)은 e-CIP 홈쪽(http://www.nl.go.kr/cip.php)에서 이용하실 수 있습니다.(CIP 제어번호: CIP2010004754)

Writing Effective
Use Cases

앨리스터 코오번의
유스케이스

앨리스터 코오번 지음 | **임병인** 옮김

차례

옮긴이의 글 ·· x
머리말 ·· xiii
감사의 글 ·· xviii

1장 소개 ··· 1
1.1 유스케이스는 어떻게 생겼나(개략적으로)? ··································· 1
1.2 상황에 따라 사용하는 유스케이스가 다르다 ································· 8
1.3 요구사항과 유스케이스 ··· 16
1.4 유스케이스가 가치를 발하는 시점 ·· 19
1.5 에너지 관리 ·· 21
1.6 사용 이야기와 준비운동 ··· 23
1.7 연습문제 ·· 24

1부 유스케이스 내용들   27

2장 행위에 대한 계약, 유스케이스 ·· 29
2.1 목표를 가진 액터 간의 상호작용 ·· 29
2.2 이해관계를 가진 당사자 간의 계약 ·· 38
2.3 그래픽 모델 ·· 40

3장 범위 ··· 43
3.1 기능 범위 ·· 44
3.2 설계 범위 ·· 46

3.3 가장 바깥쪽 유스케이스 ··· 61
3.4 범위-정의 작업 산출물 사용 ······································ 63
3.5 연습문제 ·· 64

4장 이해관계자와 액터 ─────────────── 65
4.1 이해관계자 ·· 65
4.2 일차 액터 ··· 67
4.3 지원 액터 ··· 73
4.4 목표 시스템 ··· 73
4.5 내부 액터와 화이트-박스 유스케이스 ································ 74
4.6 연습문제 ·· 74

5장 세 가지 목표 수준 ─────────────── 77
5.1 사용자 목표 ··· 78
5.2 요약 수준 ··· 81
5.3 하위 기능 ··· 84
5.4 그림 아이콘으로 목표-수준 강조하기 ······························· 86
5.5 올바른 목표 수준 찾기 ··· 87
5.6 긴 예제: 여러 수준의 '보험금 청구 처리' ··························· 89
5.7 연습문제 ·· 101

6장 선조건, 트리거, 보증 ─────────────── 103
6.1 선조건 ·· 103
6.2 최소 보증 ··· 106
6.3 성공 보증 ··· 107
6.4 트리거 ·· 108

6.5 연습문제 ·· 109

7장 시나리오와 단계 ——————————————— 111
7.1 주요 성공 시나리오 ·· 111
7.2 행동 단계 ··· 114
7.3 연습문제 ·· 125

8장 확장(Extension) ——————————————— 127
8.1 확장의 기초 ··· 128
8.2 확장 조건 ·· 129
8.3 확장 처리 ·· 137
8.4 연습문제 ·· 142

9장 기술과 데이터 변동 ——————————————— 145

10장 유스케이스 연결 ——————————————— 149
10.1 하위 유스케이스 ·· 149
10.2 확장 유스케이스 ·· 150
0.3 연습문제 ·· 154

11장 유스케이스 양식 ——————————————— 155
11.1 선택 가능한 양식 ·· 155
11.2 유스케이스 작성 형식에 영향을 주는 요인 ··················· 166
11.3 다섯 가지 프로젝트 표준 유형 ······································ 171
11.4 결론 ·· 176
11.5 연습문제 ·· 176

2부 자주 논의되는 주제 — 179

- **12장 유스케이스 완료 시점** — 181
- **13장 대량 유스케이스 다루기** — 185
- **14장 CRUD와 매개변수화 유스케이스** — 189
  - 14.1 CRUD 유스케이스 — 189
  - 14.2 매개변수화 유스케이스 — 195
- **15장 비즈니스 프로세스 모델링** — 199
  - 15.1 모델링 대 설계 — 199
  - 15.2 비즈니스와 시스템 유스케이스 연결 — 205
- **16장 누락 요구사항** — 209
  - 16.1 데이터 요구사항 정밀도 — 210
  - 16.2 유스케이스로부터 타 요구사항 교차-연결 — 213
- **17장 개발 프로세스에서 유스케이스** — 215
  - 17.1 프로젝트 조직에서 유스케이스 — 215
  - 17.2 작업이나 특성 목록을 위한 유스케이스 — 220
  - 17.3 설계를 위한 유스케이스 — 223
  - 17.4 UI 디자인을 위한 유스케이스 — 228
  - 17.5 테스트를 위한 유스케이스 — 229
  - 17.6 실제 유스케이스 작성 — 231
- **18장 유스케이스 요약서와 익스트림 프로그래밍** — 241
- **19장 실수 바로잡기** — 243
  - 19.1 시스템이 없음 — 243
  - 19.2 일차 액터가 없음 — 244
  - 19.3 사용자 인터페이스 세부사항이 지나치게 많다 — 245
  - 19.4 매우 낮은 목표 수준 — 247
  - 19.5 목적과 내용이 서로 다름 — 249
  - 19.6 UI가 지나치게 많은 고급 예제 — 249

3부 바쁜 사람들을 위한 주의사항 259

20장 각 유스케이스를 작성할 때 주의할 사항 ─── 261
주의사항 1. 유스케이스는 산문체 수필이다 ······································ 261
주의사항 2. 유스케이스를 읽기 쉽게 만든다 ······································ 262
주의사항 3. 한 문장 형식 ·· 263
주의사항 4. 하위 유스케이스를 '포함'한다 ··· 264
주의사항 5. 누가 공을 가졌는가? ··· 264
주의사항 6. 올바른 목표 수준을 가진다 ··· 265
주의사항 7. GUI는 제외시킨다 ·· 265
주의사항 8. 두 가지 결말 ··· 267
주의사항 9. 이해관계자는 보증을 필요로 한다 ···································· 267
주의사항 10. 선조건 ··· 269
주의사항 11. 유스케이스 통과/실패 테스트 ·· 270

21장 유스케이스 집합을 다룰 때 주의할 사항들 ─── 273
주의사항 12. 끊임없이 전개되는 이야기 ··· 273
주의사항 13. 회사 범위와 시스템 범위 ·· 274
주의사항 14. 핵심 가치와 변형 ·· 275
주의사항 15. 유스케이스 집합에 대한 품질 관련 질문 ···························· 279

22장 유스케이스로 작업할 때 주의할 사항들 ─── 281
주의사항 16. 유스케이스는 단지 제3장일 뿐이다 ·································· 281
주의사항 17. 작업 폭이 우선이다 ··· 281
주의사항 18. 12단계 비결 ··· 284
주의사항 19. 실수 비용을 파악한다 ··· 284
주의사항 20. 청바지가 더 낫다 ·· 285
주의사항 21. 실패 처리 ··· 286
주의사항 22. 초기에 직책을 활용한다 ··· 287
주의사항 23. 액터는 역할을 수행한다 ··· 288
주의사항 24. 위대한 그림 속임수 ··· 289
주의사항 25. 위대한 도구 논쟁 ·· 290
주의사항 26. 제목과 요약서를 이용한 프로젝트 계획 작성 ······················· 294

부록 A UML에서 유스케이스 ──────────── 295
    A.1 타원과 막대기 모양 ···································· 295
    A.2 UML의 포함 관계 ····································· 296
    A.3 UML의 확장 관계 ····································· 298
    A.4 UML의 일반화 관계 ··································· 303
    A.5 예속 대 하위 유스케이스 ······························· 306
    A.6 유스케이스 다이어그램 작성 ···························· 308
    A.7 텍스트 기반으로 유스케이스 작성 ······················ 309

부록 B 유스케이스 통과/실패 테스트 ──────── 311
부록 C 연습문제(일부에 대한) 해답 ──────── 313
부록 D 용어집 ──────────────── 325
부록 E 참고자료 ─────────────── 331

옮긴이의 글

3년 동안 진행해온 프로젝트에서 애자일(Agile) 개발방법인 스크럼을 적용해왔습니다. 제품 백로그, 스프린트 백로그로 요구사항 목록을 만들고 스프린트 계획회의, 일일 회의를 통해 사용자 스토리를 작성한 다음 스토리 점수 추정으로 일정을 계획하고 관리했습니다. 거의 대부분의 경우 사용자 스토리 그리고 고객과의 대화로 요구사항을 파악할 수 있었고, 개발 범위에 대한 합의를 할 수 있었습니다. 그러나 그것만으로는 해결할 수 없는 문제가 있었습니다. 첫 번째는 개발자나 담당고객이 교체되거나, 신규 개발자를 투입해야 하거나, 원격지 개발을 해야 하는 경우 등에서 개발자 간에 고객과 합의된 요구사항 내역과 예외상황에서의 처리 방법을 공유할 수 있는 수단이 없다는 문제였습니다. 두 번째로 주요 이해관계자 식별이나 관심사항 분리, 트리거, 전반적인 시스템 규모 등을 파악하는 수단도 필요했습니다. 대부분의 고객은 시스템의 기능목록과 언제 프로젝트가 종료되는지를 알고 싶어 하기 때문입니다.

유스케이스는 이런 문제를 아주 훌륭하게 해결해 주었습니다. 유스케이스는 소프트웨어 공학적인 접근방법으로 적용할 땐 작성하기 어렵고 유지하는 비용도 만만치 않습니다. 하지만 실용적인 애자일 방법으로 접근한다면 살아있는 유스케이스를 만들어 이해관계자와 개발자가 하나의 목표를 바라보고 달려갈 수 있게 합니다.

그렇다면 유스케이스가 어떤 특장점을 갖고 있기에 이런 문제를 해결할 수 있을까요? 저자인 앨리스터 코오번(Alistair Cockburn)은 유스케이스를 다음과 같이 소개하고 있습니다.

"유스케이스는 이해관계자와 시스템 간의 행위와 관련된 계약 내용을 담고 있다. 유스케이스는 일차 액터라 불리는 이해관계자의 요청에 응답을 하는 시스템을 서술하는데, 요청과 응답 행위는 다양한 조건 아래서 이루어진다. 일차 액터는 어떤 목표를 달성하기 위해 시스템과 상호작용을 시작한다. 시스템은 응답하되, 모든 이해관계자의 입장을 고려한다. 서로 다른 일련의 행위, 또는 시나리오는 특정 요청이나 그 요청을 둘러싼 조건에 따라 전개할 수 있다. 유스케이스는 서로 다른 여러 시나리오의 묶음이다."

"유스케이스가 가치를 발하는 첫 번째 순간은 시스템이 지원할 사용자 목표에 유스케이스 이름을 붙이고 목록으로 작성할 때다. 이 목록은 시스템이 해야 할 일과 시스템의 범위와 목적을 나타낸다. 이 목록은 프로젝트 이해관계자 간의 의사교환 수단이다.

두 번째로 유스케이스가 가치를 발하는 순간은 유스케이스 작성자가 성공 시나리오에서 잘못될 수 있는 모든 경우에 대해 브레인스토밍 하며, 그 결과를 나열하고, 시스템 응답을 문서로 작성할 때다. 그 순간, 수행 측 팀 구성원이나 사용자 측 요구사항 담당자들이 미처 생각하지 못했던 놀라운 것들을 발견하고는 한다."

물론 유스케이스는 앞에서 얘기했던 문제를 해결할 유일한 대안이 아니라, 단지 훌륭한 대안 중 하나일 뿐입니다.

2002년 『Writing Effective Use Cases』가 처음 우리말로 옮겨질 당시 우리 회사는 UP/RUP 등 개발방법론을 지향하고 UCDD(Use Case Driven Development)를 중심으로 개발했으므로 자연스럽게 유스케이스를 많이 강조했습니다. 새로운 프로젝트를 할 때마다 점점 풍부해지는 고객들의 사용자 경험(UX: User eXperience)에 의한 요구사항을 유스케이스로 작성해 왔습니다. 이러한 개발경험으로 이번에 다시 우리말로 옮기다 보니, 예전에는 보지 못했던 것들을 볼 수 있었고 더 정확히 이해할 수 있게 되었으며 잘못 이해했던 부분과 오역된 부분들을 찾을 수 있었습니다. 이 책을 통해 죽어있는(사용되지 않는) 유스케이스가 아닌 살아있는(사용되는) 유스케이스를 제대로 활용할 수 있게 되길 바랍니다. 이 책이 최근 인기가 있는 애자일(Agile) 개발방법의 부족한 부분을 확실히 채워 줄 수 있다고 확신합니다.

바쁘고 힘들 때 격려의 말과 아낌없는 지원을 해준 아내와 자주 놀아주지 못한 우리 딸 수정, 우리 아들 도연에게 항상 미안하고 사랑합니다. 2002년 처음 이 책을 우리말로 옮기셨으며 수 차례의 검토 작업으로 완성도를 높여준 넥스트리소프트 송태국 부사장님과 프로젝트 중에도 1차 검토회의에 참여하여 열띤 토론을 해준 넥스트리소프트 개발서비스 2팀원들(박윤미 과장, 최영목 대리, 최인혜 대리, 강병규 대리, 박기영 대리, 김진호 사원, 최재두 사원, 임재락 사원) 정말 고맙습니다. 마지막으로 인사이트 한기성 사장님과 넥스트리소프트 손문일 사장님께도 격려와 지원에 고맙다는 말씀을 전합니다.

2010년 12월
임병인

머리말

유스케이스를 사용하는 사람들이 늘어가고 있다. 유스케이스를 작성하는 목적은 행위 요구사항이나 소프트웨어 시스템 서술, 또는 비즈니스 프로세스 서술 등으로 다양하다. 작서하기 아주 쉬워 보인다. 시스템을 어찌 쓰는지 그냥 쓰면 되니까. 그러나 실제로 유스케이스를 작성해야 할 상황이 되면, 누구나 '정확히 무엇을 작성해야 하는가?' 즉 '얼마나 많이 혹은 적게, 얼마나 상세하게 작성해야 하는가?'라는 질문에 부딪힌다. 이러한 질문에 대한 대답은 그리 쉽지 않다.

유스케이스 작성은 기본적으로 산문체 수필을 연습하는 것이며, 따라서 일반적인 산문체 서술이 가지는 좋은 표현을 얻는 과정에서 만나는 어려움을 모두 가지고 있다는 것이 문제다. 훌륭한 유스케이스가 어떠하다고 말하는 것으로는 턱없이 부족하다. 우리가 진정 알고자 하는 것은 그보다 어려운 무언가 이다. 즉, 유스케이스를 작성하는 방법과 이 방법을 적용하여 훌륭한 유스케이스로 만드는 것이다.

이 책은 유스케이스를 작성하거나 남을 지도할 때 사용하는 지침을 담고 있다. 더 나은 유스케이스와 유스케이스 집합을 얻기 위해 생각할 것과 준수할 것을 담고 있다.

이 책에는 괜찮은 예와 그렇지 않은 예, 모범적인 작성 예, 그리고 가장 효과적인 작성 예 등을 실었는데, 좋은 소식은 유용한 유스케이스가 되기 위해서 반드시 최고일 필요는 없다는 것이다. 평범한 유스케이스도 나름대로 쓸모가 있으며, 복잡하게 많이 작성한 요구사항 문서보다는 유용하다. 그러니 편안한 마음으로 읽을 만하도록 작성하길 바란다. 그러면 여러분은 조직에 대한 서비스 의무를 다하는 것이다.

대상 독자

이 책은 혼자 공부하고자 하는 업계의 전문가를 주요 대상으로 한다. 이를 위해 독학 지침서 형태로 책을 구성하였다. 소개에서부터 고급 수준의 내용까지 포괄하고 있고, 개념, 예제, 주의사항, 연습문제(연습문제 일부는 해답이 있고, 일부는 없음)를 담고 있다.

작성 방법을 가르치는 사람은 팀원에게 보여줄 적당한 설명과 예제를 준비해야 한다. 교육 과정을 설계하는 사람은 책을 바탕으로 교육 과정에서 사용할 교재를 만들어야 한다. 필요할 경우 읽기 과제도 내어주어야 한다(그런데 몇몇 연습문제에 대한 해답을 제시해버렸으므로, 자체 시험 문제를 만들어야 한다. :-))

구성

이 책은 유스케이스에 대한 일반적인 소개, 다음으로 유스케이스 본문에 대한 상세한 설명, 그리고 자주 묻고 답하는 것들, 바쁜 사람들을 위한 주의사항, 그리고 부록으로 구성되어 있다.

소개 부분에서는 논의를 원활하게 하기 위해 유스케이스 핵심 개념에 대한 기본적인 내용을 설명한다. '유스케이스란 무엇인가?', '언제 작성하는가?' 그리고 '어떠한 변형을 허용하는가?' 이에 대한 간략한 답변은 언제, 어디서, 누구에 의해, 왜 작성되는지에 따라 달리 나타난다는 것이다. 이러한 논의는 이 책의 앞부분에서 시작하여 책 전반에 걸쳐 진행한다.

제1부는 유스케이스 본문 부분으로, 각 장은 이해해야 할 주요 개념과 작성해야 할 템플릿을 담고 있다. 여기에는 「행위에 대한 계약, 유스케이스」「범위」「이해관계자와 액터」「세 가지 목표 수준」「선조건, 트리거, 보증」「시나리오와 단계」「확장」「기술과 데이터 변동」「유스케이스 연결」그리고「유스케이스 양식」이 포함되어 있다.

제2부는 자주 논의되는 주제로, 반복적으로 언급되는 특정 주제를 다룬다. 「유스케이스 완료 시점」「대량 유스케이스 다루기」「CRUD와 매개변수화 유스케이스」「비즈니스 프로세스 모델링」「누락 요구사항」「개발 프로세스에서

유스케이스」「유스케이스 요약서와 익스트림 프로그래밍」 그리고 「실수 바로 잡기」가 그것이다.

제3부, 바쁜 사람들을 위한 주의사항에는 이 책을 다 읽은 사람들이나 이미 이 책의 내용을 알고 있으면서 주요 핵심 아이디어만을 참조하려는 사람들을 위해 여러 가지 조언과 주의사항을 실었다. 포함된 내용은 「각 유스케이스를 작성할 때 주의할 사항」「유스케이스 집합을 다룰 때 주의할 사항들」 그리고 「유스케이스로 작업할 때 주의사항들」이다.

이 책에는 5가지 부록을 실었다. 부록 A는 「UML에서 유스케이스」, 부록 B는 「유스케이스 통과/실패 테스트」를 다루고 있고, 부록 C는 「연습문제(일부에 대한) 해답」을, 부록 D는 「용어집」, 부록 E는 「참고자료」를 각각 담았다.

유스케이스 아이디어는 어디서 나왔나

1960년대 후반 이바 야콥슨(Ivar Jacobson)이 에릭슨에서 전화시스템 연구를 하는 과정에서 훗날 유스케이스로 알려진 것을 만들었다. 1980년대 후반 그는 객체지향 프로그래밍 커뮤니티에 이것을 소개했고, 커뮤니티에서 요구사항 프로세스의 커다란 틈을 메울 수 있다는 인정을 받았다.

1990년대 초반 야콥슨의 강의를 들었다. 그와 그의 팀 누구도 내가 사용한 '목표' 및 '목표실패'라는 용어를 사용하지 않았지만, 궁극적으로 그들이 이러한 개념을 사용해왔음이 내게는 명확했다. 몇 번 비교하면서 눈에 띨만한 차이가 없음을 확인했고, 따라서 현장에서 제기하는 여러 의견을 수용하기 위해 야콥슨의 모델을 서서히 확장해 나갔다

1994년 IBM 컨설팅 그룹에서 사용할 유스케이스 지침서를 작성하면서 액터와 목표라는 개념 모델을 정립했다. 그것을 통해 유스케이스의 비밀을 상당 부분 풀었고, 유스케이스를 어떻게 작성하며 어떻게 구조화할 것인가에 대한 지침을 제공하였다.

액터와 목표 모델은 1995년 이후부터 http://members.aol.com/acockburn 에서 그 이후는 http://www.usecases.org 웹사이트를 통해서 비공식적으로

논의되다가 1997년 Journal of Object-Oriented Programming에 내가 작성한 「Structuring Use Cases with Goals」란 제목의 논문에서 마침내 모습을 드러내게 되었다.

1994년부터 1999년까지는 비록 이론적인 부분에 몇 가지 미흡한 사항이 있었지만, 이 아이디어는 큰 변화 없이 유지되었다. 가르치고 지도하는 과정을 통해, 왜 사람들이 이토록 단순한 아이디어를 가지고 그렇게 어려워하는지 마침내 깨닫게 되었다(나도 초기에는 똑같은 실수를 많이 저질렀음을 시인한다). 이러한 깨달음에 액터와 목표 모델에 대한 몇몇 반대 의견을 더하여 이 책의 설명과 이해관계자와 이해관계 모델을 이끌어 갔다. 이해관계자와 이해관계 모델은 이 책에서 처음 제시한 신선한 아이디어이다.

UML은 이러한 아이디어에 영향을 별로 주지 못했고, 이 아이디어 또한 UML에 영향을 주지는 못했다. 야콥슨의 전 동료인 거너 오버가드(Gunnar Overgaard)는 대부분의 UML 유스케이스 자료를 집필했고 야콥슨의 유산을 이어갔다.

하지만, 유스케이스의 텍스트 속성이 UML 표준에서 사라지고, UML 표준화 그룹은 모델링 도구에 강력한 영향을 미쳤다. 거너 오버가드와 이바 야콥슨(Ivar Jacobson)은 내가 제시한 아이디어에 대해 토의하였으며, 그 과정에서 내가 유스케이스에 대해 언급하는 모든 것이 UML 타원에 잘 맞는다는 것을 확신시켜 주었다. 그럼에도 이 아이디어는 UML 표준화 작업에 영향을 주지도 받지도 않았다. 이것이 의미하는 바는 여러분은 이 책의 아이디어를 UML 1.3 유스케이스 표준과는 제법 호환성을 유지하며 사용할 수 있다는 것이다.

한편으로 유스케이스의 내용이나 작성에 대한 논의 없이 UML 표준을 읽기만 한다면, 여러분은 유스케이스가 무엇인지 또는 어떻게 사용하는지 이해할 수 없으며, 여러분은 유스케이스가 텍스트가 아닌 그림으로 표현하는 것이라고 생각의 방향을 잘못 잡을 수 있다. 이 책의 목표는 유스케이스 작성법을 제대로 보여주는 것이다. UML 표준에 명세된 유스케이스는 언급할 내용이 거의 없다고 생각한다.[1]

사용한 예제

이 책에서 제시한 작성 예제는 가급적 실무 프로젝트에서 가져왔지만 어떤 것은 다소 불완전해 보일 수도 있다. 그러나 그것을 작성했던 프로젝트 팀이 요구하는 정도엔 충분했고, 그렇게 불완전하기에 유스케이스가 변형되기도 하고, 예산이 허용하는 범위 내에서 유스케이스를 작성해야 함을 보여주고자 했다.

에디슨 웨슬리(Addison-Wesley) 편집팀은 실제 유스케이스 또는 적절한 유스케이스보다는 정확한 유스케이스를 강조하고자 했던 필자의 의도를 훨씬 뛰어넘어 말끔하게 정리하여 자신감을 더해 주었다. 프로젝트에서 실제 수행한 예제를 보고 작성방법을 살펴보는 것이 도움이 됨을 깨닫기 바란다. 여러분은 제시된 예제에 사용한 규칙이나 그것을 개선하는 방법을 적용해 볼 수도 있을 것이다. 이런 일은 항상 있는 일이다. 작성 기술을 개선한다는 것은 영원히 끝날 수 없는 일이기에, 필자는 어떠한 이의제기와 비평이라도 기꺼이 받아들일 준비가 되어 있다.

이 책 『Writing Effective Use Cases』는 유스케이스를 작성하기 위한 실질적 내용을 담고 있는 기술 지침서다. 어떤 프로젝트에서도 이 책에서 제시한 작성 방법을 적용할 수 있지만, 템플릿과 작성 표준은 반드시 각 프로젝트의 필요에 따라 선택하여야 한다.

---

1 (옮긴이) UML 표준에 유스케이스가 포함되어 있다. 그런데 다이어그램으로써의 유스케이스라는 관점에서 접근하는 것을 저자는 불만족스러워 한다. 유스케이스는 다이어그램이 아니라 서술(description)이 본질이기에 이 책에서는 다이어그램 이야기는 하지 않고 작성법, 즉 서술에 대한 이야기를 전개하고 있다.

감사의 글

많은 분들에게 감사의 마음을 전한다. 이 책의 초안을 검토하였던 분들, 고객과 동료 그리고 학생에게 혼란을 줄 수 있는 주제에 대해 명확한 설명을 요청해 주신 분들께 감사드린다. 특히 직접적이고 실질적인 팀의 요구에 대한 날카로운 안목을 가진 러셀 왈터스의 격려와 구체적인 피드백에 감사드린다.

생생한 유스케이스 사례를 제공해 준 파이어폰드(FirePond)사와 파이어맨스 펀드 인슈어런스(Fireman's Fund Insurance)사에 감사드린다. 이해관계자와 이해관계 모델의 최초 시도에 피트 맥브린은 상식, 경험자의 관점, 그리고 개선을 위한 제안을 해주었다. 감사드린다. 초안 검토와 다양한 논문과 아이디어에 대한 깊이 있는 조언을 해 준 실리콘 밸리 패턴 그룹과 하위시스템 유스케이스를 위한 볼트 아이콘을 고안해 낸 포트 유니온 빈즈 앤 브루(Fort Union Beans & Brew)사의 마이크 존스에게 감사드린다.

정확하게 원고를 읽고 순서, 내용, 제본, 그리고 유스케이스 사례까지 생각할 수 있는 모든 것을 바로 잡아준 수잔 릴리는 특별한 찬사를 받을 만하다. 그녀가 헌신적으로 수행한 엄청난 작업의 결과는 최종본에 반영되었다.

그 외에도 폴 램니, 앤디 폴스, 마틴 파울러, 칼 와크로우, 앨런 윌리엄스, 브라이언 핸더슨-셀러스, 래리 컨스탄틴, 그리고 러셀 골드를 비롯한 여러분이 검토에 참여하여 세세한 조언과 격려를 아끼지 않았으면, 에디슨-웨슬리사의 편집 담당자도 필자의 어색한 문장과 오탈자를 교정하는데 많은 수고를 하였다. 또한 이 책 아이디어에서 드러난 오류를 바로 잡는데 많은 도움을 준 학생들에게 감사의 마음을 전한다.

다시 한번 사랑하는 나의 가족 디나, 카메론, 숀, 키에런 그리고 많은 음료와 우호적인 분위기를 제공해 준 포트 유니온 빈즈 앤 브루 사람들께도 감사드린다. 유스케이스에 대한 더 많은 내용은 필자가 운영하는 웹 사이트 http://alistair.cockburn.us/를 참조하기 바란다. 그리고 미래에 있을지 모를 난처함을 미리 막기 위해, 필자의 이름은 긴 오(o)가 들어 있는 코오번(Co-burn)으로 발음함을 밝혀 둔다.

1장

Writing Effective **Use Cases**

소개

- 유스케이스는 어떻게 생겼나?
- 왜 프로젝트 팀마다 서로 다른 작성 스타일이 필요한가?
- 요구사항 수집 활동의 어느 지점에 유스케이스가 어울리는가?
- 유스케이스 작성은 어떻게 시작하는가?

유스케이스 자체를 깊이 파고들기 전에 이러한 질문에 대한 답을 알아보면 매우 유용할 것이다.

1.1 유스케이스는 어떻게 생겼나 (개략적으로)?

유스케이스는 이해관계자와 시스템 간의 행위와 관련된 계약 내용을 담고 있다. 유스케이스는 일차 액터라 불리는 이해관계자의 요청에 응답을 하는 시스템을 서술하는데, 요청과 응답 행위는 다양한 조건 아래서 이루어진다. 일차 액터는 어떤 목표를 달성하기 위해 시스템과 상호작용을 시작한다. 시스템은 응답하되, 모든 이해관계자의 입장을 고려한다. 서로 다른 일련의 행위, 또는 시나리오는 특정 요청이나 그 요청을 둘러싼 조건에 따라 전개할 수 있다. 유스케이스는 서로 다른 여러 시나리오의 묶음이다.

유스케이스는 플로차트나 시퀀스 차트, 페트리 네트[1], 프로그래밍 언어 등으로 작성할 수 있지만, 근본적으로 문장(text) 형태다. 보통의 경우, 사람들 간에, 대체로 특별한 훈련을 받지 않은 사람들 간의 의사소통 수단으로 유스케이스를 사용한다. 따라서 단순한 문장으로 쓰는 것이 가장 좋은 방법이다.

서술 형태를 띄고 있으므로, 유스케이스는 개발 시스템에 대한 활발한 토의를 유도한다. 팀은 실제 요구사항을 유스케이스로 작성할 수도 있고 그렇지 않을 수도 있다. 또 다른 팀은 최종 설계를 유스케이스로 문서화하기도 한다. 이러한 작업이 전사 규모의 시스템이나 단위 애플리케이션에서 수행될 수도 있다. 흥미로운 사실은 이러한 모든 상황에서 서술의 기본 규칙이 동일하게 적용된다는 것이다. 심지어는 서로 다른 기술 상세 수준과 엄격성을 가지고 서술하는 상황에서도 마찬가지다.

유스케이스로 조직의 비즈니스 프로세스를 문서화할 때, 목표시스템(System under discussion, SuD)은 바로 조직 그 자체다. 이 시스템의 이해관계자는 회사와 관련 있는 이해관계자, 고객, 판매업체, 정부, 관계기관 등이다. 회사의 고객과 때로는 공급자들까지 일차 액터에 포함된다.

소프트웨어 개발에 필요한 행위 요구사항을 유스케이스로 기록할 때, 목표시스템은 바로 컴퓨터 프로그램이다. 이해관계자는 프로그램 사용자, 프로그램을 소유한 회사, 정부의 관리기관, 다른 컴퓨터 프로그램 등이다. 그리고 일차 액터는 컴퓨터 화면 앞에 앉아 있는 사용자 또는 다른 컴퓨터 시스템이다.

제대로 작성한 유스케이스는 읽기 쉽다. 단순한 행동단계(action step)를 표현하는 단 하나의 문법 형식으로 작성한 문장으로 구성되어 있다. 그 단계 안에서 액터는 결과를 얻거나 정보를 다른 액터로 전달한다. 유스케이스를 읽는 방법을 배우는 데는 몇 분이면 충분해야 한다.

유스케이스를 제대로 작성하는 방법을 배우는 것은 훨씬 더 어렵다. 작성자는 유스케이스 안의 모든 문장과 유스케이스 전체에 적용되는 세 가지 개념을 완전히 이해해야 한다. 언뜻 보면 이상하게 느껴질지 모르지만, 이 세 가지 개념을 철저히 지켜가는 것이 쉽지 않다. 누구든 첫 번째 유스케이스 작성을 시작하

---

1 독일의 카를 페트리(Carl Petri)가 고안한 것으로, 다양한 상황을 모형화 하는데 유용한 수단.

는 즉시 그 어려움에 부딪힌다. 세 가지 개념은 다음과 같다:

- 범위(scope) : 무엇이 진짜 목표 시스템인가?
- 일차 액터(primary actor) : 누구의 목표인가?
- 수준(level) : 그 목표 수준이 얼마나 높은가 혹은 낮은가?

아래는 몇 가지 유스케이스의 예다. 유스케이스 구성 항목은 다음 장에서 설명한다. 지금은 요약된 정의만을 기억하기로 한다.

- 액터 : 행위의 주체인 사람이나 사물.
- 이해관계자 : 목표시스템의 행위에 대해 광범위한 이해를 가지고 있는 사람이나 사물.
- 일차 액터 : 이해관계자 중에서 목표 달성을 위해 시스템과 상호작용을 시작하는 사람이나 사물.
- 유스케이스 : 목표시스템의 행위에 대한 계약.
- 범위 : 논의 중인 시스템을 식별.
- 선조건과 보증 : 유스케이스 시나리오가 실행되기 전과 후에 충족되어야만 할 사항.
- 주요 성공 시나리오 : 아무런 오류도 일어나지 않은 경우.
- 확장 : 시나리오 진행 중에 발생할 수 있는 경우들.
- 확장 안의 번호는 주요 성공 시나리오의 단계 번호와 관련되어 있으나 각기 다른 상황이 발생할 때 매기는 번호다(예를 들어, 단계 4a와 4b는 단계 4에서 발생할 수 있는 2가지 서로 다른 경우를 의미한다).
- 유스케이스가 다른 유스케이스를 참조할 때, 참조 대상 유스케이스에 밑줄을 긋는다.

첫 번째 유스케이스는 웹을 통해 지금 막 주식을 사려는 어떤 사람을 서술한다. 앉은 자리에서 달성해야 하는 목표를 한 번에 다룬다는 것을 표현하기 위해, 유스케이스에 사용자-목표 수준으로 표시하고 해수면-수준 기호인 ᵪᵪ을 붙였다. 두 번째 유스케이스는 자동차 사고를 보상받으려는 사람을 서술하는

데, 이 경우 목표는 한 번에 달성할 수 없고 좀 더 시간이 필요하다. 이를 나타내기 위해, 이 유스케이스가 요약수준(summary-level)을 가진다고 표시하고 해수면의 상단을 나타내는 기호인 ⌒으로 표시한다. 이 기호는 5장에 설명했으며, 책에 포함된 별지에도 정리해 두었다.

첫 번째 유스케이스는 웹에 연결된 워크스테이션에서 실행되는 프로그램인 'PAF'와 사용자 사이의 상호작용을 서술한다. 블랙-박스 기호인 ▨는 목표 시스템이 컴퓨터 시스템임을 의미한다. 두 번째 유스케이스는 한 회사와 사람 간의 상호작용을 서술하는데, 이를 빌딩 기호인 ⌂으로 표시한다. 기호 사용은 전적으로 선택의 문제다. 하지만 수준과 범위에 레이블을 붙이는 것은 그렇지 않다.

다음은 유스케이스 1과 2이다.

유스케이스 1 ▨ 웹을 통한 주식 매입 ︿︿

일차 액터: 구매자
범위: 자문/금융 패키지(PAF)
수준: 사용자 목표
이해관계자와 이해관계:
    구매자 — 주식을 매입하고 그 주식을 PAF의 계좌에 자동으로 추가하기를 원한다.
    증권사의 지점 — 전체 구매 정보를 파악하기를 원한다.
선조건: 구매자는 이미 PAF 계좌를 갖고 있다.
최소 보증: 충분한 로그 정보가 있으므로, PAF는 잘못 처리될 경우 감지할 수 있고 사용자에게 세부정보 입력을 요청한다.
성공 보증: 원격지의 웹사이트는 구매를 승인한다. 로그 정보와 사용자 포트폴리오를 갱신한다.
주요 성공 시나리오:
1. 구매자가 웹상에서 주식 매입을 선택한다.
2. PAF가 구매자로부터 사용할 웹사이트의 이름을 입력받는다(E*Trade, Schwab 등).
3. PAF가 통제권을 가지고 사이트와 웹을 통해 연결한다.
4. 구매자가 웹사이트에서 주식을 살펴보고 주식을 매입한다.
5. PAF가 웹사이트로부터 응답을 가로채 구매자의 포트폴리오를 갱신한다.
6. PAF가 새로운 포트폴리오 내역을 보여준다.

확장:

2a. 구매자가 PAF가 지원하지 않는 웹사이트를 사용하고자 한다:

    2a1. 시스템이 유스케이스를 취소할 수 있는 옵션과 함께 구매자로부터 새로운 제안을 받는다.

3a. 설정 중에 어떤 문제로 인해 웹 연결 실패:

    3a1. 시스템이 도움말과 함께 구매자에게 실패 사실을 보고하며 이전 단계로 돌아간다.

    3a2. 구매자가 이 유스케이스 이전 상태로 돌아가거나 다시 시도한다.

4a. 구매 트랜잭션 중에 컴퓨터가 고장이 나거나 전원이 끊어진다:

    4a1. (여기서 어떻게 해야 할까?)

4b. 웹사이트가 구매승인을 하지 않아 구매가 지연된다:

    4b1. PAF가 지연 사실을 로그로 남기고, 구매자에게 결과를 요청할 수 있도록 타이머를 설정한다.

5a. 웹사이트가 구매로부터 필요한 정보를 돌려주지 않는다:

    5a1. PAF가 정보 부족 사실을 로그에 남기고, 구매자로 하여금 해당 구매 정보를 갱신하도록 한다.

유스케이스 2 자동차 사고 보상 받기

일차 액터: 보험 청구인

범위: 보험회사 ("마이인스코")

수준: 요약

이해관계자와 이해관계:

    청구자 — 가능한 많은 보상을 받는 것

    마이인스코 — 최소한의 적정 금액을 지불하는 것

    보험국 — 모든 관련법이 지켜졌는지 확인하는 것

선조건: 없음.

최소 보증: 마이인스코가 청구내용 관련 모든 활동을 로그로 남긴다.

성공 보증: 청구인과 마이인스코가 보상금 액수에 합의한다; 청구인에게 보상금이 지불된다.

트리거: 청구인이 지급요서(claim)를 제출한다.

주요 성공 시나리오:

1. 청구인이 사실 자료와 함께 지급요구서를 제출한다.
2. 보험회사는 청구인의 청구자격을 확인하기 위해 보험증서를 검사한다.
3. 보험회사가 이 사건을 조사할 대리인을 지정한다.
4. 보험회사는 모든 세부사항이 보험증서의 약관과 일치하는지 검사한다.

5. 보험회사는 청구인에게 보상금을 지불하고 사건을 종료한다.

확장:

1a. 제출 자료가 충분하지 않다:
    1a1. 보험회사는 누락 정보를 요청한다.
    1a2. 청구인은 누락 정보를 제출한다.

2a. 청구자의 보험증서가 유효하지 않다:
    2a1. 보험회사는 지급요구를 거절하고, 청구인에게 통지한 후, 이 사실을 기록하고 사건을 종료한다.

3a. 현재 업무를 맡을 대리인이 없다.
    3a1. (이런 상황에서 보험회사는 어떻게 해야 할까?)

4a. 사고 내용이 보험증서의 약관에 위배된다:
    4a1. 보험회사는 지급요구를 거절하고, 청구인에게 통지한 후, 이 사실을 기록하고 사건을 종료한다.

4b. 사고가 보험 약관의 가이드라인을 약간 벗어났다:
    4b1. 보험회사가 청구인과 보상금 협상을 시작한다.

이 책에 나오는 대부분의 유스케이스는 실제 프로젝트에서 가져 왔으며, 되도록이면 수정하지 않고 그대로 사용하려 노력하였다('범위'와 '수준' 항목이 빠져 있어서 추가한 경우는 제외). 유스케이스를 배울 때, 교실에서나 다룰 쉬운 것이 아닌 실제 프로젝트에서 작성했던 예제를 많이 보기 바란다. 모양새도 잘 갖추고 깔끔하기도 한 유스케이스를 작성할 기회를 얻기란 쉽지 않다. 대개는 필요한 항목만을 모두 갖춘 정도의 '충분한' 유스케이스를 작성하는 것이 고작이다. 안내를 하긴 했지만, 여러분 스스로 완벽한 유스케이스를 작성할 가능성은 거의 없기 때문에 실제 예제를 제시한다. 나 역시 항상 완벽한 유스케이스를 작성할 수는 없다.

유스케이스 3은 노르웨이 중앙은행의 토르핀 아스(Torfinn Aas)가 그의 동료와 사용자 대표 그리고 자신이 사용하려고 작성한 것이다. 이 예를 통해 내용은 그대로 둔 채 양식만 변경하는 방법을 배울 수 있다. 작성자는 유스케이스에 부가적인 업무 상황을 추가하여 애플리케이션이 일련의 작업 흐름에서 어떻게 운영되는지 설명한다. 이런 방식을 사용하면 비즈니스 프로세스를 서술하기 위해 문서를 따로 작성하지 않아도 되기 때문에 매우 실용적이다. 누구에게나 명확하고 관련이 있는 모두에게 정보를 제공하여 준다.

유스케이스 3　박스 도착 등록

RA — "접수 대리인(Receiving Agent)"
RO — "등록 운영자(Registration Operator)"
일차 액터: RA
범위: 야간 접수 등록 소프트웨어
수준: 사용자 목표
주요 성공 시나리오:
1. RA가 운송회사(TC)로부터 박스(박스 ID와 가방 ID가 표시된 가방)를 받아서 개봉한다.
2. RA가 TC에 등록된 ID를 통해 박스 ID를 확인한다.
3. RA는 배달원에게 수령하였다는 사인을 해준다.
4. RA는 박스의 도착을 시스템에 등록하는데, 그 내용은:
    RA의 ID
    날짜, 시간
    박스 ID
    운송회사
    〈운송자 이름?〉
    가방의 개수(가방의 ID와 함께?)
    〈추정 금액?〉
5. RA는 박스에서 가방을 꺼내어 카트에 싣고 RO에게 가져간다.

확장:
2a. 박스 ID가 운송회사 ID와 일치하지 않는다.
4a. 화재경보기가 울려 등록 작업이 중단된다.
4b. 컴퓨터가 다운된다.
　　　돈을 책상 위에 올려놓은 채로 컴퓨터가 다시 작동되기를 기다린다.

변수:
4'. 운송자의 ID가 있는 경우와 없는 경우
4". 추정 금액이 있는 경우와 없는 경우
5'. RA가 박스 안에 가방을 남겨 둔다.

1.2 상황에 따라 사용하는 유스케이스가 다르다

유스케이스는 다음과 같은 상황을 포함한 다양한 상황에서 적용하는 글쓰기의 한 형태이다.

- 비즈니스 프로세스를 서술할 때
- 요구사항 서술이 아니라, 목표 시스템 요구사항에 대한 논의에 초점을 둘 때
- 어떤 시스템의 기능 요구사항을 서술할 때
- 시스템 설계를 문서화할 때
- 소규모 단위 그룹이나 대규모 분산 그룹에서 작성할 때

각 상황에 따라 약간은 다른 작성 방식이 필요하다. 다음은 목적에 따라 달리 만들어진 유스케이스의 주요 양식들이다.

- 요구사항을 수집하는 소규모 그룹이나, 미래의 요구사항에 대해 토의하는 대규모 그룹은 완전한(fully dressed) 양식보다는 간결한(casual) 양식으로 유스케이스를 작성한다. 규모가 크거나, 지리적으로 분산되었거나, 공식적인 성격을 띠는 팀에서 주로 완전한 양식의 유스케이스를 사용한다. 유스케이스 템플릿을 줄인 간결한 양식을 사용하면 유스케이스를 보다 빨리 작성할 수 있다(이에 대해서는 나중에 더 살펴보자). 유스케이스 1에서 3까지는 완전한 양식으로서, 완전한 유스케이스 템플릿과 단계별 번호부여 방식을 택하였다. 유스케이스 4는 간결한 양식의 예다.
- 비즈니스 프로세스 담당자는 업무 흐름을 설명하기 위해 비즈니스 유스케이스를 작성한다. 그리고 하드웨어나 소프트웨어 개발팀은 요구사항을 표현하기 위해 시스템 유스케이스를 작성한다. 설계팀은 설계를 문서화하거나 작은 하위시스템의 요구사항으로 세분하기 위해 또 다른 시스템 유스케이스를 작성하기도 한다.
- 작성 시점에 요구하는 뷰(view)의 수준에 따라, 여러 차례에 걸쳐 처리되는(multi-sitting) 목표인 요약목표, 한 번에 처리되는(single-sitting) 목표인 사용자 목표, 사용자 목표의 한 부분인 하위기능 중에서 선택하여 서술할 수

있다. 서술을 통한 의사소통이 매우 중요하므로, 내가 지도한 학생들은 그것을 표현하기 위해 두 가지 정보를 보충하였다. 이 두 가지는 해수면으로부터의 상대적인 높이(해수면 위, 해수면, 해저)로 표현하는 것과 색상(흰색, 파란색, 남색)으로 표현하는 것이다.

- 새로운 시스템 설계를 위한 요구사항을 작성한다면, 그 대상이 비즈니스 프로세스든 컴퓨터 시스템이든지 작성자는 시스템의 내부를 다루지 않는 블랙-박스 유스케이스를 작성할 것이다. 그리고 비즈니스 프로세스를 설계하는 경우라면 회사나 조직의 내부 프로세스가 어떻게 수행되는가를 보여주기 위해 화이트-박스 유스케이스를 작성할 것이다. 기술 개발팀도 설계하고자 하는 시스템의 운영 상황을 문서로 작성하기 위해 동일한 작업을 할 것이다. 즉, 방금 설계를 끝낸 시스템의 동작을 서술하기 위해 화이트-박스 유스케이스를 작성할 것이다.

유스케이스 작성 형식을 이렇게 다양한 상황에서 이용할 수 있다는 것은 멋진 일이지만, 한편으로는 혼란스럽기도 하다. 한 팀 안에서도 유스케이스 작성과 관련된 어떤 문제에 대해 서로 다른 의견을 제시할 수도 있는데, 이것은 서로 다른 목적으로 유스케이스를 작성하기 때문이다. 계속 사용하다 보면 그러한 특성을 조합한 형태의 유스케이스도 만나게 된다.

그러한 모든 변형 유스케이스를 수용하면서 유스케이스에 대해 논의할 일반적인 방법을 찾아야 한다는 사실이, 이 책 내내 우리를 괴롭힐 것 같다. 이런 상황에서 내가 지금 선택할 수 있는 최선의 방법은 단순히 쟁점의 윤곽을 잡고 예제를 통해서 자세히 설명하는 것이다.

이 장에서 독자는 자신의 유스케이스 실력을 확인하고 싶어 할 수도 있다. 유스케이스 1, 3, 5는 시스템 요구사항 목적으로 작성되었으므로 사용자-목표 수준을 가진 완전한 양식, 블랙-박스, 시스템 유형의 유스케이스이다. 유스케이스 4도 동일하지만 완전한 양식이 아닌 간결한 양식으로 표현하였다. 유스케이스 2는 비즈니스 프로세스 문서화를 위한 상황을 설정하는 유스케이스로 작성하였는데, 요약 수준을 가진 완전한 양식, 블랙-박스 유스케이스다.

여러 유스케이스 형식(format) 간의 가장 큰 차이점은 그것이 얼마나 모양새를 갖추었는가 하는 점이다. 다음과 같은 서로 다른 상황을 생각해 보자.

- 아주 크고 중요한 프로젝트에서 소프트웨어를 개발하고 있는 팀이 있다. 이들은 추가 비용을 지불하더라도 모양새가 필요하다고 판단하였다. 따라서 (a) 유스케이스 템플릿은 더 길고 자세해야 하고, (b) 모호함과 오해의 소지를 없애기 위해 동일한 스타일로 작성해야 하며, (c) 누락과 모호함을 없애기 위해 유스케이스를 엄격하게 검토해야 한다. 잘못을 철저히 밝히는 입장을 취함으로써 유스케이스 작성 시 사람들의 다양성으로 인한 오차 역시 줄이기로 했다.

- 3명 내지 5명이 한 팀으로 시스템을 구축하고 있다. 최악의 피해가 불편함을 감수해야 하는 정도이고, 이것도 전화 한 통화면 간단하게 해결할 수 있다. 이 팀은 모든 격식이란 시간, 에너지, 그리고 돈을 낭비하는 것이라고 생각한다. 따라서 (a) 보다 단순한 템플릿을 사용하고, (b) 서로 다른 작성 스타일을 인정하며, (c) 검토 횟수를 줄이고 보다 유연한 입장을 취하기로 하였다. 유스케이스 작성에서 발생하는 에러와 누락은 팀원 간 또는 사용자와의 대화 같은 다른 프로젝트 메커니즘을 통해 찾아내기로 한다. 이 팀은 유스케이스에서 발견한 에러를 여유롭게 바라볼 수 있으므로 한층 간결하게 작성하고 작성자 간의 다양성을 폭넓게 수용할 수 있다.

두 가지 입장 모두 옳다. 이러한 선택은 반드시 프로젝트 별로 이루어져야 한다. 이것이 방법론자로서 과거 5년간 몸으로 배워 온 가장 중요한 교훈이다. 물론 우리는 '한 가지 치수가 모두에게 맞을 수는 없다'고 수년 동안 이야기해 왔지만, 이 추상적인 말을 구체적인 조언으로 바꾸는 방법은 아직도 의문으로 남아 있다.

정확성이나 엄격함이 필요하지 않은 상황임에도 그것에 집착하면서 잘못은 시작되고, 이것은 결국 프로젝트에서 시간과 에너지 측면의 많은 비용으로 연결된다. 짐 소여(Jim Sawyer)가 이메일 논쟁에서 다음과 같이 지적했다. "템플릿의 형식을 인지하지 못하고 지나쳤다가는, 설계 공간으로 이르는 길에 있는 작은 벌레 먹은 구멍에 빠지고 또 빠져 길을 잃어버린다, 그런 일이 생기기 시작하면 나는 작은 버거의 포장을 벗기고 이야기를 시작하고는 그 내용을 냅킨에 휘갈겨 쓴다."

나는 유스케이스 템플릿 하나로는 충분하지 않다고 생각한다. 적어도 모양새를 갖출 필요가 없는 프로젝트에서 사용할 간결한 것과 모양새를 충분히 갖추어야 하는 프로젝트에서 사용할 완전한 것 두 가지는 있어야 한다. 어떤 프로젝트이든 그 상황에 따라 둘 중 한 가지를 선택하게 된다. 다음 두 유스케이스는 같은 것인데 두 가지 스타일로 작성한 것이다.

유스케이스 4 물건 구매(간결한 버전)

구매요청자는 구매요청서를 작성하여 승인담당자에게 승인을 의뢰한다. 승인담당자는 사용 가능한 예산이 있는지 확인하고 물건 가격을 확인한 뒤, 제출용 구매요청서를 마무리하여 구매담당자에게 보낸다. 구매담당자는 창고에서 물품을 확인한 후 물품 구매를 위해 적절한 판매업체를 찾는다. 인가담당자는 승인한 사람의 서명을 확인한다. 구매담당자는 주문요청서를 마무리하고, 판매업체에 구매 주문을 보낸다. 판매업체는 물품을 배달하고 영수증을 받는다(개발될 시스템의 범위 밖임). 인수담당자는 배달내역을 등록하고 구매요청자에게 물품을 보낸다. 구매요청자는 배달된 요청 건에 표시를 한다.

   구매를 요청한 사람은 구매요청 물품을 인수하기 전 언제라도 요청내역을 변경하거나 요청 자체를 취소할 수 있다. 취소를 하면 진행 중인 모든 프로세스로부터 그 요청을 삭제한다(시스템에서 삭제할 것인가?). 가격이 내려도 진행 중인 프로세스에는 변함이 없다. 가격이 올랐을 경우 승인담당자에게 돌려보낸다.

유스케이스 5 물건 구매(완전한 버전)

일차 액터: 구매요청자
목표: 구매요청자는 시스템을 통해 물건을 구매하고 인수하지만, 지불은 하지 않는다.
범위: 비즈니스 — 회사에서 전체 직원들이 이용하는 (전자, 비전자) 전체 구매 메커니즘
수준: 요약
이해관계자와 이해관계:
구매요청자: 간편한 방법으로 주문할 수 있기를 바란다.
회사: 지출을 통제하면서도 원하는 구매는 허용한다.

판매업체: 납품한 모든 물건에 대한 지불을 바란다.
선조건: 없음
최소 보증: 외부로 나가는 모든 주문은 인가담당자의 승인을 얻어야 한다. 주문을 추적하여 납품된 물품에 대해서만 대금지급 청구를 받는다.
성공 보증: 구매요청자는 물품을 받았고, 지불에 필요한 예산은 준비되었다.
트리거: 구매요청자가 어떤 물품을 사고자 결심한다.
주요 성공 시나리오:
1. 구매요청자: 구매요청서 작성을 한다.
2. 승인담당자: 쓸 수 있는 예산을 확인하고 물품 가격을 확인한 후, 제출용 구매요청 완료를 한다.
3. 구매담당자: 창고에 보관된 물품을 확인하고, 요청된 물품에 대한 적절한 판매처를 찾는다.
4. 인가담당자: 승인담당자의 서명을 확인한다.
5. 구매담당자: 주문요청서를 마무리하고, 판매처에 구매주문을 한다.
6. 판매업자: 납품을 위해 물품을 배달하고 영수증을 받는다(이것은 개발될 시스템의 범위 밖이다).
7. 인수담당자: 배달내역 등록을 하고, 구매요청자에게 물품을 보낸다.
8. 구매요청자: 요청한 물품이 배달되었음을 기록한다.

확장:
1a. 구매요청자가 판매처나 가격을 알지 못한다: 그 부분을 비워 놓고 진행한다.
1b. 물품을 받기 전 언제라도, 구매요청자는 구매요청 건에 대해 변경하거나 취소할 수 있다:
　　취소를 하면 진행 중인 모든 프로세스로부터 그 요청을 삭제한다(시스템에서도 삭제할 것인가?).
　　가격이 내려도 진행 중인 프로세스에는 변함이 없다.
　　가격이 올랐을 경우 승인담당자에게 재승인을 위해 보내진다.
2a. 승인담당자가 판매처나 가격을 알지 못한다: 그 부분을 비워 놓고 구매담당자가 채워 넣도록 하거나 전화하게 한다.
2b. 승인담당자가 구매요청자의 관리자가 아니다: 승인담당자의 서명만 있으면 별 문제는 없다.
2c. 승인담당자가 거절한다: 변경이나 삭제를 위해 구매요청자에게 돌려보낸다.
3a. 구매담당자가 창고에서 물품을 발견한다: 물품을 올려 보내고, 요구서에서 그 분량만큼을 감한 뒤 계속 진행한다.
3b. 구매담당자가 누락되었던 판매업체와 가격을 기입한다: 승인담당자에게 구매요청서가 다시 발송된다.
4a. 인가담당자가 승인내용을 인정하지 않는다: 구매요청서를 요청한 사람에게 돌려보내고

진행 중인 절차에서 삭제한다. (이는 무엇을 의미하는가?)

5a. 구매요청서에 여러 판매업체가 표시되어 있다: 구매담당자는 여러 건의 구매주문을 시작한다.

5b. 구매담당자는 여러 장의 구매요청을 합친다: 절차는 동일하지만, 통합된 구매요청서에 대한 구매주문에 표시를 한다.

6a. 판매업체가 납기를 지키지 않는다: 시스템은 배달누락 통지를 한다. (경보)

7a. 일부 납품: 인수담당자는 구매주문서에 일부 배달내역을 기록하고 계속 진행한다.

7b. 여러 구매요청에 대한 구매주문에 대해 일부 납품: 인수담당자는 각 구매요청별로 물품의 양을 확인하고 계속 진행한다.

8a. 물품이 다르거나 품질에 문제가 있다: 구매요청자는 배달된 물품 거절을 한다. (이는 무엇을 의미하는가?)

8b. 구매요청자가 회사를 그만두었다: 구매담당자는 구매요청자의 관리자에게 확인한다: 구매요청자 재배정을 하거나, 구매요청 취소를 하고 물품을 반품한다.

기술과 데이터 변형 목록: 없음
우선순위: 가변적
배포: 몇 차례
응답 시간: 다양함
이용 빈도: 3회/일
일차 액터의 채널: 인터넷 브라우저, 메일 시스템 등
이차 액터: 판매업체
이차 액터의 채널: 팩스, 전화, 자동차 등
공개 쟁점:

취소된 구매요청을 언제 시스템에서 삭제하는가?
구매요청 취소 시 어떤 인가가 필요한가?
누가 구매요청서의 내용을 변경할 수 있는가?
구매요청에 대해 변경이력을 관리하여야 하는가?
구매요청자가 납품된 물품을 인수하지 않을 때 어떤 일이 발생하는가?
요청 절차가 주문 절차와 어떻게 다른가?
주문을 할 때 창고를 어떻게 참조하며 사용하는가?

"이 프로젝트에서 유스케이스를 작성한다"라고 간단하게 말하는 것으로는 충분하지 않으며, "유스케이스를 작성하시오"라고 하는 어떠한 프로세스 정의나 조언도 완전하지 않다. 대부분의 경우 한 프로젝트에서 타당한 유스케이스

가 다른 프로젝트에서는 그렇지 못하다. 완전히 모양새를 갖추어야 하는지 또는 간결한 유스케이스여야 하는지, 템플릿에서 작성 필수 항목은 무엇이고 선택 항목은 무엇인지, 유스케이스를 작성하는 사람들 간의 차이에 대한 융통성은 얼마나 있는지 더 언급하여야 한다.

프로젝트에서 융통성과 변화의 정도에 대한 심층적 논의는 『협업 게임으로써의 소프트웨어 개발(Software Development as a Cooperative Game)』(코오번, 2001)에 잘 나와 있다. 유스케이스 작성법을 배우기 위해 이 글에서 언급한 심층적인 논의를 모두 알 필요는 없다. 그리고 유스케이스 품질과 프로젝트 표준으로부터 작성 기술을 분리할 필요가 있다.

유스케이스에서 '기술(technique)'이란 유스케이스를 작성하는 동안 사용하는 순간순간의 생각 또는 행동이다. 이 책은 사고하는 방법, 문장을 구성하는 방법, 작업하는 순서와 같은 기술을 폭넓게 다룬다. 다행히도 기술은 프로젝트의 규모와는 상관이 없다. 따라서 숙련된 유스케이스 작성자는 프로젝트의 규모와 관계없이 이 기술을 적용한다.

작성한 유스케이스가 목적에 부합한지 여부는 품질(quality)이 말해준다. 이 책에서는, 서로 다른 목적으로 작성한 여러 유스케이스를 통해 유스케이스의 각 부분을 제대로 작성하는 방법을 설명한다. 그러나 결국은 평가 대상 유스케이스의 품질은 우리가 선택한 목적, 허용범위, 형식의 정도에 따라 결정한다.

유스케이스 작성 시 프로젝트 구성원들이 동의한 것은 '표준(standard)'이 말해준다. 이 책에서, 서로 다른 템플릿과 문장, 그리고 머리글 형식을 보여주면서 합당한 대체 표준에 대해 논의한다. 여기서 특별한 제안을 몇 가지 하겠지만, 결국 그것은 표준을 정립하고 강하게 추진하고자 하는 조직과 프로젝트를 위한 제안이다.

이 책의 대부분은, 가장 많이 요구하는 문제인 '정밀한 요구사항 작성'을 다룬다. 다음 예에서 컨설턴트인 스티브 아돌프(Steve Adolph)가 요구사항 문서화 목적이 아니라 요구사항 파악을 목적으로 유스케이스를 어떻게 사용했는지 설명한다.

◆ 스티브 아돌프: 새로운 영역에서 요구사항 '발견하기'

유스케이스는 일반적으로 기능 요구사항을 파악하고 모델링 하는 수단으로 사용하여 왔다. 이야기를 늘어놓는 형식으로 되어 있으므로 긴 쇼핑목록과 흡사한 전통적인 요구사항보다 이해하기 쉽다. 사람들은 시스템이 하기로 되어 있는 것을 실제로 이해한다.

그러나 만약 시스템이 무엇을 해야 하는지 아무도 모른다면 어떻게 될까? 프로세스 자동화는 항상 프로세스를 변경한다. 최근 들어 인쇄업계는 '금속판에 직접 처리하거나 인쇄기에 직접 처리'하는 기술의 개발로 옵셋 인쇄가 발명된 이후 가장 큰 변화에 휩싸여 있다. 발명 이전의 인쇄 준비 작업은 노동집약적이며 여러 단계로 구성된 절차를 따라야 했다. 금속판이나 인쇄기에 직접 처리하는 기술은, 대규모 인쇄 작업조차도 편집된 문서 파일만 제출하면 되는 아주 간단한 작업으로 바꾸어 놓았다.

금속판에 직접 처리하는 시스템의 업무흐름을 관리할 책임이 있는 분석가로서, 이처럼 전혀 새로운 처리 방식에 필요한 요구사항을 어떻게 파악하겠는가? 우선 기존 시스템에서 유스케이스를 찾고 시스템의 액터와 서비스를 식별한다. 하지만 이것은 기존 시스템에 국한한다. 아무도 새로운 작업을 해보지 않았고, 따라서 모든 도메인 전문가들도 여러분과 함께 새로운 시스템을 배워야 한다. 지금 여러분은 새로운 업무 프로세스와 소프트웨어를 동시에 설계하고 있다. 여러분에게 행운이 있기를…… 온통 하얀 눈으로 뒤덮힌 세상에서 어떻게 길을 찾을까? 기존 모델을 잡고 "뭐가 바뀌었지?"라고 물어보라. 그 답은 놀랍게도 "모든 것"이 될 수 있다.

요구사항 문서화를 목적으로 유스케이스를 작성할 때는 누군가가 이미 시스템의 비전을 미리 만들어 놓은 상태다. 여러분은 다만 그 비전을 잘 표현함으로써 모두가 명확하게 이해하도록 한다.

브레인스토밍 도구로 유스케이스를 사용하자. "새로운 기술을 도입할 때, 유스케이스의 목표에 비추어 가치가 없어진 단계는?"하고 질문을 던져보자. 액터가 목표에 도달하는 과정에 대한 새로운 이야기를 만들자. 목표는 변함이 없지만, 지원 액터 중 몇몇은 사라지거나 변경된다.

잠수와 부상(浮上)(dive-and-surface) 접근방법을 사용하자. 새로운 시스템 작동법에 대한 여러분의 생각을 바탕으로, 넓고 높은-수준의 모델을 만들자. 새로운 영역이므로 단순한 수준으로 생각을 유지한다. 주요 성공 시나리오가 어떻게 진행될지 찾아보자. 앞서 활동하던 도메인 전문가와 함께 철저히 검토하자.

그리고 나서 한 유스케이스를 잡고 상세한 곳까지 깊숙이 잠수해 들어가자. 대안도 고려한다. 빠진 요구사항을 한꺼번에 쏟아내도록 하되, 사람들은 이야기 형식을 더 쉽게 이해한다는 사실을 활용하자. 유스케이스의 한 단계를 읽고 질문을 던지자, "그래요, 디

> 지털-카피보다 하드-카피를 원하면 어떤 일이 생기죠?" 이런 방식은 시스템 동작 방식을 완전한 개념 모델로 조립하려는 노력보다 훨씬 수월하다.
>
> 마지막으로, 수면으로 돌아오자. 직접 상세함의 물속에 들어가 보니 무엇이 달라졌는가? 모델에 적용하고 난 후 다른 유스케이스를 이용해서 다시 잠수해 보자.
>
> 나의 경험으로 미루어 요구사항 발견을 목적으로 유스케이스를 사용할 경우, 한층 높은 품질의 기능 요구사항을 얻는다. 보다 정리가 잘되고 더 완전하다.

1.3 요구사항과 유스케이스

요구사항 식별을 목적으로 유스케이스를 작성한다면, 다음 두 가지를 기억한다.

- 유스케이스는 그 자체로 요구사항이다. 이것을 행위 요구사항 형태로 변환할 필요는 없다. 제대로 작성되었다면, 시스템의 행위를 정확하고 상세하게 표현한다.
- 유스케이스가 요구사항의 전부는 아니다. 유스케이스는 외부 인터페이스, 데이터 포맷, 비즈니스 규칙, 그리고 복잡한 공식과 같은 것은 자세히 다루지 않는다. 유스케이스는 여러분이 수집해야 하는 요구사항의 한 부분으로 매우 중요함에도 불구하고 부분에 지나지 않는다.

모든 조직은 필요에 따라 요구사항을 수집한다. 요구사항 서술에도 사용 가능한 표준이 있다. 어떤 표준에서든 유스케이스는 문서화된 전체 요구사항의 한 부분만을 차지한다.

내가 발견한 다음 요구사항 개요가 도움이 되리라 생각한다. 이것은 수잔 로버트슨(Susan Robertson)과 애틀랜틱 시스템 길드(Atlantic Systems guild)사가 웹사이트와 『Mastering the Requirements Process』(로버트슨과 로버트슨, 1999)라는 책에서 발표한 템플릿을 각색한 것이다. 이 템플릿은 기가 질릴 정도로 완벽해서 대략적인 틀만 보여주기 위해 다음과 같은 모양으로 줄였다. 나는 이것을 지침(guideline)으로 사용한다. 줄여놓은 것조차도 지금까지 내가 알고 있는 대부분의 프로젝트에 적용하기에는 너무 크다. 그러므로 필요할 경우 더 줄인다. 지침의 규모가 어떻든 이 지침에는 따로 질문되지 않았었던 다음과 같은 흥미로운 질문이 많이 포함되어 있다. "시스템 실패에 대한 운영자의 대비책은?", "정치적인 고려 때문에 발생하는 요구사항이 있는가?"

여러분의 요구사항 관련 산출물을 표준화하는 것이 이 책의 역할은 아니지만, 요구사항 개요를 본 적이 없는 분들을 위해서라도 지면을 할애하고자 한다. 이 요구사항 개요의 주요 목적은 전체 요구사항에서 유스케이스의 위치와 유스케이스가 모든 요구사항을 담을 수 있는 것이 아니라 요구되는 기능 즉, 행위관련 부분만을 다룬다는 사실을 설명하는 것이다.

모범적인 요구사항 구조

제1장 목적과 범위
    1a. 전체 범위와 목표는 무엇인가?
    1b. 이해관계자(누가 관련되어 있는가?)
    1c. 범위 안의 것은 무엇이며, 밖에 있는 것은 무엇인가?
제2장 용어/어휘
제3장 유스케이스
    3a. 일차 액터와 액터의 일반 목표
    3b. 비즈니스 유스케이스(운영 개념)
    3c. 시스템 유스케이스
제4장 사용 기술
    4a. 이 시스템을 위해 어떤 기술 요구사항이 있는가?
    4b. 이 시스템은 어떤 요구사항 때문에 어떤 시스템과 인터페이스를 가지는가?
제5장 기타 요구사항
    5a. 개발 프로세스
        Q1. 프로젝트 참가자는 누구인가?
        Q2. 어떤 가치가 반영될 것인가(단순함, 용이함, 신속함, 유연함)?
        Q3. 사용자와 후원자가 원하는 피드백이나 프로젝트 가시성(visibility)은 무엇인가?
        Q4. 무엇을 구매할 수 있고, 무엇을 직접 만들어야 하며, 우리의 경쟁력은 무엇인가?
        Q5. 어떤 프로세스 요구사항이 있는가(테스트, 설치 등)?
        Q6. 프로젝트 수행 이면에 어떤 의존성이 있는가?
    5b. 비즈니스 규칙

    5c. 수행성능
    5d. 운영, 보안, 문서화
    5e. 사용과 사용성
    5f. 유지보수와 이식성
    5g. 미해결 또는 지연사항
제6장. 예비인력, 법적, 정치적, 조직적인 문제들
    Q1. 시스템 운영 예비인력은 준비되었는가?
    Q2. 법적인 요구사항과 정치적인 요구사항엔 어떤 게 있는가?
    Q3. 시스템을 완성하는 데 인적자원의 중요성은?
    Q4. 교육 요구사항은 무엇인가?
    Q5. 사용자 환경에 어떤 가정과 의존성이 존재하는가?

    유스케이스가 요구사항 문서의 제3장 한 장만을 차지함을 주목하기 바란다. 유스케이스는 요구사항의 모든 것이 아니라 단지 행위 요구사항일 뿐이며, 적어도 행위 요구사항에 관한 한 전부이다. 비즈니스 규칙, 용어, 수행성능 목표, 프로세스 요구사항, 그리고 다른 사항들은 행위의 범주에 속하지 않는다. 각각은 해당 정보를 담을 개별 장(chapter)이 필요하다. (그림 1.1 참조).

프로젝트 연결 구조로써 유스케이스

유스케이스는 다른 여러 요구사항을 연결하여 준다. 요구사항의 서로 다른 부분을 연결하는 발판을 제공하고, 사용자 정보, 비즈니스 규칙, 그리고 데이터 형식 요구 등을 서로 연결하여 준다.

    요구사항 문서 밖에서 살펴보면, 유스케이스는 릴리스 일자, 팀, 우선순위, 개발상태 등과 같은 프로젝트 계획 관련 정보를 구조화하는 데 도움을 준다. 또한 설계 팀이 사용자 인터페이스와 시스템 테스트의 설계와 같은 어떤 결과를 추적할 때도 도움이 된다.

    유스케이스 안에 있는 것은 아니지만, 이러한 모든 요구사항은 유스케이스로 연결되어 있다. 그림 1.1에서처럼, 유스케이스는 바퀴의 축(hub) 역할을 하고 다른 정보는 서로 다른 방향으로 향하는 살(spoke) 역할을 한다. 사람들이 유스

그림 1.1 요구사항의 '축과 살(Hub-and-Spoke)' 모델

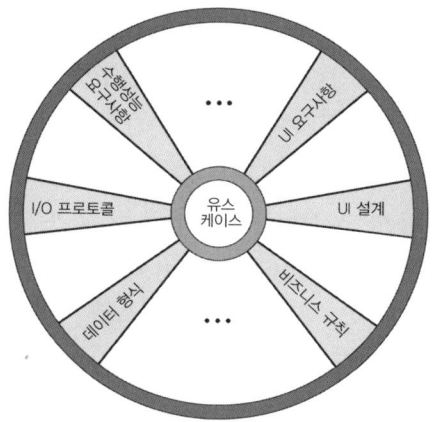

케이스를 요구사항의 핵심으로 생각하거나 심지어는 프로젝트의 핵심이라고 생각하는 경향은 바로 이런 이유 때문이다.

1.4 유스케이스가 가치를 발하는 시점

유스케이스가 널리 인기를 얻는 이유는 시스템을 사용할 때 어떻게 행동할 것인가에 대한 응집된 이야기이기 때문이다. 시스템 사용자는 새로운 시스템의 미래 모습을 알 수 있다. 사용자는 초기에 이야기를 조정하거나 반대하는 등의 반응을 할 수 있다("그럼 우리가 뭔가를 해야만 될 거라는 거죠?"). 하지만 이것은 유스케이스의 가치 중 하나일 뿐이며 가장 중요한 게 아니다.

유스케이스가 가치를 발하는 첫 번째 순간은 시스템이 지원할 사용자 목표에 유스케이스 이름을 붙이고 목록으로 작성할 때다. 이 목록은 시스템이 해야 할 일과 시스템의 범위와 목적을 나타낸다. 이 목록은 프로젝트 이해관계자 간의 의사교환 수단이다.

목표 목록은 사용자 대표, 중역, 전문 개발자, 그리고 이 목록으로부터 시스

템의 비용과 복잡성을 예측할 프로젝트 관리자 등이 검토한다. 어떤 기능을 먼저 구현하고 어떻게 팀을 구성할지에 대해 협상을 한다. 이 목록은 복잡성, 비용, 시간, 상태에 대한 측정을 부가하기 위한 프레임워크이다. 이 목록을 통해 프로젝트 생명주기 관련 다양한 정보를 수집한다.

두 번째로 유스케이스가 가치를 발하는 순간은 유스케이스 작성자가 성공 시나리오에서 잘못될 수 있는 모든 경우에 대해 브레인스토밍 하며, 그 결과를 나열하고, 시스템 응답을 문서로 작성할 때다. 그 순간, 수행측 팀 구성원이나 사용자 측 요구사항 담당자들이 미처 생각하지 못했던 놀라운 것들을 발견하고는 한다.

나는 유스케이스를 작성하다 지루해질 때면, 실패조건에 이를 때까지 이를 악물고 계속 작성한다. 실패를 처리하는 내용을 문서화하는 동안 새로운 이해관계자, 시스템, 목표, 또는 비즈니스 규칙 등을 어김없이 발견하곤 한다. 이러한 조건 중 하나를 어떻게 다룰지 해답을 찾으면서, 업무전문가가 함께 모여 토의하거나 이 시점에서 시스템이 해야 하는 일을 해결하기 위해 전화를 거는 모습을 자주 본다.

유스케이스의 단계(step)를 분리하지 않거나 실패에 대한 브레인스토밍을 하지 않으면, 많은 에러 조건을 프로그래머가 소스코드를 작성하는 단계에 가서야 발견한다. 그 결과 새로운 기능과 비즈니스 규칙을 뒤늦게 발견하게 된다. 업무전문가는 이미 떠났고 시간은 촉박하다. 이런 상황에서 프로그래머는 요구 행위에 대한 연구나 토의 대신에 그 시점에 느낀 자신의 생각대로 코드를 작성한다.

한 문단짜리 유스케이스라도 작성하는 사람은 많은 시간을 절약할 뿐만 아니라 유스케이스가 제공하는 혜택 중 하나를 얻는다. 실패 처리를 위해 꾸준히 노력하는 사람은 애매모호한 요구사항을 초기에 다룸으로써 보다 많은 시간을 절약한다.

1.5 에너지 관리

여러분의 에너지를 아껴야 한다. 그게 어렵다면 에너지 관리라도 해야 한다. 자리에 처음 앉자마자 세부사항을 모두 작성한다면, 시간에 맞추어 한 주제에서 다른 주제로 넘어가기 어렵다. 개요를 시작으로 각 유스케이스에서 꼭 필요한 부분만을 작성한다면 가능하다.

- 정정할 수 있는 기회와 우선순위에 대한 식견을 활용할 기회를 초기에 제공한다.
- 작업을 여러 그룹에 분배하여 병렬로 작업하고 그 결과로 생산성을 높인다.

사람들은 흔히 "나에게 5만 피트 상공에서 바라본 장면을 보여주시오", "나에게 스케치만을 주시오" 또는 "상세한 내용은 나중에 드리겠습니다"라고 말한다. 이들의 말이 의미하는 바는 "지금은 (낮은 정밀도에서) 대략 작업을 합시다. 나중에 자세한 것을 추가할 수 있으니 말이오"이다.

정밀도(precision)는 말을 할 때 얼마나 신중한가에 대한 척도이다. "어떤 고객이 비디오를 빌리려고 한다"라고 말할 때, 많은 단어를 사용하지 않았음에도 실제로 유스케이스 독자와 상당히 많은 의사교환을 한 것이다. 제안 시스템이 지원할 모든 목표 목록을 보여줄 때, 여러분은 몇 안 되는 단어로 엄청난 양의 정보를 이해관계자에게 전달하였다.

정밀도(precision)는 정확도(accuracy)와 다르다. "π의 값은 3.141592이다."라고 하는 것은 매우 정밀하지만 정확하지는 않은 말이다. "π의 값은 대략 3이다."라고 하는 것은 정밀하지는 않지만 (소수점 이하가 없으므로), 어느 정도 정확한 말이다. 같은 개념이 유스케이스에도 적용된다.

결국 여러분은 각 유스케이스 별로 세부내용을 추가할 것이고 이로 인해 정밀도가 높아진다. 뜻하지 않게 목표에 대한 낮은-정밀도 서술을 잘못했다면(정확하지 않으면), 높은-정밀도 기술에 에너지를 투입하는 것은 낭비다. 수십 개월 동안 공을 들여 유스케이스를 다듬기 전에 목표 목록을 먼저 수정하는 것이 더 효율적이다.

유스케이스 작성에 필요한 에너지를, 요구되는 에너지의 양과 각 단계 후 가지는 휴식의 가치에 따라 네 단계 정밀도로 구분해 보았다.

1. 액터와 목표. 시스템이 지원할 액터와 액터의 목표를 나열한다. 정확성과 완전성을 위해 이 목록을 검토한다. 팀과 릴리스(release)별로 목표를 할당하고 우선순위를 정한다. 이제 여러분의 기능 요구사항은 1차 수준의 정밀도를 가졌다.
2. 유스케이스 요약서 혹은 성공 시나리오. 작성하려고 선택한 유스케이스에 대해 주요 성공 시나리오를 스케치한다. 초안 형식으로 이것을 검토하여 여러분이 다루고자 하는 것, 즉 시스템이 이해관계자의 이해관계를 정확히 반영하고 있는지를 확인한다. 이것은 기능 요구사항에 대한 이차 수준의 정밀도이다. 다음 두 단계의 수준과는 달리 초안 작성은 간단하다.
3. 실패 조건. 주요 성공 시나리오를 완성하고 발생 가능한 모든 실패 상황에 대해서 브레인스토밍을 한다. 시스템의 실패 처리방법에 대한 초안 수준의 전체 목록을 작업 전에 작성한다. 모든 실패 처리 작성에는 실패 상황을 모두 나열하는 것보다 훨씬 많은 에너지가 필요하다. 따라서 실패 조건을 모두 나열하지 않고 바로 실패 처리 내용을 작성할 경우 곧바로 에너지가 고갈된다.
4. 실패 처리. 시스템이 각 실패 상황에서 대처하는 방법을 작성한다. 때로는 까다롭고, 피곤하며, 놀라운 작업이다. 놀랍다고 하는 이유는 불분명한 비즈니스 규칙에 관한 의문이 표면으로 드러나거나 실패 처리 과정에서 뜻하지 않게 새로운 액터나 지원해야 할 새로운 목표를 만나기 때문이다.

대부분의 프로젝트는 시간과 에너지 부족으로 어려움을 겪는다. 따라서 작업의 정밀도 수준을 관리하는 데 프로젝트 우선순위를 둔다. 여기에 나열한 순서대로 작업하기 바란다.

1.6 사용 이야기와 준비운동

사용 이야기(usage narrative)는 유스케이스를 진행하는 상황의 한 예로 시스템을 사용하는 어떤 액터의 특정한(specific) 예다. 사용 이야기는 유스케이스가 아니며, 대부분의 프로젝트에서 끝까지 유지되는 공식적인 요구사항 문서도 아니다. 그럼에도 매우 유용한 수단이므로 언급할 가치도 있고 작성할 가치도 있다.

새로운 프로젝트를 시작할 때, 여러분이나 업무전문가가 유스케이스 작성 경험이 없거나 시스템의 동작에 대해 깊이 생각해 보지 않았을 수도 있다. 이런 상황에서 유스케이스와 친숙해지기 위해 간단한 삽화(vignette)를 구상해 보자. 즉, 한 액터의 하루 일과 중에서 짧은 한 순간을 생각해 보자.

이 이야기에서, 허구이긴 하지만 특정 액터를 만들고 왜 자신이 원하는 것을 바라게 되었는가 혹은 어떤 조건이 그로 하여금 그렇게 행동하게 했는가 등을 포함하여 그 사람의 심리적인 상태를 간략하게 파악한다. 대부분 유스케이스 작성에서 그렇듯이 많이 쓸 필요는 없다. 몇 개의 단어에 실릴 수 있는 정보의 양은 놀라울 정도로 많다. 이 특정한 경우에서, 상황의 발생에서부터 종료까지 돌아가는 상황을 파악한다.

이야기를 읽는 사람이 한눈에 내용을 파악할 수 있도록 간결함을 유지하는 것이 중요하며, 상세함과 동기, 또는 감성적인 내용 역시 매우 중요하다. 이러한 초점을 유지해야 요구사항 진술자로부터 소프트웨어 설계자, 테스트 작성자, 교육용 교재 작성자에 이르는 모든 독자들이 사용자에게 가치를 부가하기 위해 시스템을 어떻게 최적화할 수 있는지를 쉽게 알 수 있다.

사용 이야기 작성은 에너지도 별로 들지 않고, 내용도 많지 않으며, 읽는 사람이 유스케이스에 쉽고 자연스럽게 접근할 수 있도록 도와준다. 예제 하나를 살펴보자.

사용 이야기: '빠른 현금' 인출

> 출근길에 두 딸을 어린이 집에 데려다 주려던 메리는 현금인출기(ATM)가 있는 곳으로 차를 몰고 가서, 카드판독기에 카드를 대고 비밀번호를 누른 뒤, '빠른 현금' 메뉴를 선택하고 35달러를 입력한다. 현금인출기는 35달러가 차감된 계좌의 잔고를 보여주는 영수증과 함께 20달러짜리 1장과 5달러짜리 3장을 내어준다. '빠른 현금' 거래 후 현금인출기 화면이 안내화면으로 재설정되므로, 메리는 차를 몰고 나가면서 다음 운전자가 그녀의 계좌에 접속할까봐 걱정하지 않아도 된다. 메리가 '빠른 현금' 서비스를 선호하는 이유는, 서비스를 지연시키는 많은 질문을 피할 수 있기 때문이다. 그녀가 특별히 이 현금인출기로 온 까닭은, 이 기계가 어린이 집에 지불해야 할 5달러짜리 지폐를 발행할 뿐만 아니라 차에서 내리지 않고 이용할 수 있기 때문이다.

사용할 시스템을 마음에 그려 보기 위해 사용 이야기(usage narrative)를 작성한다. 또한 유스케이스를 작성하기 전 몸을 풀기 위해 그리고 세부내용을 한번 다루어 보기 위해 사용 이야기를 사용한다. 가끔씩, 모든 유스케이스를 시작하는 시점에서 또는 구상하고 있는 특정 유스케이스를 작성하기 직전에 사용 이야기를 배포한다. 어떤 그룹의 경우, 사용자, 분석가, 요구사항 작성자 등이 함께 모여, 시스템의 범위를 파악하고 시스템의 비전을 공유하기 위해 이야기를 작성했다고 한다.

사용 이야기는 요구사항이 아니라 요구사항을 좀 더 자세하게 혹은 좀 더 일반적으로 설명하기 위한 준비 작업이다. 사용 이야기는 유스케이스를 단단히 붙들어 맨다. 유스케이스 자체는 이야기를 건조하게 형식적인 문구로 표현한 것이다. 아울러 사용 이야기에서 사용하는 실제 이름 대신에 보다 일반적인 액터 이름으로 대체하였다.

1.7 연습문제

요구사항 파일

1.1 요구사항 문서 개요의 어떤 부분이 유스케이스와 밀접한 관련이 있으며, 어떤 부분이 관련이 없는가? 다른 사람과 이 문제를 토의하고, 왜 서로 다른

대답을 했는지 생각해 보시오.

1.2 HTML 링크를 이용하여 인트라넷에 둘 수 있는 참조용 요구사항 개요를 설계하시오. 하위 디렉터리의 구조와 날짜 표기 방식에 주의한다(왜 날짜 표기 방식에 대한 약속이 필요한가?).

사용 이야기(Usage Narrative)

1.3 현금인출기에 대해 두 가지 사용 이야기를 작성하시오. 여러분이 작성한 시나리오가 이 책에서 제시한 시나리오 예제와 어떻게 다른가? 이러한 차이는 시스템을 설계하는 설계자에게 얼마나 중요한 문제인가?

1.4 '부모의 덫(The Parent Trap)'의 원본을 대여하려고 새로 연 비디오 대여점에 들어가는 사람을 설명하는 사용 이야기를 작성하시오.

1.5 현재 수행중인 프로젝트를 설명하는 사용 이야기를 작성하시오. 다른 사람에게도 동일한 상황에 대해 사용 이야기를 작성하게 한다. 이 두 시나리오는 왜 차이가 나는가, 이러한 차이 — 사람에 따른 차이인지, 아니면 중요한 차이인지 — 를 어떻게 처리해야 하나?

1부
유스케이스 내용들

Writing Effective
Use Cases

2장

Writing Effective **Use Cases**

행위에 대한 계약, 유스케이스

목표 시스템은 하나의 메커니즘으로서 다양한 이해관계자 간의 계약을 이행한다. 유스케이스는 그 계약에서 행위 부분을 서술한다. 유스케이스를 구성하는 각 문장은 어떤 이해관계자의 이해관계를 보호하거나 증진하는 활동을 서술한다. 그중 한 문장을 살펴보면 두 액터의 상호작용을 서술하거나 이해관계자의 이해관계를 보호하기 위해 시스템이 내부에서 해야 하는 일을 서술한다.

  우선, 목표를 가진 액터 간의 상호작용을 파악하는 관점으로 유스케이스를 바라보자. 그런 다음, 이해관계를 가진 당사자 간의 계약으로서의 유스케이스로 논의의 폭을 넓혀갈 수 있다. 전자를 액터와 목표 개념 모델이라 부르고, 후자를 이해관계자와 이해관계 개념 모델로 부른다.

2.1 목표를 가진 액터 간의 상호작용

액터는 목표를 가진다.

서비스 요청을 전화로 접수하는 사원이 있다고 하자(그림 2.1에서 사원은 일차 액터이다). 전화가 걸려오면, 사원은 요청내역을 등록하고 처리를 시작하는 목표를 가진다.

  시스템 역시 이 예제에서 서비스 요청 내용을 등록하고 서비스를 시작할 책임

그림 2.1 목표를 가진 액터가 다른 액터의 책임을 요청한다

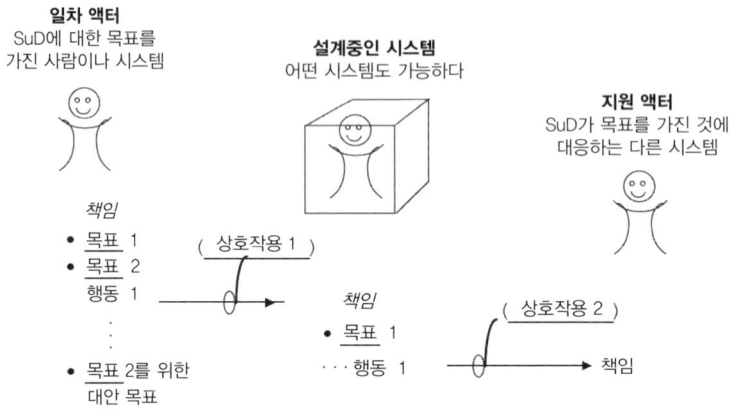

이 있다. (실제로 시스템은 모든 이해관계자의 이익을 보호할 책임이 있고, 사원은 일차 액터로서 이해관계자 중 한 명일뿐이다. 그러나 지금은 일차 액터에게 서비스를 제공하는 시스템의 책임에만 초점을 두기로 하자.)

자신의 책임을 수행하기 위해, 시스템은 하위목표를 세운다. 내부에서 수행할 수 있는 하위목표도 있지만, 외부 지원 액터(supporting actor)의 도움이 필요한 경우도 있다. 지원 액터는 인쇄 하위시스템이거나 협력회사 또는 정부기관과 같은 다른 조직이다.

지원 액터는 목표시스템(SuD)을 위해 자신의 약속을 이행하고 목표 시스템의 하위목표를 달성한다. SuD는 외부 액터와 상호작용을 한다. SuD는 일련의 하위목표를 달성하여, 결국 서비스 약속이라는 자신의 책임을 다한다.

서비스 약속을 이행하는 것이 가장 중요한 목표이며, 이 목표는 하위목표 달성을 통해 이루어진다. 하위목표는 하위-하위 목표로 끊임없이 나누어질 수 있다. 하위-하위-(...하위) 목표로 나열하는 데는 사실 아무런 제한이 없다. 아일랜드의 풍자가이자 시인인 조나단 스위프트(Jonathan swift)가 〈시에 대하여〉라는 랩소디(rhapsody)에서 다음과 같이 읊었다(물론 유스케이스에 대한 것은 아니다).

자연주의자들이 말하지요. 그렇게 한 마리 벼룩은
자기 등짝에 붙은 더 작은 벼룩들의 먹이가 되고
그리고 이 작은 놈들은 또 더 작은 놈들에 물어뜯기고
그리고 그런 식의 흐름은 끝없이 이어지노라고.

훌륭한 유스케이스를 작성하려 할 때 가장 어려운 부분은, 아마도 벼룩 위의 벼룩을 통제하는 것과 같이, 하위-하위 목표를 통제하는 부분이다. 이것에 대해서는 제5장 「세 가지 목표 수준」과 제7장의 지침 6 '유스케이스는 합리적인 행동의 집합을 포함한다'와 제20장의 주의사항 6 '올바른 목표 수준 갖기'를 참조하기 바란다.

액터와 목표 개념모델은 업무와 컴퓨터 시스템에 동등하게 적용되므로 아주 간편하다. 액터는 개인, 조직 또는 컴퓨터일 수 있다. 따라서 사람, 회사, 컴퓨터 등으로 구성된 복잡한 시스템을 설명할 수 있다. 우리는 사람 지원액터를 호출하는 또 다른 컴퓨터 시스템이 주도하는 소프트웨어 시스템을 서술할 수도 있고, 컴퓨터나 개인을 호출하는 조직을 서술할 수도 있다. 이것은 유용하면서도 일반적인 모델이다.

목표는 실패할 수 있다.

고객의 서비스 요청을 받고 있던 중에 컴퓨터가 다운된다면 전화를 받고 있던 사원은 어떻게 해야 할까? 시스템이 자신의 서비스 약속을 이행할 수 없다면, 이런 경우 사원은 연필과 종이를 사용하는 것과 같은 예비 목표를 반드시 세워야 한다. 사원은 여전히 업무의 주요 책임자이며 시스템이 어떤 부분에서 실패할 경우에 대비한 계획을 세우고 있어야 한다.

마찬가지로, 시스템은 하위목표 중 하나에서 실패(failure)를 만나기도 한다. 일차 액터가 잘못된 데이터를 보내는 경우, 내부 실패가 발생할 것이고, 지원액터는 약속된 서비스를 제공하지 못할 것이다. 시스템은 어떻게 대처해야 하는가? 이것이 SuD의 행위 요구사항 중에 가장 관심 있는 부분이다.

어떤 경우에는, 시스템이 실패를 극복하고 일련의 정상 행위를 재개할 수 있다. 어떤 경우에는 그냥 단순히 목표를 포기해야 한다. 만약 현금인출기에서 허용된 것보다 많은 금액을 인출하려 한다면, 현금 인출이라는 여러분의 목표는 바로 실패할 것이다. 현금인출기와 네트워크 컴퓨터 사이의 연결이 단절되었다면 이것 역시 실패한다. 만약 ID를 잘못 입력했다면, 시스템은 ID를 정확히 입력할 수 있도록 다시 기회를 준다.

목표실패와 실패대응에 초점을 두기 때문에 유스케이스를 통해 시스템의 행위나 기능 요구사항을 제대로 서술할 수 있다. 기능분해나 데이터흐름 분해를 이용하여 시스템을 개발해 온 사람들은 이런 특징을 유스케이스가 제공할 수 있는 최고의 장점으로 꼽고 있다.

상호작용은 복합적이다

가장 간단한 상호작용은 메시지 전송이다. 복도를 지날 때, "안녕, 진."이라는 인사는 단순한 상호작용이다. 절차 프로그래밍에서 이에 상응하는 단순한 상호작용은 print(value)와 같은 함수 호출이다. 객체지향 프로그래밍에서도, 이것은 objectA-〉print(value)와 같이 한 객체에서 다른 객체로의 메시지 전송이다.

일련의 메시지 또는 시나리오는 복합적인 상호작용이다. 음료 자판기 앞에서 80센트짜리 음료수를 사려고 1달러짜리 지폐를 넣었는데, 정확한 잔돈 투입을 요구받았다고 가정하자. 이 경우 기계와의 상호작용은 다음과 같다.

1. 1달러 지폐를 넣는다.
2. '콜라' 버튼을 누른다.
3. 자판기는 '잔돈을 정확히 넣으세요'라고 말한다.
4. 투덜거리며 '동전 반환' 버튼을 누른다.
5. 자판기에서 1달러에 해당하는 동전이 나온다.
6. 동전을 집어 든다(그리고 불평하며 걸어 나온다).

여기서 일련의 상호작용을 한 줄로 줄일 수도 있고("음료 자판기에서 콜라를 사려고 했지만 정확한 잔돈을 요구했다."), 이렇게 압축된 단계를 보다 많은 일련의 순서로 늘어놓을 수도 있다.

1. 은행에 가서 돈을 인출했다.
2. 자판기에서 콜라 한 병을 사려고 했더니. 정확한 잔돈을 요구하였다.
3. 식당으로 가서 콜라 한 병을 샀다.

따라서 상호작용은 목표처럼 필요에 따라 간결하게 모을 수도 있고 상세하게 분해할 수도 있다. 시나리오의 각 단계는 목표를 가지고 있으므로, 각 단계는 자신의 유스케이스로 전개되기도 한다. 상호작용은 목표가 그렇듯이, 벼룩을 달고 있는 모양이다.

그래도 다행인 것은 간결한 목표와 상호작용을 이용하여 매우 높은 수준에서 시스템을 표현할 수 있다는 사실이다. 그것들을 하나하나 펼치면 원하는 수준으로 시스템 행위를 정확하게 서술할 수 있다. 나는 유스케이스 집합을 끊임없이 전개되는 이야기라고 소개하곤 한다. 독자가 편안하게 읽을 수 있도록 이야기를 쓰는 것은 우리의 몫이다.

눈치 빠른 독자라면 순서(sequence)라는 단어를 다소 느슨하게 사용했음을 파악했을 것이다. 대개의 경우, 상호작용은 특정 순서로 발생해야 한다. 80센트짜리 음료수를 살 때, 10센트 동전 8개를 넣기도 하고, 25센트 동전 세 개와 5센트 동전 한 개를 넣기도 하고, 또는... (나머지는 간단히 채울 수 있다). 어떤 동전을 먼저 넣는가는 문제가 되지 않는다.

공식적으로, 순서(sequence)는 적절한 단어는 아니다. 수학 관점에서 정확히 표현하면 부분 정렬(partial ordering)이다. 하지만 순서라는 단어가 더 간단하고, 요점에 가깝고, 유스케이스를 작성하는 사람들이 더 쉽게 이해한다. 누군가가 병렬로 발생할 수 있는 메시지에 대해 묻는다면, "좋아요, 그것에 대해 조금만 써 봅시다."라고 말하고 그 메시지가 어떻게 발생하는지 알아본다. 나의 경험으로 보면, 사람들은 대부분 간단한 교육만으로도 놀랍도록 명확하게 서술한다. 그러므로 순서(sequence)에 대한 이야기를 계속하겠다. 복잡한 순서의 예를 보려면 92쪽의 유스케이스 22, 손해내역 등록을 참조한다.

유스케이스에 사용할 정형언어를 만드는 데 관심이 있다면, 이 지점에서 어려움에 빠져들기 쉽다. 대부분의 언어 설계자는 작성자로 하여금 가능한 모든 순서를 나열하게 하든가 또는 이벤트에 임의의 순서를 부여하기 위해 복잡한 표기법을 고안해내곤 한다. 우리는 지금 컴퓨터가 아닌 사람이 사용할 유스케이스를 작성하므로, 훨씬 운이 좋은 편이다. 우리는 그저 간단히 쓰기만하면 된다. "구매자는 5센트짜리, 10센트짜리, 25센트짜리 동전을 순서와 관계없이 80센트 넣는다."

순서가 과거의 상호작용 서술에 적절한 이유는 과거는 모두 결정이 된 것이기 때문이다. 미래의 상호작용을 서술하려면, 가능한 미래 조건별로 하나씩 가능한 순서 집합이 필요하다. 만약 어제 있었던 급여 인상 요청에 대한 이야기를 한다면, 다음과 같이 말한다.

"오늘 사장님과 진지하게 면담했어요. 내가 '…' 라 말했더니 사장님이 '…'라 했고, 또 내가 '…'라 했더니… 등등."

하지만 미래의 이야기를 한다면, 다음과 같이 말한다.

"사장님과 면담해야 하는데 꽤나 신경 쓰이네요."

"왜요?"

"급여를 올려달라고 할거거든요."

"어떻게요?"

"처음엔 이렇게 말할 거에요, '…' 그럼 이러시겠죠, '…' 그럼, 저는 이렇게 대답할 거구요, '…' 하지만 이렇게 말씀하신다면, '…' 전 이렇게 말해야겠지요. '…' 그리고 등등……."

마찬가지로, 다른 사람에게 음료수 사는 방법을 이야기한다면 다음과 같이 한다.

"먼저 돈을 준비하세요."

"잔돈이 있다면, 동전을 넣고 콜라 버튼을 누르세요."

"잔돈이 없다면, 가지고 있는 돈을 넣고, 자판기가 잔돈을 거슬러 주는지 보세요. 만약에…않으면……."

미래에 있을 상호작용을 설명하기 위해, 우리는 순서의 집합(sets of sequence)을 생성하면서 서로 다른 조건을 다루어야 한다. 각각에 대해, 조건이 무엇이고, 순서는 어떻게 할 것이며, 어떤 결과가 나올지에 대해 이야기한다.

우리는 순서의 집합을 하나의 문장으로 모을 수도 있다. "우선 거기 가서 자판기 음료를 사라." 또는 "그런 다음 사장님께 급여를 올려 달라고 해라." 순서대로, 이 문장을 상위 수준의 서술로 간결하게 줄이거나, 필요에 따라 간결한 문장을 상세한 서술로 전개한다.

지금까지, 목표달성을 위해 가능한 시나리오 집합을 포함하고 있는 유스케이스를 살펴보았다. 보다 완벽을 기하기 위해, 다음을 추가한다.

- 모든 상호작용은 동일한 일차 액터의 동일한 목표와 관련이 있다.
- 유스케이스는 트리거 이벤트에서 시작하여 목표를 달성하거나 포기할 때까지 계속되고, 시스템은 상호작용의 관점에서 자신의 책임을 완수한다.

유스케이스는 시나리오의 집합이다

일차 액터는 목표를 가진다. 시스템은 일차 액터가 목표를 달성하도록 도와야 한다. 어떤 시나리오는 목표 달성을 보여주고, 또 어떤 시나리오는 목표를 달성하지 못하고 끝난다. 각 시나리오는 행동과 상호작용이 어떻게 전개되는지를 보여주는 일련의 단계를 포함한다. 유스케이스는 모든 시나리오를 함께 모아서 목표가 달성되거나 실패하는 모든 경우를 보여준다.

이 설명에 도움이 될 만한 은유를 줄무늬 바지 그림으로 표현하였다(그림 2.2). 바지의 허리띠는 모든 시나리오가 공통으로 가져야 할 목표를 의미한다. 두 다리 중에서 하나는 성공으로 끝나는 시나리오이고, 다른 하나는 실패로 끝나는 시나리오다. 각 줄무늬는 하나의 시나리오에 해당하며, 성공하는 다리나 실패하는 다리 쪽에 존재한다. 성공하는 다리의 첫 번째 줄무늬를 주요 성공 시나리오라고 한다. 다른 줄무늬는 다른 성공 시나리오에 대응하는데, 이들은 주로 대체 과정을 거쳤거나 진행 중에 실패했다가 다시 복구되어, 결국 성공으로 끝난다. 실패를 나타내는 다리의 모든 줄무늬는 실패로 끝나며, 복구되기도 하

그림 2.2 줄무늬 바지: 성공 또는 실패 시나리오

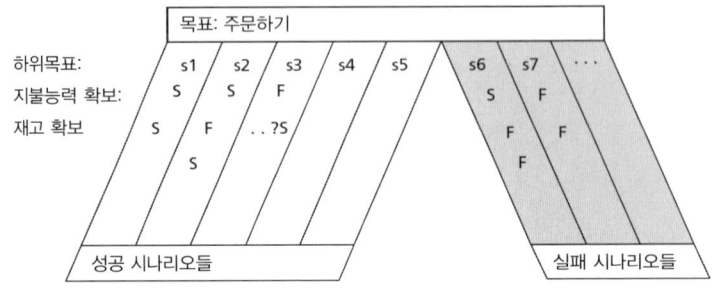

지만 결국에는 실패로 끝난다.

실제로, 모든 시나리오를 처음부터 끝까지 써내려 가지는 않는다. 그런 일은 지루하고, 중복이 심하며, 유지하기 어려우므로 납득할 만한 글쓰기 전략은 아니다. 줄무늬 바지 그림은 모든 유스케이스가 출구 두 개를 가지고 있음을 기억하는 데 도움이 된다. 일차 액터의 목표는 모든 시나리오와 관련이 있으며, 각 시나리오는 목표 성공이나 실패를 간결하게 서술한 것이다.

그림 2.3에서 유스케이스 안에 존재하는 하위 유스케이스를 보여주려고 줄무늬 바지 그림에 정보를 추가하였다. 어떤 고객이 주문하려고 한다. 이 경우 고객의 하위목표 중 하나는 **지불능력 확보**이다. 그 하위목표는 복잡하며 성공 또는 실패로 끝날 수 있는 것으로, 여기서는 축약하여 하나의 단계로 표현한 유스케이스이다. 고객의 지불능력 확보라는 단계는 다른 바지의 집합에서는 허리띠(목표)가 된다. 줄무늬 또는 그 단계를 포함하고 있는 시나리오에서, 하위목표는 성공하거나 실패한다. 그림의 시나리오 1과 2에서는 하위목표가 제대로 수행된다. 하지만 3과 7에서는 시나리오가 실패한다. 그러나 시나리오 3에서는 지불능력 확보를 위한 다음 하위목표가 성공하고, 시나리오는 성공으로 끝난다. 시나리오 7에서는 두 번째 시도 역시 실패하고, 따라서 '주문하기'라는 전체 유스케이스는 실패로 끝난다.

그림 2.3에서 하위 유스케이스[1]의 작은 줄무늬들을 보여주는 목적은, 하위 유

그림 2.3 하위목표를 보여주는 줄무늬 바지

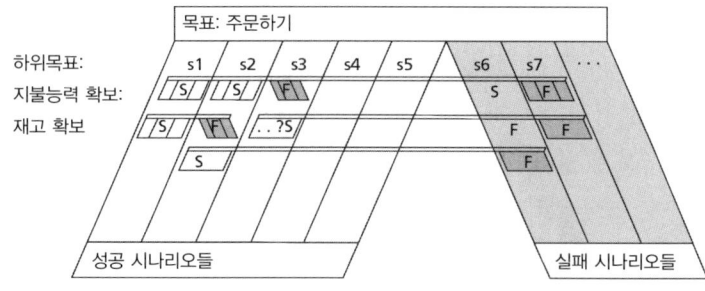

스케이스가 어떤 과정을 거쳐 자신의 최종상태에 도달하는지 외부 유스케이스가 신경 쓰지 않음을 설명하려 함이다. 하위 유스케이스는 성공하거나 실패한다. 외부, 혹은 호출 유스케이스는 단순히 하위 유스케이스를 호출하는 단계(step)의 성공 혹은 실패에 기반을 둔다.

바지 그림에서 발견한 원칙은 다음과 같다.

- 어떤 시나리오는 성공하고, 어떤 시나리오는 실패한다.
- 유스케이스는 성공하거나 실패하는 모든 시나리오의 집합이다.
- 각 시나리오는 하나의 결과를 가져오는 환경 집합을 위한 일관된 서술이다.
- 유스케이스는 여러 시나리오를 포함하고 있으며(바지의 줄무늬), 시나리오는 단계로써 하위 유스케이스를 포함한다.
- 시나리오 안의 단계는 하위 유스케이스의 어떤 줄무늬가 사용되었든 신경 쓰지 않는다. 그 결과가 성공인지 실패인지 만이 중요하다.

이 책 전반에 걸쳐 위의 원칙을 준수할 것이다.

---

1 (옮긴이) 큰 바지의 줄무늬 속의 작은 바지에 해당

2.2 이해관계를 가진 당사자 간의 계약

'액터와 목표 모델'은 유스케이스 문장 작성법을 설명해 주긴 하지만, 시스템의 내부 행위에 대한 서술의 필요성은 다루지 않는다. 그런 이유로 액터와 목표 모델은 이해관계를 가진 당사자 간의 계약으로써 유스케이스라는 아이디어를 가지고 확장할 필요가 있다. 앞으로는 이것을 '이해관계자와 이해관계 개념 모델'이라 부르겠다. 모델에서 이해관계자와 이해관계 부분은 유스케이스에 포함할 것과 배제할 것을 구분해 준다.

목표시스템은 그 계약에서 행위 부분을 상세화한 유스케이스를 가지고 이해관계자 간의 계약내용을 이행한다. 시스템을 실행하는 동안 모든 이해관계자가 나타나는 것은 아니다. 대개의 경우 일차 액터는 등장하게 마련이지만 항상 그런 것은 아니다. 다른 이해관계자는 나타나지 않는데, 이들을 무대 뒤의 (offstage) 액터라고 표현하면 무난하다. 무대 뒤 액터의 이해를 만족시키기 위해 시스템은 정보 수집, 타당성 확인, 로그 갱신 등의 활동을 수행한다(그림 2.4 참조).

현금인출기는 분쟁 발생 시 이해관계자를 보호하기 위해 모든 거래내역을 로그로 남겨야 한다. 다른 정보 역시 로그로 남김으로써 거래가 실패하기 전 어디까지 진행되었는지 추적하게 한다. 현금인출기와 은행 시스템은 고객 예치금보다 많은 돈을 지불하는 것을 막기 위해 예금주가 인출에 필요한 잔액이 있는지 확인한다.

행위자를 위한 계약으로서, 유스케이스는 이해관계자의 이해관계를 만족시키는 것과 관련된 행위만을 모두 포함한다.

유스케이스를 주의 깊게 마무리하기 위해서, 이해관계자를 모두 나열하고, 유스케이스 수행에 관련한 그들의 이해관계에 이름을 붙인 후, 유스케이스의 성공 수행이 그들에게 가지는 의미와 그들이 시스템으로부터 보증(guarantee)받고자 하는 것을 서술한다. 이것이 끝나면, 유스케이스를 시작하는 순간부터 완료할 때까지 다양한 이해관계를 모두 보증할 수 있도록 유스케이스 단계를 작성한다. 이것이 작성을 시작할 때와 멈출 때, 포함할 것과 배제할 것에 대해 이해하는

그림 2.4 목표시스템. 무대 뒤의 액터를 보호하면서 일차 액터에게 서비스를 제공한다

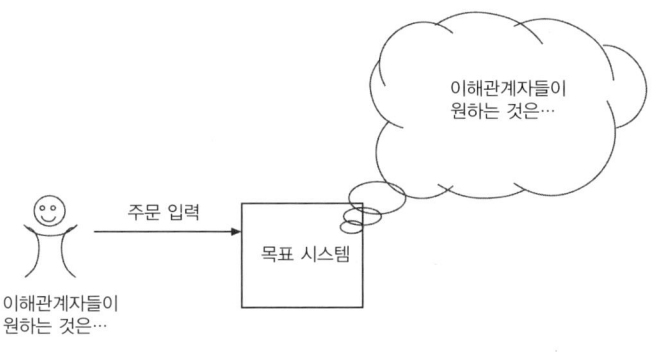

방법이다.

대다수 사람들은 유스케이스를 이렇게까지 신중하게 작성하지 않으며, 그러고도 아무 탈 없이 지나가는 경우가 많다. 훌륭한 유스케이스 작성자는 간결한 유스케이스를 작성할 때 미리 머릿속으로 이런 연습을 한다. 이들은 어떤 것은 그냥 지나치겠지만, 소프트웨어 개발 단계에서 그렇게 생략된 부분을 파악하는 방법을 가지고 있다. 많은 프로젝트에서 이것은 그리 문제되지 않지만 때로는 이로 인해 많은 비용을 지불해야 한다. 4.1 '이해관계자'에서 어떤 이해관계를 누락한 경우에 대한 이야기를 참고한다.

이해관계자의 이해관계를 충족시키기 위해, 세 가지 유형의 행동에 대해 서술하여야 한다.

- 두 액터 간의 상호작용(목표를 촉진하기 위해)
- 타당성 검토(이해관계자를 보호하기 위해)
- 내부 상태 변화(이해관계자를 위해)

이해관계자와 이해관계 모델은 유스케이스 작성 절차에 작은 변화만을 가져온다. 작은 변화로 인해 바뀐 절차라고는 이해관계자와 그들의 이해관계를 나열하고, 유스케이스 본문에서 누락된 것이 없도록 확인할 때 이 목록을 사용한

다는 사실이다. 이러한 작은 변화가 유스케이스 품질에 큰 변화를 가져온다.

2.3 그래픽 모델

이 절은 추상화 모델 만들기를 좋아하는 사람만을 위한 것이다. 여러분이 그런 사람이 아니라면 이 절은 그냥 넘어가도 좋다.

미리 언급했듯이, 유스케이스는 이해관계를 가진 이해관계자 간의 행위 관련 계약을 서술한다. 우리가 일차 액터라고 부르는 선택된 이해관계자의 운영 관점의 목표를 기준으로 행위를 조직화한다. 일차 액터는 시스템에게 무엇인가를 해 달라고 요청할 것이다. 유스케이스 이름은 일차 액터의 목표이다. 이름은 계약의 그 부분을 서술하는 데 필요한 모든 행위를 포함한다.

시스템은 합의된 이해관계자의 합의된 이해관계를 행동(action)으로 충족시켜야 할 책임이 있다. 행동은 다음 세 가지 유형 중 하나이다.

- 정보를 주고받는 두 액터 간의 상호작용
- 이해관계자 중 한 명의 이해관계를 보호하기 위한 타당성 확인
- 어떤 이해관계자 이해관계를 보호하거나 촉진하기 위한 내부 상태 변화

시나리오는 여러 행동 단계로 구성한다. 성공 시나리오에서, 시나리오가 수행할 책임을 가지는 서비스에 대해 이해관계자의 (합의된) 이해관계를 충족하여야 한다. 실패 시나리오에서, 모든 이해관계가 시스템의 보증에 따라 보호된다. 이해관계자의 모든 이해관계가 충족되었거나 보호되었을 때 시나리오는 종료된다.

목표 달성을 요청하는 세 가지 트리거는 시스템과의 상호작용을 초기화하는 일차 액터, 그 상호작용을 초기화하기 위해 중재자를 사용하는 일차 액터, 또는 시간 또는 상태 기반 초기화이다.

이 장에서 설명한 유스케이스 모델을 UML(Unified Modeling Language)을 이용하여 그림 2.5에서 2.8까지 제시한다.

그림 2.5 액터와 이해관계자. 이해관계자는 이해관계를 가진다. 액터는 행위를 가진다. 일차 액터 역시 이해관계자이다.

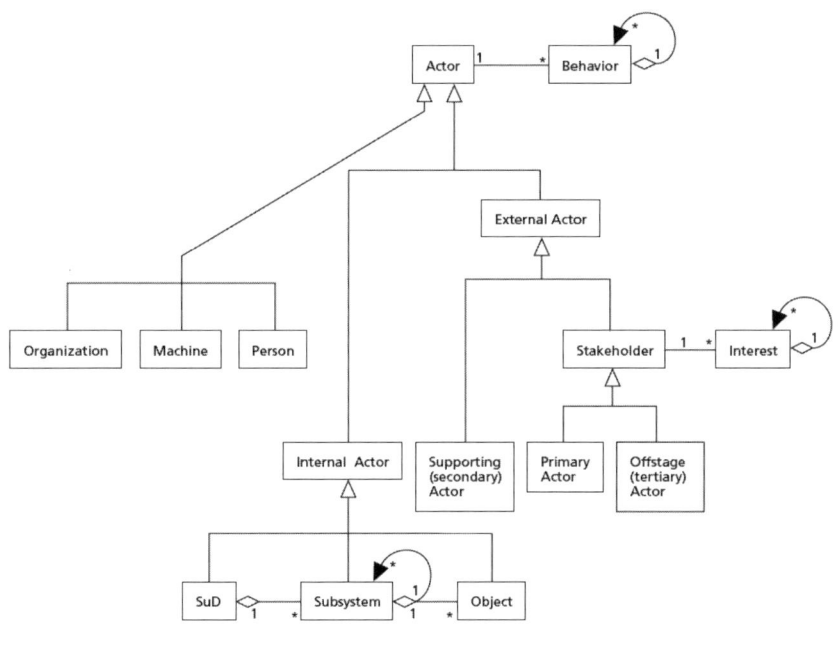

그림 2.6 행위. 목표-지향적인 행위는 책임, 목표, 행동으로 구성된다. 개별 행동은 이해관계자의 이해관계를 촉진하거나 보호하고, 상호작용은 한 액터와 다른 액터의 행동을 연결한다.

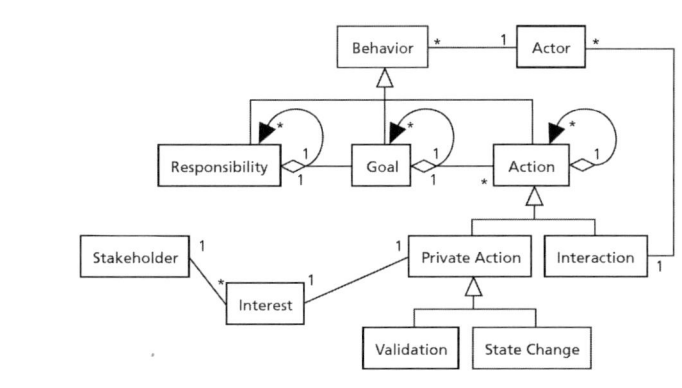

그림 2.7 책임을 호출하는 유스케이스. 유스케이스는 일차 액터의 목표를 담고 있으며, 목표시스템의 책임을 요청한다.

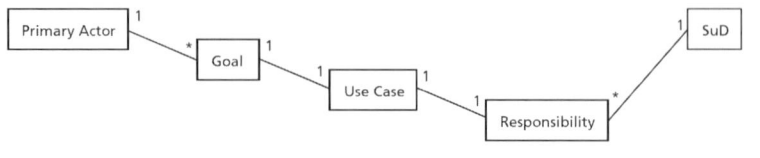

그림 2.8 복합체로서의 상호작용. 여러 액터가 상호작용에 참여한다. 상호작용은 유스케이스, 시나리오와 단순한 메시지로 분해된다. 다시 한번 편리하게 설명하기 위해 순서(sequence)라는 용어를 사용했다.

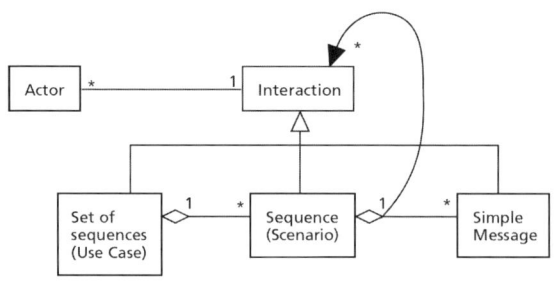

여기서 약간의 진실을 알려야겠다. 모델기반 도구를 사용하는 프로젝트에서 수년간의 테스트 없이 어떻게 이 모델을 디버깅한다는 것인지 나는 모르겠다. 다시 말하면, 이 모델은 어느 정도의 미묘한 에러를 포함하고 있을 것이다. 실험 정신이 강한 사람이나 모델기반 도구를 만들고자 하는 사람들을 위해 이 모델을 제시했다.

3장

Writing Effective **Use Cases**

범위

범위(scope)는 다른 사람의 설계 작업이나 이미 존재하는 설계에 대비하여 우리가 설계하는 영역을 표현하는 단어이다.

프로젝트 범위에 대한 추적, 심지어는 토의 범위에 대한 추적조차 어려울 수 있다. 컨설턴트인 랍 톰셋은 범위 토의를 추적 관리하는 데 사용하는 작지만 훌륭한 도구인 '내부/외부 목록(in/out list)'을 알려 주었다. 아주 단순하면서도 효과가 있어, 프로젝트 관리뿐만 아니라 일상 회의에서 범위 토의를 이끄는데 사용할 수 있다.

세 열로 된 단순한 표를 만든다. 왼쪽 열은 어떤 주제라도 쓸 수 있고, 다음 두 열은 '내부(in)'와 '외부(out)'라고 소제목을 붙인다. 주제가 토의 범위 안에 있는지 여부가 혼란스러울 때마다, 표에 추가하고 사람들에게 내부인지 외부인지 묻는다. 랍도 서술했었고 내가 직접 보았던 놀라운 결과는, 주제가 내부인지 외부인지는 회의실에 있던 사람들 모두 명확했던 반면, 관점(view)들은 흔히 반대로 나타났다. 랍은 특정 주제가 정말 작업범위 안에 있는지 결정하려면 프로젝트 조정 위원회(project steering committee)에 요청할 필요가 있다고 했다. 내부인지 외부인지에 따라 작업량에 차이가 있게 마련이다. 이 기술을 여러분의 다음 프로젝트나 다음 회의에 적용해 보길 바란다.

표 3.1은 구매 요청 추적 시스템을 위해 만든 내부/외부 목록의 예이다.

표 3.1 내부/외부 목록 예제

주제	내부	외부
다양한 양식의 송장(invoice)		외부
구매요청에 대한 보고서 작성하기 (예, 판매업체별, 부서별, 담당자별)	내부	
여러 구매요청서를 구매주문서 하나로 통합	내부	
일부 배달, 지연 배달, 잘못된 배달	내부	
모든 신규 시스템 서비스, 소프트웨어		외부
시스템에서 소프트웨어 이외의 부분	내부	
사용가능한 기존 소프트웨어 식별	내부	

작업 범위 안에 있는 것과 밖에 있는 것을 구분하기 위해, 요구사항이나 유스케이스 작성 활동 초기에 내부/외부 목록을 적절히 활용한다. 논의가 정상궤도를 이탈할 조짐이 보일 때나 범위 밖의 요구사항이 논의되고 있을 때 내부/외부 목록을 참조한다. 작업 진행에 따라 목록을 갱신한다.

목표 시스템의 기능 범위와 설계 범위 관련 주제를 위해 내부/외부 목록을 사용한다.

3.1 기능 범위

기능 범위는 시스템이 제공하는 서비스를 의미하며, 결국은 유스케이스에 나타난다. 그러나 프로젝트를 시작할 때 그것을 정확히 알지 못하는 경우가 대부분이다. 유스케이스를 식별함과 동시에 기능 범위를 판단해야 하는데, 이 두 작업은 서로 얽혀있다. 이런 상황에서 내부/외부 목록은 시스템 범위에 대해서 안과 밖의 경계를 그어주므로 도움이 된다. 이와 관련한 또 다른 도구는 액터-목표 목록과 유스케이스 요약서이다.

'액터 – 목표' 목록

액터-목표 목록은 시스템의 기능 내역을 보여주면서 시스템이 제공하는 사용자

표 3.2 액터-목표 목록 예제

액터	테스크 수준 목표	우선순위
모든 액터	구매요청 확인	1
인가담당자	권한 변경	2
구매담당자	공급자 연락처 변경	3
구매요청자	구매요청 시작	1
	구매요청 변경	1
	구매요청 취소	4
	배송 완료 구매요청 등록	4
	배송물품 반송	4
승인담당자	제출용 구매요청서 완성	2
구매담당자	주문요청서 완성	1
	판매업체와 구매주문 시작	1
	미배송 통지	4
인가담당자	승인담당자 서명 검증	3
인수담당자	배송 등록	1

목표를 제시한다. 범위의 내부와 외부의 속한 항목을 보여주는 내부/외부 목록과는 달리, 액터-목표 목록은 시스템이 실제로 지원할 서비스만을 기록한다. 표 3.2는 구매요청 추적 시스템 프로젝트의 액터-목표 목록이다.

이 목록을 만들기 위해, 세 열로 된 표를 작성한다. 목표를 가지는 일차 액터의 이름을 왼쪽 열에 두고, 중간 열에는 시스템의 관점에서 각 액터의 목표를 두고, 세 번째 열에는 우선순위나 그 목표를 지원할 초기 배포판(release)을 기입한다. 프로젝트 진행과정에서 이 목록을 지속적으로 갱신하여 시스템의 기능 범위 상태를 항상 반영한다.

어떤 사람들은 열을 추가하여, 사람이 아닌 시간에 의해 시작되는 유스케이스를 식별하기 위한 트리거, 비즈니스 우선순위, 개발 복잡성, 그리고 개발 우선순위 등을 기입한다. 이를 통해 개발 우선순위를 끌어내기 위해 개발 비용으로부터 비즈니스 요구를 분리할 수 있다.

액터-목표 목록은 사용자 대표, 재정 후원자, 그리고 개발 그룹 간의 초기 협상 지점이다. 이 목록은 프로젝트의 내용과 구성에 초점을 둔다.

유스케이스 요약서

나는 여러분께 가능한 낮은 수준의 정밀도로부터 작업하는 것과 여러분의 에너지 관리의 중요성을 계속 강조할 것이다. 액터-목표 목록은 시스템 행위 서술 시 가장 낮은 수준의 정밀도를 가진다. 뿐만 아니라 시스템에 대한 전체 그림을 가지고 작업하는 데 매우 유용하다. 다음 수준의 정밀도는 주요 성공 시나리오나 유스케이스 요약서가 될 것이다.

유스케이스 요약서는 유스케이스의 행위에 대해 두 문장에서 여섯 문장 정도로 서술한 문서로, 가장 중요한 활동과 실패만을 언급한다. 요약서를 통해 유스케이스 안에서 일어나는 일을 알 수 있다. 또한 작업의 복잡성을 예측하는 데 도움이 된다. COTS(commercial off-the-shelf component, 상업용 컴포넌트)를 기반으로 시스템을 구축하는 팀은 컴포넌트 선정에 유스케이스 요약서를 사용한다. 매우 뛰어난 내부 의사 전달 체계를 가지고 고객과 지속적으로 논의해 온 프로젝트 팀은, 유스케이스 요약서 외의 다른 요구사항 문서는 작성하지 않는다. 이런 팀은 지속적인 토의, 프로토타입, 수시로 인도하는 증보판(increment) 등에서 나머지 요구사항을 찾아낸다.

액터-목표 목록 확장판으로 또는 초안 유스케이스 본문의 한 부분으로, 유스케이스 요약서를 표로 작성하기도 한다. 표 3.3은 요약서 예제이다. 작성에 도움을 준 내비게이션 테크놀로지 사의 폴 포드, 스티브 영, 그리고 폴 보우자이드에게 감사의 마음을 전한다.

3.2 설계 범위

설계 범위란 시스템의 영역(extent)인데, 만약 소프트웨어가 공간을 차지한다면 공간적인 영역이 된다. 우리는 시스템, 하드웨어, 그리고 소프트웨어에 대한 설

표 3.3 유스케이스 요약서 예제

액터	목표	요약
제품화 담당 직원	관리 영역의 틀을 변경한다.	제품화 담당 직원은 관리 영역 메타데이터(관리 계층, 통화, 언어 코드, 거리 유형, 등)를 참조 데이터베이스에 추가한다. 소스 데이터에 사용할 연락 정보를 목록으로 만들었다. 이것이 참조 데이터를 갱신하는 특별한 경우이다.
제품화 담당 직원	디지털 지도 제작에 사용할 소스 데이터 준비	제품화 담당 직원은 표준 포맷을 선정하는데 필요한 외부 디지털 데이터를 변환하고, 운영 데이터베이스와 통합하기 위해 준비하면서 타당성을 검토하고 정정한다. 데이터는 목록으로 작성하고 디지털 소스 라이브러리에 저장한다.
제품화 담당 직원 및 고객지원 담당 직원	운영 데이터베이스에 대한 공유 체크아웃의 갱신 트랜잭션을 커밋한다.	팀원은 운영 데이터베이스에 누적된 갱신 트랜잭션을 적용한다. 충돌이 없는 트랜잭션은 운영 데이터베이스로 커밋한다. 애플리케이션 컨텍스트는 운영 데이터베이스와 동기화한다. 커밋한 트랜잭션은 애플리케이션 컨텍스트에서 지우고, 운영 데이터베이스는 일관성을 위해 수작업/상호작용을 통해 해결이 가능하지만 충돌이 있는 트랜잭션과 함께 그대로 남겨 둔다.

계나 토의를 책임진다. 이것이 설계 경계선이다. ATM을 설계한다면, 상자 안에 들어가는 하드웨어와 소프트웨어를 생산해야 한다. ATM 안에 들어가는 모든 것이 우리가 설계할 대상이다. 상자가 대화할 컴퓨터 네트워크는 설계 범위 밖에 있어 우리가 설계할 대상이 아니다.

지금부터는 '범위'라고 단독으로 쓴다면 그것은 설계 범위를 의미한다. 기능 범위는 '액터-목표' 목록과 유스케이스에서 적절히 정의하겠지만, 설계 범위는 모든 유스케이스의 관심 주제이기 때문이다.

다음 이야기에서 예를 보여 주듯이, 유스케이스 작성자와 독자가 동의할 유스케이스 설계범위 조정 및 합의가 매우 중요하다. 잘못되었을 경우, 계약 측면에서 끔찍한 결과와 더불어 50% 또는 그 이상의 비용을 추가로 지불해야 한다. 유스케이스 독자는 시스템 경계 안에 둔 것을 재빨리 파악해야 한다. 그것은 유스케이스 이름이나 일차 액터만으로는 명확하게 파악할 수 없다. 동일한 유스케이스 집합 안에서도 서로 다른 규모의 시스템을 볼 수 있다.

일반적으로 유스케이스 작성자는 범위가 너무 명확하므로 언급할 필요조차 없다고 생각한다. 하지만 여러 명의 독자와 작성자가 있을 경우, 유스케이스 설계 범위는 그리 명확하지 않다. 한 작성자는 전체 회사를 범위로 생각하고(그림 3.1 참조), 다른 작성자는 회사의 소프트웨어 시스템 전체, 또 다른 작성자는 새로운 클라이언트-서버 시스템을, 또 다른 작성자는 클라이언트만 또는 서버만을 생각하는 경우도 있다. 따라서 독자는 의도한 바에 대한 실마리를 찾지 못하고, 길을 잃어버리거나 문서를 잘못 이해하기도 한다.

오해를 없애기 위해 무엇을 할 수 있을까?

지금까지 발견한 유일한 해답은 모든 유스케이스에 설계 범위를 가지고 레이블을 붙이는 것이다. 가장 중요한 범위를 표현하는 특정 이름을 사용한다. 보

◆ **짧은 실화 하나**

한번은 대규모 시스템에 대한 고정-시간, 고정-비용 방식의 입찰을 도와주기 위해, 어떤 설계 예제를 훑어보고 있었다. 프린터를 골라서 그 기능을 설명했다. 그때 IS 전문가가 웃으면서 "당신과 같이 개인용 컴퓨터를 컴퓨터라고 생각하는 사람들이 우리를 답답하게 하지요. 우리가 이 작은 레이저 프린터로 송장을 출력하리라 생각하시겠지요? 우리는 체인 프린터, 일괄 입출력, 그 외 모든 것이 지원되는 엄청난 인쇄 시스템을 갖추고 있어요. 우리는 송장을 박스 단위로 출력하거든요."라고 말했다.

나는 충격을 받았다. "그러니까 프린터는 시스템의 범위가 아니라는 말씀이지요?"

"물론 아닙니다! 이미 가지고 있는 인쇄 시스템을 사용할 겁니다."

실제로, 우리는 복잡한 인쇄 시스템 인터페이스가 있음을 확인하였다. 우리 시스템은 인쇄할 내용을 자기(magnetic) 테이프에 준비하는 것이었다. 인쇄 시스템은 밤새도록 테이프를 읽고 출력한다. 그리고 인쇄 작업 결과를 설명하는 테이프에 인쇄할 수 없었던 모든 상황에 대한 오류를 기록한다. 다음 날, 우리 시스템은 결과를 다시 읽고 정확하게 출력되지 않았던 부분에 표시를 한다. 이 테이프와 인터페이스하는 부분에 대한 설계 작업이 중요했으며, 이것이 우리가 애초에 기대했던 것과는 완전히 다른 내용이었다.

인쇄 시스템은 설계 대상이 아니라 사용 대상이었다. 따라서 설계 범위 밖에 있었다. (3.3절에서 설명했듯이, 인쇄 시스템은 지원 액터였다.) 우리의 이 착각을 알지 못했다면 인쇄 시스템을 우리 범위에 포함시켜 유스케이스를 작성했을 것이고, 그 결과로 필요 이상의 시스템을 구축하겠다는 입찰신청서를 제출했을 것이다.

그림 3.1 설계 범위는 다양한 규모를 가짐

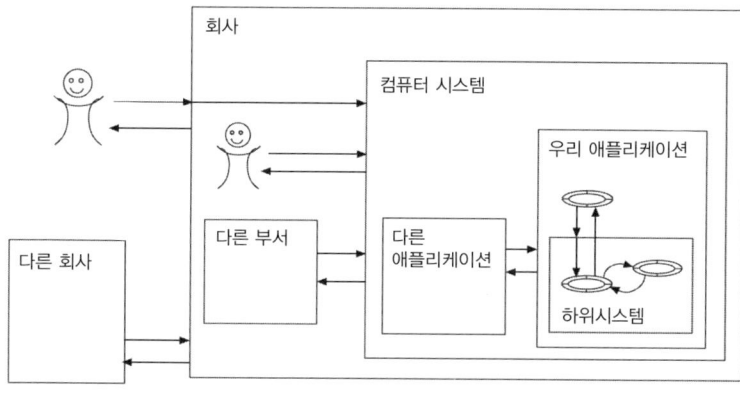

다 구체적으로 알아보기 위해, 마이크로텔코 사에서 검색 하위시스템을 가지는 뉴앱(NewApp)이라는 시스템을 설계 중이라고 가정하자. 설계 범위와 이름은 다음과 같다.

- 기업 (= 마이텔코) (🏠) . 여러분은 일차 액터의 목표를 달성하는 데 필요한 전체 조직 또는 회사의 행위에 대해 논의하고 있다. 유스케이스의 범위 항목에 단순히 '회사' 보다는 '조직-마이텔코'라고 이름을 붙인다. 만약 부서에 대해 논의하고 있다면, 부서 이름을 사용한다. 비즈니스 유스케이스는 기업 범위에서 작성한다.
- 시스템 (= 뉴앱) (▱) . 여러분이 개발할 책임을 지고 있는 하드웨어나 소프트웨어 부분이다. 시스템 밖에는 시스템과 인터페이스 하기로 되어 있는 하드웨어, 소프트웨어, 그리고 사람이 있다.
- 하위시스템(= 검색시스템) (〰) . 여러분은 메인 시스템을 사용하기 시작했고 각 부분이 어떻게 동작하는지에 대해 이야기하려 한다.

설계 범위를 강조하기 위한 그림 아이콘 사용

유스케이스를 읽기 전에 설계범위를 알 수 있도록 유스케이스 제목 왼쪽에 아이콘을 고려한다. 지금 당장은 아이콘 관리도구가 없지만, 아이콘을 사용함으로써 혼란을 줄일 수 있음을 발견했다. 이 책에서 각 유스케이스마다 적절한 아이콘으로 레이블을 붙여 유스케이스의 범위를 보다 쉽게 알 수 있도록 했다.

다음 목록을 읽을 때, 블랙-박스 유스케이스는 화이트-박스와는 달리 목표시스템의 내부 상태에 대해 논의하지 않음을 기억하기 바란다.

- 비즈니스 유스케이스는 기업 전체를 범위로 한다. 비즈니스 유스케이스를 표현하는 아이콘은 건물 모양이다. 여러분이 전체 기업을 블랙-박스로 다룬다면 아이콘을 회색으로 칠하고(🏠), 조직 내의 부서와 구성원에 대해 이야기 한다면 흰색으로 칠한다(🏠).
- 시스템 유스케이스는 컴퓨터 시스템을 범위로 한다. 시스템 유스케이스를 표현하는 아이콘은 상자 모양이다. 만약 이것을 블랙-박스로 다룬다면 회색을(📦), 내부 컴포넌트의 상호작용을 밝히고자 한다면 흰색을 칠한다 (📦).
- 컴포넌트 유스케이스는 설계 중인 시스템의 하위시스템 또는 컴포넌트에 대한 것이다. 컴포넌트 유스케이스를 표현하는 아이콘은 볼트 모양이다. (🔩) 예제로 유스케이스 13에서부터 17까지를 참조한다.

설계 범위 예제

서로 다른 범위를 가진 시스템 예제 세 가지를 든다.

(1) 기업-시스템 범위

전화 회사인 마이텔코(MyTelCo) 사에서 작업한다고 가정하자. 이 회사는 서비스와 업그레이드 주문을 받기 위해 새로운 시스템인 아큐라(Acura)라는 신규 시스템을 설계하고 있다. 아큐라는 하나의 서버에 연결된 워크스테이션 하나로 구성되어 있다. 서버는 기존 시스템인 BSSO를 구동시키기 위해 메인프레임 시스템에 연결된다. BSSO는 메인 프레임에 연결된 하나의 터미널이다. BSSO는 어떤 형태로든 변경할 수 없고 기존 인터페이스만 사용할 수 있다.

아큐라의 일차 액터로는 고객, 사원, 여러 관리자, 그리고 BSSO가 있다(BSSO는 명확히 범위 안에 있지 않다).

시스템이 지원해야 하는 몇 가지 목표를 찾아보자. 가장 확실한 것은 "신규 서비스 추가"이다. 이 목표를 위한 일차 액터는 회사 사원으로, 고객을 위해 일을 한다. 자리에 가만히 앉아서 유스케이스 몇 개를 작성해 보자.

당장 떠오르는 질문은 "목표 시스템은 무엇인가?"이다. 다음은 우리의 관심을 끌 만한 두 가지 질문이다.

- 마이텔코(MyTelCo). 우리는 다음 질문에 관심을 가진다. "초기 요청부터 구현, 인도까지 새로운 서비스 구현을 보여주는 마이텔코의 서비스는 고객의 입장에서 어떻게 보일까?" 이 질문은 두 가지 이해관계를 모두 내포하고 있다. 회사의 관리자는 새로운 시스템이 외부에 비춰지는 모습을 알고 싶고, 구현 팀은 새로운 시스템이 자리잡을 환경을 알고 싶어 한다.

  이 유스케이스는 기업 범위(🏠)에서 작성되며, 범위 항목은 '마이텔코 사'라고 기록되고, 유스케이스에는 회사 내부직원은 언급하지 않고 작성할 것이다(사원, 부서, 컴퓨터 등이 모두 나타나지 않는다). 이런 종류의 유스케이스는 비즈니스에 관한 것이므로 흔히 비즈니스 유스케이스로 불린다.

- 아큐라(Acura). 우리는 다음 질문에 관심이 있다. "한편으로는 사원과 고객에 대한 인터페이스에서 그리고 또 한편으로는 BSSO 시스템에 대한 인터페이스에서 아큐라 서비스가 어떻게 나타날까?" 이것은 설계담당자가 가장 관심을 갖는 유스케이스이다. 구축하려는 시스템을 정확히 기술하기 때문이다. 이 유스케이스를 시스템 범위에서 작성하고 범위 항목에는 '아큐라'라고 붙일 것이다(📦). 이 유스케이스에는 사원, 부서, 다른 컴퓨터 시스템 등을 자연스럽게 언급하겠지만, 워크스테이션이나 서버 하위시스템은 언급하지 않는다.

유스케이스를 두 개 작성한다. 같은 정보를 두 차례 반복하는 것을 피하기 위해, 높은 수준(연 모양)에서 기업 유스케이스를 작성하여, 서비스 요청에 대한 마이텔코의 응대 및 처리, 서비스 비용 청구 및 수금 등을 보여준다. 기업 유스케이스의 목적은 새로운 시스템을 둘러싼 상황을 보여주는 것이다. 다음으로 아큐라를 범위로 가지는 사용자 목표 유스케이스에서 서비스 요청을 5분에서 20여분 동안 처리하는 내용을 자세히 서술한다.

유스케이스 6 🏠 신규 서비스 추가 (기업) 🔍

일차 액터: 고객
범위: 마이텔코
수준: 요약
1. 고객이 마이텔코에 전화를 걸어, 신규서비스 추가를 요청한다…
2. 마이텔코는 … 를 수행한다… 등등….

유스케이스 7 📦 신규 서비스 추가 (아큐라) 〰️

일차 액터: 외부고객 응대 사원
범위: 아큐라
수준: 사용자 목표
1. 고객이 전화를 걸면, 사원은 고객과 서비스 요청에 대해 이야기한다.
2. 사원은 아큐라 안에서 고객을 검색한다.
3. 아큐라는 고객이 사용 중인 서비스 패키지를 보여준다…

아큐라 워크스테이션이나 아큐라 서버는 우리의 관심 밖이므로, 어떤 유스케이스의 범위에도 들어가지 못한다. 나중에 설계 팀의 누군가가 유스케이스를 사용하여 아큐라의 하위시스템을 문서화하기 위해 선택할 수도 있다. 그때 두 가지 유스케이스를 작성하는데, 하나는 아큐라 워크스테이션을 범위로, 다른 하나는 아큐라 서버를 범위로 작성할 것이다. 경험에 따르면 이런 유스케이스는 거의 작성하지 않는데, 그 이유는 하위시스템 아키텍처를 문서화하는 더 좋은 방법이 있기 때문이다.

(2) 여러 컴퓨터에 하나의 애플리케이션을 실행하는 경우

다음은 흔히 발생할 수 있는 상황은 아니지만, 매우 어려운 상황이다. 마이텔코의 상황에서 작업하자.

> 아큐라는 서서히 BSSO를 대체해 나갈 것이다. 새로운 서비스 요청을 아큐라에 등록하고 BSSO를 사용하여 변경한다. 시간이 흐를수록 아큐라는 더 많은 기능을 수행하게 된다. 두 개의 시스템은 공존해야 하며 서로 맞추어 가며 운영될 것이다. 따라서 유스케이스는 새로운 시스템인 아큐라와, 아큐라와 보조를 맞추기 위해 변경되어야 하는 BSSO, 두 시스템에 대해 작성하여야 한다.

이 상황에서 어려운 점은 유스케이스가 네 개 생긴다는 것인데, 아큐라를 표현하는 것 두 개, BSSO를 표현하는 것 두 개가 생긴다. 사원을 일차 액터로 하는 각 시스템을 표현하는 유스케이스 하나와 다른 시스템을 일차 액터로 하는 각 시스템의 유스케이스 하나가 필요하다. 이런 상황에서 유스케이스 네 개를 작성하는 것은 피할 수 없지만 중복으로 보이기 때문에 보는 이들을 혼란스럽게 한다.

이 상황을 문서화하기 위해, 먼저 두 컴퓨터 시스템을 범위로 하는 요약-수준 유스케이스를 작성한다. 이를 통해 시스템 간의 상호작용을 문서화할 기회를 가진다. 그 유스케이스에서 각 시스템의 요구사항을 서술하는 특정 유스케이스를 참조한다. 맨 먼저 작성하는 이 유스케이스는 화이트-박스 유형이 될 것이다 (화이트-박스 기호에 주목한다).

상황이 아주 복잡하므로 각 유스케이스의 범위에 대한 다이어그램도 포함한다.

유스케이스 8 서비스 요청 입력과 갱신 (결합 시스템)

> **일차 액터:** 외부고객 응대 사원
> **범위:** 아큐라와 BSSO를 포함하는 컴퓨터 시스템 (다이어그램 참조)
> **수준:** 요약
> **주요 성공 시나리오:**
> 1. 사원이 아큐라에 <u>신규서비스 추가</u>를 한다.

2. 아큐라는 BSSO에게 <u>신규 서비스 요청 기록</u>을 한다.
3. 잠시 후, 직원은 BSSO에서 <u>서비스 요청 갱신</u>을 한다.
4. BSSO는 아큐라에게 <u>갱신요청 기록</u>을 한다.

하위 유스케이스 네 개는 모두 사용자-목표 유스케이스로, 해수면 기호로 표시한다. 모두 시스템 유스케이스이지만, 다른 시스템을 위한 것이므로 여러 다이어그램으로 표현했다. 각 다이어그램에서 일차 액터에는 동그라미를 쳤고 목표시스템(SuD)은 회색으로 칠했다. 이번 유스케이스는 블랙-박스 유형인데, 새로운 작업 요구사항이기 때문이다. 덧붙여서 약간씩 다른 동사를 썼는데, '기록(note)'이라는 동사는 한 시스템이 다른 시스템과 맞추어서 돌아감(동기화)을 나타내기 위해 사용했다.

유스케이스 9 신규 서비스 추가 (아큐라에)

일차 액터: 외부고객 응대 사원
범위: 아큐라
수준: 사용자 목표
… 유스케이스 본문이 계속됨 …

유스케이스 10 신규 서비스요청 기록 (BSSO에서)

일차 액터: 아큐라
범위: BSSO
수준: 사용자 목표
… 유스케이스 본문이 계속됨…

유스케이스 11 서비스 요청 갱신 (BSSO에서)

일차 액터: 외부고객 응대 사원
범위: BSSO
수준: 사용자 목표
… 유스케이스 본문이 계속됨…

유스케이스 12 🗇 갱신요청 기록 (아큐라에서) ⚞

> 일차 액터: BSSO
> 범위: 아큐라
> 수준: 사용자 목표
> … 유스케이스 본문이 계속됨…

    UML 유스케이스 다이어그램을 사용할 경우, 요약-수준의 유스케이스를 글로 쓰는 대신 그림으로 표현한다. 이것으로도 네 개의 사용자-목표 유스케이스로 인한 혼란을 줄이지 못하므로, 일차 액터, 범위, 수준을 신중하게 표현하고, 가능하면 유스케이스 안에 범위 다이어그램을 그린다.

    개인적으로는, 이런 방법이 혼란을 많이 줄여준다는 근거를 찾지 못했다. 두 시스템 간의 연결 상황을 보여주려고 그림 3.3처럼 표준과 거리가 있는 유스케이스 다이어그램을 고려했었다. 이 다이어그램은 명확하지만 유지보수가 어렵다. 하지만 여러분이 작성한 유스케이스를 읽는 사람과 의사소통을 원활하게 한다면 어떤 것이든 그리는 것이 좋다.

(3) 실재 유스케이스

규모(scale)에 대한 마지막 논의로, 어떤 그룹이 유스케이스를 사용하여 설계 프레임워크를 문서화했던 방법을 살펴보자. 그들은 프레임워크의 규칙에 대한 다이어그램이 실린 18쪽짜리 설명서로 시작했다. 하지만 그것이 읽기 어렵다고 판단하고는 설명을 위한 수단으로 유스케이스를 사용해 보기로 했다.

    그 그룹은 그 일에 일주일을 투자했다. 처음에는 프레임워크가 처리할 모든 요구사항을 확실히 표현하기 위해 유스케이스 마흔 개를 작성했다. 확장과 데이터 변형 목록을 이용하여, 이것을 단 여섯 개로 줄였다.

    이 비즈니스를 모르는 대부분의 독자들은 이러한 유스케이스 이해에 어려움을 느낄 것이다. 그러나 어떤 독자들은 숙련된 프로그래머로서 설계를 문서화할 방법을 찾고 있으리라 생각되기에, 이 그룹이 내부 아키텍처를 어떻게 문서화하는지 그리고 변형목록을 어떻게 활용하는지 보여주기 위해 이 유스케이스

그림 3.2 아큐라-BSSO 유스케이스 다이어그램. 두 시스템 간의 상호작용을 표현하는 UML 방식이다. 위의 다이어그램은 BSSO가 아큐라 시스템 유스케이스의 지원 액터이고, 동시에 다른 유스케이스의 일차 액터임을 보여준다. 아래 다이어그램에서 역할이 바뀌었다.

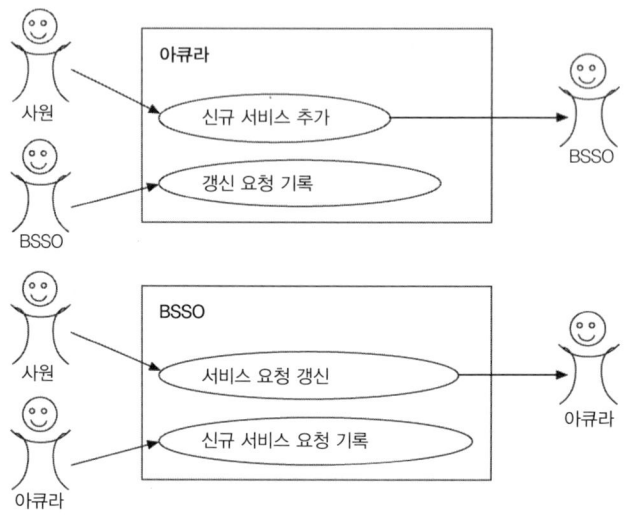

그림 3.3 아큐라-BSSO 통합 유스케이스 다이어그램. 이 그림은 네 개의 유스케이스 관계를 명확하게 보여주지만 표현 방식이 UML 표준과는 거리가 있다. 왜냐하면 다른 시스템의 유스케이스를 호출하는 시스템의 유스케이스를 보여주기 때문이다.

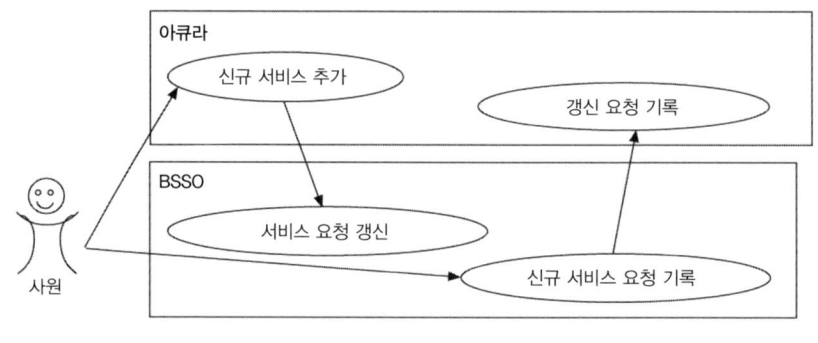

를 소개한다. 문제의 복잡도를 고려할 때 상대적으로 매우 읽기 쉽다고 생각한다. 하위 유스케이스의 밑줄에 주의한다. 작성에 도움을 준 캘거리의 데일 마겔에게 감사의 마음을 전한다.

일반 설명:

전체 아키텍처는 반드시 동시 작업을 처리할 수 있어야 한다. 이를 위해, 프로세스 쓰레드와 자원 잠금(resource locking)을 반드시 지원한다. 이 서비스는 동시성 서비스 프레임워크(CSF, Concurrency Service Framework)의 몫이다. 클라이언트가 CSF를 사용함으로써 여러 프로세스에서 오는 불안전한 접근으로부터 코드의 주요 부분을 보호할 수 있다.

유스케이스 13 (자원 접근 직렬화

일차 액터: 서비스 클라이언트 객체
범위 : 동시성 서비스 프레임워크(CSF)
수준 : 사용자 목표
주요 성공 시나리오:
1. 서비스 클라이언트는 지정된 접근을 하기 위해 자원 잠금을 요청한다.
2. 자원 잠금 객체는 통제권을 서비스 클라이언트에게 돌려주면 클라이언트는 자원을 사용할 수 있다.
3. 서비스 클라이언트는 자원을 사용한다.
4. 서비스 클라이언트는 자원 사용이 끝났음을 자원 잠금 객체에게 알려준다.
5. 자원 잠금 객체는 서비스 클라이언트가 사용한 부분을 정리한다.

확장:
2a. 자원 잠금 객체는 서비스 클라이언트가 이미 자원에 접근하고 있음을 안다.
    21a. 자원 잠금 객체는 요청에 대해 잠금 <u>전환 정책 적용(유스케이스 14)</u>을 한다.
2b. 자원 잠금 객체는 자원이 이미 사용중임을 발견한다.
    2b1. 자원 잠금 객체는 서비스 클라이언트의 접근을 허용하기 위해 <u>호환 정책 적용(유스케이스 15)</u>을 한다.
2c. 자원 잠금 점유 시간 한계가 0이 아니다.
    2c1. 자원 잠금 객체는 점유 타이머를 작동한다.
3a. 클라이언트가 자원 잠금 객체에게 자원 사용 종료를 알리기 전에 점유 타이머가 종료된다.
    3a1. 자원 잠금 객체는 클라이언트 프로세스에게 예외(exception)상황이 발생했음을 알린다.
    3a2. 실패

4a. 자원 잠금 객체는 서비스 클라이언트에서 0이 아닌 잠금 카운트가 있음을 발견한다.
    4a1. 자원 잠금 객체는 요청에 대한 참조 카운트를 줄인다.
    4a2. 성공!
5a. 자원 잠금 객체는 현재 자원이 사용되지 않고 있음을 발견한다.
    5a1. 자원 잠금은 대기 중인 서비스 클라이언트가 접근할 수 있도록 <u>접근 선택 정책 적용</u> (유스케이스 16)을 한다.
5b. 점유 타이머가 여전히 돌아가고 있다.
    5a1. 자원 잠금 객체는 점유 타이머를 취소한다.

기술과 데이터 변형 목록
1. 명세된 접근 요청은 다음과 같다:
   - 배타적인 접근
   - 공유 접근
2c. 잠금 점유 시간을 지정할 수 있는 것은 다음과 같다:
   - 서비스 클라이언트
   - 자원 잠금 정책
   - 전역 기본값

유스케이스 14 (잠금 변환 정책 적용)

일차 액터: 클라이언트 객체
범위: 동시성 서비스 프레임워크(CSF)
수준: 하위기능
주요 성공 시나리오:
1. 자원 잠금 객체는 요청이 배타적인 접근을 위한 것임을 확인한다.
1. 자원 잠금 객체는 서비스 클라이언트가 공유 접근을 가지고 있음을 확인한다.
2. 자원 잠금 객체는 접근을 갱신하기 위해 기다리는 서비스 클라이언트가 없음을 확인한다.
3. 자원 잠금 객체는 자원을 공유하는 다른 서비스 클라이언트가 없음을 확인한다.
4. 자원 잠금 객체는 서비스 클라이언트에게 자원에 대한 배타적인 접근을 허락한다.
5. 자원 잠금 객체는 서비스 클라이언트 잠금 카운트를 증가시킨다.

확장:
1a. 자원 잠금 객체는 요청이 공유 접근을 위한 것임을 발견한다:
    1a1. 자원 잠금 객체는 서비스 클라이언트에 대한 잠금 카운트를 증가시킨다.
    1a2. 성공!
2a. 자원 잠금 객체는 서비스 클라이언트가 이미 배타적인 접근을 가지고 있음을 발견한다:

2a1. 자원 잠금 객체는 서비스 클라이언트의 잠금 카운트를 증가시킨다.

2a2. 성공!

3a. 자원 잠금 객체는 접근을 갱신하기 위해 대기 중인 다른 서비스 클라이언트를 발견한다:

3a1. 서비스 클라이언트에게 요청된 접근이 허용되지 않았음을 알린다.

3a2. 실패!

4a. 자원 잠금 객체는 자원을 사용하는 다른 서비스 클라이언트가 있음을 발견한다:

4a1 자원 잠금 객체는 <u>자원 접근 제어 목적으로 서비스 클라이언트 대기(유스케이스 17)</u>를 시킨다.

유스케이스 15 접근 호환정책 적용

일차 액터: 서비스 클라이언트 객체

범위: 동시성 서비스 프레임워크(CSF)

수준: 하위기능

주요 성공 시나리오

1. 자원 잠금 객체는 요청이 공유 접근을 위한 것임을 확인한다.
2. 자원 잠금 객체는 현재 모든 자원 사용이 공유 접근을 위한 것임을 확인한다.

확장:

2a. 자원 잠금 객체는 요청이 배타적인 접근을 위한 것임을 발견한다:

2a1. 자원 잠금 객체는 <u>자원 접근 제어 목적으로 서비스 클라이언트 대기(유스케이스 17)</u>를 시킨다(프로세스는 잠금 서비스 전략에 의해 재개된다).

2b. 자원 잠금 객체는 자원이 배타적으로 사용되고 있음을 발견한다:

2b1. 자원 잠금 객체는 <u>자원 접근 제어 목적으로 서비스 클라이언트 대기(유스케이스 17)</u>를 시킨다.

변동:

1. 호환성 기준은 변경될 수 있다.

유스케이스 16 접근선택 정책 적용

일차 액터: 클라이언트 객체

범위: 동시성 서비스 프레임워크(CSF)

수준: 하위기능

주요 성공 시나리오:

상황 목표: 자원 잠금 객체는 어떤 대기 중인 요청을 받아들일 것인가를 결정한다.

참고: 이 전략이 변동 지점이다.

1. 자원 잠금 객체는 가장 오래 대기 중인 요청을 선택한다.
2. 자원 잠금 객체는 프로세스를 실행 가능하게 함으로써 선택한 요청(들)의 접근을 허용한다.

확장: .

1a. 자원 잠금 객체는 대기 중인 요청이 없음을 발견한다:

   1a1. 성공!

1b. 자원 잠금 객체는 공유에서 배타적인 접근으로 갱신하기 위해 기다리는 요청을 발견한다:

   1b1. 자원 잠금 객체가 갱신 요청을 선택한다.

1c. 자원 잠금 객체가 공유 접근 요청을 선택한다:

   1c1. 다음 요청이 배타적인 접근일 때까지 자원 잠금 객체는 [단계 1]을 반복한다.

변동:

1. 순서 선택 기준은 변경될 수 있다.

유스케이스 17 (ﾙﾙﾙ 자원 접근 제어를 목적으로 클라이언트 대기 ﾊ◎

일차 액터: 클라이언트 객체

범위: 동시성 서비스 프레임워크(CSF)

수준: 하위기능

주요 성공 시나리오:

사용자: CC 2,4 자원 잠금:

1. 자원 잠금 객체가 서비스 클라이언트 프로세스를 일시 정지시킨다.
2. 서비스 클라이언트가 재개될 때까지 기다린다.
3. 서비스 클라이언트 프로세스가 재개된다.

확장:

1a. 자원 잠금 객체가 대기 시간이 지정된 것을 발견한다:

   1a1. 자원 잠금 객체가 타이머를 작동한다.

2a. 대기 시간이 지났다:

   2a1. 서비스 클라이언트에게 요청했던 접근이 허락되지 않았음을 통지한다.

   2a2. 실패!

기술과 데이터 변동 목록:

1a1. 잠금 대기 시간은 다음에 의해 지정될 수 있다:

- 서비스 클라이언트
- 자원 잠금 정책
- 전역 기본 값

3.3 가장 바깥쪽 유스케이스

50쪽의 기업-시스템 범위 하위-절에서, 설계 중인 시스템과 외부 범위에 대해서, 각 유스케이스를 작성하라고 권유했었다. 이제 그것에 대해 좀 더 구체적으로 언급한다. 각 유스케이스 대해, 가장 바깥 쪽 설계 범위를 찾고 그 범위에서 요약-수준 유스케이스를 작성한다.

유스케이스는 설계 범위로 작성하였다. 대개 일차 액터를 외부에 두고 있는, 더 넓은 설계 범위가 있다. 범위를 계속 넓혀가다 보면, 일차 액터가 내부로 들어오는 지점에 도달한다. 그것이 바로, 가장 바깥쪽 범위다. 때로는 가장 바깥쪽 범위가 회사이고, 때로는 부서이며, 또 때로는 컴퓨터이다. 대부분, 전산 부서는 전산 보안 유스케이스의 일차 액터이고, 마케팅 부서는 홍보 유스케이스의 일차 액터이며, 고객은 주요 시스템 기능을 표현한 유스케이스의 일차 액터이다.

일반적으로, 전체 시스템에 대해 두 개에서 다섯 개 정도의 가장 바깥쪽 유스케이스가 존재하므로, 모든 유스케이스가 두 번씩 작성되는 것은 아니다. 각 유스케이스는 같은 설계 범위를 놓고 비슷한 목표를 가진 일차 액터를 합치고, 이들의 모든 하위 수준 유스케이스를 통합하므로, 매우 적은 수의 유스케이스에 대해서만 가장 바깥쪽 유스케이스를 작성한다.

가장 바깥쪽 유스케이스 작성을 적극 추천하는데, 작성에 드는 시간은 적으면서도 유스케이스 집합에게 훌륭한 컨텍스트를 제공하기 때문이다. 가장 바깥쪽 유스케이스는 시스템이 자신의 가장 바깥에 있는 사용자들에게 궁극적으로 어떤 이익이 있는지를 보여준다. 또한 시스템의 행위를 전체적으로 훑어볼 수 있도록 표도 제공한다.

마이텔코 사와 이 회사의 아큐라 시스템의 가장 바깥쪽 유스케이스를 살펴보자.

마이텔코 사는 고객 담당 사원의 부담을 줄이기 위해 고객이 웹을 통해 직접 아큐라에 접근하게 하기로 하였다. 아큐라는 사원의 영업 실적도 보고할 것이다. 누군가는 고객과 사원의 접근 수준에 대한 보안을 설정해야 할 것이다. 우리는 고객이 직접 서비스 추가, 사원이 직접 서비스 추가, 영업 실적 보고, 보안 접근 관리라는 유스케이스 네 개를 만든다.

우리는 아큐라를 목표시스템(SuD)의 범위로 하여 모두 네 개의 유스케이스를 작성해야 한다. 따라서 네 개의 유스케이스 각각에 대해 가장 바깥 범위를 알아볼 필요가 있다.

고객은 명확히 마이텔코의 영역 밖에 있으므로, 고객을 일차 액터로 하고 마이텔코를 범위로 하는 가장 바깥쪽 유스케이스가 하나 존재한다. 이 유스케이스는 요약-수준으로, 마이텔코를 블랙-박스로 보여주고, 고객의 요청에 응하고, 서비스를 제공하는 등의 내용을 포함한다. 사실, 이 유스케이스를 52쪽의 유스케이스 6, 신규 서비스 추가(기업)에서 간략하게 서술하였다.

사원은 마이텔코의 내부에 있다. 특성 추가(사원에 의해) 유스케이스에 대한 가장 바깥쪽 범위는 모든 컴퓨터 시스템이다. 이 유스케이스는 사원이 컴퓨터 시스템과 상호작용 하는 모든 내용을 포함한다. 모든 사원의 사용자-목표 유스케이스가 로그인, 로그아웃 같은 하위기능 유스케이스와 더불어 가장 바깥쪽 유스케이스 안에 있기를 바란다.

판매 실적 보고 유스케이스의 궁극적인 일차 액터는 마케팅 부서이다. 가장 바깥쪽 유스케이스는 서비스 부서를 범위로 하며, 마케팅 부서가 판매 보너스, 판매 실적 보고 등의 결정 과정에서 컴퓨터 시스템과 서비스 부서 간의 상호작용을 보여준다.

보안 접근 관리 유스케이스의 일차 액터는 보안 부서나 IT 부서이며, 가장 바깥쪽 설계 범위는 IT 부서 혹은 모든 컴퓨터 시스템이다. 이 유스케이스는 보안 문제를 설정하고 추적하기 위해 보안 부서가 컴퓨터 시스템을 사용하는 방법을 모두 언급한다.

이 네 개의 가장 바깥쪽 유스케이스가 아큐라의 모든 기능을 사용하여 보안, 마케팅, 서비스, 고객을 다루고 있음에 주목한다. 작성해야 할 낮은 수준의 유스케이스가 백 개라 하더라도, 아큐라 시스템은 이 네 개면 충분하다.

3.4 범위-정의 작업 산출물 사용

여러분은 지금 브레인스토밍을 하고, 화이트보드에 적힌 몇 가지 작업 산출물 사이를 왔다 갔다 하면서, 앞으로 개발할 시스템의 기능 범위를 정의하고 있다. 화이트보드 한쪽에는 범위 결정에 지침이 될 내부/외부 목록이 있다. ("아니야, 밥(Bob), 새로운 인쇄 시스템은 범위 밖으로 결정했잖아. - 또는 그 항목을 내부/외부 목록에 넣을 필요가 있을까?") 그 목록에 액터와 액터의 목표가 있다. 목표시스템과 상호 작용할 사람, 조직, 그리고 다른 시스템을 보여 주는 설계 범위 다이어그램도 있다.

신규 시스템이 해주었으면 하는 내용을 정리하면서, 그들 사이를 오가며 모두를 끝없이 변경하고 있는 여러분을 발견한다. 여러분은 설계 범위를 안다고 생각하겠지만, 내부/외부 목록을 변경하면 경계선이 이동한다. 이제 여러분은 일차 액터 하나를 새로 식별했고, 목표 목록도 변경하였다.

조만간 네 번째 항목인 새로운 시스템을 위한 비전 기술서(vision statement)가 필요함을 알게 될 것이다. 비전 기술서는 전체 논의를 포괄하고 있다. 이것은 어떤 것이 범위 안에 있어야 하는지 또는 범위 밖에 있어야 하는지를 가장 먼저 알려준다.

작업을 끝내고 나면, 시스템 범위와 관련된 네 가지 작업 산출물을 얻는다.

- 비전 기술서
- 설계 범위 그림
- 내부/외부 목록
- 액터-목표 목록

이 짧은 논의를 통해 이야기하고자 하는 것은 네 가지 작업 산출물이 서로 맞물려 있다는 사실과 작업 범위를 설정하는 동안에도 이들은 변경될 수 있다는 사실이다.

3.5 연습문제

설계범위

3.1. 다음과 같은 사용자 이야기의 한 부분에서 나올 수 있는 설계 범위를 다섯 개 이상 나열하시오.

"… 제니는 은행의 현금인출기 앞에 서 있다. 날은 어둡다. 그녀는 개인식별 번호를 입력하고 '엔터' 버튼을 찾고 있다 …"

3.2. 하드웨어와 소프트웨어를 포함하여 현금인출기의 여러 범위를 그림으로 그리시오.

3.3. 개인적으로, 어떤 시스템 개발에 사용할 요구사항을 작성하는가? 그 시스템의 영역은 어디인가? 내부에 존재하는 것은 무엇인가? 그 시스템과 연결할 외부 개체는 무엇인가? 그것을 둘러싸고 있는 시스템은 무엇이며, 이 시스템을 둘러싸고 이 시스템과 의사소통을 하는 외부 개체는 무엇인가? 시스템을 둘러싸고 있는 시스템에 이름을 붙여 보시오.

3.4. 개인 자산관리 시스템(PAF, Personal Advisors/Finance System)에 대한 여러 범위를 그림으로 그려 보시오(연습문제 4.4를 참조).

3.5. 웹 애플리케이션의 여러 범위를 그림으로 그리시오. 사용자의 워크스테이션은 웹을 통해 회사의 웹 서버에 접속되어 있으며, 웹 서버는 기존 메인프레임에 연결되어 있다.

3.6. 기업-범위 화이트-박스 유스케이스와 기업-범위 블랙-박스 유스케이스의 차이점을 설명하시오.

4장

Writing Effective **Use Cases**

이해관계자와 액터

이해관계자(stakeholder)는 계약에 참여하는 누군가이다. 액터는 행위를 하는 어떤 것이다. 어느 학생의 말처럼 "if 문을 실행할 수 있어야 한다." 액터는 사람일 수 있고, 회사 또는 조직, 컴퓨터 프로그램, 또는 컴퓨터 시스템-하드웨어, 소프트웨어 또는 둘 다일 수 있다.

다음에서 액터를 찾아보자.

- 시스템 이해관계자
- 유스케이스 일차 액터
- 목표시스템 그 자체
- 유스케이스 지원 액터
- 내부 액터 - 설계중인 시스템 안의 컴포넌트

4.1 이해관계자

이해관계자는 유스케이스 행위 안에서 폭넓은 관심을 가지고 있는 사람이나 사물이다.

물론, 모든 일차 액터는 이해관계자이지만, 어떤 이해관계자는 시스템의 동작을 다룰 권한이 있음에도 불구하고 시스템과 직접 상호작용하지 않는다. 시스템 소유주나 회사의 이사회, 그리고 국내 세무국이나 보험국과 같은 정부의 규제기관이 그 예다.

학생들은 유스케이스 행동 단계에 직접 나타나지 않는 이해관계자를 무대 뒤의(offstage) 3차, 혹은 조용한(silent) 액터라는 별명을 붙여주었다.

이 조용한 액터에 관심을 기울임으로써 유스케이스 품질을 눈에 띄게 개선할 수 있다. 그들의 이해관계는 시스템이 수행하는 것, 시스템이 만드는 로그, 그리고 시스템이 수행하는 행동을 확인하고 타당성을 검증하는 과정에서 나타난다. 비즈니스 규칙은 이해관계자를 위해 반드시 적용하여야 하므로 문서화한다. 유스케이스는 시스템이 이해관계자의 이익을 보호하는지를 보여주어야 한다. 이것을 소홀히 했을 때 지불하는 대가를 보여주는 이야기를 소개한다.

> ◆ **짧은 실화 하나**
>
> 어떤 회사가 새로운 시스템을 몇 개 판매한 후 운영을 시작한 첫 해에, 몇 가지 시스템 변경 요청을 받았다. 유스케이스 강좌를 수강하고, 최근 제공한 시스템의 이해관계자와 이해관계에 대해 토의를 하기 전까지는 변경 요청을 당연하게 생각했다.
>
> 토의하는 동안, 놀랍게도 최근 변경 요청 항목에 대해 거론하고 있음을 깨달았다. 시스템을 개발하면서 이해관계자의 이해관계 일부를 완전히 간과했음을 시인할 수밖에 없었다. 이해관계자는 시스템이 적절한 서비스를 제공하지 않고 있음을 바로 발견했고, 이어서 변경 요청을 시작했다.
>
> 이후로 이 회사의 책임자는 이런 값비싼 실수를 되풀이 하지 않기 위해, 이해관계자와 이해관계에 대해 개발 초기에 반드시 짚고 넘어가는 것을 철칙으로 삼았다.

나와 친구들은 이해관계자와 이해관계를 조기에 정리함으로써 중요한 요구사항과 그 외의 언급되지 않은 요구사항을 식별할 수 있음을 깨달았다. 시간을 별로 들이지 않고, 나중에 지불하게 될 엄청난 노력을 절약해 준다.

4.2 일차 액터

유스케이스 일차 액터는 시스템 서비스 중 하나를 요청하는 이해관계자이다. 일차 액터는 시스템 관점에서 목표 하나를 가지는데, 시스템 운영을 통해서 달성할 수 있다. 일차 액터는 대개, 항상 그런 것은 아니지만, 유스케이스를 시작하는 액터다.

유스케이스는 일차 액터가 메시지를 보내거나, 버튼을 누르거나, 어떤 키를 치거나, 또는 다른 방법으로 이야기를 전개하면서 시작된다. 그러나 일차 액터가 유스케이스를 시작하지 않는 일반적인 상황이 두 가지 있다. 첫째는 회사 사원 또는 전화 교환원이 다른 사람을 대신해서 유스케이스를 시작하는 경우이고, 둘째는 유스케이스가 시간에 의해 시작되는 경우이다.

회사 사원 또는 전화 교환원은 유스케이스를 실제로 진행할 **궁극적인 일차 액터**를 대신하는 기술적인 편의 장치이다. 기술이 발전함에 따라, 궁극적인 일차 액터가 자동 전화 시스템이나 웹을 이용하여 유스케이스를 직접 초기화하거나 시작하는 경우가 많아지고 있다. 서비스를 요청하려고 지금 전화를 하고 있는 고객이 좋은 예이다. 시스템을 웹 기반으로 다시 설계할 때, 고객이 직접 서비스를 요청하게 한다(www.amazon.com처럼).

마찬가지로, 마케팅이나 감사 부서는 사원에 의해 수행되는 유스케이스를 주장할지 모른다. 유스케이스 실행은 사원의 목표가 아니다. 유스케이스는 마케팅 부서 관리자를 위한 기술적인 편의 장치이다. 약간 다른 상황에서는, 마케팅 부서의 관리자가 직접 유스케이스를 실행하기도 한다.

요즘 나는 시스템 사용자가 다른 누군가를 위해 행동한다는 것을 보여주기 위해 '고객을 지원하는 영업 대표' 또는 '마케팅 부서를 지원하는 사원'이라고 표현한다. 이렇게 함으로써 사용자 인터페이스와 기밀사항 취급허가 기능은 사원을 위해 설계되어야 하고 고객 또는 마케팅 부서는 결과에만 관심이 있음을 알게 된다.

시간은 운영자가 유스케이스를 시작하지 않는 또 다른 예이다. 매일 밤 자정 또는 매 월말에 실행해야 하는 유스케이스인 경우 사원이 시작하지는 않는다.

이 경우 일차 액터는 그 시점에서 수행되는 유스케이스에 대해 관심을 갖는 이해관계자임을 쉽게 알 수 있다.

사용자 대 궁극적인 일차 액터라는 주제에 대해 논란의 여지가 충분히 있다. 여러분은 그와 같은 문제에 대해 많은 시간을 들이거나 여러 사람과의 논쟁을 피하기 바란다. 팀이 사용자 인터페이스 설계를 시작할 때는, 실제 사용자의 특성 파악에 상당한 노력을 기울일 것이며 혹은 반드시 기울여야 할 것이다. 요구사항을 검토할 때, 팀원은 각 유스케이스 별로 실제로 그것에 관심을 갖는 궁극적인 일차 액터가 누군지 알면 도움이 됨을 알 수 있다.

"이 시점에서 일차 액터를 잘못 파악한다면 얼마나 큰 손해를 볼까요?"라고 어떤 학생이 날카롭게 질문했을 때, 대답은 "그리 많지 않다."였으며 다음 절에서 예를 들어 설명한다.

일차 액터가 중요하지 않은 이유(와 중요한 이유)

일차 액터는 요구사항 파악 초기와 시스템 인도 전에는 매우 중요하다. 하지만 그 두 지점 사이에서는 별로 중요하지 않다.

유스케이스 작성 초기

일차 액터를 나열해 보면 시스템에 대한 큰 그림을 바로잡을 수 있다(물론 곧바로 흐려지겠지만). 액터 이름에 대한 토의를 마친 후 목표 이름에 대해 토의한다. 여러분이 진짜 흥미를 가져야 할 것은 목표지만, 그것에 대해 직접 토의를 하면, 너무 많은 것을 놓치게 된다. 일차 액터에 대한 토의를 통해 작업 구조를 형성한 후, 그 구조를 주의 깊게 검토하여 더 나은 목표 목록을 얻을 수 있다.

약간 많은 수의 일차 액터를 식별하는 것도 무방한데, 이유는 최악의 경우에도 기껏해야 같은 목표를 두 번 작성하는 정도이기 때문이다. 목표의 우선순위를 결정하기 위해 액터와 목표를 검토할 때, 중복된 액터를 찾아서 제거하면 된다.

그러나 이토록 신중한 토의를 두 차례나 거쳤다고 해서, 시스템이 지원해야 할 모든 목표를 나열했다고는 생각하지 않는다. 유스케이스의 실패 처리 절차를 작성하는 중에 새로운 목표가 나타나는 경향이 있다. 하지만 이것은 초기 단계에서는 변경할 수 없는 것들이다. 먼저 모든 일차 액터를 나열함으로써 모든 목표를 찾기 위해 최선을 다한다.

충분한 일차 액터 목록은 다음과 같은 세 가지 장점이 있다.

- 시스템을 사용할 사람에게로 초점을 이동한다. 요구사항 문서에 일차 액터가 될 대상, 그들의 작업에 대한 서술, 그리고 일반적인 배경과 작업숙련 정도를 기록한다. 이렇게 하면 사용자 인터페이스 설계 담당자와 시스템 설계 담당자가 그 전문성 정도에 맞춰 시스템을 설계한다.
- 개발작업을 나누고 우선순위를 부여하는데 액터-목표 목록을 사용할 것이며, 이 목록을 위한 구조를 만든다.
- 여러 유스케이스 집합을 패키지로 분리하여 서로 다른 설계팀에게 줄 수 있다.

유스케이스 작성 기간과 설계 기간

일단 유스케이스를 상세화하기 시작하면, 놀랍게도 일차 액터의 중요성은 사라진다. 시간이 흐를수록, 유스케이스 작성자는 유스케이스를 여러 종류의 액터가 사용할 수 있음을 알게 된다. 예를 들어, 사원보다 직급이 높은 사람은 누구라도 전화를 받아서 고객과 대화할 수 있다. 따라서 작성자는 일차 액터에 손실 접수담당자, 주문 접수담당자, 청구서 작성자와 같은 역할이름을 사용하여 보다 일반적인 이름을 붙이기 시작한다. 이렇게 함으로써 유스케이스는 '**청구서 작성자가 청구서를 작성하고…**, 또는 **주문 접수담당자가 주문을 접수하고…**' 와 같은 식으로 변하게 된다(그리 명확한 설명은 아니다).

이러한 역할 분할을 여러 가지 방법으로 처리할 수 있는데, 각각 장점과 단점이 있다. 어떤 전략이 더 낫다고 확신할 수 없으므로 둘 중에 하나를 고른다.

대안 1. 수행 역할에 따라 일차 액터를 나눈다. 유스케이스에서 일차 액터가 되는 모든 사람과 시스템, 그들이 수행하는 모든 역할을 나열한 액터-역할표를 작성한다. 일차 액터 항목에 역할이름을 사용한다. 유스케이스에서 실세계의 사람과 시스템이 어떻게 연결되는지 파악하기 위해 액터-역할표를 사용한다.

이 전략은 작성자가 직책으로 인한 복잡성을 무시하고 단순히 사용하는 행위에만 집중하게 한다. 사용자 인터페이스나 소프트웨어 패키지 구성 담당자는 유스케이스와 궁극적인 사용자를 일치시키기 위해 액터-역할 표를 이용한다. 대안 1의 문제점은 유지하고 읽기 위한 별도의 목록이 있다는 것이다.

대안 2. 유스케이스 절의 앞 어느 지점에 다음과 같이 쓴다. **"관리자는 사원이 실행하는 모든 유스케이스 뿐만 아니라 그 이상을 할 수 있다. 지역 관리자는 관리자가 실행하는 유스케이스 뿐만 아니라 그 이상을 할 수 있다. 그러므로 일차 액터가 사원인 유스케이스는 직급이 높은 사람, 이 경우는 관리자와 지역관리자 역시 이 유스케이스를 실행할 수 있다고 이해한다."**

이러한 작성방법은 변경이 발생하지 않으므로 액터-역할표보다는 유지하기 쉽다. 단점은 사원이 일차 액터일 때, 관리자 역시 유스케이스를 실행할 수 있다는 사실을 기억해 내는데 시간이 조금 더 걸린다는 것이다.

어느 대안을 선택하든 원하는 결과를 얻는다. 대안이 가지는 가치를 놓고 본다면, 나는 작성하고, 검토하고, 유지해야 할 작업 산출물이 하나 적은 두 번째 안을 좋아한다.

중요한 점은 유스케이스 템플릿의 일차 액터 항목이 시간이 흐를수록 가치가 감소한다는 사실이다. 이 현상은 지극히 정상이므로 걱정하지 않는다.

설계 후, 시스템 배치를 위한 준비

시스템을 인도하기 직전, 일차 액터는 다시 중요해진다. 모든 사람과 그들이 실행할 유스케이스 목록이 필요하다. 이것이 필요한 이유는 다음과 같다.

- 다양한 사용자 장비에 탑재할 수 있는 단위의 패키지로 시스템을 구성하기 위해
- 각 유스케이스의 보안 수준을 설정하기 위해(웹 사용자, 내부 사용자, 관리자 등)
- 다양한 사용자 그룹을 대상으로 교육을 준비하기 위해

액터 대 역할

액터라는 단어는 행동하는 개인을 의미한다. 때때로 유스케이스에서 액터의 의미는 어떤 개인을 의미한다. 어떤 경우에는 주어진 역할을 수행하는 개인의 일반적인 범주를 의미하기도 한다.

킴은 마이텔코 사의 고객이고, 크리스는 판매 사원이고 패트는 영업관리 담당이라고 하자. 이들 중 누구든 주문할 수 있다. 액터의 언어를 사용하여, '킴, 크리스, 패트는 주문하기 유스케이스의 일차 액터이다.'라고 표현한다. '고객, 사원, 영업관리 담당은 주문하기 유스케이스 일차 액터이다.' 라고 표현할 수도 있다. 또 '영업 관리자는 판매원이 실행할 수 있는 어떤 유스케이스든 실행할 수 있다.' 라고 표현해도 좋다. 모두 괜찮은 표현이다.

역할에 대한 언어를 이용하면, 킴, 크리스, 패트는 개별 액터라고 말한다. 그들 중 누구라도 고객 역할을 수행할 수 있지만, 크리스와 패트만이 사원 역할을 수행하며, 그중에서도 패트만이 영업 관리자 역할을 수행한다. 그러면 주문하기 유스케이스는 주문을 접수하는 사람이 이끌어가고, 고객, 판매원, 영업 관리자는 주문 접수자 역할을 수행한다고 표현할 수 있다. 이런 식으로 표현하는 것은 이전의 방식보다 더 정확하며, 이것을 선호하는 사람도 있다. 하지만, 유스케이스 세계에서 표준은 아니다.

중요한 점은 어느 것이든 팀이 좋아하는 것을 사용해야 한다는 사실이다. 앞의 소제목 '일차 액터가 중요하지 않은 이유(와 중요한 이유)'에서, 왜 이 문제가 여러분에게 과도한 스트레스를 주지 말아야 하는지와 그것이 발생하는 상황을 다루는 방법을 언급했었다. 한편, 액터는 업계에서 받아들인 용어이다. 그리고 현장에서도 무리 없이 사용하므로, 이 책에서도 사용한다.

UML 다이어그램과 액터/역할 특수화

UML은 한 액터가 다른 액터를 특수화(specialization, 또는 상속)하는 것을 표현하기 위해 화살촉 내부가 빈 화살표를 제공한다(307쪽, 그림 A.6의 정확한 대량 거래 마감 참조).

이 화살표의 장점은 사원이 하는 것은 관리자도 모두 할 수 있음을 간결하게 표현한다는 것이다. 화살표의 앞부분을 사원에게, 끝부분을 관리자에게 향하도록 그린다.

단점은 그림이 많은 이들에게 거꾸로 보인다는 사실이다. 이들은 관리자를 특별한 종류의 사원으로, 또는 사원을 특별한 종류의 고객으로 보지 않는데, 그림은 그렇게 보인다. 이 그림은 실제 한 사람이 할 수 있는 모든 것을 다른 사람이 할 수 있다는 의미이다. 사람들은 관리자를 사원 이상으로 생각한다. 이러한 반응은 대수롭지 않지만, 반드시 고려할 사항이다.

특수화(=상속) 화살표는 액터-역할 문제의 주요 부분에 대해서는 전혀 도움이 되지 못한다. 영업 사원과 감사 담당 직원은 중첩되는 유스케이스 집합을 가지지만, 둘 중 어느 누구도 다른 쪽이 할 수 있는 모든 것을 할 수 없기 때문에, 이들 사이에 특수화 화살표를 사용하지 못한다. 따라서 여러분은 다시 액터-역할 논쟁으로 돌아와야 한다.

일차 액터의 특성 기술

액터 목록을 가지고 있다는 사실만으로는 설계자에게 별로 도움이 되지 못한다. 설계자는 사용자가 어떤 기술(skill)을 가질 것인지 알아야만 시스템 행위에 어울리게 사용자 인터페이스를 설계할 수 있다. 액터분석표(actor profile table)를 작성하는 팀은 개발할 소프트웨어가 어떻게 최종사용자의 요구에 부합할 것인지에 대해 보다 나은 시각을 가지고 있다고 말한다. 왜냐하면 개발기간 동안 늘 최종사용자를 대변하므로 그들이 가지고 있는 또는 가지게 될 기술이 무엇인지 알기 때문이다.

가장 간단한 액터분석표는 표 4.1에서 보듯이 두 개의 열을 가진다. 어떤 표는 다른 이름, 또는 액터의 별칭을 나열한다. 액터분석표에 대한 변형은 『Software for use』(컨스탄틴 앤 락우드, 1999)에서 논의하였다.

표 4.1 액터분석표 예제

이름	분석: 배경과 기술
고객일반인	터치-스크린을 사용할 줄 알지만, 섬세한 GUI는 작동할 줄 모른다. 문맹이거나, 근시이거나, 색맹일 수 있다.
반품담당	사원이 소프트웨어를 계속 작업하는 사람. 터치-형식을 선호하고, 숙련된 사용자이다. 때로는 UI 조정을 원한다.
관리자	가끔 사용하는 사람으로 GUI에는 익숙하지만 특정 소프트웨어 기능은 서툴다. 참을성이 없다.

4.3 지원 액터

유스케이스에서 지원 액터는 목표 시스템에 서비스를 제공하는 외부 액터이다. 고속 프린터, 웹 서비스, 또는 어떤 조사를 한 후 여러분에게 다시 오는 사람일 수도 있다(예 : 보험회사에 어떤 사람의 사망 사실을 확인해 주는 검시관 사무실). 한때는 이차 액터라고 했는데 혼란스러웠다. 지금은 대부분 지원 액터라 부르는데, 한결 자연스럽다.

시스템이 사용할 외부 인터페이스와 인터페이스 간의 프로토콜을 식별하기 위해 지원 액터를 식별한다. 이것은 데이터 형식이나 외부 인터페이스와 같은 다른 요구사항에도 보탬이 된다(19쪽의 그림 1.1 참조).

한 액터가 어떤 유스케이스에서는 일차 액터이고 다른 유스케이스에서는 지원 액터가 되기도 한다.

4.4 목표 시스템

목표 시스템은 그 자체가 특별한 액터이다. 대개 아큐라처럼 이름으로 참조하거나, 시스템, 논의 중인 시스템, 설계 중인 시스템, 또는 목표시스템이라고 부른다.[1] 유스케이스의 설계 범위 항목에서 서술하거나 이름을 부여한다.

목표 시스템은 액터이지만, 어떤 유스케이스에 대해서도 일차 액터나 지원 액

---
1 (옮긴이) 프로젝트에서 개발할 시스템의 의미로 목표시스템이라는 용어도 사용함

터가 아니다. 이에 대해서는 46쪽의 '설계 범위' 소단원에서 자세히 설명하였다.

4.5 내부 액터와 화이트-박스 유스케이스

대체로 내부를 볼 수 없는 블랙-박스로 목표시스템을 표현하였다. 내부 액터는 의도적으로 언급하지 않았는데, 이는 아직 설계되지 않은 시스템의 요구사항에 이름을 부여할 목적으로 유스케이스를 사용하는 경우 충분히 말이 되기 때문이다.

때로는 정확한 서비스를 제공하기 위해 시스템의 각 부분이 협력하는 방식을 문서화하려고 유스케이스 양식을 사용하기도 한다. 11쪽의 유스케이스 5, 물건 구매(완전한 버전), 91쪽의 유스케이스 19, 보험금 청구 처리(비즈니스)처럼 비즈니스 프로세스를 문서화할 때가 이런 경우이다. 53쪽의 유스케이스 8, 서비스 요청 입력과 갱신(결합 시스템)처럼 여러 컴퓨터 시스템을 위한 대규모 설계를 할 때도 마찬가지다. 그런 상황에서는 시스템의 컴포넌트를 액터로 간주하기도 한다.

시스템 내부를 들여다보고 컴포넌트와 그 행위에 이름을 붙일 때, 그 시스템을 화이트-박스로 다룬다. 유스케이스 작성에 관한 모든 규칙은 여전히 유효한데, 단지 우리가 내부와 외부 액터 모두의 행위에 대해 논의한다는 것뿐이다. 화이트-박스 유스케이스에서 두 개 이상의 액터가 존재하는 이유는 외부 액터 뿐만 아니라 시스템의 컴포넌트도 나타나기 때문이다.

화이트-박스 유스케이스를 설계할 시스템의 행위 요구사항으로 작성하는 경우는 거의 없고, 있다고 하더라도 그것은 실수에 가깝다.

4.6 연습문제

액터와 이해관계자

4.1. 자동판매기 소유자를 일차 액터로 하는, 자동판매기를 위한 유스케이스를 식별하시오.

4.2. 신규 현금인출기(ATM)에 대한 요구사항 문서 작성을 위해 여러분을 채용하였다. 다음 목록의 각 항 중에서 이해관계자, 일차 액터, 지원 액터, 논의 중인 시스템, 전혀 액터가 아닌 것을 (또는 여기서 복수로 해당되는 것) 각각 가려내시오.

    현금인출기(ATM)
    고객
    현금인출카드
    은행
    현금인출기 화면
    은행 소유주
    서비스 담당직원
    프린터
    은행의 주 컴퓨터 시스템
    은행 창구 직원
    은행 강도

4.3. ATM은 거대한 시스템 안에 있는 하나의 컴포넌트다. 사실, 대형 시스템 몇 개의 한 부분이다. ATM을 포함하고 있는 상위 시스템에 대해 이전 연습문제를 반복하시오.

4.4. 퍼스널 어드바이저 주식회사(가상의 회사)는 고객이 퇴직금, 교육펀드, 부동산, 주식과 같은 자산 관련 투자 전략을 검토해 볼 수 있는 새로운 제품을 출시하려 한다. 개인 자산관리(PAF, Personal Advisor/Finance) 소프트웨어는 CD로 배포한다. 사용자는 이것을 설치하고 자신의 미래 자산을 최적으로 설계하는 방법을 찾기 위해 다양한 금융 시나리오를 실행한다. PAF는 세금관련 법이 궁금할 때, 킵링거 텍스컷과 같은 다양한 세금 패키지에게 질문을 할 수 있다. 퍼스널 어드바이저 사는 직접 서비스를 받을 수 있도록 킵링거와 협약을 체결 중이다. 또한 이 회사는 웹을 통해 주식과 펀드를 직접 사고 팔 수 있도록 뱅가드나 E*Trade와 같은 뮤추얼 펀드나 웹을 통한 주식거래 서비스를 제공하는 여러 업체와 협약을 체결 중이다. 회사는 웹을 통해 사용한 만큼 지불하는 PAF 버전도 괜찮은 아이디어라고

생각한다.

PAF의 액터, 일차 액터, 지원 액터, 목표 시스템, 상위 시스템(PAF를 컴포넌트로 갖고 있는 시스템)의 이름을 부여하고 식별하시오.

5장

Writing Effective Use Cases

세 가지 목표 수준

지금까지 한 시나리오 안의 목표와 상호작용 두 가지 모두 더 상세한 목표와 상호작용으로 전개할 수 있음을 보았다. 이것은 지극히 정상이며, 우리는 일상생활에서 그것을 잘 다루어왔다. 다음 두 문단에서 우리 목표가 어떻게 하위 그리고 하위-하위목표를 가지는지 설명한다.

> 나는 이 판매계약을 원한다. 그러기 위해서는 관리자를 데리고 나가 점심을 사야 한다. 그러기 위해서는 현금을 어느 정도 가지고 있어야 한다. 그러기 위해서는 현금인출기에서 현금을 찾아야 한다. 그러기 위해서는 현금인출기에 내 신원을 확인시켜야 한다. 그러기 위해서는 현금인출기가 내 현금카드를 판독하게 해야 한다. 그러기 위해서는 카드 넣는 곳을 찾아야 한다.

> 나는 탭(tab) 키를 찾으려 한다. 그래야 커서를 주소 입력란으로 옮길 수 있고, 그래야 내 주소를 입력할 수 있고, 그래야 내 개인 정보를 이 보험료 산정 소프트웨어에 입력할 수 있고, 그래야 보험료를 산정 받을 수 있고, 그래야 자동차 보험 증권을 살 수 있고, 그래야 자동차 운전면허증을 받을 수 있고, 그래야 운전할 수 있다.

일상생활에서 흔히 있는 일이지만, 막상 유스케이스를 작성하려면 혼란스럽다. 유스케이스 작성자는 매 문장마다 "어떤 수준의 목표를 서술해야 하는 걸

그림 5.1 유스케이스 수준. 유스케이스 집합이 목표 계층, 즉, 끝없이 전개될 이야기를 보여준다.

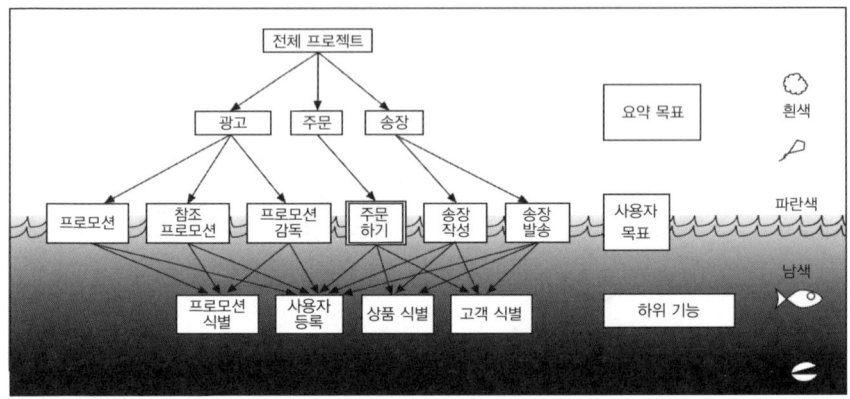

까?"라는 질문에 부딪힌다.

  목표 수준에 이름을 부여하면 도움이 될 것이다. 다음 절에서 유용하다고 생각하는 목표 수준의 이름과 아이콘, 그리고 지금 필요한 목표 수준을 어떻게 결정하는지 설명하겠다. 그림 5.1은 내가 사용하는 이름과 시각적인 은유인 아이콘을 보여준다.

5.1 사용자 목표(파란색, 해수면-수준 ∽∽)

사용자 목표가 가장 큰 관심사이다. 사용자 목표는 작업을 완료하고자 하는 일차 액터가 가지고 있는 목표이거나 시스템을 사용하는 사용자가 가지고 있는 목표이다. 이것은 비즈니스 프로세스 엔지니어링에서 '요소 비즈니스 프로세스'에 해당한다.

  사용자 목표는 "일차 액터가 이것을 끝낸 후에 기쁘게 돌아갈 수 있는가?"라는 질문을 하게 한다. 사원에게, "자네가 오늘 해야 할 일 중에 얼마나 많은 것이 업무 수행에 영향을 주는가?" 라든가 커피 휴식시간을 가늠하는 질문인 "이 일을 끝낸 후에 커피 한잔 할 수 있겠군." 등의 질문도 역시 가능하다. 대부분 환경에서, 사용자 목표는 한 사람이 한 자리에서 테스트할 수 있다(2~20분).

'온라인 경매 구매 완료'도 '로그인'도, 일반적으로 사용자 목표로 보지는 않는다. 온라인 경매는 며칠이 걸리므로 한 자리에서 테스트를 하지 못한다. 연속 42회 로그인하기는 시스템을 사용하는 사람들의 업무 책임이나 목표 달성과는 관계가 없다.

'신규 고객 등록'과 '도서 구매' 등은 사용자 목표로 적절하다. 신규 고객 12명을 등록하는 일은 영업담당자에게는 꽤나 중요한 일이며 도서 구매는 한 자리에서 끝낼 수 있다.

지금까지는 모두 쉬워 보인다. 그러나 화이트보드에 널려 있는 여러 문구, 또는 어떤 이유로 제대로 파악되지 않는 유스케이스 등을 만나면, 불확실해지기 쉽다. 이럴 경우 목표 수준을 색상이나 고도로 표현하면 쉽게 방향을 잡을 수 있음을 경험을 통해 배웠다.

색상의 변화는 흰색에서 파란색, 남색을 거쳐 검은색까지 이어진다(이 책에서는 회색 그림자로 보인다). 사용자 목표는 파란색이다. '온라인 경매 완료'나 '자동차 사고에 대한 보상'은 흰색으로 길고 높은 수준의 목표이다. 이것보다 짧고 낮은 수준의 목표는 남색이다. 검은색은 목표가 너무 낮은 수준에 있어서 유스케이스로 작성한다면 이는 실수에 가깝다. '탭 키를 누른다'가 검은색 유스케이스의 좋은 예이다.

해수면 은유(metaphor)에 대한 아이디어는 다음과 같다. 하늘은 해수면 위로 끝없이 펼쳐지고, 물은 해수면 아래로 깊게 가득 차 있지만, 하늘과 바다가 만나는 오직 한 곳(수준)은 해수면이다. 이와 같은 은유를 목표에도 적용한다. 사용자 목표 위에 여러 목표 수준이 있고 아래도 마찬가지이지만, 이 중에서 가장 중요한 것은 사용자 목표이다. 그러므로 해수면(파도) 수준은 사용자 목표에 해당된다. 구름이나 연은 해수면보다 높음을 나타내고, 물고기나 조개는 해수면보다 낮음을 의미한다.

시스템이 해수면 수준의 목표를 지원함으로써 자격을 갖춘다. 다음은 그런 목표 예제이다.

여러분을 사무실에 앉아 있는 사원이라고 가정한다. 전화벨이 울리고, 전화를 받는다. 전화를 건 사람이 "......"라고 말한다. 여러분은 컴퓨터를 향해 돌아앉는다. 순간 G를 마무리해야지라고 생각한다. 잠시 동안 컴퓨터와 고객을 상대로 일을 한 후, 마침내 G를 달성한다. 컴퓨터로부터 눈을 떼고, "감사합니다."라고 한 후 전화를 끊는다.

G는 파란색, 또는 해수면 수준의 사용자 목표이다. G를 달성하는 과정에 보다 낮은 수준(남색)의 목표를 여러 개 달성한다. 전화를 건 상대방은 보다 높은 수준의 목표를 가지고 있을 수도 있고, G를 달성하는 것은 그 목표 내의 한 단계에 지나지 않을 수도 있다. 그 사람의 보다 높은 목표는 흰색이다.

해수면-수준/파란색 사용자 목표는 믿기 어려울 정도로 중요하므로, 이해하고 소화하는 데 충분한 노력을 기울여야 한다. 시스템 기능을 가장 간단하게 요약한다면, 그것은 해수면 수준을 지원하는 사용자 목표 목록일 것이다. 이 목록은 우선순위 결정, 인도, 팀 구성, 예측, 개발 등의 작업을 위한 바탕이 된다.

유스케이스를 해수면의 위나 아래 수준에서 작성할 수도 있다. 엄청나게 많은 수의 낮은 수준 목표와 유스케이스가 '수면 아래'에 있는 것으로 생각하면 편리하다. 수면 아래 있다는 말은 우리가 실제로 작성하거나 읽기를 원치 않음을 의미한다.

짧은 실화 하나

언젠가 100쪽이 넘는 유스케이스를 받은 적이 있다. 놀랍게도 모두 남색, 즉 해수면 아래 수준이었다. 그 요구사항 문서는 너무 길고 지루해서, 그것을 쓴 사람이나 읽는 사람 모두에게 별로 도움이 될 것 같지 않았다. 그것을 보낸 사람은 나중에 그 많던 유스케이스를 여섯 개의 해수면 수준의 유스케이스로 바꾸어 보내면서, 모두가 이해하였고 작업도 간결했다는 말도 잊지 않았다.(바뀐 유스케이스로 모두가 쉽게 이해하고 작업하게 되었다고 얘기했다.)

두 개의 파란색 수준

파란색 유스케이스는 위쪽에 흰색 유스케이스 하나와 아래쪽에 여러 개의 남색 유스케이스를 포함하는 것이 보통이다. 그러나 때로는 다른 파란색 유스케이스를 참조하기도 한다. 필자는 이런 경우를 본 적이 있는데 그 상황은 반복해서 나타났었다.

심부름을 가다가, 비디오 가게 앞을 지나친다고 가정하자. 나는 '여기 왔으니, 등록이나 해야겠다.'라고 생각한다. 그래서 가게 안으로 들어가 회원 등록을 신청했다. 이것은 나의 사용자 목표인 파란색 유스케이스다. 다음 주에, 필자는 회원 카드를 가지고 들어가서 '비디오 대여'를 한다. 필자는 서로 다른 날짜에 두 개의 사용자 목표를 수행했다.

하지만, 여러분은 다른 방법으로 비디오를 빌린다. 여러분은 비디오 가게로 들어가서 '비디오 대여'를 한다. 종업원이 "회원 카드 있으신가요?"라고 물을 때, 여러분은 "아니오"라고 대답한다. 종업원은 비디오를 처음 대여하는 절차 중에 여러분을 '회원 등록' 한다. 둘 다 동일한 파란색 목표를 가지고 있지만, '회원 등록'은 '비디오 대여' 안의 한 단계이다

이 '지나던 중에 회원 등록'이란 유스케이스가 파란색 안의 파란색 유스케이스로 생각나는 유일한 예이다. 이것에 대한 질문을 받았을 때, 필자는 약간은 장난스럽게, 두 가지 모두 해수면 수준이지만, 비디오 대여는 그림 5.1에서처럼 파도의 꼭대기에 앉아 있고, 회원 등록은 파도의 아래쪽에 있다고 대답한다.

5.2 요약 수준(흰색, 구름 ☁ / 연 🔑)

요약 수준 목표[1]는 여러 사용자 목표를 포함한다. 이 목표는 시스템을 설명할 때 세 가지 목적을 가진다.

- 사용자 목표가 수행되는 컨텍스트를 보여준다.

---

[1] 이전의 글에서는 '전략적'이라는 용어와 '요약'이라는 용어 두 가지를 함께 사용했다. 최근에 '요약'이 가장 혼란을 덜 일으킨다고 결론지었기에, 이 책에서는 이 용어를 선택했다.

- 관련 목표의 생명주기 순서를 보여준다.
- 흰색과 파란색 모두를 포함하는 더 낮은 수준의 유스케이스들을 위한 목차를 제공한다.

요약 유스케이스는 색의 변화도 상에서 흰색이다. 흰색 유스케이스는 흰색, 파란색, 때로는 남색('로그인'은 남색 목표로 흰색 유스케이스에서 쉽게 발견된다) 수준의 단계(step)를 여러 개 가진다. 흰색의 여러 수준들 간에 구분을 두는 것이 도움이 될 거라고는 생각하지 않지만, 이따금 사람들은 "그 유스케이스 정말 흰색인데, 구름 저 맨 위쪽의 흰색 말이야."라는 식으로 이야기할 것이다. 해수면 은유를 이용하여 표현해 보면, 대부분의 요약 유스케이스는 '해수면 위의 연 같은' 것이거나 '구름에 놓여있는 것'이다.

요약 유스케이스는 대체로 몇 시간, 며칠, 몇 주, 몇 개월 혹은 몇 년에 걸쳐서 수행된다. 다음은 오랫동안 실행되는 어떤 유스케이스의 주요 시나리오로서, 목적은 수년에 걸쳐 흩어져 있는 파란색 유스케이스를 한데 묶는 것이다. 그림으로 강조된 부분을 보면 유스케이스가 회사를 블랙박스로 다루고 있으며, 목표 수준은 저 위의 구름처럼 매우 희다는 것을 알 수 있어야 한다. 밑줄 친 문구는 보다 낮은 수준의 유스케이스다. 이름의 끝에 있는 더하기(+) 표시를 주목한다. 접미사로 '+'를 둔 것은 요약-수준 유스케이스를 나타내는 다른 방법인데, 5.4절에서 보다 자세히 설명한다.

유스케이스 18 🏠 보험 계약 처리 + ☁️

일차 액터: 고객
범위: 보험회사 ("마이인스코")
수준: 요약 ("흰색")
단계:
1. 고객은 <u>보험계약을 위한 견적서 접수</u>를 한다.
2. 고객이 <u>보험계약 체결</u>을 한다.
3. 고객은 <u>보험증서가 보장하는 보험금 청구</u>를 한다.
4. 고객은 <u>보험계약 마감</u>을 한다.

이 장에 있는 다른 흰색 유스케이스로는,
- 유스케이스 19, 보험금 청구 처리(비즈니스), 91쪽
- 유스케이스 20, 직장인 보장 보험 청구 조사, 92쪽
- 유스케이스 21, 보험금 청구 처리(시스템), 94쪽

가장 바깥쪽 유스케이스 다시 보기

앞에서, 설계 중인 시스템의 가장 바깥쪽 유스케이스를 두세 개 정도 작성하라고 권한 적이 있다. 다음은 그런 유스케이스를 찾는 보다 자세한 절차이다.

1. 사용자 목표로부터 출발한다.
2. "어떤 (가급적 조직의 외부에 있는) 일차 액터 AA가 이 목표를 필요로 하는가?"라고 질문한다. 액터 AA는 우리가 찾으려는 유스케이스의 궁극적인 일차 액터다.
3. AA가 여전히 범위 S의 외부에 있게 하는 가장 바깥의 설계 범위 S를 찾아라. 범위 S에 이름을 붙인다. 일반적으로, 가장 바깥 설계 범위 세 가지를 찾을 수 있다.
   - 회사
   - 통합 소프트웨어 시스템
   - 설계 중인 특정 소프트웨어 시스템
4. 궁극적인 일차 액터 AA가 가지는 모든 사용자 목표와 설계 범위 S를 찾는다.
5. 액터 AA가 시스템 S를 대상으로 가지는 요약 목표 GG를 결정한다.
6. 액터 AA가 시스템 S를 대상으로 가지고 있는 목표 GG를 위한 요약 유스케이스를 작성한다. 이 유스케이스는 여러 해수면 수준 유스케이스를 묶어준다.

대규모 시스템에서조차도 이러한 최상위 유스케이스(GG)는 고작 네다섯 개 정도다. 이것들도 서너 개 정도의 궁극적인 일차 액터(AA)의 이해관계로 요약된다.

- 고객 — 회사를 대상으로
- 마케팅 부서 — 통합 소프트웨어 시스템을 대상으로
- 보안 부서 — 소프트웨어 시스템 자체를 대상으로

가장 바깥쪽 유스케이스는 작업을 묶는 데 유용하므로, 앞에서 언급한 이유로 작성을 적극 권장한다. 그러나 이 유스케이스는 구축할 시스템의 기능 요구사항을 제공하지는 않는다. 기능 요구사항은 사용자-목표(파란색) 유스케이스에 존재한다.

5.3 하위기능(남색/검은색, 심해 / 조개)

하위기능-수준 목표는 사용자 목표를 수행하는데 필요하다. 필요할 경우에만 포함시킨다. 즉, 읽기 쉽게 할 목적으로 또는 다른 여러 목표가 이것을 사용하기 때문에 가끔씩 필요하다. 하위기능 유스케이스의 예는 상품 검색, 고객 검색 그리고 파일 저장 같은 것이다. 특이한 남색 유스케이스의 예로, 101쪽의 유스케이스 23, 무엇이든 찾기(문제 정의서)를 참고한다.

하위기능 유스케이스는 심해에 있는 남색 유스케이스다. 어떤 것들은 너무나 깊은 심해에 있어 거의 바닥에 붙어 있을 정도이다. 우리는 검은색을 부여하는데, 의미하는 바는 다음과 같다. "이것은 매우 낮은 수준이므로, 부디 유스케이스로 발전시키지 말았으면 해("이것은 헤엄조차 치지 않는단 말이야... 이건 조개라구!")." 이렇게 극단적으로 낮은 유스케이스에 특별한 이름을 붙이면 편리하다. 여러분이 보기에 작성되지 말았어야 하는 유스케이스를 누군가가 작성했다면, 그 내용을 다른 유스케이스로 넣어야 한다.

나중에 그림 5.2에서 볼 수 있듯이, 파란색 유스케이스는 남색 단계(step)를 갖고, 남색 유스케이스는 더 짙은 남색 단계를 갖는다. 그림은 또한 여러분의 목표 문장을 작성하거나 보다 높은 목표 수준을 찾으려면, "왜 액터가 이것을 하는가?"

라는 질문에 답해야 한다. '어떻게/왜' 기술은 5.5절에서 더 자세하게 논의한다.

가장 깊은 심해의, 가장 낮은 하위기능 유스케이스조차도 시스템 외부에 있는 일차 액터를 가짐에 주목한다. 하위기능에 대해, 다분히 내부적인 설계 논의라거나 혹은 일차 액터가 없다고만 하지 않는다면, 굳이 이것을 언급하고 싶지는 않다. 하위기능 유스케이스 역시 유스케이스가 가지는 모든 규칙을 따른다. 하위기능 유스케이스가 자신을 참조하는 더 높은 수준의 유스케이스와 동일한 일차 액터를 가지기도 한다.

요약 목표 수준

이제, 목표 수준과 관련해 아래와 같은 세 가지 요점이 중요하다.

- 해수면 수준의 유스케이스를 찾는 데 많은 에너지를 쏟는다. 이 유스케이스는 중요하다.
- 다른 유스케이스에 컨텍스트를 제공하는 가장 바깥쪽 유스케이스를 몇 개 작성한다.
- 시스템 요구사항 문장 중에서 가장 좋아하는 문구를 유스케이스의 제목으로 했는지 여부에 신경 쓰지 않는다.

유스케이스 제목으로 삼는다고 해서 '가장 중요한 요구사항'이고, 아니라고 해서 '중요하지 않은' 것은 아니다. 자신이 가장 선호하는 요구사항이 유스케이스의 한 단계에 지나지 않아서, 그 자체로 추적 가능한 유스케이스로 승격되지 않았다고 불만스러워하는 사람들을 보아왔다.

이에 대해 걱정하지 말기 바란다. 제목으로 하지 않아도 괜찮다. 왜냐하면 목표 모델 접근 방법에서 복잡한 문장을 자체 유스케이스 안으로 옮기거나 사소한 유스케이스를 보다 높은 수준으로 올리는 것 등은 상대적으로 사소한 작업이기 때문이다. 모든 문장을 목표로 작성할 수 있고, 모든 목표를 자신의 유스케이스로 전개할 수 있다. 보는 것만으로는 어떤 문장이 전개되었는지(링크를 따라가는 경우만 제외하면) 구별할 수 없다. 이는 긍정적이다. 왜냐하면 사소한 변경 후에도 여러 유스케이스 간의 통합성을 유지하기 때문이다. 자체 유즈케이스 보유를 보장하는 목표는 파란색뿐이다.

5.4 그림 아이콘으로 목표-수준 강조하기

50쪽의 '설계 범위를 강조하기 위한 그림 아이콘 사용' 소단원에서, 유스케이스 제목 왼쪽에 놓을 수 있는 아이콘을 몇 가지 소개했다. 목표 수준은 제목만큼이나 혼동하기 쉬워서 필자는 목표-수준 아이콘을 제목의 오른쪽 위에 두었다. 이것은 템플릿 항목 작성에 추가 할 수 있는 작업이다. 경험으로 보면 이렇게 함으로써 유스케이스를 읽는 사람과 작성하는 사람이 유스케이스의 수준을 쉽게 알 수 있다.

고도 명칭 체계를 유지하면서, 고도를 다섯 가지로 나누었다. 대부분의 경우, 가운데 세 가지만 사용한다.

- 높은 수준의 요약(순백색) 유스케이스는 구름 아이콘으로 표시한다.(☁) 요약(흰색) 유스케이스처럼 아주 드물게 사용한다. 아이콘을 추가할 수 없을 때에는 유스케이스 18처럼 유스케이스 제목의 끝에 더하기 기호(+)를 붙인다.
- 요약(흰색) 유스케이스는 연 아이콘으로 표시한다. (♪) 유스케이스 단계가 대부분 파란색 목표인 요약 유스케이스를 위해 사용한다. 역시, 아이콘을 사용할 수 없을 때에는 유스케이스 제목에 '+'를 붙인다.
- 사용자-목표(파란색, 해수면 수준) 유스케이스는 파도 아이콘으로 표시한다. (〜) 아이콘을 사용할 수 없을 때에는 첨자를 사용하지 않거나 느낌표(!)를 붙인다.
- 하위기능(남색) 유스케이스는 물고기 아이콘으로 표시한다. (🐟) 이 아이콘은 남색 유스케이스에 사용한다. 아이콘을 사용할 수 없을 때에는 빼기 기호(—)를 붙인다.
- 사소한 하위기능(검은색)은 유스케이스로 작성하면 안 된다. 자신을 호출

하는 유스케이스로 통합될 필요가 있는 유스케이스임을 나타내기 위해 조개 아이콘을 사용한다. (⌒)

이 아이콘으로 여러분은, 모델링 도구업체가 지원만 해주면 UML 유스케이스 다이어그램에서도 즉시 설계 범위와 목표 수준을 표시할 수 있다. 첨자도 바로 사용할 수 있다. 템플릿에 이미 설계 범위와 목표 수준 항목이 있다면, 이것을 여분의 표시로 이용한다. 만약 템플릿에 그런 항목이 없다면, 추가한다.

5.5 올바른 목표 수준 찾기

유스케이스에서 올바른 목표 수준 찾기가 가장 어렵다. 다음과 같은 지침에 집중한다.

- 사용자 목표 찾기
- 유스케이스 별로 3~10단계 사용

사용자 목표 찾기

모든 목표 수준 중에서, 오직 한 개가 다른 것보다 두드러진다.

그것이 비즈니스든 컴퓨터든 여러분은 지금 시스템을 서술하고 있다. 여러분은 시스템 사용자에 관심이 있다. 그 사람은 지금 시스템에서 무엇인가를 원한다. 그것을 얻은 뒤, 그 사람은 계속하거나 다른 것을 한다. 지금 그 사람이 여러분의 시스템에서 원하는 것은 무엇인가?

그 수준은 여러 가지 이름으로 부른다. 비즈니스 프로세스 모델링에서는 기초 비즈니스 프로세스라 부르고, 유스케이스에서는 사용자 목표라 부른다.
"지금 일차 액터가 시스템에서 정말로 원하는 게 이것인가?" 라고 질문을 던져라. 그러면 유스케이스 초안에서 대부분의 대답은 "아니오."이다. 대다수의 초보자는 그것이 해수면 수준이라고 생각하면서 해저 수준의 유스케이스를 작성한다. 더 높은 수준의 목표를 찾기 위해, 다음 두 가지 중에서 하나를 물어본다.

- 일차 액터가 정말로 원하는 것은 무엇인가?
- 이 액터가 왜 이 일을 하는가?

그 대답이 액터의 진정한 목표일지도 모르지만, 확신이 들 때까지 계속 질문을 던진다. 흥미로운 것은, 사용자 목표에 대한 테스트는 주관적임에도 불구하고 오래지 않아 그 문제에 대한 의견 일치에 도달한다는 사실이다. 경험자는 사용자 목표에 대해 놀라울 정도로 비슷한 대답을 한다. 사용자 목표는 안정된 개념으로 자리를 잡은 것 같다.

목표 수준 높이기와 낮추기

유스케이스에서 단계(step)는 어떻게 프로세스가 수행되는지를 서술한다. 유스케이스 이름은 왜 그 프로세스가 중요한지 알려준다. 한 단계 안에서 사용할 적절한 목표 수준을 찾았을 때, 여러분은 어떻게-왜 관계를 그릴 수 있다(그림 5.2 참조).

목표 수준을 한 단계 혹은 여러 단계 높이기 위해서, "액터는 이 일을 왜 하는가?"라는 질문을 해 본다. 그 대답이 바로 한 단계 더 높은 수준의 목표이다.

목표 수준을 판단하는 한 가지 방법은 유스케이스 길이를 살펴보는 것이다.

그림 5.2 수준을 이동하기 위해 '왜'라는 질문을 던짐

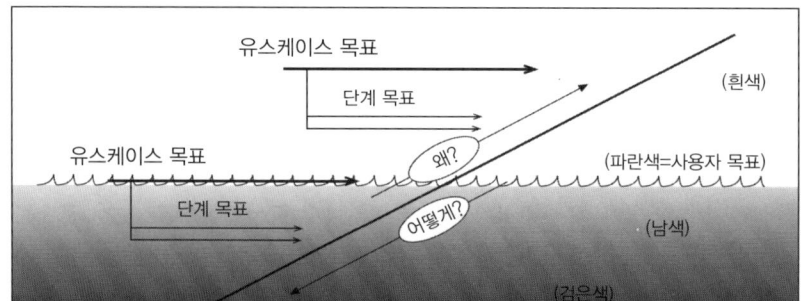

잘 작성된 유스케이스 대부분은 3~8단계를 가진다. 줄였을 때 더 이상 나아질 것이 없으면서 11단계보다 긴 유스케이스를 본 적이 없다. 이 숫자에 무슨 마술적인 요소가 있으리라고는 생각하지 않지만 추측하건대, 사람들은 10단계 이상의 절차를 갖는 프로세스에 대해서는 생각하지도 참아내지도 못하는 듯싶다. 나는 이 숫자가 중요하지 않다고 주장할 반대 사례를 지금도 기다리고 있다.

이유가 무엇이든, 이런 관찰 결과를 여러분의 유스케이스 작성능력을 향상시키는데 사용한다. 10단계 이상이라면, 아마도 유저 인터페이스 세부내용을 포함했거나 너무 낮은 수준의 행동 단계를 기술했을 것이다.

- 유저 인터페이스 세부사항을 제거한다. 액터의 움직임이 아닌 의도를 보여준다.
- 한 단계 위의 목표 수준을 찾으려면 "왜"라는 질문을 던짐으로써 목표 수준을 높인다.
- 단계를 통합한다.
- 작성한 유스케이스를 5.6절에 나오는 작성 예제, 그리고 제19장의 「실수 바로 잡기」에 나오는 작성 예제와 비교한다.

5.6 긴 예제: 여러 수준의 '보험금 청구 처리'

예제로 유스케이스 19에서 23까지를 싣도록 허락해 준 캘리포니아 노바토(Novato)에 있는 파이어맨스 펀드 인슈어런스 주식회사 여러분께 감사드린다.[2] 이 예제는 현장에서 직접 뛰고 있는 보험금 청구 처리 전문가들이 IT 부서의 비즈니스 분석가, 기술 개발자와 함께 작성하였다. 현장 직원은 시스템 사용에 대해 IT 직원들이 미처 생각하지 못했던 통찰력을 보여 주었고, IT 직원은 현장 직원이 유스케이스를 정확하게 작성하도록 도왔다. 함께 일하면서, 그들은 현장, 회사, 기술 세 가지 관점을 결합하였다.

작성 팀의 구성원은 케리 베어, 일린 커랜, 브랜트 협, 파울라 아이비, 수잔 파

---

2 Copyright © 1999 by the Fireman's Fund, Novato, CA. Used with permission.

시니, 파멜라 프래트, 스티브 샘프슨, 질 쉬크탄즈, 낸시 쥬웰, 트리샤 메그달린, 마크 그린버그, 니콜 라자르, 던 카폴로, 에릭 에반스 등이었다. 소프트웨어 배경지식이 없는 사용 전문가가 IT 전문가와 협력해 요구사항을 작성하는 예를 보여주었다.

지금까지 우리가 논의했던 내용들, 특히 설계 범위와 목표 수준에 대한 예제를 보여주려고 유스케이스 다섯 개를 실었다. 이 유스케이스는 또한 단계와 확장 작성법도 잘 보여준다. 각 유스케이스 앞에 해설을 달아서, 관심을 끌 만하거나 논쟁의 여지가 있는 몇 가지 사실을 밝히겠다.

보험금 청구 처리 관련 비즈니스 프로세스를 보여주는 구름 수준의 화이트-박스 비즈니스 유스케이스로 예제를 시작한다. 어떻게 목표가 더 낮은 수준으로 내려가며, 어떻게 시스템의 범위가 '회사 업무'로부터 '모든 컴퓨터 시스템', '논의 중인 시스템'으로 축소되는지 살펴보자. 밑줄을 그은 문장은 다른 유스케이스를 참조한다. 주요 성공 시나리오를 위쪽에 위치시켜 좀 더 빨리 읽을 수 있도록 템플릿을 약간 수정하였다.

유스케이스 19에 대한 해설. 목표시스템은 회사 운영이다. 컴퓨터 시스템은 언급조차 하지 않음을 주목한다. 이 유스케이스는 비즈니스 프로세스를 도입하고 비즈니스의 공식적인 업무 처리를 단단히 하려는 컴퓨터를 활용할 방법을 찾는 비즈니스에 의해 사용된다. 지금 이 유스케이스를 스케치하는 첫 번째 단계에 있다. 여느 때처럼 주요 성공 시나리오는 대수롭지 않게 보이며, 또 그렇게 보여야 한다. 주요 성공 시나리오가 가장 성공적인 상황에서 어떻게 진행되는지를 보여준다. 실패 조건에서 그리고 운영을 위한 IT 지원을 개선하기 위해 회사가 정보를 활용하는 방법에서 흥미로운 부분을 볼 수 있다. 이해관계자를 주목하기 바란다.

유스케이스 19 🏠 보험금 청구 처리 (비즈니스) ☁

범위: 보험회사 운영 🏠
수준: 비즈니스 요약
배포: 미래
상태: 초안
개정: 현재 버전
이용 상황(context): 청구처리 조정자가 보험금 청구를 처리한다.
선조건: 손해가 발생한다.
트리거: 보험금 청구건이 보험회사로 보고된다.
주요 성공 시나리오:
1. 사고를 알게 된 보고담당 기관이 보험회사에 손해 내용 등록을 한다.
2. 사원이 청구 건을 접수해서, 보험금 조정자에게 청구건 지정을 한다.
3. 지정된 보험금 조정자는
   조사 수행을 한다.
   손해액 산정을 한다.
   준비금 설정을 한다.
   보험금 협상을 한다.
   청구 건 해결을 하고 청구건 종료를 한다.

확장:
   작성 예정

성공 보증: 청구건이 해결되고 종료된다.
최소 보증: 없음
이해관계자와 이해관계:
   보험 계약을 판매한 보험회사의 부서
   보험 계약을 구매한 보험회사의 고객
   시장 상품을 결정하는 보험관련 정부기관
   피보험자 행위의 결과로 손해를 입은 보험금 청구자
   보험회사의 청구담당 부서
   미래 고객

유스케이스 20에 대한 해설. 또 다른 비즈니스 유스케이스의 경우, 여기서 목표 시스템은 여전히 회사 운영이다. 그러나 목표는 유스케이스 19보다 더 낮은 수준이다. 아마도 며칠, 몇 주, 혹은 몇 개월이 걸릴 보험금 조정자의 업무를 보여준다. 한자리에서 단번에 해결되는 활동을 많이 담고 있기 때문에 연(kite) 수준의 요약 유스케이스이다.

작성자는 컴퓨터를 직접 언급하지는 않고 보험금 조정자의 목표만을 제시했다. 팀은 이 프로세스에서 컴퓨터가 무엇을 도울 수 있는지를 알아내기 위해, 뛰어난 상상력을 동원해야 한다. 이 유스케이스는 고안 활동에 필요한 원자재와 같은 것이다.

단계 7은 보험국의 이해관계 때문에 추가되었다.

유스케이스 20 🏠 직장인 보장 보험 청구 조사 🔍

범위: 보험회사 운영 🏠
수준: 흰색(요약, 단일 사용자 목표 수준보다 높음)
이용 상황: 보험금 조정자가 손해 평가를 완료한다.
일차 액터: 보험금 조정자
선조건: 작성 예정
트리거: 작성 예정
주요 성공 시나리오:
주의: 조사의 깊이가 청구건마다 달라질 수 있지만, 조사는 평가에 들어가기 전에 이상적으로 완료되었다.

1. 조정자가 <u>의료보고서 평가</u> 및 검토를 하고, 선취권 문서, 현재까지의 배당금, 다른 보조 문서 등도 검토하고 평가한다.
2. 조정자가 장애 정도(%) 결정을 위해 공신력 있는 공식을 이용하여 <u>영구장애 등급 결정</u>을 한다.
3. 조정자가 <u>영구장애 지급금 합산</u>을 하고, 선금과 선취권의 지불금을 차감하여 청구건의 총 보상금을 결정한다.
4. 조정자가 <u>최종협상 범위 결정</u>을 한다.
5. 조정자가 <u>준비금 확인</u>을 하여 그것이 협상 범위 안에 있는지 확인한다.
6. 만약 그것이 조정자의 권한 수준 이상이라면, 조정자는 <u>협상과 준비금 증가에 대한 인가 획득</u>을 한다.
7. 조정자는 <u>자료문서 작성</u>을 한다.
8. 조정자는 필요할 경우, <u>관련기관에서 신이나 문서 전송</u>을 한다.

9. 조정자는 모든 협상 활동에 대해 계속해서 <u>자료 작성</u>을 한다.

확장: ……
발생 빈도: 모든 청구건을 평가하여야 한다. 이것은 하루에도 몇 번씩 발생할 수 있다.
성공 보증: 청구건을 평가하고 협상 범위를 결정한다.
최소 보증: 청구건이 합의를 위해 재평가될 때까지 추가 조사 또는 의학 평가를 완료한다.
이해관계자와 이해관계:
  청구자 — 최대한의 보상금을 원한다.
  조정자 — 최소한의 합당한 보상금을 원한다.
  보험회사 — 위와 같음
  피보험자의 변호사(피고측 또는 원고측)
  보험관련 기관 및 주 정부기관은 절차의 공정성에 초점을 둔다(각 주에는 배당금과 공정한 보상금 관리를 감독하는 독립된 관리부서가 있다).
공개 쟁점: 비즈니스 규칙을 작성할 때 관할권 문제가 해결되어야 할 것이다.

유스케이스 21에 대한 해설. 프로젝트에 종사하는 많은 사람들에게 이 시스템 유스케이스는 필요없다고 느낄 정도로 헛된 것처럼 보인다. 그러나 몇 가지 점에서 작성에 걸린 시간을 충분히 보상받는다.

 첫째, 이 유스케이스는 여러 사용자-목표 유스케이스를 묶어서, 어떻게 비즈니스 지침에 부합하는지 보여준다. 이 유스케이스는 보험금 청구건의 종료, 삭제, 기록 보관에 대해 설명하는데, 이는 여러 프로젝트 구성원에게는 생소한 내용이다. 마지막 세 단계는 프로그래머에게 직접적인 일은 없지만, 그것도 보험금 청구를 처리하는 과정의 일부이고 이를 읽는 모든 사람에게 유용한 배경 정보이다.

 둘째, 이 유스케이스는 팀원 중 일부는 알지 못하는 비즈니스 규칙을 공식적인 문서로 기록한다. 이 팀은 그런 규칙을 정리하기 전날, 세 시간을 들였다. 일단 유스케이스를 작성하면, 이런 주제에 대한 논의 시간을 많이 절약할 수 있다.

 이 유스케이스는 회사의 이사진부터 신입사원에 이르기까지 소개와 목차 역할을 한다. 이사진은 주요 절차가 누락되었는지 확인하고, 신입사원은 회사의 운영에 대해 배우면서, 사용자-목표 유스케이스를 연습할 수 있다. 확장 *a,1*은 청구 조정자가 작성하지 못하고 기술담당자가 작성하는 실패 처리 유스케이스를 호출하기 때문에 흥미롭다.

유스케이스 21 보험금 청구 처리 (시스템) +

범위: '시스템'은 통합된 모든 컴퓨터 시스템을 의미한다.
수준: 요약(흰색)
배포: 첫 번째
상태: 재검토 준비
개정: 현재 버전
이용 상황: 고객은 사고에 대해 보상받고자 한다.
일차 액터: 고객
선조건: 없음
트리거: 고객이 보상 청구를 한다.
주요 성공 시나리오:
1. 고객이 사원에게 보상을 청구한다(서면, 전화, 팩스).
2. 사원은 시스템에서 <u>고객 계약 검색</u>을 하고, <u>손해내용 등록</u>을 한 뒤, 보험금 조정자를 지정한다.
3. 조정자는 청구건을 조사하고 부가적인 정보를 입력하여 <u>청구내용 갱신</u>을 한다.
4. 조정자는 시간에 따라 <u>진행 노트 기록</u>을 한다.
5. 조정자는 시간에 따라 <u>입력 내용 수정</u>을 하고 <u>보험금 준비</u>를 해둔다.
6. 조정자는 청구건 처리기간 전체에 대한 계산서를 포함하는 서류를 받고, <u>계산서 금액 입력</u>을 한다.
7. 조정자는 청구건에 대해 <u>손해액 산정</u>을 하고 협상과정을 시스템에 입력한다.
8. 조정자는 시스템에서 협상금액을 확정하고 청구건을 종료한다.
9. 시스템은 종료 6개월 후에 청구건을 삭제한다.
10. 시스템은 일정 기간이 지나면 청구건 기록을 보관한다.

확장:
*a. 어느 때든 시스템이 다운된다:
   *a1. 시스템 그룹이 <u>시스템 수리</u>를 한다.
1a. 제출 데이터가 불완전하다:
   1a1. 보험회사는 누락 정보를 요청한다.
   1a2. 청구자는 누락 정보를 제공한다.
      1a2a. 청구자가 기간 내에 정보를 제공하지 않는다:
         1a2a1. 조정자가 시스템에서 청구건을 종료한다.

2a. 청구자가 유효한 계약을 갖고 있지 않다:
   2a1. 보험회사가 청구를 거절하고, 청구자에게 알리고, 청구건을 갱신하고, 청구건을 종료한다.
3a. 활동 가능한 직원이 현재 없다.
   3a1. (그렇다면 어떻게 해야 할까?)
8a. 청구자가 조정자에게 새로운 청구 활동을 알린다:
   8a1. 사원은 청구건을 다시 시작한다. 단계 3으로 되돌아간다.

기술과 데이터 변동 목록:
발생 빈도: 작성 예정
성공 보증: 청구건은 종료되고, 확정되고, 기록이 보관된다.
최소 보증: 청구건은 종료되었으나 나중에 다시 개시될 수 있다.
이해관계자와 이해관계:
   회사 — 최소한의 정확한 보상금을 지급한다.
   고객 — 최대한의 보상금을 받는다.
   보험관련 기관 — 합당한 절차를 확인한다.
비즈니스 규칙:
데이터 설명: 다른 유스케이스에서 정의할 것이다.
UI 링크: 작성 예정
공개 쟁점: 청구건 기록 보관기간을 얼마로 해야 하는가?

유스케이스 22에 대한 해설. 지금까지 본 가장 복잡한 유스케이스 중 하나이다. 유스케이스가 자연스러운 산문체 언어로 작성되어야 하는 이유를 보여준다.

복잡성의 첫 번째 원인은 작업 순서다. 당황한 고객과 전화로 대화하는 사원은 어떤 순서로든 정보를 입력할 수 있어야 하는 반면, 표준 질문 순서를 따라가는 것도 시도해야 한다. 동시에, 컴퓨터는 고객의 기록을 찾아내어 청구번호와 조정자를 배정하는 것과 같이 수행 가능한 어떤 절차든 처리하기 위해 입력한 정보를 이용한다. 작성자는 적어도 네 개의 완전한 버전으로 이 유스케이스를 작성하여, 정상적인 업무 흐름을 보이면서 비동기적인 컴퓨터 작업도 보여주려 했다. 아마도 일곱 번째나 여덟 번째 개정본에 가서야 제법 완전한 버전을 얻었겠지만, 더 나가봐야 더 얻을 것이 없다는 사실을 깨닫고 여기 소개한 버전에서 멈추었다.

이 유스케이스는 '무엇이든 찾기' 유스케이스를 여러 번 호출한다. 매번 서로 다른 검색 기준과 목표를 언급한다. 팀은 검색에 필요한 표준 단계를 재작성하지 않기 위해 독창적인 해결책을 내놓았다. 표준 단계는 일치 목록, 정렬 기준, 재정렬, 재검색, 검색 결과 없음 등이다. 이 장의 끝에 있는 연습문제 5.4를 참조한다.

확장 *a 처리. **전원 공급 실패** 단계는 놀랍고 새로운 요구사항 질문을 이끌어냈다. 중간단계 저장이라는 개념을 도입했다. 중간단계 저장이 가능하다는 것은 사원이 그것을 나중에 검색할 수도 있음을 의미한다. 이는 작성자에게는 놀라운 일이었으며(팀에게 더욱 놀라운 일이었다.) 임시로 저장한 손해내용의 저장과 검색에 대한 문제를 야기하였다. 이 논의를 통해, 임시로 저장한 손해작업에 제한 시간을 적용하고, 유스케이스 작성자가 상세한 질문을 하게 한 실패 조건 6b로 모두 종결하였다. 그 질문은 "핵심 정보가 누락되었으므로 커밋할 수는 없지만 최소 입력 기준을 넘었으므로 삭제하지 말아야 하는, 임시로 입력된 손해에 대한 비즈니스 규칙은 무엇인가?"이다. 팀은 이 해결책에 도달하기 전에, 받아들일 수 없는 대안(중간단계의 저장을 하지 않고 손해작업을 삭제하는)도 생각했었다.

확장 1c는 실패 안의 실패를 보여준다. 작성자는 이것을 자체 유스케이스로 만들 수도 있었지만, 유스케이스 집합이 너무 복잡해진다고 판단했다. 신규 유스케이스를 추적하고 검토하고 유지관리해야 하기 때문이다. 대신 이것을 확장의 확장으로 만들었다. 여러 사람들이 같은 이유로 이런 정도까지 유스케이스를 확장한다. 확장을 자체 유스케이스로 만들기 직전 편안함을 느끼는 정도까지만 확장한다.

확장 2-5a는 유스케이스가 얼마나 유연한지를 보여준다. 이 조건은 2단계부터 5단계 사이의 어느 단계에서나 발생할 수 있다. 어떻게 작성하여야 하는가? 발생할 때마다 매번? 그것은 에너지 낭비일 뿐이다. 단순히 2-5a와 2-5b라고 쓰면 된다. 독자에게는 명확하다.

유스케이스 22 손해내역 등록

범위: '시스템'은 청구건을 처리하는 컴퓨터 시스템을 의미한다.
수준: 파란색(사용자 목표)
배포판: 2
상태: 검토됨
개정: 현재 버전
이용 상황: 손해내용을 완전히 파악
일차 액터: 사원
선조건: 사원은 이미 로그인했다.
트리거: 사원은 이미 손해내용을 입력하기 시작했다.
성공 보증: 손해 정보를 파악하고 저장한다.
최소 보증: 아무 일도 발생하지 않는다.
이해관계자와 이해관계: 이전과 같음
주요 성공 시나리오:

사원의 업무 속도를 높이기 위해, 필요한 데이터가 파악되기만 하면 시스템은 비동기적으로 작업을 수행해야 한다. 사원은 순간순간의 필요에 따라 원하는 순서로 데이터를 입력할 수 있다. 다음 순서는 가장 그럴듯하게 예측한 것이다.

1. 사원은 피보험자의 계약번호 또는 이름과 사고 발생일을 입력한다. 시스템은 적용 가능한 계약 정보를 가져오고 청구건이 계약내용과 일치하는지 확인한다.
2. 사원은 기본 손해 정보를 입력한다. 시스템은 경쟁하는 기존 청구건이 존재하지 않음을 확인하고 청구번호를 지정한다.
3. 사원은 계속해서 특정 손해 정보를 청구내역에 계속 입력한다.
4. 사원은 시스템으로 하여금, 다른 컴퓨터 시스템으로부터 다른 보장 정보를 끌어오도록 한다.
5. 사원은 조정자를 선택하여 지정한다.
6. 사원은 작업이 끝났음을 확인한다; 시스템은 내용을 저장하고, 대리인에게 전송할 통지서 승인을 위해 트리거를 동작한다.

확장:

*a. 손해내용 파악 작업 중에 전원이 끊어진다:
   *a1. 시스템이 간헐적으로 자동화된다(특정 트랜잭션 커밋 순간이 될 수 있다. 공개 쟁점).
*b. 우리 회사에서 처리할 청구건이 아니다:
   *b1. 사원이 시스템에 청구건은 '단지 기록 목적으로' 입력중임을 알리고, 계속하거나 종료한다.
1a. 검색한 계약 정보가 피보험자의 정보와 맞지 않는다:

1a1. 사원이 올바른 계약번호 혹은 피보험자 이름을 입력하고, 시스템으로 하여금 새로운 인덱스를 이용하여 계약 정보를 찾아오도록 한다.
1b. 검색 세부사항을 이용해서는 시스템이 계약을 찾을 수 없다:
    1b1. 사원이 손해내용을 다시 확인하여, 사용 가능한 데이터를 입력한다.
1c. 최초로 일치하는 계약을 찾은 뒤에, 사원이 계약번호나 손해를 입은 날짜 혹은 청구내용을 변경하였다:
    1c1. 시스템이 변경을 검증하고, 손해내용과 올바른 계약 정보를 가져와서, 청구건이 계약과 일치하는지를 검증하고 알린다.
        1c1a. 시스템이 계약과 일치하는지를 검증할 수 없다:
            1c1a1. 시스템이 사원에게 경고메시지를 보여준다.
            1c1a2. '계약'에 대한 검색 세부사항을 이용해서 사원이 <u>계약 검색</u>을 한다.
    1c2. 시스템은 사원에게 보장을 다시 산정하라고 경고 메시지를 보여준다.
1d. 사원은 중간에 방해를 받았거나, 전에 저장되었거나, 완성할 여지가 남은 손해작업을 다시 시작하기를 원한다:
    1d1. 사원이 '손해'에 대한 검색 세부사항을 이용하여 <u>손해내용 검색</u>을 한다.
    1d2. 시스템은 편집을 위해 손해내용을 연다.
2-5a. 사원이 이전에 입력한 청구내용을 변경하고, 어떤 특정 데이터를 입력하지 않았다:
    2-5a1. 시스템은 사원이 다른 청구내용에 입력했던 것을 기초로, 손해내용에 적절한 특정 데이터를 제시한다.
2-5b. 사원이 이전에 입력한 청구내용을 변경했으나, 어떤 특정 데이터가 남아 있다:
    2-5b1. 시스템이 데이터가 남아 있음을 경고하고, 사원으로 하여금 변경을 취소하거나 새로운 청구내용으로 진행하도록 한다.
        2-5b1a. 사원이 변경을 취소한다: 시스템은 손해내용을 가지고 계속한다.
        2-5b1b. 사원이 새로운 손해내용을 고수한다: 시스템은 남아 있던 특정 데이터를 지운다. (여기에는 기본 청구-수준 데이터가 모두 담겨 있다.)
2c. 시스템이 중복 가능성이 있는 청구건을 발견한다:
    2c1. 시스템은 손해 데이터베이스로부터 얻은 중복 가능성이 있는 청구 목록을 보여준다.
    2c2. 사원이 목록에서 청구건을 골라 살펴본다. 이 단계는 여러 번 반복될 수 있다.
        2c2a. 사원이 청구가 중복되었음을 발견한다:
            만약 아직 처리가 완료되었다고 표시되지 않았다면, 편집을 위해서 청구 목록으로부터 중복 청구건을 골라 연다(사원의 보안 프로파일에 근거하여). 사원은 이전에 저장된 파일에서 어떤 데이터든지 삭제할 수 있다.
        2c2b. 사원이 청구가 중복되지 않았음을 확인한다: 사원은 손해내용으로 돌아가서 작업을 완료한다.

2d. 이전의 손해 정보는, 첫 번째 중복 청구 확인 작업이 수행된 후에 변경되었다:
    2d1. 시스템은 중복 청구 확인 작업을 다시 수행한다.
2e. 사원이 단계 2에서 6까지 완료되기 이전에 언제든지 손해내용을 저장할 수 있다(저장의 원인은 단지 안심하기 위해서거나, 어떤 이유로든 사원이 입력을 중단해야 하기 때문일 수 있다. 예를 들어, 더 높은 수준의 조정자가 청구를 처리해야 하므로 즉시 그에게로 발송되는 경우도 있다).
    2e1. 사원이 나중에 완료할 손해내용을 시스템으로 하여금 저장하도록 한다.
4-5a. 사원에 의해 보장내용이 검토된 후에 청구내용 혹은 손해내역이 변경된다(비즈니스 규칙 참조):
    4-5a1. 시스템은 사원에게 보장내용을 재검토하라고 경고메시지를 보여준다.
6a. 최소한의 정보도 완성하지 않은 채로 사원은 작업이 끝났음을 확인한다:
    6a1. 시스템은 손해를 입은 날짜, 피보험자의 이름이나 계약번호, 처리담당 조정자에 대한 정보 없이는 손해내용을 접수할 수 없다고 경고 메시지를 보여준다:
        6a1a. 사원은 손해내용을 계속 입력하기로 결정하거나, 완료하지 않은 채로 저장하기로 결정한다.
        6a1b. 사원이 최소한의 정보를 입력하지 않은 채로 종료하기를 고수한다: 시스템은 모든 중간단계의 저장내용을 삭제하고 종료한다.
    6a2. 시스템은 사원에게 필수 항목 없이는 청구번호를 부여할 수 없다고 경고 메시지를 보여준다(청구내용, 손해를 입은 날짜, 계약번호 혹은 피보험자 이름): 시스템은 입력이 필요한 항목으로 사원을 안내한다.
6b. 시간 종료: 사원은 일시적으로 손해작업을 저장하고, 나중에 계속하려고 한다: 시스템은 이제 작업을 완료하고 기록을 보관할 때라고 판단한다. 그러나 처리담당 조정자를 아직 입력하지 않았다:
    6b1. 시스템이 기본 조정자를 지정한다(비즈니스 규칙 참조).

발생 빈도: ??
비즈니스 규칙:
*. 언제 저장된 손해작업이 주 시스템으로 옮겨지는가(제한 시간)?
1. 손해내용 저장에(그리고 다시 불러내는 데) 필요한 최소한의 항목은 다음과 같다:…
2. 청구번호는 시스템이 한 번 부여하면 변경할 수 없다.
3. 수작업으로 청구번호를 입력하는 것에 대한 비즈니스 규칙이 필요한가?
4. 손해내역은 두 항목으로 구성한다. 하나는 자유로운 형식이지만, 다른 것은 풀-다운 메뉴로 제공한다.
5. 시스템은 계약의 표제에 의거하여 보장내용을 어떻게 찾는지 알고 있어야 한다.
6. 손해작업이 끝났음을 확인할 때 필요한 항목은 다음과 같다: ……

> 6b. 기본 조정자에 대한 규칙은 다음과 같다: ……
> **사용된 데이터 설명:**
> 계약 검색 세부사항, 계약 인덱스 정보, 이전의 손해 정보, 청구내용 중 특정 데이터 정보, 부가 정보.
> 손해에 대한 검색 세부사항, 중복 청구 확인 기준, 중복 가능성이 있는 청구건 목록, 목록 상의 청구건.
> **UI 링크:** 작성 예정
> **소유자:** 수잔, 낸시
> **검토 핵심:** 알리스테어, 에릭 ……
> **공개 쟁점:**
> 자동화 빈도?
> 대리인 승인 카드 — 어디서 어떻게 인쇄할 것인가? 등등.

프로젝트 팀은 거의 동일한 유스케이스인 **고객 찾기**, **계약 찾기** 등을 반복작성하는 일이 비효율적이라고 생각했다. 대신에 모든 작성 팀이 이용할 수 있는 일반적인 메커니즘을 만들었다.

고객 찾기나 **상품 찾기**처럼 …… **찾기**의 형태로 된 문장은, '무엇이든' 대신에 구체적인 대상으로 대체된 **무엇이든 찾기** 유스케이스가 호출됨을 의미한다. 각 유스케이스는 자신만의 검색, 정렬, 표현 등의 기준이 필요하므로, 작성자는 연결된 다른 종이에 데이터와 검색 조건을 적어 넣을 것이다. 따라서 예제 문장은 <u>**고객 상세 검색**</u>을 이용한 <u>**고객 검색**</u>처럼 읽게 된다.

이런 산뜻한 규약으로, 무엇이든 찾기에 대한 논리적인 세부사항을 단 한 번만 작성하고도, 비슷하지만 상황이 다른 여러 곳에서 이용한다. 이제 개발자는 행복하다. 여러 검색작업을 같은 메커니즘을 이용하여 해결할 수 있음을 알았고, 따라서 공통으로 하나만 개발하면 되기 때문이다.

여러분이 직접 해보기를 원하므로, 이 팀의 해답은 뒤로 미루겠다. 195쪽의 14.2절, 매개변수화 유스케이스에서 논의할 해답을 보기 전에 연습문제 5.4를 해결한다.

유스케이스 23   무엇이든 검색(문제 정의서)

연습문제로 채울 예정임.

5.7 연습문제

목표 수준

5.1 제니는 거래 은행의 현금인출기 앞에 서 있다. 날은 어둡다. 비밀번호를 입력하고 입력 버튼을 찾는 중이다. 제니의 흰색, 파란색, 남색 목표를 찾으시오.

5.2 현금인출기의 다양한 일차 액터가 현금인출기를 대상으로 가질 수 있는 목표를 적어도 열 가지 이상 나열하고, 목표 수준에 레이블을 붙이시오.

5.3 연습문제 4.4에서 설명한 PAF 소프트웨어 패키지에 대해, 모든 일차 액터의 요약 목표와 사용자 목표를 나열하시오. 가장 높은 수준의 가장 바깥쪽의 액터-범위-목표 조합을 식별하시오.

5.4 무엇이든 찾기. 무엇이든 찾기 유스케이스를 작성하시오. 트리거는 무엇인가를 찾고자 하는 사용자의 욕구이다. 이 유스케이스에서 사용자는 검색과 정렬 정보를 입력할 수 있어야 한다. 발생 가능한 모든 상황을 다루어야 하고, 성공하는 경우에는, 요청한 유스케이스가 다음에 지정할 용도가 무엇이든, 컴퓨터가 찾아낸 '무엇'과 함께 종료한다.

6장

Writing Effective **Use Cases**

선조건, 트리거, 보증

6.1 선조건

유스케이스의 선조건(precondition)은 유스케이스가 시작되기 전에 시스템이 참(true)이라고 보증할 무엇인가를 선언한다. 시스템이 반드시 요구하고 참으로 알려졌으므로, 유스케이스 실행 중에 다시 확인하지 않는다. 흔한 선조건 예제는 다음과 같다. **"사용자는 이미 로그온하였고 인증을 받았다."**

일반적으로, 선조건은 다른 유스케이스가 그 조건 설정을 위해 이미 실행되었음을 나타낸다. 주문하기 유스케이스가 선조건인 '로그온되어야 한다'에 의존한다고 가정하자. 즉시 어떤 유스케이스가 그 선조건을 설정하는지 알아본다(로그온을 볼 것이다). 주문하기와 로그온을 언급하는 보다 높은 수준의 유스케이스를 작성하여 읽는 사람이 두 개를 함께 보도록 한다. 다음 예에서, 그것은 애플리케이션 사용이라는 요약 유스케이스가 될 것이다. 이 예제에서 다음의 구조를 얻는다(관련 부분을 소개할 목적으로 템플릿을 요약한다). 세 개의 유스케이스에 대한 목표 수준에 주목한다.

유스케이스: 애플리케이션 사용

> **수준:** 요약(흰색)
> **선조건:** 없음
> 1. 사원이 로그온한다.
> 2. 사원이 주문하기를 한다.

유스케이스: 로그온

> **수준:** 하위기능(남색)
> **선조건:** 없음
> ……

유스케이스: 주문하기

> **수준:** 사용자 목표(파란색)
> **선조건:** 사원이 로그온하였다.
> ……

많은 사람들이 낮은 수준 유스케이스를 서로 연결하기 위해 높은 수준 유스케이스를 작성하는 나의 유스케이스 작성 습관을 따르지는 않는다. 따라서 여러분은 앞의 예에서 단지 로그온과 주문하기만을 고를 수도 있다. 여러분은 유스케이스 작성으로부터 선조건이 정확하며 반드시 요구된다고 추론을 할 수 있어야 한다.

한 단계에 하나의 조건을 설정하고 하위 유스케이스가 그 조건에 의존하는 어떤 유스케이스를 보여주기 위해 다음의 예로 계속 설명한다. 하위 유스케이스는 그 조건을 참으로 기대하고 오류를 또다시 확인하지는 않을 것이다.

유스케이스: 주문하기

> **수준:** 사용자 목표(파란색)
> **선조건:** 사원은 로그온하였다.
> 1. 사원은 고객을 식별하고, 시스템은 고객 기록을 찾아낸다.

> 2. 사원은 주문 정보를 입력한다.
> 3. 시스템은 <u>지불금액 계산</u>을 한다.
> ……

유스케이스: 지불금액 계산

> **수준:** 하위기능(남색)
> **선조건:** 고객은 준비되었고 시스템은 알고 있다: 주문내역을 안다.
> 1. 시스템은 주문을 위한 기본 지불금액을 계산한다.
> 2. 시스템은 고객을 위한 할인금액을 계산한다.
> ……

    이 예제는 한 유스케이스가 자신을 호출한 유스케이스로부터 파악한 정보에 어떻게 의지하는가를 보여준다. 지불금액 계산 유스케이스 작성자는 이미 이용 가능한 정보를 선언하였고, 이제는 계속 진행하며 고객 정보를 참조한다.

    주의 깊은 독자는 지불금액 계산 유스케이스를 의심할 것이다. 나는 그것이 남색 유스케이스라고 선언했지만, 지금까지의 작성지침으로는 그것이 그 자체로 유스케이스라는 사실마저 입증하기 어렵다. 내가 작성자로서 사용자와의 복잡한 상호작용이나 관심을 끌만한 실패 사례 등을 밝히지 않는 한, 그것은 검은색(아이콘으로 표현하자면 조개) 유스케이스로 재분류된다. 그것은 이 문장을 주문하기 유스케이스 속으로 돌려보내어 합치고, 지불금액 계산 유스케이스는 모두 삭제하라는 신호이다.

    유스케이스가 시작되는 시점에 주변상태에 대해 간략한 단문으로 선조건을 작성한다. 다음은 적절한 예이다.

    선조건: 사용자는 로그온 하였다.
    선조건: 고객을 검증하였다.
    선조건: 시스템은 이미 고객 증권 정보에 도달하였다.

    선조건 안에 대부분은 참이지만 때로는 참이 아닐 수도 있는 내용을 적는 실수를 볼 수 있다.

일차 액터인 청구자와 함께 보험 급여내역 요청서를 작성한다고 가정하자. 청구자가 보험 급여내역을 요청하기 전에, 적어도 한 번은 보상청구서나 급여청구서를 제출했으리라고 생각한다. 그러나 항상 그렇지는 않기 때문에 시스템은 그것을 보장하지 못하고, 실제로 그것이 반드시 필요하지도 않다. 청구자는 언제든지 자신의 보험 급여내역을 요청할 수 있어야 하므로, 이 **선조건 – 청구자는 급여청구서를 제출한 적이 있다** – 은 옳지 않다.

6.2 최소 보증

최소 보증(minimal guarantee)은 일차 액터가 목표 달성에 실패했을 때를 대비하여, 시스템이 이해관계자와 맺는 최소한의 약속이다. 물론, 목표를 달성하였을 때도 지켜지지만, 주요 목표가 실패했을 때 진짜 관심사가 된다. 대부분의 경우, 최소 보증에는 둘 혹은 그 이상의 이해관계자를 언급하는데, 그 예로 사용자, 시스템을 제공하는 회사, 정부 규제기관 등이 있다.

최소 보증 항목에 유스케이스가 실패하는 모든 경우를 나열하려고 애쓰지 않는다. 실패하는 경우는 수십 가지가 존재하며, 그들 사이에 공통점도 거의 없다. 모든 실패 상황과 처리는 확장 항목에 나오며, 두 가지 목록의 동기를 맞추려는 것은 지루할 뿐만 아니라 오류를 만들게 된다. 템플릿에서 최소 보증 항목의 목적은, 시스템이 무엇을 약속했는지를 알리는 것이다.

가장 흔한 최소 보증은 '**시스템은 작업이 진행된 곳까지 로그를 남겼다**'이다. 트랜잭션 실패는 명확하지도 않고 사소하지도 않다. 시스템 로그는 종종 요구사항 문서에서 누락되며 가끔은 프로그래머가 발견한다. 그러나 그것은 시스템 사용자뿐만 아니라 소유주에게도 매우 중요하다. 일단 시스템이 정상 운영 환경으로 회복되면, 작업을 계속하기 위해 로그를 사용하며, 이해관계자는 논쟁 해결을 위해 로그를 이용한다. 유스케이스 작성자는 이해관계를 조사하거나 실패 상황에 대해 집중 토의함으로써 로그의 필요성을 알아내야 한다.

최소 보증은 유스케이스의 어떤 실행을 종료할 때도 참이 될 여러 단문으로 작성하며, 각 이해관계자의 이해관계가 충족됨을 보여준다.

최소 보증: 주문 처리는 지불이 완료되었을 때만 시작된다.
최소 보증: 만약 최소한의 정보가 파악되지 않았다면, 부분적인 청구는 삭제하고, 요청에 대한 로그도 기록하지 않는다. 만약 최소한의 정보가 파악되었다면(비즈니스 규칙을 참조), 부분적인 청구는 저장하고 로그도 기록한다.

최소 보증에 대한 통과/실패 테스트는 이해관계자가 이 목표를 실패한 상황에서도 이해관계가 보호되었음에 동의하는 것이다.

6.3 성공 보증

성공 보증(success guarantee)이란, 주요 성공 시나리오 종료이든 대안 시나리오의 성공적인 종료이든, 유스케이스가 성공적으로 종료한 뒤에 이해관계자의 어떤 이해관계가 충족되었는지를 서술하는 것이다. 이것은 일반적으로, 최소 보증이 충족되고 다른 추가 조건도 참이므로, 최소 보증에 덧붙여 작성한다. 그 추가 조건에는 적어도 유스케이스 제목에서 서술한 목표는 포함해야 한다.

최소 보증처럼 성공 보증도 일련의 간략한 단문으로 작성하며, 성공적인 유스케이스 종료 시에 적용하며, 각 이해관계자의 이해관계가 충족되었음을 보여준다. 적절한 예제는 다음과 같다.

성공 보증: 청구자는 합의된 보상금을 받았고, 청구건은 종료되었으며, 합의 결과를 기록하였다.
성공 보증: 파일을 저장한다.
성공 보증: 시스템은 고객의 주문 처리를 시작하고, 지불 정보는 받았으며, 주문 요청도 기록하였다.

성공 보증 항목에 대한 통과/실패 테스트는 이해관계자가 그들의 이해관계가 충족되었음에 동의하는 것이다.

성공 보증을 알아내는 가장 좋은 방법은, "유스케이스가 성공적으로 실행되었음에도 이해관계자를 불만스럽게 하는 것이 무엇일까?"라는 질문을 하는 것이다. 이 질문에 대답하기는 쉽다. 이제 그 반대되는 문장을 적으면 된다. 예제를 보기 위해, 연습문제 6.4를 해결하고 부록 C에서 논의한 내용을 읽어 본다.

6.4 트리거

트리거(trigger)는 유스케이스를 시작하도록 하는 사건이다. 때로는 트리거가 유스케이스의 첫 단계에 선행하고, 때로는 트리거 자신이 첫 단계이다. 지금까지 한 가지 형태를 모든 사례에 적용할 수 있다는 주장을 들어본 적이 없고, 그렇다고 여러 가지 중에서 하나를 택하는 데 혼란을 느껴본 적도 없다. 여러분은 개인의 방식 혹은 프로젝트의 방식을 개발해야 한다.

어떤 현금인출 시스템이 사용자가 자기 소유 카드를 삽입할 때만 작동한다고 가정해보자. 이 경우 트리거가 어떤 사람이 현금인출기를 이용하려는 마음을 먹었을 때라고 말하는 것은 아무런 의미가 없다. **고객이 카드를 삽입한다**는 트리거는 유스케이스의 첫 번째 단계이기도 하다.

유스케이스: 현금인출기 사용

> **트리거:** 고객이 카드를 삽입한다.
> 1. 고객이 은행 ID, 은행 계좌, 암호화된 비밀번호가 내장된 카드를 삽입한다.
> 2. 시스템은 검증한다......

이제 서로 다른 애플리케이션 프로그램을 실행시키는 여러 그림 아이콘을 보여주는 워크스테이션 앞에 온종일 앉아 있는 사원에 대해 생각해 보자. 트리거는 어떤 고객이 특정한 요청을 하려고 전화를 하는 것이며, 이것은 두 가지 형태 모두 작성이 가능하다. 설명을 위해 두 번째 방식으로 작성하겠다.

유스케이스: 불만사항 기록

> **트리거:** 불만이 있는 고객이 전화한다.
> 1. 사원이 애플리케이션을 호출한다.

> 2. 시스템은 사원이 작성한 최근 불만사항 목록을 가져온다.
> ......

6.5 연습문제

최소 보증

6.1 현금인출기에서 돈을 인출하는 행위에 대한 최소 보증을 작성하시오.

6.2 PAF 시스템의 주요 유스케이스에 대한 최소 보증을 작성하시오(PAF는 연습문제 4.4에 설명되어 있다).

6.3 여러분의 현재 시스템을 위한 해수면 수준 유스케이스의 최소 보증을 작성하시오. 그것을 동료에게 보여주고, 이해관계자의 이해관계 관점에서 분석을 의뢰하시오.

성공 보증

6.4 현금인출기에서 돈을 인출하는 행위를 위한 성공 보증을 작성하시오.

6.5 PAF 시스템의 주요 유스케이스에 대한 성공 보증을 작성하시오.

6.6 여러분의 현재 시스템을 위한 해수면 수준 유스케이스를 위한 성공 보증을 작성하시오. 그것을 동료에게 보여주고, 이해관계자의 이해관계 관점에서 분석을 의뢰하시오.

7장

Writing Effective **Use Cases**

시나리오와 단계

유스케이스 한 묶음은 목표를 추구하는 일차 액터의 끝없이 펼쳐지는 이야기이다. 각 유스케이스는 시스템이 목표를 달성하거나 포기하는 과정을 보여주는 서로 교차되는 줄거리를 갖고 있다. 이 줄거리는 주요 시나리오와 그 확장인 일련의 시나리오 조각으로 표현된다. 각 시나리오나 시나리오 조각은 트리거 조건으로부터 시작하여 궁극적으로 자신의 목표를 완수하거나 포기할 때까지 계속 진행된다. 지금까지 살펴 본 바와 같이 목표의 크기는 다양하므로 어떤 시나리오 수준에서든 추구하는 목표의 크기에 관계없이 동일한 작성 양식을 사용한다.

7.1 주요 성공 시나리오

다른 사람에게 어떤 것을 설명할 때, 대개는 상대방이 이해하기 쉬운 설명으로 시작해서 조금씩 살을 붙여 나간다. 이를테면, "그런데 말이야, 사실은 조금 더 어려운 게 있거든. 그렇고… 그런… 일이 생겼을 때, 실제로 일어나는 것은 말이지…"라고 덧붙인다.

사람들은 이런 방식의 설명에 매우 익숙하며, 이것이 장차 유스케이스가 될 서로 교차하는 줄거리를 작성하는 방식이다. 먼저 위에서 아래까지 이해하기 쉬운 일반적인 시나리오를 작성하는데, 이 시나리오에서는 일차 액터가 목표를 달성하고 모든 이해관계자는 만족한다. 이것을 주요 성공 시나리오라고 한다. 그 외 다른 성공 시나리오와 모든 실패 시나리오는 주요 성공 시나리오를 위한 확장 부분에서 서술한다.

공통적인 주변 구조

주요 성공 시나리오와 모든 시나리오 확장은 다음과 같은 요소로 채워진 구조 안에 존재한다.

- 시나리오 실행 조건. 주요 성공 시나리오의 경우, 실행 조건은 선조건과 트리거이고 확장 시나리오의 경우 확장 조건이다(확장 조건에 단계번호를 붙이거나 조건이 적용되는 시나리오를 안에 둔다).
- 달성 목표. 주요 성공 시나리오의 목표는 유스케이스 이름과 동일하며, 당연히 이해관계자의 이해관계를 반영한다. 확장 시나리오의 목표는 유스케이스 완료 또는 조건을 처리한 후 주요 성공 시나리오로 재합류, 둘 중 하나이다.
- 행동 단계(action step). 시나리오의 본문으로 모든 시나리오나 시나리오 조각들도 같은 규칙을 따른다.
- 종료 조건. 주요 성공 시나리오가 종료될 때 목표는 달성된다. 시나리오 조각은 목표를 달성하거나 실패한 채로 종료된다.
- 시나리오 조각으로 작성된 가능한 확장들. 주요 성공 시나리오에 대한 확장은 유스케이스 양식의 확장 항목에 둔다. 확장에 대한 재확장은 같은 줄이나 내부에, 혹은 확장 본문의 바로 다음에 둔다.

다음은 유스케이스 1에서 발췌한 두 가지 예인데, 주변 구조의 유사성을 보여주기 위해 간략하게 만들었다.

다음은 주요 성공 시나리오이다.

유스케이스: 웹을 통한 주식 매입

> **선조건:** 사용자는 이미 PAF를 실행했다.
> **트리거:** 사용자가 '주식 매입'을 선택한다.
> 1. 사용자가 '웹을 통한 주식 매입'을 선택한다.
> 2. PAF가 이용할 웹사이트 이름을 사용자로부터 입력받는다(E*Trade, Schwab 등).
> 3. PAF가 통제권을 유지한 채로 해당 사이트에 웹 연결을 시작한다.
> 4. 사용자가 웹사이트에서 주식 시장을 둘러보고 주식을 매입한다.
> 5. PAF가 웹사이트로부터 응답을 가로챈 다음 사용자의 포트폴리오를 갱신한다.
> 6. PAF가 새로운 포트폴리오를 보여준다.

다음은 위의 성공 시나리오에 대한 확장이다.

> 3a. 설정 중에 일어나는 모든 종류의 웹 실패:
>   3a1. 시스템이 조언과 함께 실패 사실을 보고하고, 이전 단계로 돌아간다.
>   3a2. 사용자가 이 유스케이스를 종료하거나 다시 시도한다.

이 장에서는 행동 절차로 구성된 시나리오 본문을 자세히 살펴본다.

시나리오 본문

각 시나리오나 시나리오 조각은 다양한 액터가 목표 달성을 위해 수행하는 일련의 행동(action)의 순서(sequence)로 서술한다. 편의상 순서라고 말했지만, 이 행동의 단계는 나란히 수행되거나, 서로 다른 순서로, 또는 반복적으로, 또 어떤 경우에는 선택적으로 수행됨을 보여주기 위해 주석을 달기도 한다.

38쪽의 2.2절, '이해관계를 가진 이해관계자 간의 계약'에서 언급했듯이, 어떤 단계든 다음 내용을 서술한다.

- 두 액터 간의 상호작용 ('고객이 주소를 입력한다')
- 이해관계자의 이해관계를 보호하기 위한 검증 단계 ('시스템이 비밀번호를 검증한다')
- 이해관계자의 이해관계를 충족시키기 위한 내부 변경 ('시스템이 잔고에서 일정액을 차감한다').

다음은 전형적인 주요 성공 시나리오의 예로써, 97쪽의 유스케이스 22, 손해 내역 등록에서 인용했다. 1, 3, 5~8단계는 상호작용, 4단계는 검증, 그리고 2, 9단계는 내부 변경이다.

1. 사원은 피보험자의 계약번호 또는 이름과 사고 발생일을 입력한다.
2. 시스템은 적용 가능한 계약 정보를 가져오고 청구건이 계약내용과 일치하는지 확인한다.
3. 사원은 기본 손해 정보를 입력한다.
4. 시스템은 경쟁하는 기존 청구건이 존재하지 않음을 확인하고 청구번호를 지정한다.
5. 사원은 계속해서 특정 손해 정보를 청구내역에 계속 입력한다.
6. 사원은 시스템으로 하여금, 다른 컴퓨터 시스템으로부터 다른 보장 정보를 끌어오도록 한다.
7. 사원은 조정자를 선택하여 지정한다.
8. 사원은 작업이 끝났음을 확인한다.
9. 시스템은 내용을 저장하고, 대리인에게 전송할 통지서 승인을 위해 트리거를 동작한다.

각 행동 단계는 간단하면서도 적극적인 행동을 보여주도록 작성하였다. 필자는 축구경기를 예로 설명하기를 좋아한다. 1번 선수가 2번 선수에게 공을 찬다, 2번 선수가 공을 몰고 간다, 2번 선수가 3번 선수에게 공을 찬다.

일단 세 종류의 행동 단계를 익히고 나면, 제법 훌륭한 작성 스타일을 갖춘 것이다. 유스케이스의 모든 부분에서 같은 방식이 행동 단계에 적용된다. 즉, 주요 성공 시나리오, 확장 시나리오, 비즈니스 시나리오, 시스템 시나리오, 그리고 높은 수준 또는 낮은 수준을 망라한 모든 유스케이스에 동일하게 적용된다.

7.2 행동 단계

제대로 작성된 유스케이스를 구성하는 행동 단계는 하나의 문법 형식을 가지며, 한 액터가 작업을 완료하거나 다른 액터로 정보를 전달하는 간단한 행동으로 이루어져 있다.

사용자가 이름과 주소를 입력한다.
사용자는 언제든지 환불을 요구할 수 있다.
시스템은 이름과 계좌가 현재 사용중인 것인지 검증한다.

시스템은 지불 결과를 반영하기 위해 고객의 잔고를 갱신한다.

대개 시간 정보는 생략되는데, 일반적으로 단계 진행이 순차적이기 때문이다.

여러 유스케이스 예제에서 보았듯이, 행동 단계 작성에는 사소한 변동사항이 많이 있다. 작성하는 방법은 여러분이 결정하겠지만, 각 단계마다 다음과 같은 특징을 유지한다.

지침

지침 1. 단순한 문법을 사용한다

문장 구조는 지극히 단순해야 한다:

주어 . . . 목적어 . . . 부사 . . . 동사

예를 들어:

시스템이 . . . 일정액을 . . . 잔고에서 . . . 차감한다.

이것이 있어야 할 전부이다. 이 문제를 언급하는 이유는 많은 사람들이 별 생각 없이 첫 번째 명사를 생략해서 누가 행동을 주도하는지(누가 공을 가졌는지) 알 수 없게 만들기 때문이다. 문장 구성이 어설프면, 이야기를 따라가기 어렵다.

지침 2. '누가 공을 가졌는지' 명확하게 보여준다.

도움이 될 만한 시각적인 예를 보자. 함께 모여 축구공을 차는 친구들이 있다. 때때로 1번 선수가 2번 선수에게 공을 차고 2번 선수는 잠시 공을 몰고 가다가 3번 선수에게 공을 찬다. 때로는 공이 흙투성이가 되고 선수 중 하나가 흙을 닦아낸다.

시나리오도 같은 구조를 가진다. 각 단계마다 한 액터가 '공을 갖고 있다.' 그 액터는 아마도 문장에서 첫 번째 또는 두 번째 단어로서 문장의 주어(이름이 부여된 첫 액터)이다.

공을 가진 액터는 세 가지 일 중 한 가지를 한다. 즉, 공을 자신이 몰거나 다른 사람에게 차거나 진흙을 닦아내는 일을 한다. 반 정도는 단계가 끝날 때 다

른 액터가 공을 가지고 있다. 자신에게 다음과 같이 물어본다. '문장이 끝날 때, 누가 공을 가지는가?' 유스케이스를 작성할 때 그 대답은 항상 명확해야 한다.

지침 3: 조감도를 바탕으로 작성한다

유스케이스 작성자, 특히 유스케이스 문서를 작성하는 프로그래머는 흔히 시스템의 관점에서 바깥 세계를 향해 자신에게 얘기하듯이 시나리오를 작성한다. 이들의 문장은 '현금인출카드를 받고 비밀번호를 입력 받는다. 계좌 잔고에서 금액을 차감한다.'와 같은 형식이다.

대신에, 전체적인 조감도를 바탕으로 유스케이스를 작성한다:

> 고객은 현금인출카드를 넣고 비밀번호를 입력한다.
> 시스템은 잔고에서 일정액을 차감한다.

어떤 작성자는 액터가 자신이 맡은 역할을 수행하는 것처럼 서술함으로써 연극대본과 같은 방식을 선호한다.

> 고객: 현금인출카드를 넣고 비밀번호를 입력한다.
> 시스템: 잔고에서 일정액을 차감한다.

두 가지 방식 모두 정보는 동일하다.

지침 4: 앞으로 진행하는 과정을 보여준다.

한 단계에서 이루어진 진척의 정도는 유스케이스의 목표가 얼마나 높은지 또는 낮은지와 관계가 있다. 요약 또는 흰색 유스케이스에서, 단계는 전체 사용자 목표를 향해 진행한다. 하위기능 유스케이스에서, 단계는 보다 작은 분량만큼 앞으로 진행한다. **사용자가 탭 키를 누른다**라는 단계를 보면, 이것은 짙은 남색(혹은 검은색) 유스케이스이거나 작성자가 설명을 하기에는 너무나 작은 행동이다.

아주 작은 단계를 선택하는 실수는 유스케이스의 길이에서 나타난다. 한 유스케이스가 13 또는 17단계라면, 각 단계의 문장이 목표를 향해 조금밖에 움직이지 못한다. 그러한 작은 단계를 합치면 유스케이스는 같은 정보를 가지면서도 읽기 쉽고, 명확해진다. 제대로 작성한 유스케이스에서 9단계를 넘는 주요 성공 시나리오를 본 적이 거의 없다.

어떤 단계를 위한 조금 더 높은 수준의 목표를 찾기 위해서는, "왜 액터가 그것을 할까?"라고 물어본다(88쪽의 소단원, '목표 수준 높이기와 낮추기'에서 설명한 것처럼). 원하는 답을 얻기 위해, 몇 번이나 그 질문을 해야 할지는 모르겠지만, 이 질문의 답변이 그 단계의 목표이다. 다음은 '왜'라는 물음을 통해 목표 수준을 높이는 예이다.

> 사용자는 탭 키를 누른다.

왜 사용자는 탭 키를 누를까? 주소란으로 가기 위해서다.

왜 주소란으로 가려고 할까? 시스템이 무엇인가를 하기 전에 자신의 이름과 주소를 입력해야 하기 때문이다.

아! 사용자는 시스템이 무엇인가를 해주기를 원했고(아마도 유스케이스 자체), 그리고 시스템이 무엇인가를 하게 하려면 자신의 이름과 주소를 입력해야 하는군.

따라서 시나리오를 앞으로 명확하게 진행되도록 하는 행동 문장은 다음과 같다.

> 사용자는 이름과 주소를 입력한다.

지침 5: 액터의 움직임이 아닌 의도를 보여준다

사용자 인터페이스에서 사용자의 움직임을 서술하는 방식은 유스케이스를 작성할 때 범할 수 있는 가장 크고 흔한 실수 중 하나다. 이것은 목표를 너무 낮은 수준에서 작성하는 것과 관계가 있다. 나는 이것을 인터페이스 상세 서술이라 부른다. 인터페이스를 상세하게 서술하면 요구사항 문서가 길어지고, 불안정해지며, 지나치게 제한된다.

- 문서는 길수록 읽기 어렵고 유지보수 비용도 높아진다.
- 서술한 대화는 요구사항이라기보다는 그 순간에 작성자가 사용자 인터페

이스를 상상하는 것에 가깝다.
- 대화는 시스템이 조금만 변경되어도 작성한 부분을 무효로 할 수 있다는 점에서 불안정하다.

사용자 인터페이스 구성은 사용자 인터페이스 설계자의 몫이다. 이들이 작업하는 사용자 인터페이스는 효과적이고 사용자가 유스케이스 목표를 달성하게 해주어야 한다. 특정 움직임에 대한 서술은 그 설계 작업에 속한 것이지, 기능 요구사항 문서에 있어야 할 내용은 아니다.

요구사항 문서에서, 우리는 인터페이스 의도를 서술하는 데 관심을 가진다 – 여기서 인터페이스 의도란 사용자 의도를 말하며, 한 액터에서 다른 액터로 전달되는 정보를 요약한다. 래리 컨스탄틴과 루시 락우드는 그들의 저서 『Software for Use』에서 바로 이 주제에 대해 지면을 할애하였는데, 인터페이스 의도를 설명하는 해수면 수준의 시스템 유스케이스를 일컬어 본질적인 유스케이스(essential use cases)라는 용어를 사용하였다.

일반적으로, 한쪽 방향으로 전달되는 모든 데이터는 하나의 행동 단계로 모아야 한다. 다음은 흔히 저지르기 쉬운 잘못과 그것을 수정하는 방법이다.

이전:
1. 시스템이 이름을 묻는다.
2. 사용자가 이름을 입력한다.
3. 시스템이 주소를 묻는다.
4. 사용자가 주소를 입력한다.
5. 사용자가 '확인'을 클릭한다.
6. 시스템은 사용자 정보를 보여 준다.

이후:
1. 사용자가 이름과 주소를 입력한다.
2. 시스템은 사용자 정보를 보여 준다.

세 가지 이상의 데이터 항목이 전달될 경우, 한 칸 들여 쓴 목록 형식을 사용하기도 한다. 다음 중 어떤 방법도 괜찮지만, 유스케이스 초안 작업 중이라면 읽고 쓰기가 더 빠른 첫 번째 방법이 낫다. 만약 추적과 테스트를 위해 정확성을 높이고자 한다면 두 번째가 낫다.

허용 가능한 변형 1:
1. 사용자는 이름, 주소, 전화번호, 비밀 정보, 비상연락 전화번호를 입력한다.

허용 가능한 변형 2
1. 사용자는 다음 정보를 입력한다.
    - 이름
    - 주소
    - 전화번호
    - 비밀 정보
    - 비상연락 전화번호

지침 6: '합리적인' 행동의 집합을 포함한다

이바 야콥슨은 유스케이스 안의 한 단계를 트랜잭션 표현으로 설명하였다. 따라서 유스케이스의 한 행동 단계에 스며있는 복잡한 상호작용을 네 가지 부분으로 파악했다(그림 7.1 참조).

1. 일차 액터가 시스템에 요청과 데이터를 보낸다.
2. 시스템은 요청과 데이터를 검증한다.
3. 시스템이 내부 상태를 변경한다.
4. 시스템이 그 결과로 액터에게 응답한다.

네 개의 단계를 하나의 행동 단계로 합치면서 각 조각을 분리하여 별도의 행동 단계로 작성하거나 조각을 다양한 방법으로 결합할 수 있다. 어떤 것이 최선의 방법인가는 각 조각이 얼마나 복잡한지와 흐름의 어느 부분에서 자연스럽게 멈추어 설 수 있는지에 달려있다.

다음은 고려해 볼 만한 5가지 변형이다. 어떤 것도 틀리지는 않다. 버전 1은 쉽게 읽기에는 너무 복잡하다고 생각한다. 각 조각이 단순할 때는 버전 2를 좋

그림 7.1 한 트랜잭션은 네 부분으로 구성된다.

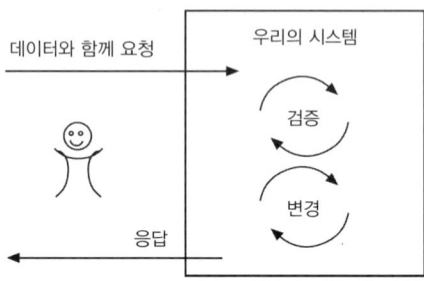

아하지만, 이 경우 작업하기가 좀 길다고 생각한다. 버전 3은 필자가 선호하는 예이며 버전 4도 역시 좋은 예이다. 버전 5의 행동 단계는 지나치게 짧아서, 시나리오를 너무 길고 거추장스럽게 만든다. 하지만 이 버전은 각 단계가 독립적으로 테스트 가능한 단위라는 장점을 갖고 있어, 보다 격식을 갖춘 개발 상황에 적합하다.

버전 1:

1. 고객이 주문번호를 입력한다. 시스템은 그 번호가 이달의 당첨번호와 일치됨을 발견하고, 사용자와 주문번호를 이달의 당첨자로 등록한 뒤, 판매 관리자에게 이메일(e-mail)을 보내고, 고객에게 축하인사를 하고, 어떻게 경품을 받아 가는지 안내한다.

버전 2:

1. 고객이 주문번호를 입력한다.
2. 시스템은 그 번호가 이달의 당첨번호와 일치됨을 발견하고, 사용자와 주문번호를 이달의 당첨자로 등록한 뒤, 판매 관리자에게 이메일을 보내고, 고객에게 축하인사를 하고, 어떻게 경품을 받아 가는지 안내한다.

버전 32:

1. 고객이 주문번호를 입력한다.
2. 시스템은 그 번호가 이달의 당첨번호와 일치됨을 발견한다.

3. 시스템은 사용자와 주문번호를 이달의 당첨자로 등록한 뒤, 판매 관리자에게 이메일을 보내고, 고객에게 축하인사를 하고, 어떻게 경품을 받아 가는지 안내한다.

버전 4:
1. 고객이 주문번호를 입력한다.
2. 시스템은 그 번호가 이달의 당첨번호와 일치됨을 발견한다.
3. 시스템은 사용자와 주문번호를 이달의 당첨자로 등록한 뒤, 판매 관리자에게 이메일을 보낸다.
4. 시스템은 고객에게 축하인사를 하고, 어떻게 경품을 받아 가는지 안내한다.

버전 5:
1. 고객이 주문번호를 입력한다.
2. 시스템은 그 번호가 이달의 당첨번호와 일치됨을 발견한다.
3. 시스템은 사용자와 주문번호를 이달의 당첨자로 등록한다.
4. 시스템은 판매 관리자에게 이메일을 보낸다.
5. 시스템은 고객에게 축하인사를 하고, 어떻게 경품을 받아 가는지 안내한다.

지침 7: '~여부 확인'이 아니라 '검증'을 한다

세 종류의 행동 단계 중 하나는 어떤 비즈니스 규칙을 만족하는지에 대한 시스템의 검증이다. 사람들은 흔히 시스템이 조건을 확인(check)한다고 쓴다. 이것은 추천할 만한 동사가 아니다. 이것은 흐름을 뚜렷이 앞으로 진행시키지도 않고 실제로 목표도 아니며, 확인 결과에 대한 대책이 없다. 여러분은 바로 "만약 확인 결과 통과되면.......", "만약 확인 결과 실패하면......"이라고 써야만 한다.

'왜(why) 기법'을 이용하여 더 좋은 문장을 찾아보자. 왜 시스템은 조건을 검사하는가? 대답: 그것은 무엇인가를 입증하거나 검증하거나 보증하기 위해서이다. 이것은 목표를 지향하는 행동을 위한 동사이다. '시스템은 비밀번호가 올바른지 확인한다'는 문장을 다음 문장으로 대체하라.

시스템은 비밀번호가 올바른지 검증한다.

만약이라는 단어가 있다면 이 지침을 떠올린다. 여러분이 **만약(조건) ...... 하다면 ...... 그러면 ......** 이라는 문구를 만날 때마다, 앞에 놓인 문장을 본다. 확인하다(check)라는 단어가 나오기 십상이다. 첫 번째 문장을 '타당성을 검증하다'로 바꾸고, 두 번째 문장을 '만약'이 나오지 않는 단순한 문장으로 만든다. 다음은 그렇게 수정하기 이전과 이후의 예제이다.

이전:
   2. 시스템이 비밀번호가 올바른지 확인(check)한다.
   3. 만약 그렇다면, 시스템은 사용자가 이용할 수 있는 행동을 보여준다.

이후:
   2. 시스템이 비밀번호가 올바른지를 검증(validate)한다.
   3. 시스템은 사용자를 위해 도움이 되는 행위를 제공한다.

두 번째 작성법은 시나리오를 연속으로 다루고 있음에 주목한다. 또한 유스케이스를 읽는 사람에게, "하지만 만약 비밀번호가 타당하지 않으면 어떡하지?"라고 2단계에서 질문하도록 유도한다. 그는 확장 항목으로 관심을 돌려, **비밀번호가 타당하지 않다**로 시작되는 확장을 찾을 것이다. 이것은 유스케이스에 일관된 리듬을 주어, 읽기와 검토를 편하게 한다.

지침 8: 시각(timing)은 선택적으로 언급한다

대부분의 단계는 이전 단계 바로 다음에 온다. 때로는, 다음과 같이 말할 필요가 있을 것이다.

    단계 3과 5 사이의 시간에, 사용자는 ...... 할 것이다.

또는

    사용자가 ...... 하자마자, 시스템은 ...... 할 것이다.

시기는 자유롭게 넣되, 필요할 때만 그렇게 한다. 시기는 대체로 명백하여 언급할 필요는 없다.

지침 9: 관용구: "사용자는 시스템 B를 동작시키는 시스템 A를 가진다."

여기 여러분이 만나게 될지도 모르는 상황이 있다. 논의 중인 시스템 (A)가 시스

템 (B)로부터 정보를 가져오거나 그렇지 않으면 그것과 상호작용하기를 바란다. 이것은 일차 액터가 적절한 시기라고 했을 때에만 그렇게 해야 한다. "**사용자가 '가져오기' 버튼을 누른다. 그 순간, 시스템 A는 시스템 B로부터 데이터를 가져온다.**"라고 쓸 수는 없다. 이를 위해 인터페이스 세부사항을 서술해야 하기 때문이다.

예를 들어 다음과 같이 두 단계로 작성할 수 있다.

4. 사용자는 시스템에게 시스템 B로부터 데이터를 가져 오라고 신호를 보낸다.
5. 시스템은 시스템 B로부터 배경 데이터를 가져 온다.

수용할 만하지만, 거추장스럽고 장황하다. 오히려 다음처럼 쓰는 것이 더 낫다.

4. 사용자는 시스템으로 하여금 시스템 B로부터 배경 데이터를 가져 오게 한다.

이런 작은 변화로, 우리는 사용자가 실행 시기를 통제하고 있고 공(주도권)이 사용자로부터 시스템 A로 또 시스템 B로 전달되는 것을 표현했으며, 세 시스템의 책임을 모두 보여준다. 마땅히 그래야 하는 것처럼, 사용자가 행동을 개시하는 세부 방법은 지정하지 않았다.

지침 10: 관용구: "조건에 이를 때까지 x-y단계를 수행한다"

때로는 어떤 단계의 반복을 표현해야 한다. 여기서 다시 프로그래밍 형식이 아닌 평범한 산문 형태로 유스케이스를 작성하는 것이 행운임을 알 수 있다. 그저 단계 혹은 단계들이 반복된다고 쓰면 된다.

만약 반복되는 것이 한 단계뿐이라면, 그 단계 안에서 반복됨을 명시한다.

사용자가 하나 혹은 그 이상의 상품을 선택한다.
사용자는 자신이 사용하고자 하는 물건을 발견할 때까지, 다양한 상품 카탈로그를 검색한다.

만약 몇 개의 단계가 반복된다면, 그 반복되는 단계의 앞이나 뒤에 반복됨을 명시한다. 나는 시나리오를 읽기 쉽게 만들기 위해 반복 단계의 뒤에 반복됨을 명시하지만, 어떤 방법도 무방하다.

1. 고객은 계좌번호 또는 이름과 주소를 제시한다.
2. 시스템은 고객이 선호하는 물품 정보를 가져 온다.
3. 사용자는 구매할 품목을 선택하고, 구매하기 위해 표시한다.
4. 시스템은 그 품목을 고객의 '장바구니'에 추가한다.
    고객은 쇼핑을 끝낼 때까지 3-4단계를 반복한다.
5. 고객은 <u>장바구니에 있는 품목 구매</u>를 한다.

반복에 대한 지시 문장에 번호를 붙일 필요가 없으며, 반복을 시작하는 문장도 필요하지 않음에 주목한다. 그 두 가지는 유스케이스를 어지럽게 하며, 시나리오를 오히려 읽기 어렵게 만든다.

조건에 이를 때까지 **단계 x-y를 수행한다**의 한 변형은, **단계 x-y는 어떤 순서로든 일어날 수 있다** 이다. 이런 지시는 대체로 관련 단계의 앞에 두는 것이 좋다.

1. 고객이 로그온 한다.
2. 시스템은 이용 가능한 상품과 서비스를 표시한다.
    단계 3-5는 어떤 순서로든 일어날 수 있다.
3. 사용자는 구매할 상품을 선택한다.
4. 사용자는 선호하는 지불 수단을 명시한다.
5. 사용자는 배달지 주소를 제시한다.
6. 사용자는 쇼핑이 완료되었음을 알린다.
7. 시스템은, 명시된 지불 수단으로 지불되었고, 제시된 주소지로 발송될, 선택 상품에 대한 주문 처리를 시작한다.

번호를 붙일 것인가, 말 것인가?

단계 번호는 단계를 명확하게 하고 확장 절에서 참조할 수단을 제공한다. 그러나 유지보수가 어렵다. 단계를 삽입하거나 제거할 때, 자동으로 번호를 다시 붙여주는 좋은 도구가 없다면, 같은 유스케이스에 대해 번호를 다시 붙이는 작업은 지루하기 그지없을 것이다. 여러분은 단계 번호와 관계없이 훌륭한 유스케이스를 작성할 수 있다. 따라서 이 문제는 프로젝트 차원에서 결정해야 할 선호도 문제이다.

내가 알고 있는 두 가지 방법을 일관되게 시도해왔던 팀은 문단 전체에 걸쳐

번호를 붙인 문장을 사용하기로 결정하였다. 그래서 번호를 붙인 문장이 내가 작성하는 유스케이스의 표준이 되었다. 어떤 사람들은 간단한 문단 형태의 유스케이스에 만족할 것이며, 방식을 바꾸는 데는 관심조차 없다.

간결한 유스케이스와 완전히 격식을 갖춘 유스케이스 모두에 대한 템플릿을 소개하면서, 이 두 가지는 서로 동등하며 선택은 개인적인 특성에 따른 것임을 강조하고 싶다.

문단 형태는 간략한 템플릿과 RUP 템플릿에서 모두 기본 제안 형태이다(190쪽의 유스케이스 32, 보고서 관리에서 사용된다). 원한다면, 예제처럼 단계에 번호를 붙일 수 있다. 나는 간결한 유스케이스를 작성할 때도 거의 매번 번호를 사용한다. 번호를 붙이면 행위 검사가 더 쉽기 때문이다.

완전한 격식을 갖춘 유스케이스는 번호가 필요하다.

7.3 연습문제

행동 단계(action steps)

7.1 여러분의 유스케이스 중 하나를 골라 다음 두 가지 방법으로 시나리오를 작성하시오. 인터페이스 세부사항 서술을 이용하는 것과 사용자 의도 서술을 이용하는 것. 두 가지 작성 방식의 차이점을 토의하시오.

7.2 태스크-수준 유스케이스인 '빠른 현금을 이용한 현금 인출'을 위한 주요 성공 시나리오를 작성하시오.

7.3 PAF 시스템에 대한 전략 유스케이스와 태스크 유스케이스에 대해, 각각 주요 성공 시나리오를 작성하시오.

7.4 후배 사원이 여러분에게 다음과 같은 유스케이스를 보내왔다. 지금까지 배운 것을 적용하여, 평가하고 교정하여 회신하시오.

유스케이스: 로그인

이 유스케이스는 사용자가 주문 처리 시스템에 로그인하는 과정을 서술한 것이다. 이것은 다양한 부류의 사용자에 대해 접근 허가를 설정하기도 한다.

사건의 흐름:
기본 흐름:
1. 사용자가 애플리케이션을 시작할 때 유스케이스가 시작된다.
2. 시스템은 로그인 화면을 보여준다.
3. 사용자는 사용자 이름과 비밀번호를 입력한다.
4. 시스템은 정보를 검증한다.
5. 시스템은 접근 허가를 설정한다.
6. 시스템은 주 화면을 보여준다.
7. 사용자는 기능을 선택한다.
8. 사용자가 루프 종료를 선택하지 않는 동안
9. 사용자가 주문하기를 선택하면, 주문하기를 이용한다.
10. 사용자가 반품하기를 선택하면, 반품하기를 이용한다.
11. 사용자가 주문 취소를 선택하면, 주문 취소를 이용한다.
12. 사용자가 주문상태 조회를 선택하면, 주문상태 조회를 이용한다.
13. 사용자가 카탈로그 전송을 선택하면, 카탈로그 전송을 이용한다.
14. 사용자가 불편사항 등록을 선택하면, 불편사항 등록을 이용한다.
15. 사용자가 판매 실적 보고를 선택하면, 판매 실적 보고를 이용한다.

선택-조건 종료
16. 사용자는 기능을 선택할 것이다.

루프 종료
17. 유스케이스가 종료된다.

8장

Writing Effective **Use Cases**

확장(Extension)

유스케이스가 성공이든 실패든 모든 시나리오를 수용해야 한다는 사실과, 주요 성공 시나리오를 작성하는 방법을 알았다. 이제 다른 것을 추가하는 방법을 알아야 한다.

모든 시나리오를 개별적으로 작성할 수 있다. 36쪽의 그림 2.2에서 예로 든 것처럼, 줄무늬 바지 비유는 개별 시나리오 작성과 어울린다. 이 접근 방법은 때때로 지지를 받고, 어떤 툴은 작성자에게 이런 방식의 작업을 강요하기도 한다. 그러나 2장에서 설명했듯이, 그것은 유지보수 측면에서 악몽과 같은 일이다. 시나리오에 대한 변경이 같은 문장을 포함하는 다른 모든 시나리오에도 적용되어야 한다.

두 번째 선택은, 글의 처음부터 끝까지 만약......라면(if) 문을 사용하는 것이다. 예를 들면, **만약 비밀번호가 맞다면 시스템은 ...... 하고, 그렇지 않다면 시스템은 ...... 한다**. 이것은 완전히 정당하며, 어떤 사람은 유스케이스를 이런 방식으로 작성한다. 그러나 유스케이스를 읽는 사람은 만약 ......라면(if) 조건문이 나오면 어려움을 느낀다. 특히 하나의 조건문이 다른 조건문의 내부에 있을 경우에는 더욱 그러하다. 단지 두 개의 조건문으로 갈라져도 추적의 끈을 놓치게 되는데, 대부분의 유스케이스는 여러 분기점을 가지고 있으므로 어려움이 더하다.

문장을 정렬하는 세 번째 방법은, 시작부터 종료까지 실행되는 단순한 순서로 주요 성공 시나리오를 작성하고, 다음으로 각 분기점에서 시나리오를 확장한다. 이 방법이 세 가지 중에서 가장 좋아 보인다.

8.1 확장의 기초

확장은 이런 방법으로 작성한다. 주요 성공 시나리오 아래, 특정 조건 때문에 행위가 분기되는 모든 지점에 대해, 그 조건을 적은 다음 그것을 처리하는 단계를 적는다. 여러 확장은 주요 성공 시나리오로 다시 합류하면서 종료된다.

확장은 사실상 골격만을 유지하고 있는 유스케이스로 확장 관련 어떤 조건에 의해서 시작된다. 확장은 그 조건 하에서 어떤 일이 발생하는지를 서술하는 일련의 행동 단계를 가지고 있으며, 확장 목표를 달성하거나 실패한 후 종료된다. 이 일련의 절차를 따라가다 보면, 중복되는 만약 ......라면과 그렇지만 ......을 처리하기 위한 확장에 대한 확장을 만날 수도 있다.

가장 흥미로운 시스템 요구사항이 있는 곳이 바로 이 확장 부분이다. 주요 성공 시나리오는 대개 팀의 구성원에게 잘 알려져 있다. 실패 처리는 일반적으로 개발자가 모르는 비즈니스 규칙을 이용한다. 요구사항을 작성하는 사람은 올바른 시스템의 응답에 대해 열심히 연구를 하고, 이 연구를 통해 새로운 액터와 유스케이스 그리고 확장 조건을 발견한다.

다음은 나의 주장을 뒷받침해 줄, 꽤나 일반적인 논의이다.

"갑작스럽게 네트워크에 문제가 생겼다고 가정해 보세. 그럴 경우 우리가 해야 할 일은 뭘까?"

"시스템이 그 내용을 로그로 남겨야지"

"맞았어, 바로 그거야. 그럼 네트워크가 다운되었을 때 먼저 해야 할 일은?"

"음…, 내 생각엔 우리가 네트워크 실패 후 시스템 재시작이라는 새로운 유스케이스를 추가해야 할 것 같네. 시스템이 복구될 것이고, 로그를 가져오고, 트랜잭션을 완료하거나 중단하는 거야."

"그래, 하지만 로그 기록이 손상되었다면 어쩌지? 그럴 경우, 시스템이 할 일은?"

"잘 모르겠는데. 그 문제는 공개 쟁점으로 남겨 두고 계속 진행을 하세."

이 대화는 새로운 유스케이스와 비즈니스 정책 연구의 필요성이라는 두 가지를 보여준다. 확장에 대한 이런 논의가 불필요하다고 생각하는 어리석음을 범하지 말아야 한다. 프로젝트에 참여한 프로그래머가 프로그래밍 작업 중에 동일한 상황에 부딪치게 될 것이고, 그때는 이미 연구를 필요로 하는 새로운 비즈니스 규칙을 찾아내기에는 너무 많은 비용이 들어가는 시기이다. 요구사항 수집 기간이 새로운 유스케이스 발견과 비즈니스 정책 연구를 해야 할 때이다.

다음과 같은 세 단계로 작업하기 바란다.
1. 여러분과 동료들이 생각해낼 수 있는 모든 가능성을 포함하여 브레인스토밍 한다.
2. 8.2절의 지침에 따라 아이디어를 평가하고, 삭제하고, 통합한다.
3. 각각의 조건에 대한 시스템 처리에 대해 여러분의 방식대로 지속적으로 작업한다.

8.2 확장 조건

확장 조건이란, 시스템이 서로 다른 행위를 하게 하는 조건이다. 우리는 실패나 예외라기보다는 확장이라고 말함으로써, 실패 조건뿐만 아니라 대안(alternative) 성공도 모두 포함한다.

다음은 확장 내에서 성공과 실패를 보여주는 짧은 예제 두 개이다.

예제1:

......
4. 사용자는 시스템이 지금까지 수행한 작업내용을 저장한다.
......

확장:
4a. 시스템이 중간 단계 저장이 필요함을 자동으로 감지한다:
    4a1 ......

4b. 저장 실패:
　4b1 ……

위의 예제를 읽는 방식은 다음과 같다. "사용자가 지금까지의 작업을 직접 저장하는 대신에, 시스템이 자동으로 중간 단계의 저장이 필요하다고 감지했을 수 있다. 이런 경우에는 …… (무엇을 수행한다). 저장 작업은 (사용자의 요청에 따라 또는 자동-저장에 의해) 실행 중에 실패할 수 있다. 그런 경우에는 …… (다른 무엇을 한다)."

예제 2:
……
3. 시스템은 문서를 살펴보면서 모든 단어를 사전과 비교한다.
4. 시스템이 철자 오류를 발견하면, 그 단어를 강조하고, 사용자에게 선택할 수 있는 대안을 제시한다.
5. 사용자는 교체할 단어를 하나 선택한다. 시스템은 강조된 단어를 사용자가 선택한 단어로 교체한다.
……

확장:
4a. 시스템이 문서를 끝까지 살피는 동안, 더 이상의 철자 오류를 찾지 못한다:
　4a1. 시스템이 사용자에게 철자 오류가 없음을 알리고, 유스케이스를 종료한다.
5a. 사용자가 원래의 철자를 고수하기로 결정한다:
　5a1. 시스템이 그 단어를 그대로 두고 계속 진행한다.
5b. 사용자가 목록에는 없는 새로운 철자를 직접 입력한다:
　5b1. 시스템은 새로운 철자를 재검증하고, 3단계로 돌아간다.
……

가능한 모든 실패와 대안 흐름에 대해 브레인스토밍 한다

확장 처리 방법을 작성하기 전에, 브레인스토밍을 하여 확장 조건의 범위를 정확히 잡는 것이 중요하다. 이러한 주제에 대한 토의는 피곤한 일이며, 확장 처리에 대한 문서화도 마찬가지다. 단 하나의 확장을 생각해내고 시스템이 그것을 처리하는 방법을 작업하는 것도 제대로 하려면 엄청난 에너지가 필요한데, 이러한 절차를 세 개나 네 개의 확장에 대해 반복하는 것은 정말이지 지치는 일이다. 이것은 여러분이 생각해내야 할 다음 확장을 더 생각해내지 못할 수도 있음을 의미한다.

반면, 여러분이 모든 대안 성공과 실패 상황에 대해 먼저 브레인스토밍을 한다면, 앞으로 몇 시간 혹은 며칠간의 작업을 위한 발판이 될 목록을 갖게 되는 셈이다. 여러분은 점심시간이나 밤에는 그 목록을 두고 갔다가, 다시 돌아와서 중단했던 부분부터 다시 시작하면 된다.

시나리오가 실패할 수 있거나 혹은 성공으로 끝날 수 있는 대안 등 모든 가능한 방안에 대해 브레인스토밍을 한다. 다음 사항은 반드시 고려한다.

- 대안 성공 경로(사원이 단축 코드를 이용한다)
- 잘못 행동하는 일차 액터(잘못된 비밀번호)
- 행동하지 않는 일차 액터(비밀번호 입력을 기다리는 시간 종료)
- 검증 실패 처리를 위한 확장의 존재를 암시하는, '시스템이 검증한다'라는 모든 문구의 출현(유효하지 않은 계좌번호)
- 지원 액터의 부적절 반응 또는 반응 없음(응답을 기다리는 시간 종료)
- 설계 중인 시스템의 내부 오류로서, 정상적인 비즈니스의 한 부분으로 발견되고 처리되어야만 할 일(현금 지급기가 막힌다)
- 예상하지 못한 비정상적인 내부 오류로 처리되어 외부에 가시적인 결과를 내보여야 할 일(손상된 거래 기록을 발견했다)
- 여러분이 발견해야 할 시스템의 중대한 수행 오류(응답이 5초 안에 이루어지지 않는다)

조건이 적용되는 범위를 정확히 파악하기 위해, 시나리오의 처음부터 끝까지 단계에 대해 여러 사람이 모여 활발하게 토의한다. 이렇게 하였을 경우, 여러분이 생각해 낸 잘못될 수 있는 경우가 많음에 놀라게 된다. 연습문제 8.1은 여러 실패에 대해 논의할 수 있는 기회를 준다. 답은 부록 B에 제시하였는데, 이것을 통해 여러분의 완벽성을 확인해 볼 수 있다. 이것을 진행하는 과정에서 존 콜라이지(john Colaizzi)와 앨런 맥스웰(Allen Maxwell) 학생은 제시한 연습문제에 대한 해답보다 거의 세 배나 많은 실패 상황을 제시하였다.

지침 11: 조건으로 감지하는 것을 표현한다

발생한 것뿐만 아니라 시스템이 감지한 내용도 기록한다. **고객이 비밀번호를 잊었다** 라는 식으로 쓰지 않는다. 시스템은 고객이 비밀번호를 잊어버렸음을 감지할 수는 없다. 고객이 떠났을 수도 있고, 심장마비가 왔을 수도 있고, 우는 아기를 달래느라 정신이 없을 수도 있다. 이럴 경우에 시스템이 감지하는 것은 무엇인가? 응답이 없음을, 즉 제한 시간이 초과되었음을 감지한다. 비밀번호의 입력을 기다리는 동안 **제한 시간이 초과되었다** 또는 **비밀번호 입력 시간 초과**라고 작성한다.

조건(condition)이란 대개 감지된 것을 서술하는 문구이다. 때로는 서술형 문장이 적절하다. 나는 상황 뒤에는 '콜론(:)'을 두어서, 유스케이스를 읽는 사람이 그것을 행동 단계로 착각하지 않게 한다. 이런 작은 규약이 많은 실수를 예방한다. 다음은 몇 가지 예이다.

    개인 식별번호 오류:
    네트워크 다운:
    고객 응답 없음 (시간 초과):
    현금이 제대로 나오지 않았다:

만약 여러분이 단계에 번호를 붙인다면, 이 조건이 발생한 단계의 번호 뒤에 문자를 붙인다(예, 4a). 문자에는 정해진 순서가 없으므로, 4a가 4b보다 선행한다는 의미는 없다. 이렇게 함으로써, 어떤 행동 단계든지 원하는 만큼 많은 확장 조건을 추가하는 것이 가능하다.

    2a. 현금 부족:
    2b. 네트워크 다운:

만약 조건이 여러 단계에 걸쳐서 일어나고 그것을 반드시 나타내야 한다면, 단순히 그 단계를 나열한다.

2-5a 사용자가 갑자기 중단한다:

언제라도 일어날 수 있는 것이라면, 단계 번호 대신 별표(*)를 이용한다. 번호를 붙인 조건 앞에 별표를 붙인 조건들을 나열한다.

*a. 네트워크가 다운된다:
*b. 사용자가 알리지 않고 가버린다 (시간 초과):
2a. 현금 부족:
2b. 네트워크 다운:

실패가 발생한 시점이 사용자가 어떤 데이터를 입력한 단계인지 또는 시스템이 그 데이터를 검증한 이후의 단계인지에 대해서 신경 쓰지 않는다. 누구든 그 실패가 어느 한 지점에서 발생했다고 주장할 수 있으나 그런 논쟁은 시간을 들일 만한 가치가 없다. 필자는 그런 상황에서 대개 검증 단계가 있다면 실패 발생 시점을 검증 단계로 처리한다.

단계 번호 없이 단순한 단락으로 작성할 때, 조건이 발생한 특정 단계를 참조할 수 없다는 어려움이 있다. 그러므로 독자에게 조건을 충분히 설명하여 언제 조건이 발생했는지 알게 한다. 각 조건 앞에 빈 줄이나 빈 칸을 둔 다음, 조건에 굵은 글씨체와 같은 것을 사용하여 약간 강조를 해줌으로써, 눈에 띄도록 한다. 190쪽의 유스케이스 32, 보고서 관리를 참조한다.

브레인스토밍 목록에 대해

브레인스토밍 결과 목록은, 최종적으로 사용할 것보다 더 많은 아이디어를 담고 있겠지만 전혀 문제 되지 않는다. 연습의 요점은 유스케이스에서 시스템이 만나게 될지 모르는 모든 상황을 파악하려고 노력하는 것이다. 목록 내용을 나중에 충분히 줄일 수 있다.

이 시점까지 여러분의 목록은 여전히 완벽하지 않다. 확장 시나리오를 작성할

> ### 슬픈 실화 하나
>
> 내가 참여했던 중요한 대규모 프로젝트에서 확장을 위한 토의가 완전히 잘못된 경우가 발생했었다.
>
> 많은 개발자가 그렇듯 우리도 프로그램이 데이터베이스에서 불량 데이터를 만날 경우에 무슨 일이 일어날지 생각하고 싶지 않았다. 우리는 각자 다른 팀이 그것을 처리해주기를 바랬다. 여러분은 무슨 일이 일어났는지 예상할 수 있겠는가? 최초 배포판에 해당하는 시스템을 인도하고 일주일 후, 선임 부사장은 가장 중요한 고객이 새로운 영업 지원 시스템을 어떻게 사용하고 있는지를 알아보기로 하였다. 그는 시스템을 가동시키고 그의 VIP 고객에 대해 물었다. 시스템이 대답했다. '발견한 데이터 없음.' 부사장의 반응을 묘사하는 한 가지 방법은 그가 매우 '흥분했다'였다(하지만, 절대 긍정적인 의미가 아님).
>
> 잠시 후, 전체 관리자들이 비상회의에 참석하기 위해 모였고, 이 데이터베이스 에러에 대해서 어떻게 할지 결정해야 했다. 우리는 데이터베이스 내에 오직 하나의 불량 데이터 셀(cell)이 있었고, 따라서 오류 메시지는 '일부 데이터 누락'이어야 했음을 알아냈다. 더 중요한 사실은, 내부 불량 데이터를 발견했을 때 시스템이 어떻게 반응하느냐의 문제가 실제로 외부의 요구사항 중 한 부분임을 우리가 간과하였다는 사실이다.
>
> 우리는 일부 데이터만으로도 최선의 결과를 보여줄 수 있도록 그리고 누락된 데이터를 메시지로 보여줄 수 있도록 시스템을 다시 설계하였다.
>
> 우리가 얻은 교훈은, 누락된 데이터 발견과 같은 내부 오류도 반드시 고려해야 한다는 사실이었다.

때나 유스케이스 내부의 어딘가에 새로운 검증 단계를 추가할 때, 실패 상황을 새로 생각해내야 한다. 이것에 대해서는 걱정할 필요 없다. 브레인스토밍 동안에 최선을 다하고, 목록에 계속해서 추가해 가길 바란다.

확장 목록을 정당화한다

정당화(rationalization) 활동의 목적은 확장 목록을 가능한 짧게 줄이는 것이다. 이상적인 확장 조건 목록은 시스템이 반드시 처리해야 하는 꼭 필요한 조건을 모두 보여준다. 긴 요구사항 문서는 언제나 읽기 어렵고, 장황한 설명은 유지보수가 어려움을 기억하기 바란다. 확장 조건을 통합하여 작성자의 글쓰기와 독자의 글읽기를 줄일 수 있다.

토의 후에는, 짧고 간결한 주요 성공 시나리오와 고려할 조건을 담은 긴 목록을 확보하게 된다. 그 목록을 주의 깊게 검토하여, 시스템이 처리할 필요가 없는 조건을 삭제하고, 시스템에 유사한 영향을 주는 조건을 통합한다. 다음 두 가지 기준을 활용한다.

- 시스템이 반드시 조건을 감지할 수 있어야 한다.
- 시스템이 조건 감지를 반드시 처리해야 한다.

감지할 수 없는 조건을 삭제하기 전에, 가능한 한 감지할 수 있도록 만든다. **고객이 현금인출카드를 잃어버렸다**와 같은 조건은 시스템이 감지할 수 있는 동등한 조건이 없으므로 삭제한다. 감지할 수 없는 조건인 **고객이 비밀번호를 잊어버렸다**를 **비밀번호 입력 시간 초과**와 같이 시스템이 감지할 수 있는 것으로 바꾼다.

다음으로, 동등한 조건을 통합한다. 여러분은 **카드가 손상되었다**, **카드 판독기가 작동 불량이다**, **이 카드는 현금인출카드가 아니다** 라고 각각 써 놓았을지 모른다. 요구사항의 관점에서 보면, 현금인출기의 행위는 **카드를 반환하고 고객에게 알린다**로 동일하다. 따라서 이 조건을 합친다. 만약 그 모든 조건을 위한 의미 있는 문구 하나를 찾지 못한다면, **판독불능 카드이거나, 현금인출카드가 아님**과 같이 복합 조건으로 서술한다.

실패를 통합한다

동일한 효과를 가져 오는 조건 통합의 한 부분으로, 낮은-수준 유스케이스로부터 실패를 통합한다. 낮은-수준의 유스케이스는 모두 높은-수준의 유스케이스와 동일한 효과를 가지고 있다. 낮은-수준의 실패를 통합하는 것은 높은-수준에서 확장 조건이 엄청나게 늘어나는 것을 막을 수 있는 방법 중 하나이다.

한 예로, 여러분이 PAF 패키지 작업 중이며, 투자내역 갱신이라는 사용자-목표 유스케이스를 작성하고 있다고 가정하자. 마지막 단계 중 하나가 다음과 같다고 하자.

유스케이스: 투자내역 갱신

> ......
> 7. 사용자는 PAF가 <u>작업내역 저장</u>을 하게 한다.
> 8. ......

이 참조는 작업내역 저장이라는 유스케이스를 호출하는데, 그것은 다음과 같은 종류의 조건을 포함한다.

유스케이스: 작업내역 저장

> ...
> **확장:**
> 3a. 파일이 이미 존재한다(사용자가 겹쳐 쓰기를 원하지 않는다): ......
> 3b. 디렉터리가 존재하지 않는다: ......
> 4a. 디스크 공간이 부족하다: ......
> 4b. 파일이 쓰기-금지로 설정되어 있다: ......
> ...... 등등 ......

작업 내역 저장은 성공 또는 실패로 종료될 것이며, 투자내역 갱신의 7단계 끝부분에서 그 실행결과를 되돌릴 것이다. 성공하는 경우에는, 8단계로 실행이 이어진다. 그러나 만약 저장에 실패한다면? 확장 7a를 어떻게 작성해야 할까? 투자내역 갱신을 읽는 사람에게는 모든 실패가 같은 영향을 갖기 때문에, 저장이 실패한 이유에는 관심이 없다. 따라서 투자내역 갱신에는, 발생한 사실을 설명하는 확장 하나만을 만든다.

유스케이스: 투자내역 갱신

> ......
> 7. 사용자는 PAF가 작업내역 저장을 하도록 한다.
> 8. ......
> 확장:
> 7a. 저장 실패:
>   7a1. 다음에 일어나야 할 일들…

 이런 실패 통합작업은 최상위-수준 유스케이스에서도 그 수준에 걸맞는 용어로 실패가 보고된다는 뛰어난 장점이 있다. 아주 높은 수준의 유스케이스에 대한 실패 보고 방식이 유사한 수준에 있으므로, 바쁜 중역들도 읽어볼 시간을 낼 수 있다.

8.3 확장 처리

가장 단순한 경우, 단계의 기본 순서가 조건을 다룬다. 그러나 일반적인 경우, 확장은 유스케이스의 축소판이다. 트리거는 확장을 발생시키는 조건이다. 목표는 유스케이스 목표 달성 또는 어떤 실패가 발생하더라도 복구하는 것이다. 본문은 행동 단계의 집합이고, 이 행동 단계에 대한 확장 역시 가능하다. 확장은 유스케이스에서처럼 목표를 달성하거나 또는 실패로 종료된다. 이런 유사성은 우연이 아니며, 복잡한 확장을 전개하는 데 매우 편리함이 입증되었다.

 감지된 조건을 따르는 행동 단계와 함께 조건 처리 내역을 작성한다. 조건이 감지된 부분을 반복할 필요는 없다. 주요 성공 시나리오를 작성할 때와 같은 방법으로 이야기를 진행한다. 이때 목표 수준을 위한 모든 지침, 동사 유형, 초기에 논의된 문장 등을 준수한다. 주요 성공 시나리오에 다시 합류하거나 유스케이스가 실패하는 곳까지 계속 작성한다.

 일반적으로, 시나리오 조각은 다음의 4가지 방식 중 한 가지로 종료된다.
확장으로 갈라져 나왔던 단계가 교정되고 대체되었다. 확장 처리의 끝부분에서, 상황은 마치 그 단계가 계속되는 것 같다.

3. 사용자가 URL을 입력하여 웹사이트 접속을 시도한다.

4. ......

확장:

3a. URL이 존재하지 않는다:

    3a1. 사용자가 <u>웹사이트를 검색</u>한다.

3b. ......

시스템이 액터에게 다른 기회를 제공한다. 확장 처리가 끝나는 부분에서, 같은 단계의 시작 부분으로 이야기가 되돌아간다. 다음 예제에서 시스템이 비밀번호를 다시 검증하는 것에 주의한다.

3. 사용자가 비밀번호를 입력한다.

4. 시스템이 비밀번호를 검증한다.

5. ......

확장:

4a. 틀린 비밀번호:

    4a1. 시스템이 고객에게 사실을 알리고, 비밀번호를 다시 요구한다.

    4a2. 사용자가 비밀번호를 다시 입력한다.

4b. ......

전체 실패로 인해 유스케이스가 종료된다.

3. 사용자가 비밀번호를 입력한다.

4. 시스템이 비밀번호를 검증한다.

5. ......

확장:

......

4c. 틀린 비밀번호가 허용 횟수를 초과하여 입력되었다:

    4c1. 시스템이 사용자에게 알리고, 사용자 세션을 종료한다.

5a. ......

행위자가 성공을 위해 완전히 서로 다른 길을 간다.

3. 사용자가 ...... 한다.

4. 사용자가 ...... 한다.

5. ......

확장:
   3a. 사용자가 절차를 완료하기 위해 개인별 매크로를 실행한다:
      3a1. 유스케이스가 종료된다.

처음 두 가지의 경우, 확장에서 다음에 무슨 일이 일어날 것인지 언급할 필요가 없다. 왜냐하면, 단계가 다시 시작하거나 계속될 것이 명확하기 때문이다. 마지막 두 가지의 경우, 시스템이 이해관계자의 이해를 제대로 설정하고 있음을 단계가 보여주므로 실패 또는 **유스케이스 종료**라는 표현 이상은 필요가 없다.

대부분의 확장은 확장 이후에 이야기가 어디로 전개되는지 언급하지 않는다. 대개는 그것이 매우 명백하고, 각 확장의 뒤에 **단계 N으로 가라**고 쓰는 것이 오히려 전체를 읽기 어렵게 만들기 때문이다. 이야기가 주요 성공 시나리오의 다른 부분으로 건너뛰는 경우는, 매우 드문 경우인데, 확장 부분의 마지막 단계는 **단계 N으로 간다**가 될 것이다.

이런 상황은 이 책에 제시한 다양한 작성 예제에서 볼 수 있다.

지침 12: 조건 처리 들여쓰기

이 책에서 소개한 번호 첨가 형식을 사용할 때, 조건을 처리하는 방식을 나타내는 행동 단계는 들여 쓰고, 문자 뒤에 숫자 1부터 다시 시작한다.

행동 단계는 이전에 제시한 형식 지침을 모두 따른다.

   확장:
   2a. 현금 부족:
      2a1. 시스템이 고객에게 알리고, 금액을 다시 요구한다.
      2a2. 고객이 금액을 다시 입력한다.

이 책이 출판에 들어가기 바로 전에, 소프트웨어 퓨처스 CCH의 볼커 샤버그(Volker Schaberg)가 번호 붙이는 규칙의 단순화에 대해 설명한 적이 있다. 그 회사의 유스케이스 작성자는 선행하는 숫자-문자의 조합을 생략하고 바로 점과 번호로 시작한다. 위의 예는 이제 이렇게 바뀐다.

2a. 현금 부족:
  .1 시스템이 고객에게 알리고, 금액을 다시 요구한다.
  .2 고객이 금액을 다시 입력한다.

이 규칙의 장점은 번호를 바꿔야 하는 경우에 나타나는데, 단계 2가 단계 3으로 된다면, 확장 처리 단계에 번호를 붙이는 작업이 훨씬 쉬워진다.

(번호를 붙이지 않은) 간결한 산문 형식을 사용할 때는 행동 단계를 들여 쓰거나 혹은 새 문단에서 시작한다. RUP(Rational Unified Process) 템플릿은 확장 조건을 위해 특별한 표제(heading) 유형을 제공하여, 행동 단계를 그 표제 아래 오게 한다.

실패 안의 실패

확장 처리 시나리오 조각의 내부에서, 아마도 실패라는 새로운 분기 상황과 마주칠 수 있다. 이 책에서 소개하는 것처럼 들여 쓰는 작성 방식을 사용하고 있다면, 단순히 한 번 더 들여 써서, 전처럼 조건에 이름을 부여하고 시나리오를 계속 작성한다.

어떤 지점에서는, 들여쓰기와 번호체계가 너무 복잡해서 확장 자체를 전적으로 다른 유스케이스로 분리해야 한다. 내게 편지를 보내온 사람들 대부분은 대체로 세 번째 수준까지 들여 쓰기를 해야 할 경우 분리해야 한다는 사실에 동의했다.

다음은 97쪽 유스케이스 22, 손해내역 등록에서 발췌하여 다시 정리한 예이다.

6a. 사원이 최소 정보를 완성하지 않은 채로 종료한다:
  6a1. 시스템은 날짜, 이름이나 계약 번호, 중재인의 이름이 제공되지 않으면 사원이 종료하거나 양식을 마무리할 수 없다고 경고한다:
    6a1a. 사원은 손해내용 계속 입력하기를 선택한다.
    6a1b. 사원은 중간 단계의 보고서를 저장하고 종료한다.
    6a1c. 사원은 최소 정보를 입력하지 않은 채로 계속 종료하고자 한다.
      시스템은 중간 단계에 저장된 내용을 모두 버리고 종료한다.

이 예제에서, 작성자가 마지막 줄에는 번호를 붙이지 않았음에 주의한다. 그 줄에 6a1c1이라고 번호를 붙여야 할 상황에서, 확장이 이미 충분히 복잡해졌으므로 번호가 없는 짧은 문장이 더 읽기 쉽다고 판단했다.

일반적으로, 유스케이스를 새로 작성하는 비용이 높기 때문에, 확장을 분리하여 자체 유스케이스로 만드는 일은 최대한 미룬다. 확장 부분을 분리하기 이전에 들여 쓰는 것이 의미가 있는 한, 위의 예제는 다수의 지지를 받는다.

확장으로부터 새로운 유스케이스 만들기

확장을 새로운 하위 유스케이스로 분리하기 위해서는 일차 액터의 목표를 정하고, 이 목표를 유스케이스 이름으로 하고, 유스케이스에 새로운 수준을 부여하고(아마도 하위기능), 새로운 유스케이스를 위한 템플릿을 펼쳐 놓고, 호출하는 유스케이스에서 가져온 세부사항으로 채운다.

190쪽의 유스케이스 32, 보고서 관리는 이것을 보여준다. 일단 다음 단계를 포함하고 있다.

사용자는 언제든지 리포트를 저장하거나 출력할 수 있다.

이 단계는 여러 대안과 실패상황을 서술하는 확장을 갖고 있는데, 계속 커져 갔다. 이를테면, **제목이 없는 보고서, 이미 존재하는 제목 (겹쳐쓰기 여부), 사용자의 중간 저장 취소** 등등. 결국 작성자는 보고서 저장을 독립 유스케이스로 만들기로 했다.

원래 유스케이스에서, 새로운 하위 유스케이스가 실패할 수도 있다는 사실을 염두에 두어야 한다. 따라서 유스케이스 작성은 성공과 실패 상황을 모두 보여주어야 하는 경우가 대부분이다.

이론과 공수(effort) 관점에서, 확장을 독립 유스케이스로 분리했다가 다시 되돌리는 것은 간단한 문제이다. 유스케이스 모델에서 이것은 그리 중요한 결정이 아니다. 보고서 저장 확장을 보고서 관리 밖으로 옮기는 데에는 아무런 문제가 없으며, 그것을 되돌리는 작업도 문서 편집기로 몇 분이면 충분하다.

그러나 유스케이스를 새로 만드는 비용은 단지 기계적인 노력으로 따질 것이 아니다. 새로운 유스케이스는 레이블을 붙이고, 추적하고, 일정을 잡고, 검사하고, 유지보수해야 한다. 프로젝트 팀에게는 결코 무시 못할 비용이다.

확장을 유스케이스 내부에 그대로 두는 것이 경제적인 측면에서는 유리하다. 하지만 다음의 두 가지 상황에서는 확장으로부터 새로운 유스케이스를 만들어야 한다.

- 확장이 여러 곳에서 이용된다. 확장 자체를 유스케이스로 만들면 한곳에서 추적하고 유지하게 된다. 이상적으로는, 이것이 해수면 수준 이하의 유스케이스를 만드는 유일한 이유이다.
- 확장이 유스케이스를 읽기 어렵게 만든다. 경험에 의하면 읽기 쉬움의 한계가, 대략 두 쪽과 세 번의 들여쓰기였다. (나는 유스케이스를 상대적으로 짧게 쓰는 편이다).

8.4 연습문제

확장

8.1 현금인출기 작동 중에 잘못될 수 있는 일에 대하여 토의하고, 결과를 목록으로 작성하시오.

8.2 PAF 확장 처리 시스템에 대한 첫 번째 사용자-목표 유스케이스에서 잘못될 수 있는 일에 대해 토의하고, 결과를 목록으로 작성하시오(75쪽의 연습문제 4.4에서 설명됨).

8.3 실패 처리를 포함하는 '현금 인출 유스케이스'를, if문을 이용하여 작성하시오. 다음으로 시나리오 형태의 확장을 이용하여 작성한 후 두 가지를 비교하시오.

8.4 유스케이스 작성에 사용한 것과는 다른 형식으로 작성한 요구사항 문서를 하나 구하시오. 그 문서에서는 실패 상황을 어떻게 파악했으며, 여러분은 두 가지 작업 방식 중에 어떤 것을 선호하며, 그 평가 결과를 실무에 응용

할 수 있습니까?

8.5 PAF 시스템을 이용하는 유스케이스를 실패 복구 단계까지 채워 넣어 완전하게 작성하시오(PAF는 75쪽의 연습문제 4.4에서 설명했음).

9장

Writing Effective **Use Cases**

기술과 데이터 변동

확장은 시스템이 하는 행동의 서로 다름을 표현하지만, 가끔은 '이것을 하는 몇 가지 다른 방법이 있다'는 사실을 표현하고 싶을 때가 있다. 무엇이 일어나는가는 동일하지만, 어떻게 수행되는가는 다양할 수 있다. 대부분의 경우 이러한 다양성은 기술의 변동(variation)이 있거나 반드시 파악해야 하는 데이터에 차이가 있기 때문이다. 이것은 확장 부분이 아닌 기술과 데이터 변동 항목에 기록한다.

예제 1:
여러분의 시스템은 물건을 반품한 고객에게 신용 구매 한도를 책정해 주어야 한다. 이런 행동 단계를 작성한다.

    7. 반품 물건에 대해 환불하여 준다.

고객은 수표로, 전자 화폐로, 다음 구매를 위한 신용 한도로 환불 받을 수 있다. 따라서 다음 항목을 추가한다.

    기술과 데이터 변동 목록:
    7a. 수표, 전자 화폐(EFTS), 또는 다음 구매를 위한 신용 한도로 지불한다.

예제 2:

여러분은 새로운 현금인출기를 명세하고 있다. 은행 카드, 안구 스캔, 지문으로 고객을 식별할 수 있는 수준까지 기술이 발전하였다. 다음과 같이 작성한다:

주요 성공 시나리오:

...

2. 사용자가 신원 사항, 은행, 계좌번호를 밝힌다.

...

기술과 데이터 변동 목록:

2a. 마그네틱 은행 카드, 안구 스캔, 지문을 이용한다.

이러한 변동 사항은 이 유스케이스에 대한 확장이 아니다. 각각은 보다 낮은 수준의 유스케이스 안에서 자체 확장을 통해 전개할 수 있겠지만, 그런 유스케이스를 작성할 사람은 없다. 각 변동은 비용과 작업 계획에 무시하지 못할 영향을 주는 까닭에, 파악하고 추적하여야 한다. 기술과 데이터 변동 목록을 이용하여 그 가능성을 표현한다.

기술과 데이터 변동 목록은 행동 단계를 포함하지 않는다. 이 목록에 조건과 행동 단계를 작성하고 있다면, 여러분은 변동 목록을 잘못 이용하고 있다.

기술과 데이터 변동 목록은 57쪽의 유스케이스 13, 자원 접근 직렬화 에 나와 있다.

UML 유스케이스 다이어그램을 사용하고자 한다면, 기본 단계를 위해서는 비

그림 9.1 UML의 특수화를 이용한 기술 변동

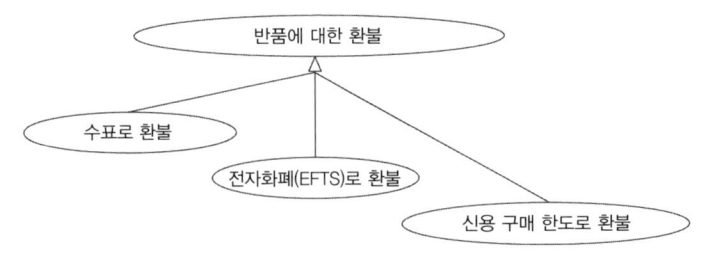

어 있는 일반적인 기본 유스케이스를 하나, 그리고 각 변동을 위해서는 특수화(=상속) 유스케이스를 하나씩을 그린다. 비어 있는 일반적인 기본 유스케이스는 '무엇'은 얘기하지만 '어떻게'는 얘기하지 않는다. 각각의 특수화 유스케이스는 어떻게 일을 수행하는지를 설명하기 위해 자신의 단계를 정의한다. UML 표기법은 부록 A에 설명하였다. 그림 9.1은 예를 보여 준다.

10장

Writing Effective **Use Cases**

유스케이스 연결

10.1 하위 유스케이스

하나의 행동 단계는 단순한 단계이거나 다른 유스케이스의 이름이다.

> 사용자는 보고서를 저장한다

위에서 처럼 어떤 강조나 주석이 없는 것은 단순히 작은 단계이다.

> 사용자는 <u>보고서 저장</u>을 한다
> 사용자는 **보고서 저장을 한다** (UC 35 보고서 저장)

위에서 처럼 작성하는 것은, 보고서 저장이라 불리는 유스케이스를 의미한다. 이것은 더 이상 설명이 필요 없을 정도로 자연스럽다. 밑줄이 있거나(하이퍼링크 때문) **굵은 글자체**로 표현한 행동 단계는 다른 유스케이스 호출을 나타내며, 여기서 언급한 행동이 호출한 유스케이스에서 확장된다는 설명을 한 번만 들으면, 유스케이스에 대한 전문지식이 없는 독자라 할지라도 이 아이디어를 충분히 이해할 수 있다.[1] 유스케이스를 이런 방식으로, 즉 행동 단계를 필요에 따

---

[1] UML 용어로는 다른 유스케이스가 포함됨을 가리킨다. 나는 초보 작성자나 비전문적인 독자는 한 유스케이스가 다른 것을 참조하거나 요청한다고 표현하면 훨씬 좋아한다. 여러분이 어떤 용어를 이용하는 가는 전적으로 여러분의 몫이다.

라 모으거나 펼쳐서 확장하는 작성 방식은 즐겁기까지 하다. 더구나 이것은 유스케이스를 연결하는 가장 간편한 방법이기도 하다. 배우는 데 시간이 거의 들지 않고 설명할 공간도 필요 없다.

10.2 확장 유스케이스

때로는 확장 메커니즘과 밀접하게 관련 있는 유스케이스 간에 다른 종류의 연결이 필요하다. 다음 예제를 보자.

> 여러분은 왑(Wapp)이라 불리는 새로운 문서 편집기 프로그램을 설계하고 있다. 사용자의 주요 활동은 문자 입력이다. 그러나 줌(zoom) 요소나 글자체 크기의 변경, 맞춤법 검사, 그밖에 문자 입력과 직접 관련이 없는 수십 가지의 일 중 어떤 것이라도 사용자가 갑자기 사용하려 할 수 있다. 사실 문서 작성 중 발생할 수 있는 어떤 동작과도 무관하게 문서를 입력할 수 있기를 원한다.
> 더욱 중요한 것은, 각각의 새로운 서비스에 대한 기준 유스케이스는 변경하지 않고 다른 소프트웨어 개발팀이 그 서비스에 대해 새로운 아이디어를 반영하기를 바라는 경우다. 여러분은 요구사항 문서를 그대로 둔 채로 확장하고자 한다.

이러한 상황의 특징은 다음과 같다.
- 주요 활동이 있고, 주요 활동에 가로채기가 있을 수 있다.
- 주요 활동은 다양한 방식으로 가로채기가 발생할 수 있지만, 그 가로채기의 통제 밖에 있다.

이것은 사용자 선택을 위해 시스템 서비스를 나열하는 주요 메뉴를 갖는 것과는 다른 일이다. 주요 메뉴는 사용자 선택이라는 통제 행위 안에 있다. 반면 우리 예제에서는, 주요 활동이 다른 활동의 통제 안에 있는 것이 아니라, 단지 그것에 의해 가로채기를 당할 뿐이다.

이 예제에서 기준 유스케이스가 자신을 가로채는 모든 유스케이스 이름을 언급하지 않았으면 한다. 그렇게 하면 유지보수가 어렵기 때문이다. 새로운 가로

그림 10.1 확장 유스케이스를 표현한 UML 다이어그램

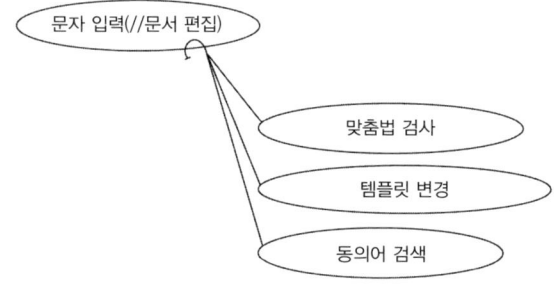

채기 유스케이스를 추가할 때마다 기준 유스케이스를 변경해야 하고, 변경할 때마다 유스케이스 손상, 버전 부여, 검토 요구 등의 어려움이 생긴다.

시나리오 확장에서 서술한 메커니즘을 이용하되, 유스케이스를 새로 작성한다. 새로 작성한 것을 확장 유스케이스라 부르는데, 그 자체로 유스케이스라는 점만 빼면 시나리오의 확장과 근본적으로 동일하다. 시나리오 확장처럼, 어떤 조건으로 시작하고, 그 조건이 발생할 기준 유스케이스의 상황을 참조한다. 이러한 내용을 모두 템플릿의 트리거 항목에 둔다.

다음은 문서편집기 왑(Wapp)에서 발췌한 확장 유스케이스 예제이다. 그림 10.1은 UML 다이어그램 형식으로 표현한 왑 상황이다. 특별한 형태의 연결 도구로 고리(hook)를 이용하여, 유스케이스가 다른 유스케이스를 확장하는(다른 유스케이스의 고리에 걸려 있는) 모습을 표현하였다.

유스케이스: 문서 편집

일차 액터: 사용자
범위: 왑(Wapp)
수준: 사용자 목표
트리거: 사용자가 애플리케이션을 시작한다.
선조건: 없음

주요 성공 시나리오:

1. 사용자가 편집을 위한 문서 열기를 한다.
2. 사용자가 문자 입력과 수정을 한다.
……
…… 사용자가 문서 저장을 하고 애플리케이션을 종료한다.

유스케이스: 맞춤법 검사

일차 액터: 사용자
범위: 왑(Wapp)
수준: 하위기능!
선조건: 문서가 열려 있다.
트리거: 문서 편집 상태에서, 문서가 열려 있고 사용자가 '맞춤법 검사기'를 실행하기 위해 선택한다.
주요 성공 시나리오:
…… 등등 ……

유스케이스: 동의어 검색

일차 액터: 사용자
범위: 왑(Wapp)
수준: 하위기능!
선조건: 문서가 열려 있다.
트리거: 문서 편집 상태에서 커서가 어떤 단어 내에 위치하고, 사용자가 동의어를 실행하기 위해 선택한다.
주요 성공 시나리오:
…… 등등 ……

유스케이스: 문서 템플릿 변경

일차 액터: 사용자
범위: 왑(Wapp)
수준: 하위기능!
선조건: 문서가 열려 있다.

> 트리거: 문서 편집에서 문서가 열려 있고, 사용자가 이 기능을 선택한다.
> 주요 성공 시나리오:
> ...... 등등 ......

확장 유스케이스를 사용하는 시기

확장 유스케이스는 이해하고 유지보수하기 어려우므로 필요할 때만 작성한다. 확장 유스케이스는 다음 두 가지 경우에 필요하다.

가장 흔한 경우는 비동기 또는 가로채기 서비스를 많이 이용하지만, 이것으로 인해 기준 유스케이스가 방해 받지 말아야 할 때이다. 서비스는 서로 다른 팀에 의해 개발되는데, 문서편집기와 같은 패키지 소프트웨어 개발에서 자주 나타난다.

다른 경우는 확정 (따라서 변경이 금지된) 요구사항 문서에 추가할 때이다. S.R.A의 수잔 릴리가 나에게 다음 편지를 보내왔다.

> 반복적인 프로세스 아래 여러 차례 배포를 하는 프로젝트에 참여하고 있다. 최초 배포에 대한 기준선이 정해진 요구사항을 가지고 있다. 다음 배포에서, 여러분은 기준선이 책정된 유스케이스를 새로운 기능 또는 추가 기능으로 확장한다. 이때 기준선이 확정된 유스케이스는 건드리지 말아야 한다.

기준 유스케이스가 변경된다면, 확장은 불안정해진다. 기준 유스케이스에 대한 변경이 확장 유스케이스에서 언급한 조건을 무너뜨릴 수도 있다. 따라서 그런 상황에서 확장 유스케이스를 사용할 때는 세심한 주의를 기울여야 한다. 연습문제 10.2는 이런 종류의 확장 유스케이스를 시험해 볼 기회를 제공한다.

앨런 윌리엄은 편지에서 유스케이스가 하위 유스케이스를 호출해야 할지 혹은 이차 유스케이스가 기준 유스케이스를 확장해야 할지 여부를 결정하는 데 도움이 될 만한 유용한 원칙을 제시했다.

만약 트리거가 기준 유스케이스가 책임질 내용을 포함한다면, 즉 기준 유스케이스가 언제/어디서/왜 이차 유스케이스가 사용되는지 안다면, 기준 유스케이스는 다른 유스케이스를 포함한다/호출한다/참조한다.

만약 트리거에 이차 유스케이스 책임을 포함한다면, 즉 이차 유스케이스는 기준 유스케이스를 확장(extends)한 이차 유스케이스가 언제/어디서/왜 따라 나오는지 안다.

기준 유스케이스가 이차 유스케이스를 호출할 때, 언제 어디서 그것이 실행되는지 표현하면서, 기준 유스케이스가 다른 유스케이스를 언급한다는 사실에 주목한다. 참조 대상 유스케이스는 기준 유스케이스 이름을 모른다. 이차 유스케이스가 기준 유스케이스를 확장할 때는 기준 유스케이스는 확장(가로채기) 유스케이스의 이름을 모르거나 존재 자체를 모른다. 확장 유스케이스는 가로채기 하는 유스케이스를 언급하고 그것을 실행할 환경을 결정한다.

10.3 연습문제

유스케이스 연결

10.1 (연습문제 4.4에서 설명한) PAF 시스템을 위한 사용자-목표 유스케이스에서, 하위 유스케이스로 분리해낼 조건을 찾는다. 그 하위 유스케이스를 작성하고 그것을 사용자-목표 유스케이스와 연결시키되, 성공과 실패가 모두 나오도록 하시오.

10.2 여러분이 거래 은행이 아닌 다른 은행에 손님 자격으로 들어가 현금인출기 앞에 있는 상황을 가정한다. 은행 대 은행의 인출 요구에 대한 하위 유스케이스를 작성하고, 그것을 현금 인출 관련 이전의 유스케이스와 연결하시오. 이것을 두 가지 방법, 즉 기준 유스케이스가 참고하는 하위 유스케이스와 기준 유스케이스를 확장하는 확장 유스케이스로 처리한다. 여러분이 선호하는 것은 무엇이며, 왜 그렇게 했는지 동료와 토의하시오.

11장

Writing Effective **Use Cases**

유스케이스 양식

11.1 선택 가능한 양식

격식을 갖춘 양식

이 책에서 대부분의 예제는 내가 선호하는 완전한 양식으로 작성하였다.
- 열 하나로 구성한 텍스트(표가 아님)
- 번호를 붙인 단계
- if 조건문 없음
- 숫자와 문자의 조합으로 구성한 확장 번호 체계(예, 2a, 2a1, 2a2 등)

완전한 격식을 갖춘 양식에 대한 대안으로 많이 사용하는 것은 간결한 (casual) 양식, 두 개의 열을 갖는 양식, RUP 템플릿 등인데, 다음 절에서 모두 설명한다. 그러나 어떤 팀에게 서로 다른 양식으로 작성한 같은 유스케이스를 보여줄 때마다, 대부분은 열(column)이 하나이고, 단계에 번호를 붙인 양식을 선택한다. 그런 이유로 계속 이런 양식을 사용하고 있으며 권하기도 한다. 다음에 제시하는 것은 기본 템플릿으로, 전 세계의 프로젝트 팀이 로터스 노츠, 두어스(DOORS), 워드, 액세스, 그리고 그 밖의 여러 문서 작성 도구 등에 이미 추가했다.

유스케이스 24 〈완전한 격식을 갖춘 유스케이스 템플릿 〈제목〉

〈제목은 짧은 동사구로 작성한 목표이름이어야 한다.〉
이용 상황: 〈목표를 길게 서술한 문장으로, 필요할 경우, 목표의 통상적인 발생 조건이다〉
범위: 〈설계 범위로, 설계 시 블랙박스로 간주하는 시스템〉
수준: 〈요약, 사용자-목표, 하위기능 중 하나〉
일차 액터: 〈일차 액터에 대한 역할 이름 혹은 설명〉
이해관계자와 이해관계: 〈유스케이스의 이해관계자와 주요 이해관계 목록〉
선조건: 〈예상되고 이미 갖추어진 현재의 상태〉
최소 보증: 〈모두 종료되었을 때, 이해관계를 어떻게 보호하는가〉
성공 보증: 〈목표를 달성하였을 때 세계의 상태〉
트리거: 〈유스케이스를 시작하는 것으로, 시간 이벤트일 수 있다〉
주요 성공 시나리오:
〈여기에 트리거로부터 목표 달성, 그리고 그 후의 정리 작업에 이르는 시나리오 단계를 기록한다〉
〈단계 #〉 〈행동 서술〉
확장:
〈여기에 한 번에 한 가지씩, 각 주요 시나리오 단계를 참조하며 확장 내용을 기록한다〉
〈변경 단계〉 〈조건〉: 〈행동이나 하위 유스케이스〉
〈변경 단계〉 〈조건〉: 〈행동이나 하위 유스케이스〉
기술과 데이터 변동 목록:
〈여기에 시나리오로부터 분기점을 만드는 변동사항을 기록한다〉
〈단계 또는 변동 번호〉 〈변동 목록〉
〈단계 또는 변동 번호〉 〈변동 목록〉
관련된 정보:
〈프로젝트에 필요한 부가적인 정보는 무엇이든지 기록한다〉

간결한 양식

완전한 양식을 다음의 예제와 비교해 보자. 이 예는 그래디 부치가 자필로 쓴 초고에서 발췌한 간결한 양식을 사용한 유스케이스다. 제대로 형식을 갖춘 예제로 만들기 위해, 일차 액터, 범위, 수준을 추가하였다. 확장은 잊지 않고 두 번째 단락에 두었다.

유스케이스 25 실제 로그인 (간결한 버전)

일차 액터: 사용자
범위: 애플리케이션
수준: 하위기능

당사자임을 확인하기 위해, 사용자는 사용자 이름과 비밀번호 입력을 요청받는다. 시스템은 그 사용자 이름에 해당하는 가입자가 존재하는지, 그 가입자 비밀번호가 일치하는지를 검증한다. 그런 후에 사용자는 모든 명령문에 접근할 수 있다.

사용자 이름이 관리자로 지정된 사용자와 일치하면, 사용자는 모든 사용자 명령문과 관리자 명령문에 접근할 수 있다. 만약 사용자 이름이 존재하지 않거나 비밀번호가 일치하지 않으면, 사용자의 접근은 거부된다.

하나의 열로 된 표

어떤 사람들은 시나리오 단계를 표로 작성하는 것을 좋아한다. 나는 표의 선이 문장을 방해한다고 느끼는데, 그럼에도 많은 사람들이 표를 선호한다. 표 11.1에서 예제 템플릿을 제시한다.

두 열로 된 표

레베카 워프-브록이 대화 양식이라는 아이디어를 고안했는데, 이 아이디어의 특징은 왼쪽 열에는 일차 액터의 행동을, 오른쪽 열에는 시스템의 행동을 기록하는 두 개의 열을 사용한다는 것이다. 대화 양식은 사용자 인터페이스 설계 준비에 많이 쓰이므로, 사용자의 동작에 대해 보다 자세하게 서술하는 경향이 있다.

두 열로 된 테이블 양식을 이용하여 유스케이스를 작성하기도 한다. 결과는 명확하지만 길어지는 경향이 있어, 세 쪽을 넘기도 한다(이에 대한 예제로, 250쪽의 유스케이스 36, 해결책 찾기 – 수정 전을 참조한다). 대개 적절한 목표 수준에서 3~9단계로 문장을 개정함으로써, 문서 작성이 매우 간단하고 명확하여 더 이상의 열이 필요 없다.

『Software for Use』에 언급하였듯이, 콘스탄틴과 록우드가 필수 유스케이스에서 사용자 인터페이스 요구사항을 파악할 때 대화 양식을 채택했다. 본질적

표 11.1 하나의 열로 된 표 형식 유스케이스

유스케이스 번호	〈제목은 짧은 동사구로 이루어진 목표이다〉	
이용 상황	〈이용 상황을 더 길게 서술한 문장으로, 필요할 경우에 서술〉	
범위	〈설계 시 블랙박스로 간주하는 시스템〉	
수준	〈요약, 사용자-목표, 하위기능 중 하나〉	
일차 액터	〈일차 액터에 대한 역할 이름 혹은 설명〉	
이해관계자와 이해관계	이해관계자	이해관계
	〈이해관계자 이름〉	〈여기에 이해관계자의 이해관계를 적는다〉
	〈이해관계자 이름〉	〈여기에 이해관계자의 이해관계를 적는다〉
선조건	〈우리가 이미 예상하는 세계의 상태〉	
최소 보증	〈어떤 종료 시에도 보호되는 이해관계〉	
성공 보증	〈성공적인 종료 시에 충족되는 이해관계〉	
트리거	〈유스케이스를 시작하는, 시스템 상의 행동〉	
서술	단계	행동
	1	〈여기에 트리거로부터 목표 달성 그리고 그 후의 정리 작업에 이르기까지, 시나리오 단계를 기록한다〉
	2	〈...〉
	3	
확장	단계	분기 행동
	1a	〈분기를 일으키는 조건〉 : 〈행동이나 하위 유스케이스의 제목〉
기술과 데이터 변동		
	1	〈변동(variations) 목록〉

인(essential) 유스케이스에서는 모든 사용자의 움직임(인터페이스 상세)이 생략되므로 결과가 매우 짧다는 특성이 있다.

행위 요구사항을 파악할 목적으로 두 열로 된 표 양식을 사용할 때의 어려움은 지원 액터를 기록할 공간이 없다는 사실이다. 이를 위해 세 번째 열을 추가할 수도 있지만, 한 번도 그런 제안을 들어본 적이 없고 그렇게 작성한 것을 본 적도 없다. 이는 대화 양식과 본질적인 유스케이스가 전반적인 시스템의 행위 요

표 11.2 두 열로 된 표

고객	시스템
주문번호를 입력한다.	
	주문번호가 이 달의 당첨번호와 일치함을 발견한다.
	사용자와 주문번호를 이 달의 당첨자로 등록한다.
	판매 관리자에게 이메일을 보낸다.
	고객에게 축하인사를 하고, 어떻게 경품을 받아가야 하는지 안내한다.
시스템을 종료한다.	

구사항보다는 사용자 인터페이스 요구사항을 겨냥한 것이기 때문이다.

이 모든 것을 고려하더라도, 여전히 많은 사람들이 두 열로 된 양식이 매력적이라고 생각한다. 원한다면 한 번 작성해 보고, 워프-브룩이나 콘스탄틴과 록우드가 이 양식으로 작업한 것도 읽어 본다. 표 11.2는 2열 양식으로 작성한 시나리오이다.

RUP 양식

RUP는 완전한 양식 템플릿과 거의 유사한 템플릿을 사용한다. 단계에 번호를 붙이는 것은 선택사항이다. 확장을 위해서 자체 머리글을 가진 단락을 부여하며 대안 흐름이라 부른다. 이 책의 모든 예제는 이 템플릿과 잘 맞는다. 이 템플릿은 앞에 붙이는 번호 때문에 약간 어지럽긴 하지만, 재미있고 또 이해하기도 쉽다. 다음은 RUP 기본양식이다.

1. 유스케이스 이름
    1.1. 요약 서술
        ...... 문장 ......
    1.2. 액터
        ...... 문장 ......
    1.3. 트리거
        ...... 문장 ......

2. 이벤트 흐름
  2.1. 기본 흐름
      ...... 문장 ......
  2.2. 대안 흐름
      2.2.1. 조건 1
          ...... 문장 ......
      2.2.2. 조건 2
          ...... 문장 ......
      2.2.3 ......
3. 특별 요구사항
  3.1. 플랫폼
      ...... 문장 ......
  3.2 ......
4. 선조건
      ...... 문장 ......
5. 후조건
      ...... 문장 ......
6. 확장 지점
      ...... 문장 ......

래셔널 소프트웨어 사는 예제로 사용할 유스케이스를 보내 왔는데 유스케이스 다이어그램과 다른 작업 산출물이 도구에 함께 들어 있었다. 이 유스케이스 양식은 따로 설명이 거의 필요없을 정도였고, 여러분 또한 그럴 것이라 생각한다. 작성자가 표현 양식으로 적절하다고 느낀 대로 간단한 문단과 번호를 붙인 단계를 사용하였음에 주목한다. 이 책에 나오는 예제와 일관성을 가지도록, 제목에 그림 아이콘 두 개를 추가하였다. 그러나 템플릿 자체에는 어떤 항목도 추가하지 않았다.

190쪽의 유스케이스 32, 보고서 관리, 역시 RUP 템플릿을 이용한다.

유스케이스 26   수강 신청

1. 유스케이스 이름: 수강 신청

1.1. 요약 설명

이 유스케이스는 이번 학기에 제공하는 강의를 학생들이 신청할 수 있도록 한다. 또한 학생은 학기 초에 있을 추가/취소 기간 내에 변경사항이 발생할 경우, 수강내역을 변경하거나 취소할 수 있다. 과정 목록 시스템은 이번 학기에 개설한 모든 강의 목록을 제공한다.

이 유스케이스의 주요 액터는 학생이다. 교과과정 목록 시스템도 유스케이스의 액터이다.

2. 이벤트 흐름:

이 유스케이스는 학생이 기본 화면에서 '일정 관리'를 선택할 때 시작된다. [화면 배치와 항목에 대해서는 사용자-인터페이스 프로토타입을 참조한다.]

2.1. 기본 흐름

2.1.1. 일정 작성

2.1.1.1. 학생이 '일정 작성'을 선택한다.

2.1.1.2. 시스템은 빈 일정 양식을 보여준다. [화면 배치에 대해서는 사용자-인터페이스 프로토타입과 해당 항목에 대한 도메인 모델을 참조하라.]

2.1.1.3. 시스템은 교과과정 목록 시스템으로부터 수강 가능한 교과과정 목록을 찾아온다. (이것은 어떻게 선택하고 보여주어야 할까? 문서 형태? 드롭-다운 목록?)

2.1.1.4. 학생은 기본 강좌 네 개와 선택 강좌 두 개를 과정 목록에서 선택한다. 선택을 완료하면 학생은 '제출'을 선택한다. ['기본 강좌'와 '선택 강좌'를 프로젝트 용어집에서 정의한다. 반드시 네 개와 두 개를 선택해야만 하는가? 아니면 '네 개까지……' 등]

2.1.1.5. 이 단계에서 선택한 각 강좌에 대해 강좌 추가라는 하위 흐름을 수행한다.

2.1.1.6. 시스템은 일정을 저장한다. [언제 주요 일정을 갱신하는가? 즉시? 혹은 밤인가 (일괄작업을 통해)?]

2.2. 대안 흐름

2.2.1. 일정 변경

2.2.1.1. 학생은 '일정 변경'을 선택한다.

2.2.1.2. 시스템은 학생의 현재 일정을 찾아서 보여준다. (예, 현재 학기 일정) [현재 학기에 대해서만 적용 가능한 것인가?]

2.2.1.3. 시스템은 교과과정 목록 시스템으로부터 현재 학기에 수강 가능한 모든 교과과정 목록을 찾아온다. 시스템은 목록을 학생에게 보여준다.

2.2.1.4. 학생은 강좌를 취소하거나 추가하여 수강내역을 변경할 수 있다. 학생은

수강 가능한 과정 목록으로부터 추가할 강좌를 선택한다. 학생은 또한 현재의 일정에서 취소할 강좌를 선택한다. 편집을 완료하면 학생은 '제출'을 선택한다.

2.2.1.5. 이 단계에서 선택한 각 강의에 대해 강좌 추가라는 하위 흐름이 실행된다.

2.2.1.6. 시스템은 일정을 저장한다.

2.2.2. 일정 삭제

2.2.2.1. 학생은 일정 삭제 활동을 선택한다.

2.2.2.2. 시스템은 학생의 현재 일정을 찾아와서 보여준다.

2.2.2.3. 학생이 '삭제'를 선택한다.

2.2.2.4. 시스템이 학생에게 삭제를 확인하도록 한다.

2.2.2.5. 학생은 삭제를 확인한다.

2.2.2.6. 시스템은 일정을 삭제한다. [어느 시점에 이 학생의 일정을 시스템에서 지우는가?]

2.2.3. 일정 저장

언제든지 학생이 '저장'을 선택하면, 일정을 제출하지 않은 채로 저장한다. 현재 일정은 저장하지만, 학생이 선택한 강좌에 등록하지는 않는다. 일정표에 강좌는 '선택됨'으로 표시한다.

2.2.4. 강좌 추가

시스템은 학생에게 필요한 선수과목이 있는지 확인하고 강좌가 개설되어 있는지 확인한다. 그 다음, 시스템은 선택된 강좌에 학생을 추가한다. 강좌는 일정표에 '등록됨'으로 표시된다.

2.2.5. 선수조건 필요함 또는 수강인원 초과

강좌 추가 하위 흐름에서 시스템은 학생이 선수과목을 수강하지 않았다거나, 선택한 강좌에 인원이 다 찼다는 것을 알게 되면 오류메시지를 출력한다. 학생은 다른 강좌를 선택하거나 작업을 취소한다. 이 시점에서 유스케이스를 다시 시작한다.

2.2.6. 일정을 찾지 못함

일정 변경이나 일정 삭제 하위 흐름 중에 시스템이 학생의 일정을 찾을 수 없다면, 오류 메시지를 보여준다. 학생이 오류를 알게 되면 유스케이스를 다시 시작한다.

2.2.7. 교과과정 목록 시스템에 연결 실패

만약 시스템이 지정된 횟수를 시도하고도 교과과정 목록 시스템과 연결할 수 없다면, 시스템은 학생에게 오류 메시지를 보여준다. 학생이 오류를 알게 되면 유스케이스를 종료한다.

2.2.8. 수강신청 마감
학생이 '일정 관리'를 선택했을 때, 이번 학기의 수강신청이 마감되었다면, 학생에게 메시지를 보여주고 유스케이스를 종료한다. 학생은 이번 학기 수강신청 마감 후에는 수강신청을 할 수 없다.

3. 특별 요구사항
지금까지는, 이 유스케이스에 대한 특별 요구사항은 없다.

4. 선조건
4.1. 로그인
이 유스케이스를 시작하기 전에, 학생은 시스템에 로그인하여야 한다.

5. 후조건
이 유스케이스 관련 후조건은 없다.

6. 확장 지점
이 유스케이스 관련 확장 지점은 없다.

If-조건문 방식

프로그래머는 대부분 문서에 if-조건문 쓰기를 원한다. 결국, 확장을 서술하는 방법을 배우는 것보다는 다음과 같이 서술하는 것이 더 쉽다고 생각한다.

만약 유스케이스에 if-조건문이 한 개만 있다면 나도 동의하겠다. 실제로, 유스케이스 모델에서 **만약... 그러면...그렇지 않다면...**을 배제하면 아무것도 남지 않는다. 그러나 일단 두 개의 if-조건문만 있어도 훨씬 이해하기 어려워지며, 거의 확실히 세 번째, 네 번째, 다섯 번째 문장도 나타나게 마련이다. 아마도 if-조건문이 if-조건문 안에 있는 경우까지 나타날 것이다.

사람들이 if-조건문 사용을 주장할 때, 그렇게 하라고 청한 뒤에 그들의 경험을 들어본다. 그렇게 한 사람들은 모두 오래지 않아 if-조건문이 유스케이스를 읽기 어렵게 만든다는 결론에 이르고, 확장 형식으로 돌아갔다. 그런 까닭에 "시나리오에 if-조건문을 사용하지 말라."고 권고한다.

오캠(Occam) 방식

유스케이스에 사용할 표준 작성 모델을 만들기로 했다면, 우선 토니 호어가 고안한 오캠(Occam) 프로그래밍 언어를 연구해 보기 바란다. 오캠을 이용하면,

여러분이 필요로 하는 대안 처리, 병렬 처리, 선택적인 순서 처리를 내가 아는 다른 어떤 언어보다도 쉽게 표현한다. 나는 오캠이 예외사항을 어떻게 처리하는지 모르겠지만, 이는 유스케이스 작성 시 확장 형식을 위해 반드시 필요하다.

오캠에서는 다음과 같이 작성한다.

ALT
    대안 1
    대안 2
    TLA (대안 종료)
PAR
    병렬 행동 1
    병렬 행동 2
    RAP (병렬 선택 종료)
OPT
    선택 행동
TPO

만약 유스케이스에 사용할 정형화된 언어를 만들거나 사용하기로 했다면, 97쪽의 유스케이스 22, 손해내역 등록을 첫 번째 시험 예제로 사용하면 된다. 그 유스케이스는 병렬, 비동기, 예외, 협업 활동을 포함하고 있다. 자연언어가 이런 활동을 이해하기 쉽게 잘 다루는 것을 보여준다고 생각한다.

다이어그램 방식

유스케이스는 목표를 향한 액터의 행동과 상호작용을 자세하게 서술한다. 여러 다이어그램이 이런 내용을 표현할 수 있는데, 예를 들면, 시퀀스 다이어그램, 컬레버레이션 다이어그램, 액티비티 다이어그램, 패트리 네트 등이 있다. 이들 중 한 가지 표기법을 사용하여 여러분의 글과 그림을 발표하기 위하여 이 책의 아이디어 대부분을 사용할 수 있다.

그림 표기법에는 사용성 문제 두 가지가 있다. 첫째, 최종 사용자와 중역들이 익숙하지 않고 배울 만한 끈기도 없다는 사실이다. 그림 표기법의 사용으로 인해 귀중한 고객과 여러분 사이의 거리가 멀어지게 된다.

둘째, 다이어그램은 여러분이 작성해야 하는 것을 모두 보여주지 못한다. 지금까지 보아온 몇몇 CASE 도구는 인터랙션 다이어그램을 통해 유스케이스를 구현하였는데, 이 다이어그램은 단계의 내용을 서술한 문장을 메시지 화살표에 부착된 팝업 박스 속으로 감추어 버린다. 내가 수행한 테스트에서, 유스케이스 작성자와 독자는 다이어그램을 지원하는 CASE 도구보다는 간편한 문서편집기를 주로 선택했다.

다음 절에서 유스케이스에 적합하지 않은 특정한 다이어그램에 대해 논의하겠다.

UML 유스케이스 다이어그램 양식

타원, 화살표, 막대기 그림(액터)으로 구성한 UML 유스케이스 다이어그램은 유스케이스를 표현하기 위한 양식이 아니다. 타원과 화살표는 유스케이스의 내용이 아닌 묶음과 나눔을 보여준다.

유스케이스 이름이 목표 이름임을 기억하기 바란다. 유스케이스는 시나리오로 구성되고, 시나리오는 행동 단계로 구성되고, 행동 단계의 각 문장은 (하위 유스케이스의) 목표를 의미하고, 그렇게 해서 마지막 유스케이스가 되어 더 이상 전개될 수 없을 때까지 진행된다. 유스케이스 목표를 타원(UML 유스케이스 표기)으로 그리고, 각 행동 단계를 하나의 타원으로 그리고, 유스케이스 타원에서 행동 단계 타원에 이르는 화살표를 그리고, include라는 레이블을 붙인다. 그리고 가장 높은 수준에서 낮은 수준 유스케이스로 이런 식으로 분해를 계속해서, 전체 행위를 분해하여 보여주는 괴물처럼 거대한 다이어그램을 작성할 수도 있다.

그러나 이런 타원형 다이어그램에는 어떤 액터가 각 단계를 수행하는지, 그리고 단계의 순서는 어떤지 등과 같은 주요 정보가 빠져 있다. 이것은 목차로서 유용하며, 그 목적을 위해 저장해 두어야 한다. 289쪽의 주의사항 24: 위대한 그림 속임수와 부록 A의 단원 A.1, 타원과 막대기 모양을 참조하라.

여기서 요지는, 유스케이스 문장을 타원(UML 유스케이스 표기)으로 대체하면 안 된다는 사실이다. 어떤 학생이 강의 중에 질문했다. "언제 문장을 쓰기 시작하나요? 타원 분해가 끝난 지점에서 쓰나요?"

이에 대해서는 유스케이스는 문장으로 존재하며, 모든 또는 어떤 그림이든 읽어야 할 문장으로 독자를 안내하는 삽화에 지나지 않는다고 대답하겠다.

많은 사람들이 가장 높은 수준의 유스케이스 다이어그램(외부 액터와 사용자-목표 유스케이스를 보여주는 다이어그램)이 도움이 됨을 알게 되었다. 그 다이어그램은 수년간 그려온 콘텍스트 다이어그램과 유사한 콘텍스트 다이어그램을 제공한다. 유스케이스 다이어그램의 가치는 그 이후 급격히 떨어진다. 부록 A에서 더 논의한다.

11.2 유스케이스 작성 형식에 영향을 주는 요인

1998년 OOPSLA 회의에서, 12명의 유스케이스 전문가와 강사가 모여 유스케이스의 어려움, 혼란을 가져오는 공통의 문제, 서로 다른 유스케이스를 작성하게 하는 요인 등에 대해 논의하였다. 워크숍을 주재했던 폴 브램블은 수집한 항목을 다음과 같이 분류하였다. 유스케이스를 사용하는 상황이 모두 달라서 당혹스럽다면, 우리도 마찬가지이므로 안심하길 바란다.

아래 나열한 이슈의 다양한 조합들로 인해 여러분이 기대했던 것과는 다르게 작업할 수도 있다. 인내심을 가지고 넓은 아량으로, 여러분의 목적에 맞도록 유스케이스를 작성한다. 이러한 여러 요인에도 불구하고, 다행히 다음 질문에 대해서는 일관된 대답을 얻었다. "읽기 쉬운 유스케이스를 어떻게 작성하는가?"

상충하는 요인 – 비즈니스 환경, 사회 상호작용, 문화 충돌

유스케이스를 도입하고 싶은데, 다음과 같은 상황이나 논쟁에 부딪쳤다(나는 논쟁을 해결하려 들지는 않는다. 다만, 여러분이 혼자가 아니라는 사실을 깨닫고 즐겼으면 좋겠다).

우리는 그것을 항상 이렇게 다른 방식으로 해왔다.

다양한 문화 속에서, 발견할 수도 있는 내용들,

팀 간에 편견이 있다.
다른 작업 문화가 존재하며, 사람들은 그 속에서 단순히 '서로 다르게 수행한다.'
유스케이스 작성자가 읽는 사람과 서로 다른 용어를 사용한다.

이해 수준

시간과 장소가 다르고 사람이 다르면 이해 수준도 달라지는 법이다. 다음 사실에 근거하여, 추천한 작성 방식을 바꿀 수도 있다.

여러분이 지금 알고 있는 정도,
- 도메인에 관하여
- 일반적인 유스케이스에 관하여

개발생명주기에서 알고 있는 부분

콘텐츠 또는 비용을 설정해야 하는지 여부

넓이 뷰 또는 깊이 뷰가 필요한지 여부
- 남몰래 행하는 분석의 존재
- 자신이 아는 것을 강조하는 사람들의 성향
- 일정, 지식의 깊이, 도메인 지식

이해관계자 필요사항

여러분이 추구하는 관점:

고객은 독자, 즉 유스케이스 소비자로서 높은 수준의 서술에 만족한다.
회사/정보기술 인력은 유스케이스 작성자이거나 구현 담당자로서, 자세한 서술에 관심이 있다.
여러 서비스 그룹에서 유스케이스 관련 다양한 관점을 보여주길 원하거나 완전 모델을 생산할지 불완전 모델을 생산할지에 대해 서로 다름을 보여주는 여러 그룹이 존재할 수 있다.

참여하는 다른 독자들이 있는가? 있다면, 누구인가?

경험 대 형식

경험: 어느 팀이든 유스케이스를 처음 접하는 사람들이 있지만, 그들은 곧 '경험 있는' 작성자가 된다. 경험이 있는 사람은 지름길을 알고 있다. 하지만, 경험이 없는 사람은 명확한 방향 제시와 일관된 지시를 기대한다.

형식: 리더나 부서의 방법론이 어떤 경험이나 결핍에도 불구하고, 공식적인 (또는 비공식적인) 작성 형식을 지시한다.

대상 범위

대상 범위(coverage)의 넓이는 팀 구성, 작성 기술, 내부 의사소통, 그리고 문제 전체를 다루려는 요구 대 독자에게 정보를 전달하기 위한 요구 등에 달려 있다.

대상 범위는 다음에 따라 달라진다.

- 주요 업무 전문가 (초점 범위를 줄이는 경향이 있다)
- 유스케이스 작성자 숫자
- 유스케이스 독자 숫자
- 구현 담당자 숫자
- 업무 담당자가 그들의 요구사항을 알고 있는가 그렇지 않은가
- 공통 모델을 따라 작업하기 위한 결정
- 그룹의 지리적인 분산

일관성

내용의 일관성을 위한 요구는, 고객 요구사항의 불확실성이나 비일관성과 충돌할 수 있다:

요구사항 휘발성

양식의 일관성

복잡성

유스케이스 복잡성은 다음 요인과 관련 있다:

완벽함에 대한 욕구

전체 문제 영역에 대한 서술

다양한 관점

시스템에 대한 뷰를 단순화함

표현의 단순성

상세한 표현

좁은 뷰 대 넓은 뷰

문제의 복잡성

기술 세부사항을 추가하려는 의욕 (특히 문제가 어려운 경우)

다음의 요인은 시스템 복잡성에 영향을 준다:

분석 정체 (시스템 복잡성이 분석가를 압도한다)

액터 숫자

기능 점수(function points)

시스템 종류

사용자 시스템의 단순성

실시간 시스템

임베디드 시스템 (오류에 대응할 수 있어야 한다)

갈등

고객 갈등을 해소해야 하나, 모호함 때문에 그 갈등이 잘 보이지 않는다.

완벽성

완벽성은 다음 요인에 의해 제한될 수 있다:

- 엔지니어링을 수행하기에는 요구사항이 불완전하다.
- 작성자가 사용자에게 접근할 수 없다 (사용자가 여러분의 고객이 아니다).

목표 대 태스크 - 달성할 것 대 달성하는 방법

사용자들은 종종 필요 이상의 요구사항을 명세한다.
- 상황은 필요와 충돌할 수 있다.
- 활동과 태스크는 시스템 안에서 무슨 일이 있는지 설명하지만, 왜 발생하는지는 설명하지 않는다.

자원

훌륭한 유스케이스 작성에는 시간이 필요하다. 하지만 프로젝트는 수행 시간이 결정적이다. 따라서 관리가 유스케이스 작성 프로젝트에 개입하여야 한다.

기타 요인

유스케이스 작성에 영향을 주는 기타 요인은 다음과 같다:

- 도구 요구사항/지원
- 알려지지 않은 목표
- 지속적인 분석을 위한 요구사항 분할 요구
- 제약 없는 설계 대 수행해야 할 설계 수준
- 오류 없는 설계 대 이해 가능한 설계
- 추상적인 유스케이스 대 구체적인 유스케이스
- 추적성
- 회사의 민첩성

휴! 엄청난 목록이다. 이 책의 내용 대부분을 모든 상황에 적용할 수 있겠지만, 특히 이 목록은 다음과 같은 경우 의사결정에 활용하도록 한다. 어느 정도의 형식을 추구할 것인가, 작업은 지금 조금 하고 나중에 많이 할 것인가, 얼마나 작성을 하고 작성 단계는 어떻게 할 것인가, 그리고 어떤 깊이를 취하기 전에 얼마나 넓게 또는 얼마나 정확하게 사용할 것인가?

11.3 다섯 가지 프로젝트 표준 유형

여러분은 지금 프로젝트에 참여하고 있다. 동료와 함께 이 책을 읽었으며, 따라서 유스케이스 작성방법을 알고 있다. 이제 우리의 질문은 "어떤 표준을 채택할 것인가?"이다. 대답은 여러분이 누구인지, 기술 수준은 어떤지, 현재 목표는 무엇인지 등에 달려 있다. 여러분의 대답과 방금 제시한 요인 목록과 비교해 보자.

이 절에서는 다섯 가지 특정한 상황에 맞는 유스케이스 작성 표준을 추천한다. 각 상황에서 기본적인 선택은 간결한 양식과 완전한 양식 사이에 있음을 알게 될 것이다. 다섯 가지 상황은 다음과 같다.

1. 요구사항을 파악할 때, 최종 요구사항 문서에서 유스케이스를 전혀 사용하지 않을 경우 포함.
2. 비즈니스 프로세스 모델링을 할 때.
3. 시스템 요구사항 초안을 잡거나 규모를 측정할 때.
4. 기간은 짧고 부하는 큰 프로젝트에서 기능 요구사항을 작성할 때.
5. 길거나 규모가 큰 프로젝트의, 증보판(increment) 작업 출발점에서 상세한 기능 요구사항을 작성할 때.

이 표준을 있는 그대로 사용하는 것이 실용적임을 알게 될 것이다. 몇 가지 사항을 확인한 후, 회사의 필요에 따라 또는 그 시점의 필요에 따라 또는 책에서 주어진 원칙에 따라 표준에 대한 조정을 결정할 수도 있다.

다음 예제에서, 이전 시스템인 BSSO를 대체할 새로운 시스템 아큐라를 이제 막 개발하려는 회사인 마이텔코(MyCo)를 사용한다. 내가 이렇게 하는 이유는, 막연히 회사나 시스템이라는 단어를 쓰지 않고 대신 실제 이름을 사용하는 것이 중요함을 다시 한번 강조하기 위해서이다.

요구사항 파악을 위하여

유스케이스 27 🔲 요구사항 파악 템플릿 - 유스케이스 이름 〰️

범위: 아큐라
수준: 해수면 수준
컨텍스트:
일차 액터:
이해관계자와 이해관계:
선조건:
트리거:
주요 성공 시나리오:
발생 빈도:
공개 쟁점:

궁극적인 목적이 요구사항 파악일 때 이 템플릿을 이용한다. (15쪽의 스티브 아돌프(Steve Adolph)의 이야기, 새로운 영역에서 요구사항 '찾기'를 다시 읽어 본다). 요구사항이 유스케이스 이외의 형식으로 작성될 수도 있음을 잊지 말기 바란다. 작업의 핵심은 유스케이스를 이용하여 신속하게 이동함으로써, 활발한 작업세션 안에서 요구사항 초안을 만드는 일이다.

이 템플릿은 간결한 양식이다. 요구사항을 모두가 기억하게 하기 위해 이해관계자와 이해관계를 템플릿에 유지하되, 시스템 보증은 포함하지 않는다.

일반적으로 유스케이스는 블랙박스 (🔲)일 것이며, 이들 중 대부분은 사용자-목표 수준일 것이다(〰️). 상황 설명을 위해 보다 높은 수준의 유스케이스를 만들 수 있겠지만, 해수면 수준 이하로 자주 내려가서는 안 된다.

비즈니스 프로세스 모델링을 위하여

유스케이스 28 🏠 비즈니스 프로세스 템플릿 - 유스케이스 이름 🔍

범위: 마이텔코 경영
수준: 요약

상황:
일차 액터:
이해관계자와 이해관계:
최소 보증:
성공 보증:
선조건:
트리거:
주요 성공 시나리오:
1. ...... 행동 단계 ......
2. ......
확장:
1a. ...... 확장 조건:
    1a1 ...... 행동 단계 ......
발생 빈도:
공개 쟁점:

    이 템플릿은 신규 소프트웨어를 다루는 프로세스나 비즈니스를 재설계하기 위한 것이다. 이 유스케이스를 읽는 사람은 고위직 임원이나, 부서 관리자, 이사진 등이므로, 읽기 쉽게 작성하고 데이터 세부사항에 대한 부분은 되도록 줄인다. 순서를 알 수 있도록 단계에 번호를 붙인다. 실패 처리를 통해 중요한 비즈니스 규칙을 찾아낼 수 있으므로, 이는 확장에서 반드시 서술한다.

    최상위-수준, 가장 바깥쪽 유스케이스는 블랙박스 변형 (🏠)이 될 것이며, 회사 외부에 있는 협력업체와의 상호작용을 보여준다. 이것은 비즈니스 프로세스를 측정할 때 기준으로 사용할 명세서로 또는 화이트박스 유스케이스의 상황을 설정하기 위한 용도로 사용된다. 마이텔코 같은 시스템과 작업하는 화이트박스 유스케이스(🏠)는 조직의 응답을 전달하기 위해 협력하는 사람, 부서와 더불어 활동하는 조직을 보여준다. 여러분은 구름에서부터 해수면 수준까지 목표 수준을 사용하겠지만, 나는 템플릿에서 예제를 위해 연-수준의 요약 목표를 선택하였다.

요구사항의 규모 예측을 위해

유스케이스 29 규모 예측 템플릿 - 유스케이스 이름

범위: 아큐라
수준: 파란색
컨텍스트:.
일차 액터:
……여기에 주요 성공 시나리오의 액터를 기술하는 문장을 기록한다……
……여기에 몇 가지 대안 흐름과 그것의 처리를 언급하는 문장을 기록한다……
발생 빈도:
공개 쟁점:

이 템플릿은 시스템의 규모와 형태를 예측할 목적으로 시스템 요구사항 초안을 잡을 때 사용한다. 나중에 이것을 완전한 양식으로 전환하여 요구사항을 보다 자세하게 작성할 수 있다. 프로젝트가 허용한다면 간결한 양식의 유스케이스를 이용하여 직접 설계에 들어가도 좋다. (46쪽의 소단원, '유스케이스 요약서'와 284쪽의 주의 19: '실수 비용을 파악한다'를 참조한다)

이 템플릿은 간결한 양식으로 중간 정도의 정밀도로 이루어지는 초기 작업에 알맞고, 목표시스템은 시스템일 수도 있고 비즈니스일 수도 있다. 목표는 하위기능까지 포함하여 어떤 수준이든 가능하다. 왜냐하면 프로젝트에 들어가는 노력은 대체로 하위기능 유스케이스의 복잡성에 달려 있기 때문이다. 이전의 예제에서는 아큐라를 사용자 목표 수준으로 다루었다. 157쪽의 유스케이스 25, 실제 로그인 (간결한 버전) 도 참조한다.

기간이 짧고 부하가 큰 프로젝트를 위하여

유스케이스 30 높은 부하 템플릿 - 유스케이스 이름

범위: 아큐라
수준: 사용자 목표
상황:

일차 액터:

이해관계자와 이해관계:

최소 보증과 성공 보증:

선조건:

트리거:

주요 성공 시나리오:

확장:

발생 빈도:

공개 쟁점:

문서로 작성한 요구사항이 필요하지만 프로젝트 기간이 짧고 시간적인 압박이 심할 경우 이 템플릿을 사용한다. 시간과 경제적인 이유로 번호를 붙이는 부담과 격식을 갖춘 템플릿을 피하고 싶다. 따라서 간결한 양식을 이용한다. 그러나 선조건, 보증, 확장은 반드시 파악해야 한다. 내가 284쪽의 주의 19: '실수 비용을 파악한다'에서 서술한 것처럼, 프로젝트 내부의 원활한 의사소통을 위해 주의 깊게 노력한다고 가정한다.

상세한 기능 요구사항을 위하여

유스케이스 31   상세 요구 템플릿 - 유스케이스 이름

범위: 아큐라

수준: 사용자 목표

이용 상황:

일차 액터:

이해관계자와 이해관계:

최소 보증:

성공 보증:

선조건:

트리거:

주요 성공 시나리오

1. ……

> 2. ......
> 확장:
> 1a. ......
>   1a1. ......
> 발생 빈도:
> 공개 쟁점:

완전한 양식을 가진 유스케이스의 모든 특성을 이용하여 행위 요구사항을 수집하고자 할 때 이 템플릿을 사용한다. 프로젝트 규모가 크거나 비용이 중요할 경우, 고정 가격 입찰을 하는 경우, 팀이 지리적으로 분산된 경우, 프로젝트 초기에 규모 파악을 위해 작성했던 유스케이스를 확장하거나 검토할 때가 되어서 보완 작업을 시작하려는 경우, 기업문화가 이것을 원할 경우 등에 적합하다.

목표 시스템은, 액터와 목표가 그런 것처럼, 어떤 것이든 될 수 있다. 예제 템플릿에서 아큐라와 사용자-목표 수준을 다시 한 번 이용하였다.

11.4 결론

서로 다른 유스케이스 형식은 모두 유사한 기본 정보를 표현한다. 이 책의 권고사항과 지침은 모든 형식에 다 적용할 수 있다. 프로젝트에서 사용할 형식에 지나치게 신경 쓰지말기 바란다. 중요한 것은 작성자와 독자가 모두 부담을 느끼지 않는 한 가지를 선택하는 것이다.

11.5 연습문제

if-조건문(만약 ...... 라면)

11.1. 다음 유스케이스에서 if-조건문을 없애고, 적절한 수준의 목표 문구와 대안 시나리오 혹은 확장을 이용하여 다시 작성하시오.

> **점화 플러그 청소 서비스**
> **조건:** 플러그가 오염되었거나 고객이 서비스를 요청한다.

1. 덮개를 연다.
2. 점화 플러그를 찾는다.
3. 보호 장비로 펜더를 덮는다.
4. 점화 플러그를 떼어 낸다.
5. 점화 플러그에 금이 갔거나 닳았다면, 교체한다.
6. 점화 플러그를 닦는다.
7. 각 점화 플러그의 간극을 닦는다.
8. 필요하다면 간극을 조정한다.
9. 점화 플러그를 테스트한다.
10. 점화 플러그를 교체한다.
11. 해당 점화 플러그에 점화장치 선을 연결한다.
12. 엔진 성능을 검사한다.
13. 만약 정상이라면, 단계 15로 이동한다.
14. 만약 정상이 아니라면, 지정 단계를 수행한다.
15. 도구와 장비를 치운다.
16. 차에 묻은 윤활유를 닦는다.
17. 필요한 문서를 작성한다.

결과: 엔진은 부드럽게 작동한다.

2부
자주 논의되는 주제

Writing Effective
Use Cases

12장

Writing Effective **Use Cases**

유스케이스 완료 시점

다음과 같은 상황이 유스케이스 완료 시점이다.

- 시스템 관점에서 일차 액터와 사용자 목표를 모두 제시했다.
- 유스케이스 트리거나 확장 조건처럼 시스템을 위한 트리거 조건을 파악했다.
- 사용자-목표 유스케이스를 모두 작성하고, 이를 지원하는 데 필요한 요약서와 하위기능 유스케이스 역시 모두 준비했다.
- 모든 유스케이스를 명확하게 작성하여 다음 사항을 만족한다.
    - 후원자가 목표 달성 여부를 스스로 판단할 수 있다고 동의한다.
    - 사용자가 이 유스케이스를 그들이 원하는 것이거나 혹은 시스템의 행위로 받아들일 수 있다고 동의한다.
    - 개발자가 실제로 그 기능을 개발할 수 있다고 동의한다.
- 후원자가 원하는 모든 것을 유스케이스에서 다루고 있다고 동의한다(현재로서는).

모든 일차 액터와 사용자 목표. 시스템이 달성해야 하는 범위를 정한다. 일차 액터와 사용자 목표 목록을 대조해 볼 정보의 출처는 달리 없고, 시스템을 수락하는 담당자의 마음속에만 있으므로 작업을 마쳤는지 알 수 없다. 단지 작업을 마쳤다고 추측할 수 있을 뿐이다. 따라서 여러 차례 브레인스토밍을 통해 목록을 검토한다.

모든 트리거 조건. 이것은 잘 조절된 경계를 보여준다. 시스템은 이 모든 트리거 조건에 대해 반응해야 한다. 유스케이스에서 트리거 이벤트의 일부는 유스케이스 트리거로 나타난다. 예를 들면, **사용자가 투입구에 카드를 넣는다, 고객이 전화하여 자신의 보험 증서에서 조항을 추가하거나 혹은 보험 계약으로부터 약관을 삭제한다, 사용자가 소프트웨어 업그레이드판을 설치하기로 결정한다** 등이다. 다른 내용은 시나리오 확장에서 다루는데, 그 예는 **사용자가 취소 버튼을 누른다, 시스템이 전력의 저하를 감지한다** 등이다.

시스템 트리거 집합을 다시 검사하는 한 가지 방법은 생명주기를 갖는 모든 요소를 식별한 뒤에 생명주기를 검토하는 것이다. 자신의 생명주기 안에서 상태를 변경시키는 요인이 되는 모든 이벤트를 찾는다.

요약 유스케이스와 하위기능 유스케이스. 요약 유스케이스는 사용자-목표 유스케이스를 위한 컨텍스트를 제공한다. 이것은 자주 있는 질문인, "그렇지만 어떻게 이 모든 (사용자-목표) 유스케이스를 서로 맞추는가?"에 대한 대답이다. 나는 모든 유스케이스가 보다 높은 수준의 유스케이스 안에 놓여 있으며, 거슬러 올라가면 하나의 뿌리 유스케이스에 이른다고 확신하고 싶다. 그 뿌리 유스케이스는 별로 이야기 줄거리가 없는 목차에 지나지 않지만, 처음 읽는 사람에게는 시스템의 모든 유스케이스로 접근하는 하나의 출발점으로 유용하다.

하위기능 유스케이스는 사용자-목표 유스케이스를 지원한다. 이것은 다른 여러 유스케이스로부터 호출될 때나 복잡한 행위 조각을 분리시킬 때만 필요하다.

유스케이스에 대한 동의. 후원자와 사용전문가 모두가 그것을 읽고 동의하며 그들이 원하는 전부라고 말할 수 있을 때, 그리고 개발자가 그것을 읽고 이 명세표대로 시스템을 만들 수 있다고 동의할 때, 유스케이스 작성을 끝냈다고 할 수 있다. 쉽지 않은 도전이다. 그것은 곧 요구사항 작성에 대한 도전이다.

작성 완료 후

'작성 완료'라는 문구는 설계작업 시작 전에 모든 유스케이스를 처음부터 끝까지 작성해야만 한다는 인상을 준다. 그러나 그렇지 않다는 것을 알아두기 바란다. 유스케이스를 부분적으로 작성하면서 프로젝트 계획을 작성하는 것에 대한 논의는, 215쪽의 17.1절, '프로젝트 조직에서 유스케이스'를 참조한다. 이밖에도, 점진적인 개발에 대한 보다 긴 논의는 『Surviving Object-Oriented Projects』(코오번, 1998)를, 점진적이며 반복적인 개발에 대한 짧고 깊이 있는 논의는 「VW-Staging」(http://alistair.cockburn.us/Using+VW+staging+to+clarify+spiral+development) 기사를 참조한다.

서로 다른 프로젝트 팀은 그들의 상황에 따라 서로 다른 전략을 사용한다. 어떤 팀은 고정 가격 계약을 위한 입찰 준비를 목적으로 모든 유스케이스의 초안을 바로 작성한다. 이 경우 프로젝트를 수행하면서 유스케이스를 줄 단위로 수정할 필요가 있음을 알아야 한다. 어떤 팀은 액터와 사용자 목표에 대해서만 초안을 잡고, 상세한 작성은 적절한 단계까지 미룬다. 또 어떤 팀은 다른 부분에 대한 요구사항 논의를 현재 요구사항에 대한 작업이 끝날 무렵까지 늦추고, 매 6개월에서 9개월마다 유스케이스를 작성한다. 또 다른 팀은 작업이 본격적으로 시작되기 전에 유스케이스를 작성한다. 이런 각각의 전략이 필요한 곳과 필요한 팀이 있게 마련이다.

13장

Writing Effective **Use Cases**

대량 유스케이스 다루기

많은 수의 유스케이스를 처리하는 두 가지 방법이 있다. 각 유스케이스를 간결하게 언급하는 방법과 유스케이스를 묶음으로 나누는 방법이 그것이다. 이 둘을 모두 사용해야 한다.

각각에 대해 간단히 언급하기 (낮은-정밀도 표현)

유스케이스 이름 자체만으로 유용하다. 제1 정밀도 수준으로서 이름을 언급하는 이유이다. 유스케이스 이름을 모아 놓으면 유스케이스 전체를 조작하기 쉬우며, 특히 예측, 계획, 추적에 도움이 된다. 유스케이스 이름 목록을 스프레드시트에 입력하고, 스프레드시트의 기능을 이용하여 각 유스케이스를 다양한 성격의 이해관계별로 정렬, 정리, 요약한다. 21쪽의 1.5절 '에너지 관리'와 215쪽의 17.1절 '프로젝트 조직에서 유스케이스'에서 이 접근법에 대해 논의하고 있다.

제2 정밀도 수준은 유스케이스 요약서로, 유스케이스를 두 문장 내지 세 문장으로 요약한다. 이것 역시 스프레드시트나 표 형식으로 만들어 검토할 수 있다 (47쪽의 유스케이스 요약서 예제 참조). 이렇게 하면 시스템 개요로써 뿐만 아니라 작업 내역을 정리하는 데도 도움이 된다.

각 유스케이스를 간결하게 언급함으로써 전체 유스케이스 집합을 한 번에 훑어볼 수 있다. 그리고 분리된 묶음으로 유스케이스를 모으는 것이 필요한 때도 있다.

유스케이스 묶음 만들기

로터스 노츠나 스프레드시트, 문서편집기와 같은 문서 도구로 작업한다면, 레이블을 이용하여 유스케이스 묶음을 만들 수 있다. UML 도구를 사용할 경우, 그것을 패키지라 부른다. 일반적이며 효과적인 묶음을 만드는 네 가지 기술에 대해 다음 단락에서 설명한다.

액터별. 유스케이스를 묶음으로 만드는 가장 확실한 방법은 일차 액터를 기준으로 묶는 것이다. 그러나 약 80 내지 100개의 유스케이스가 있을 경우 이 접근 방법은 효과가 거의 없다. 이 정도가 되면 액터 별 유스케이스 개수가 너무 많거나, 일차 액터의 수가 너무 많거나, 또는 유스케이스에 대해 일차 액터가 너무 많이 겹치게 된다.

요약 유스케이스별. 어떤 유스케이스는 자신의 생명주기에 따라, 또는 대규모 프로젝트에서는 생명주기 상의 위치에 따라 자연스럽게 묶음이 만들어진다. 이러한 관련 유스케이스는 요약 유스케이스 안에 나타난다. 요약 유스케이스를 작성하지 않더라도, 여전히 자연스럽게 묶음이 될 수 있는 어떤 정보를 생성하고, 변경하고, 삭제함으로써 유스케이스 묶음을 만들고자 할 것이다. 어떤 프로젝트에서, 한 시스템이 고객을 위해 모조 수표책을 유지 관리했다. 우리는 모든 수표책 관련 유스케이스를 '수표책 유스케이스'로 참조했다. 한 개발팀이 이 묶음을 개발하였으며, 팀원은 프로젝트 관리자가 관리하기 쉽도록 이 유스케이스들을 기준으로 진도를 맞추어 나갔다.

개발팀과 배포 단위별. 설계 팀과 배포번호로 유스케이스를 묶으면 작업 추적이 간단하다. 즉, "사용자 프로파일 묶음이 제 시간에 끝날 수 있을까?"와 같은 질문이 자연스러워진다. 팀을 기준으로 하는 묶음은 대규모 프로젝트에서도 가능하다.

주제 영역별. 어떤 프로젝트의 유스케이스가 100개가 넘는다면, 의견을 주고받는 과정에서 자연스럽게 주제 영역별로 분류하게 된다. 자연스러운 주제 영역으로 나누는 작업은 아주 간단하다. 어떤 프로젝트는 고객 정보, 기획, 구매, 광고를 사용했다. 또 어떤 프로젝트는 예약, 구역, 추적, 배달, 청구를 사용했다. 다른 주제 영역 내에는 종종 하위 프로젝트가 존재한다. 각 주제 영역은 20개에서 100개의 유스케이스를 가진다.

유스케이스 240개는 추적이 어렵지만, 15개 내지 20개 묶음에 대한 추적은 꽤나 합리적이다. 대규모 프로젝트에서 작업을 할 경우, 우선 주제 영역별로 묶음을 만들어 각각 20~100개의 유스케이스가 속한 3~6개의 묶음을 만들고, 그 후에 배포와 개발팀별로 묶음을 만든다. 묶음 안의 유스케이스의 개수에 따라, 관련 묶음이나 요약 유스케이스를 이용하여 작업 진척을 설명한다.

14장

Writing Effective **Use Cases**

CRUD와 매개변수화 유스케이스

14.1 CRUD 유스케이스

회원 생성, 회원 검색, 회원 갱신, 회원 삭제와 같은 종류의 작은 유스케이스를 어떻게 체계화하는가에 대해서는 아직까지 합의된 바가 없다. 이것들은 CRUD 유스케이스라 알려져 있고, 데이터베이스에 특정 데이터를 생성(create), 검색(retrieve), 갱신(update), 삭제(delete)하는 작업에서 머리글자를 따왔다. 문제는, 이들이 회원 정보 관리라는 더 큰 유스케이스의 부분인가 아니면 분리되어 있는가이다.

  원칙은 이들을 분리해야 하는데, 별개의 목표를 가지며 서로 다른 보안 수준을 가진 다른 액터가 수행할 가능성이 있기 때문이다. 그러나 이렇게 하면 유스케이스 집합이 혼란스러울 뿐만 아니라 추적할 항목이 세 배나 된다.

  CRUD 유스케이스를 다루는 가장 좋은 방법에 대해서는 의견이 분분하다. S.R.A.의 수잔 릴리(Susan Lilly)는 어떤 일차 액터가 서로 다른 기능에 보안 접근을 하는지 추적하기 위해서 분리를 지지한다. 나는 혼란을 줄인다는 점에서, 회원 정보 관리라는 단 하나의 유스케이스로 시작하는 것을 좋아한다. 작성하다가 복잡해지면 한 부분을 떼어낸다. 즉, 141쪽의 소단원, '확장으로부터 새로운 유스케이스 만들기'에서 설명한 대로 한다. 나는 분리된 워크시트를 사용하여 시스템 데이터와 기능으로 향하는 사용자의 접근을 추적한다. 어떤 방식도 잘못된 것이 아니며, 이쪽 혹은 저쪽으로 규칙을 정할만한 충분한 근거도 없다.

다음 예제는 엠파워 IT사의 존 컬레이지와 앨런 맥스웰이 작성한 유스케이스이다. 그들은 두 가지 방식 모두로 작성하기 시작했으나, 이후 유스케이스를 요약 수준의 관리 유스케이스로 통합하기로 하였고, 복잡성을 해결하기 위해 결국에는 저장 하위 유스케이스를 분리했다. 이 유스케이스는 자신만의 작성 스타일과 주어진 템플릿을 조화롭게 사용하려면 어떻게 해야 하는지 보여준다. RUP 템플릿으로 시작하여, 단계와 확장에 번호를 붙였다.

유스케이스 32 　보고서 관리

1. 요약 설명
이 유스케이스는 보고서의 생성, 저장, 삭제, 인쇄, 종료, 보기 기능을 설명하고 지시한다. 이 특별한 유스케이스는 매우 낮은 수준의 정밀도를 가지며, 목표(들)를 달성하기 위해 다른 유스케이스를 활용한다. 이런 다른 유스케이스는 '특별한 요구사항' 절에 나열한 문서에 있다.

1.1. 액터
사용자(일차).
파일 시스템: 전형적인 PC 파일 시스템 또는 사용자가 접근 가능한 네트워크 파일 시스템(이차).

1.2. 트리거
사용자가 탐색기 인터페이스를 이용하여 기능을 명시적으로 선택한다.

1.3. 이벤트의 흐름
1.3.1. 기본 흐름 — 보고서 열기, 편집, 인쇄, 저장, 종료
　　a. 사용자가 탐색기에서 보고서를 클릭하여 보고서를 선택하고 열기를 선택한다 (열기는 탐색기의 보고서를 더블클릭해도 실행된다).
　　b. 시스템이 화면에 보고서를 보여준다.
　　c. 사용자는 <u>보고서 명세 지정</u> 유스케이스를 선택하여 보고서의 서식 등을 설정한다. 시스템은 수정된 보고서를 보여준다.
　　d. 단계 c와 d를 사용자가 만족할 때까지 반복한다.
　　e. 사용자는 <u>보고서 종료</u> 유스케이스를 이용하여 보고서를 종료한다.
　　f. 사용자는 단계 c 이후의 어느 때라도, <u>보고서 저장</u> 유스케이스 혹은 아래에 기

술된 보고서 인쇄 대안 흐름을 이용하여 보고서를 저장하거나 인쇄할 수 있다.

1.3.2. 대안 흐름

1.3.2.1. 새 보고서 생성

a. 사용자는 마우스 오른쪽을 클릭하여 팝업 메뉴에서 옵션을 선택하여, 탐색기에서 '새 보고서 생성'을 선택한다. 시스템은 기본 이름으로 새 보고서를 생성하고, 이름은 '미지정', 상태는 '변경'으로, 보고서 정보를 설정한다.

b. 유스케이스 흐름은 기본 흐름의 단계 b부터 계속된다.

1.3.2.2. 보고서 삭제

a. 사용자가 탐색기에서 보고서를 클릭하여 보고서를 선택한 후 삭제를 선택한다.

b. 시스템은 보고서를 열고(이미 열려 있다면 현재 상태로 만든다), 보고서 삭제에 대한 사용자의 확인을 요구한다.

c. 보고서를 닫고 자원을 정리한다.

d. 시스템은 보고서 목록에서 보고서 항목을 제거하고, 보고서 데이터를 저장 공간에서 삭제한다.

1.3.2.3. 보고서 인쇄

a. 사용자가 탐색기에서 보고서를 클릭하여 보고서를 선택하고 인쇄를 선택하거나, 현재 보고서(이 유스케이스의 기본 흐름에서 편집/보기 중인 보고서)의 인쇄 옵션을 선택한다.

b. 사용자가 문서를 보낼 프린터와 그 프린터에 한정적인 인쇄 옵션(인쇄 다이얼로그 등 운영 시스템에 의해 통제되는)을 선택하거나, 보고서를 파일로 인쇄하기를 선택한다.

c. 시스템은 보고서와 양식을 불러오고, 인쇄 업무를 운영 시스템으로 보내거나 지정한 출력 파일로 보고서를 인쇄한다. 시스템은 보고서를 닫는다.

1.3.2.4. 보고서 복사

a. 사용자가 탐색기에서 보고서 클릭으로 보고서를 선택하고 복사를 선택한다.

b. 시스템은 새 보고서의 제목 입력을 요구하고, 그 이름이 아직 존재하지 않음을 확인한다.

c. 시스템은 사용자가 유효한(사용되지 않은) 제목을 입력할 때까지 단계 b를 반복하며 기존의 보고서와 겹쳐서 저장할 것인지를 선택하거나, 복사작업 전체를 취소한다.

d. 시스템은 새 보고서로서 지정된 제목으로 보고서를 저장한다.

e. 복사 작업이 기존의 보고서를 대체했다면 기존의 보고서는 제거된다.

1.3.2.5. 보고서 제목 변경

a. 사용자가 탐색기에서 보고서 클릭으로 보고서를 선택하고 제목 변경을 선택한다.

b. 사용자는 새 제목을 입력하고, 시스템은 그 제목이 유효한지(이전 제목과 다른지, 이미 존재하지는 않는지, 유효한 문자로 이루어졌는지 등) 확인한다.

c. 시스템은 유효한 제목이 입력될 때까지 단계 b를 반복하거나, 사용자가 '취소' 선택으로 유스케이스 작업을 취소한다.

d. 시스템은 선택된 보고서 이름을 보고서 목록에 반영한다.

1.3.3. 특별 요구사항

1.3.3.1. 플랫폼

보고서 보기 작업의 관리와 다른 UI 고려사항들을 이해하기 위해, 플랫폼 유형을 알아야 한다.

1.3.4. 선조건

데이터 요소는 컴퓨터 내부에 존재하며, 현재 요소로 선택된 상태이다.

1.3.5. 후조건

1.3.5.1. 성공 후조건(들) [주의: 이것이 성공 보증이다] 시스템은 사용자의 상호작용을 기다리고 있다. 보고서를 불러와서 보는 것이 가능하며, 사용자는 보고서를 종료했을(닫았을) 것이다. 모든 변경은 사용자가 요구한 대로 저장하였고, 복사본도 요구대로 생성하였으며, 보고서 목록도 필요한 대로 적절하게 갱신하였다.

1.3.5.2. 실패 후조건(들) [주의: 이것이 최소 보증이다] 시스템은 사용자를 기다리고 있다. 다음은 몇몇 가능한 상태들을 보여준다:

보고서를 불러올 수 있다:

보고서 목록은 아직 유효하다.

1.3.6. 확장 지점

없음

유스케이스 33 　보고서 저장

1. 요약 설명
이 유스케이스는 보고서 저장 프로세스를 설명한다. 이 유스케이스는 보고서 관리 유스케이스와 보고서 종료 유스케이스가 호출한다.

1.1. 액터
사용자(일차).

파일 시스템: 전형적인 PC 파일 시스템 또는 사용자가 접근 가능한 네트워크 파일 시스템(이차).

1.2 트리거
사용자가 보고서 저장 유스케이스나 보고서 종료 유스케이스(이것은 보고서 저장 유스케이스에 포함되어 있음)에서 작업 도중에 기능을 선택하여 이 유스케이스를 호출한다.

1.3. 이벤트 흐름

1.3.1. 기본 흐름 — 새 보고서 저장
a. 사용자가 보고서 저장을 선택하면 유스케이스를 시작한다.
b. 시스템은 보고서 제목상태가 '미지정'임을 발견하고, 새 보고서 제목 입력을 요구한다.
c. 사용자가 저장작업을 취소한다...... 유스케이스를 종료한다.
d. 시스템이 보고서의 정보를 이용하여 보고서 목록을 갱신한다. 시스템은, 만약 아직 지정되지 않았다면 독자적인 보고서 파일 제목을 생성하고, 보고서 명세를 파일 시스템에 저장한다.
e. 보고서는 '변경되지 않음' 상태로 설정되고, 제목 상태는 '지정'으로 설정한다.
f. 보고서 보기 상태에서 유스케이스를 종료한다.

1.3.2. 대안 흐름

1.3.2.1. 대안 하위 흐름 — 보고서 제목이 존재한다 — 겹쳐쓰기
a. 시스템이 목록에서 제목을 발견하고, 사용자에게 겹쳐 쓸 것인지를 묻는다. 사용자가 겹쳐쓰기를 선택한다. 시스템은 기존의 보고서 파일 제목과 보고서 목록의 항목을 사용한다. 유스케이스는 기본 흐름의 단계 d부터 계속된다.

1.3.2.2. 대안 하위 흐름 — 보고서 제목이 존재한다 — 취소
a. 시스템이 목록에서 제목을 발견하고, 사용자에게 겹쳐 쓸 것인지를 묻는다. 사용자가 취소를 선택한다. 보고서 보기 상태에서 유스케이스를 종료한다.

1.3.2.3. 대안 흐름 — 다른 이름으로 보고서 저장

a. 사용자가 다른 이름으로 보고서 저장을 선택한다.
b. 사용자가 새 보고서 제목을 입력하면, 시스템은 보고서 목록에서 그 이름이 존재하는지 확인한다. 제목이 아직 존재하지 않는다. 시스템이 목록에서 기존의 제목을 발견했다면, 사용자에게 겹쳐 쓸 것인지를 묻는다. 사용자는 겹쳐 쓰지 않기를 선택한다. 유스케이스는 단계 b부터 계속된다.
c. 유스케이스는 기본 흐름의 단계 d부터 계속된다.

1.3.2.4. 대안 하위-흐름 — 보고서 제목이 존재한다 – 겹쳐쓰기
a. 시스템이 목록에서 기존의 제목을 발견하고, 사용자에게 겹쳐 쓸 것인지를 묻는다. 사용자가 겹쳐쓰기를 선택한다. 시스템은 기존의 보고서 파일 제목과 보고서 목록의 항목을 사용한다. 유스케이스는 기본 흐름의 단계 d부터 계속된다.

1.3.2.5. 대안 하위-흐름 — 보고서 제목이 존재한다 — 취소
a. 시스템이 목록에서 기존의 제목을 발견하고, 사용자에게 겹쳐 쓸 것인지를 묻는다. 사용자가 취소를 선택한다. 보고서 보기 상태에서 유스케이스를 종료한다.

1.3.2.6. 대안 흐름 — 기존의 보고서 저장
a. 사용자가 현재 보고서에 대해(현재 보고서는 이전에 저장된 것으로, 보고서 목록 상에 존재한다) 보고서 저장을 선택한다.
b. 시스템이 보고서 목록에서 항목을 찾고, 필요하면 목록 정보를 갱신한 뒤, 보고서 명세를 보고서 파일에 저장한다.
c. 보고서는 '변경되지 않음' 상태로 설정된다.
d. 보고서 보기 상태에서 유스케이스를 종료한다.

1.3.3. 특별 요구사항
없음

1.3.4. 선조건
데이터 요소는 컴퓨터 안에 존재하며, '현재 요소'로 선택된다.
보고서가 보이고 '현재 보고서'로 설정한다.
보고서 상태는 '변경됨'이다.

1.3.5. 후조건
1.3.5.1. 성공 후조건(들) [주의: 이것이 성공 보증이다] 시스템은 사용자의 상호작용을 기다리고 있다. 보고서를 불러왔고 보기 상태가 되었다. 보고서 목록은 특정 저장작업에서 요구한 대로, 보고서 제목 등이 갱신되었다. 보고서 상태는 '변경되지 않음'이고, 보고서 제목의 상태는 '지정'이다.

1.3.5.2. 실패 후조건(들) [주의: 이것이 최소 보증이다]

시스템은 사용자를 기다리고 있다.

보고서를 불러왔고 보기 상태로 되었다.

보고서 상태는 '변경되지 않음'이다. 보고서 제목 상태는 유스케이스가 시작될 때와 같다.

보고서 목록은 아직 유효하다(보고서 목록은 저장을 실패했을 때, 필요에 따라 보고서 목록을 지운다).

1.3.6. 확장 지점

없음

14.2 매개변수화 유스케이스

때때로 거의 비슷한 일련의 유스케이스를 작성해야 하는 경우가 있다. 가장 흔한 예는 고객 찾기, 상품 찾기, 홍보자료 찾기 등이다. 아마도 한 개발팀이 일반적인 검색 메커니즘을 만들고, 다른 팀은 그것을 사용할 것이다.

간결한 양식의 비슷한 유스케이스 여섯 개쯤 작성하는 것은 별 문제되지 않는다. 하지만, 격식을 갖춘 양식의 비슷한 유스케이스 여섯 개를 작성하는 것은 만만치 않은 일이며, 오래지 않아 문제 해결을 위해 지름길을 찾아 나설 것이다. 101쪽의 유스케이스 23, 무엇이든 검색(문제 정의서)을 예제로 사용하여 그 지름길을 설명하려 한다.

우선 그 유스케이스에서 다음 사실을 관찰했다.

- 한 단계에서 목표이름 제시는 프로그래밍에서 하위-루틴 호출과 아주 유사하다.
- 유스케이스는 컴퓨터가 아니라 사람이 읽는다.

다음으로 우리가 알게 된 것은, 그게 무엇이든 간에 어떤 것을 찾는 일은 기본적으로 동일한 논리를 이용한다는 사실이다.

1. 사용자가 찾을 대상을 명시한다.
2. 시스템은 검색하여, 조건에 맞는 대상 목록을 가져온다.

3. 사용자가 선택한다. 목록을 재정렬하거나, 검색조건을 변경하기도 한다.
4. 시스템이 대상을 찾는다(혹은 찾지 못한다).

사용할 때마다 달라지는 사항은 다음과 같다.

- 찾아야 할 대상의 이름
- 찾아야 할 대상의 검색 가능한 특성들(검색 필드)
- 찾아야 할 대상의 정보 중에 무엇을 보여주는가(보여주는 값, 순서대로)
- 선택된 결과를 어떻게 정렬하는가(정렬 기준)

우리는 매개변수화(parameterized) 유스케이스를 만들고, 각 항목에 별칭을 붙여 사용한다. 앞에서 예로 든 유스케이스는 '무엇이든 검색' 유스케이스라고 부르기로 했다. 조금만 지도해 주면 유스케이스를 읽는 사람들은, **사원이 고객 검색을 한다**는 문구가 고객을 찾는 '무엇이든 검색' 기능 호출을 의미한다는 것을 쉽게 이해했다. 유스케이스 독자의 이해력은 상상외로 높으며, 거의 문제 없이 이런 사고의 도약을 할 것이다.

매개변수화 하위 유스케이스 안의 모든 항목에 검색 필드, 보여주는 값, 정렬 기준과 같은 식으로 별칭을 붙였다. 그 다음에는 작성자가 세부사항을 지정하는 장소를 정해야 했다.

데이터 값에 대해서는 세 가지 수준의 정밀도를 정의하였다. 제1수준은 유스케이스 문서에 언급된 문구로, 고객 프로파일과 같은 데이터 별칭이다. 제2수준은 데이터 별칭과 결부된 필드 목록으로, 예를 들어 이름, 주소, 일과 시간 전화번호, 야간 전화번호 등의 수집된 모든 정보를 일컫는다. 제3수준은 필드 길이, 검증 기준 등을 보여주는 정확한 필드 정의이다.

제1수준 정밀도만을 유스케이스에 포함한다. 데이터 설명이나 검색과 정렬 기준은 유스케이스 단계 안으로 하이퍼링크되어 분리된 쪽에 모두 담겨 있다.

결과는 다음과 같은 행동 단계였다.

사원이 <u>고객 검색 상세항목</u>을 이용하여 <u>고객 검색</u>을 한다.

고객 검색 상세 항목이라는 쪽에서는 검색 필드, 순차적으로 보여줄 항목, 정렬 기준이 지정된다. 유스케이스 독자는 그것을 보기 위해 밑줄친 문구를 클릭할 것이다. 이런 전체 메커니즘은 유스케이스 독자, 작성자, 구현 담당자가 쉽고 빠르게 이해할 수 있다.

이제 '무엇이든 검색'은 다음과 같은 모습을 갖추었다:

1. 사용자는 검색대상의 <u>검색 가능한 특성</u>을 식별한다.
2. 시스템은 적합한 대상을 모두 찾아서, 목록에 있는 대로 <u>값 보여주기</u>를 한다.
3. 사용자는 <u>정렬 기준</u>에 따라 결과를 재정렬할 수 있다.
4. 사용자는 관심을 가진 대상 하나를 선택한다.

이런 간결한 방법으로, 호출하는 유스케이스는 검색, 정렬, 재정렬과 같은 반갑지 않은 (그리고 보다 낮은 수준의) 세부사항으로 인한 혼란스러움을 겪지 않아도 된다. 공통 검색 행위는 한 곳으로 집중하였고 한 번만 작성하였다. 검색하는 사람들 간에 일관성이 보장되고, 프로그래밍을 하려면 위해 세부사항을 꼭 알아야 하는 사람들은 그것을 찾을 수 있다. 실제로 구현 팀은 검색 메커니즘을 위해 단 한 장의 명세서를 받아서 기뻤고, 모든 검색이 정말로 같은지 궁금해 할 필요가 없었다.

힌트는 충분하다. 이제 제 5장의 끝부분에 있는 연습문제 5.4를 마무리한다. 보증과 확장 두 가지 모두 요청자에게 중요하므로 특별히 주의한다.

15장

Writing Effective **Use Cases**

비즈니스 프로세스 모델링

이 책의 모든 내용은 소프트웨어 시스템 설계뿐 아니라 비즈니스 프로세스 설계에도 적용된다. 비즈니스를 포함하여, 다른 이해관계자의 이해관계를 보호하면서 외부 액터에게 일련의 서비스를 제공하는 시스템은 모두 유스케이스를 이용하여 설명할 수 있다. 텍스트 형태인 유스케이스를 읽기 쉽다는 사실이, 비즈니스 모델링에 특히 도움이 된다.

이 책에 나오는 비즈니스 유스케이스의 예는 다음과 같다.

- 5쪽의 유스케이스 2, 자동차 사고 보상 받기
- 11쪽의 유스케이스 5, 물품 구매 (완전한 버전)
- 82쪽의 유스케이스 18, 보험 계약 처리
- 91쪽의 유스케이스 19, 보험금 청구 처리 (비즈니스)
- 92쪽의 유스케이스 20, 직장인 보장 보험 청구 조사

15.1 모델링 대 설계

"비즈니스 프로세스 리엔지니어링을 위해 유스케이스를 사용한다."는 문장은, 다음 중 어떤 뜻으로도 해석 가능하다.

"현재 프로세스를 재설계하기에 앞서 문서화 용도로 유스케이스를 사용한다."

"설계에 필요한 외부 행위 요구사항을 작성하기 위해 유스케이스를 사용한다."
"새로운 프로세스를 재설계한 뒤에 문서화 용도로 유스케이스를 사용한다."

모두 타당하면서도 흥미롭다. 여러분이 하려는 것이 위의 의미 중 어떤 것인지 궁금하다.

유스케이스에 대해 이야기할 때, 나는 비즈니스 프로세스 리엔지니어링 또는 설계라는 표현 대신에 비즈니스 프로세스 모델링 또는 문서화라고 조심스럽게 말한다. 유스케이스는 프로세스를 문서화할 뿐이지 그것을 다시 설계하지는 않는다. 설계할 때, 설계자는 창의적인 도약을 한다. 유스케이스는 그것을 하는 방법을 설계 담당자에게 알려 주지는 않는다. 각 수준의 유스케이스 문서는 그 다음 수준의 설계가 반드시 만족시켜야 하는 행위 요구사항을 제공할 뿐이다. (실제로 우리는, "이 설계는 이런 행위 요구사항을 만족시킨다"고 말한다)

새로운 기술 도입은 흔히 비즈니스 프로세스를 변경시킨다. 핵심 비즈니스로부터 기술로, 새로운 프로세스로부터 기술로, 또는 기술로부터 직접 (동시에 프로세스를 끌어내면서), 프로세스 재조정을 위한 작업을 할 수 있다. 이 방법 중 어떤 것도 가능하다.

핵심 비즈니스로부터 작업

이 하향식(top-down) 작업에서, 여러분은 『Reengineering the Corporation』(해머, 1984)에서 언급하였던 것처럼, 조직의 핵심 비즈니스를 주의 깊게 식별하면서 출발한다. 작업의 마지막 단계에서 다음과 같은 사실을 알게 될 것이다.

조직 안의 이해관계자 행위.
여러분이 제안하고 조직이 만족해야 하는 목표를 가진 외부 일차 액터.
조직이 응답해야 하는 트리거 이벤트.
이해관계자를 위한 성공적인 결과와 함께 비즈니스가 제공하는 서비스

조직이 어떻게 작업할 것인지를 이야기하지 않고도, 이제 조직 행위에 필요한

경계 조건을 설정하는 정보를 갖게 되었음에 주목한다. 필연적으로, 이것은 유스케이스 경계조건도 된다. 경계조건 관련 정보는 이해관계자와 이해관계, 목표를 가진 일차 액터, 성공 보증 등이다.

비즈니스 프로세스 설계를 위한 컨텍스트는 설계 중인 시스템으로서의 회사 또는 조직과 함께 비즈니스 블랙-박스 유스케이스를 이용하여 문서화할 수 있다(그림 15.1).

이 시점에서 여러분은 기업 자원에 대한 새로운 분류법과 현재의 기술을 가장 잘 활용하는 새로운 프로세스를 창조해낸다. 요즘은 컴퓨터 시스템이 조직의 능동적인 정보 저장 장소나 의사소통을 위한 통로 역할을 하고 있다. 기업 리엔지니어링으로, 서로 다른 창조 행위가 서로 다른 비즈니스 설계와 관련 효과를 어떻게 이끌어내는지 여러 사례를 얻을 수 있다. 결과는 새로운 기업이거나 신규 조직 설계이다(그림 15.2).

프로세스 재창조의 결과는 화이트-박스 유스케이스를 이용하여 문서화하는데, 이는 외부로 조직의 가시적인 행위를 전달하기 위해 상호작용하는 여러 사람과 부서(그리고 아마도 컴퓨터)를 보여 준다.

완전한 유스케이스 집합과 완전한 비즈니스 모델처럼, 완전하게 개발한 화이트-박스 유스케이스도 조직의 모든 실패와 예외상황 처리를 반드시 보여주어야 한다. 여러분은 각자의 목적에 맞게 유스케이스 내에 기술을 언급하거나 언급하지 않을 수도 있다.

그림 15.1 핵심 비즈니스 블랙박스

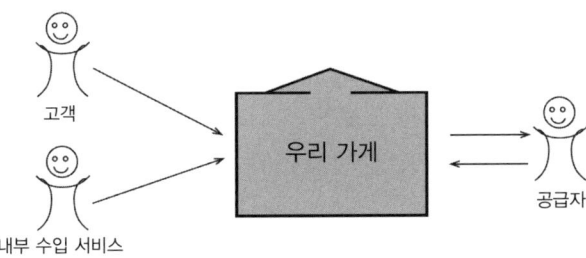

그림 15.2 화이트-박스로 표현한 신규 비즈니스 설계

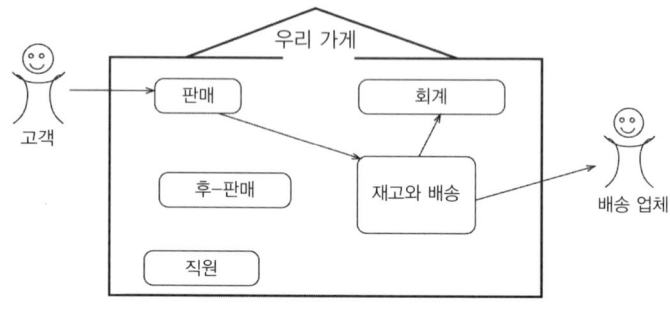

비즈니스 프로세스에서 기술로

이 중간 출발점에서, 조직의 주요 목적에 대한 질문보다는 새로운 기술을 적용한 새로운 비즈니스를 정의하게 된다. 이미 신규 소프트웨어 애플리케이션 또는 휴대용 장치와 같은 몇 가지 새로운 기술을 지정했을 것이다. 이제 기술자는 창조를 위한 경계 조건을 설정하고자 한다.

여러분은 화이트-박스 비즈니스 유스케이스를 이용하여 새로운 기술을 언급하지 않은 채로, 제안된 새로운 비즈니스 프로세스를 문서화할 것이다(그림 15.3 참조). 이 상황에서 새로운 기술을 언급하는 것은 시스템 유스케이스에서 사용자 인터페이스를 서술하는 것만큼이나 적절하지 않다. 예제로 94쪽의 유스케이스 21, 보험금 청구 처리(시스템)를 참조한다.

원칙적으로, 서술 속에서는 컴퓨터를 사람들끼리 주고받는 서류뭉치로 대체할 수 있다. 팀의 임무는 단순작업에서 벗어나 대형 컴퓨터, 팜 컴퓨터와 라디오 그룹 같은 능동적인 통로가 어떻게 프로세스를 개선할 수 있는지를 파악하는 일이 될 것이다.

이제 설계하는 사람들은 그들의 창의성이 어떤 프로세스를 지원해야 하는지 안다. 창의적인 작업 후, 블랙-박스 시스템 유스케이스를 작성하여 기술을 잘 접목시킨 신규 시스템을 보여준다. 화이트-박스 비즈니스 유스케이스의 경우, 적

그림 15.3 화이트박스로 신규 비즈니스 설계 (재작성)

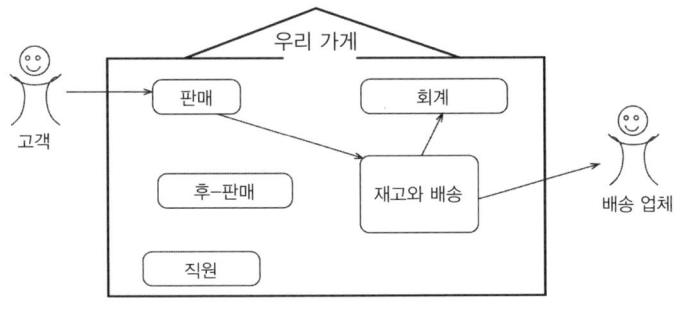

용한 기술을 보여줄 필요가 없다. 시스템 유스케이스는 그림 15.4에서 볼 수 있듯이 시스템 설계를 위한 요구사항이 된다.

작업 결과는 종이 위에서 훌륭해 보이지만, 비용과 시간이 많이 든다. 기술이 매우 빨리 발전하는 까닭에 대개는 이런 방식으로 작업할 겨를이 없다. 자신의 작업 영역에 숙련된 사용 전문가들은 머릿속으로 새로운 비즈니스 프로세스를 모델링할 수 있어서, 시간과 비용을 절약해 주는 것을 보았다. 이것이 세 번째 방식으로 작업할 수 있게 해주는데, 지금부터 설명하겠다.

그림 15.4 블랙박스 시스템 유스케이스로 작성한 신규 비즈니스 프로세스

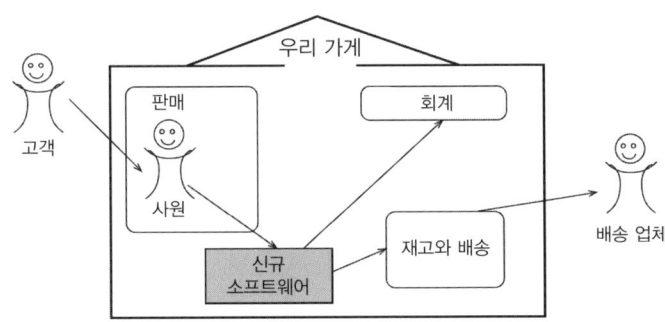

기술에서 비즈니스 프로세스로

먼저 자신이 속한 그룹의 기술과 작업 습관을 개선하려는 노련한 사용 전문가를 몇 명 모은다. 시스템의 영향을 받을 비즈니스 각 분야별 대표 두 명을 확보한다.

그들과의 협상에서 기술 전문가는 프로세스를 개선하려면 시스템이 어느 정도가 되어야 하는지 추천할 것이다. 준비를 많이 해야 한다. 이들은 개발팀이 감당할 수 있는 그 이상의 것을 추천할 것이다(기술자는 역량을 향상시켜야 하므로 괜찮다).

사용 전문가들이 상상하는 시스템을 블랙-박스 유스케이스로 작성하게 한다. 유스케이스에서 사용자 인터페이스는 언급하지 않는다. 비즈니스 목표 아래서 일차 액터 지원을 위해 시스템이 할 일을 최대한 효과적으로 기술하게 한다. 이 유스케이스의 확장 항목에는 중요하거나 거의 논의되지 않은 모든 비즈니스 규칙을 포함한다. 사용 전문가가 시스템 행위의 자세한 부분까지 명확하게 서술하기 위해 동료와 대화도 필요하다. 작성 과정의 한 부분으로 그들은 시간의 흐름에 따른 컨텍스트와 목표의 연결을 보여 주는 몇 개의 요약-수준 유스케이스와 비즈니스 유스케이스를 작성할 것이다.

다시 말하면, 간단한 비즈니스 프로세스 문서를 시스템 요구사항의 한 부분으로 작성하게 된다. 사용 전문가는 다양한 환경에서 액터와 신규 시스템이 어떻게 행동할 것인지를 논의하면서, 머릿속으로 새로운 프로세스 모델링을 끝낼 것이다. 나는 이것이 효과적인 작업 방식임을 알았다.

- 7쪽의 유스케이스 3, 박스 도착 등록은 시스템 행위 문서화가 예외조건을 갖춘 완전한 비즈니스 프로세스 조각을 서술하면서 어떻게 끝나는지 예를 보여준다.
- 94쪽의 유스케이스 21, 보험금 청구 처리(시스템)는 시스템 영역에 속하는 비즈니스 프로세스 컨텍스트를 보여 주는 요약(연-수준) 유스케이스다.

15.2 비즈니스와 시스템 유스케이스 연결

비즈니스 유스케이스는 시스템 유스케이스와 같은 모양을 갖고 있으므로, 유스케이스 작성과 검토에 대한 모든 훈련은 양쪽에 모두 적용된다. 끊임없이 펼쳐지는 이야기는 비즈니스 유스케이스에서 시작하여 시스템 유스케이스로 전개된다. 이것이 비즈니스 유스케이스와 시스템 유스케이스가 제공하는 상승효과다.

나쁜 소식은 작성자와 독자가 우연히 이 둘을 섞어버릴 수 있다는 것이다. 즉, 시스템 행위를 비즈니스 유스케이스에 넣기도 하고 비즈니스 업무를 시스템 유스케이스에 넣기도 한다 이를 의도적으로 했다면 도움이 될지도 모르지만, 대개 작성자와 독자는 그렇게 하고 있다는 사실을 알지 못한다. 시스템 유스케이스를 기대했던 독자는, 그것이 시스템 행위의 세부사항을 제공하려고 작성한 것이 아님을 깨닫지 못한 채로 비즈니스 유스케이스가 너무 높은 수준에 있다고 비판할 것이다. 비즈니스 유스케이스 작성자가 자신도 모르게 세부 시스템 행위를 많이 포함시키면, 비즈니스 담당 중역이 너무 자세한 문서를 읽다가 흥미를 잃는 결과를 가져온다.

혼란을 줄이기 위해 유스케이스 템플릿에 범위와 수준을 항상 표시한다. 작성자가 그것을 표시하도록 훈련시키고, 독자가 읽을 때마다 그것을 읽도록 훈련시킨다. 가능하면 그림 아이콘을 이용한다. 두 종류의 서로 다른 유스케이스에 약간 다른 템플릿을 사용하고, 전혀 다른 번호를 부여한다(어떤 그룹은 비즈니스 유스케이스는 1,000에서, 시스템 유스케이스는 1에서 시작했다). 직관적이고 시각적인 무엇을 만들기 바란다. 그러면 사람들을 혼란스럽게 하지 않으면서 협업하는 효과를 얻을 수 있다.

다른 나쁜 소식은, 비즈니스 유스케이스와 시스템 유스케이스를 완전히 그리고 적절히 연결하려는 노력이 거의 가치가 없다는 사실이다. 대개 비즈니스 유스케이스를 작성하는 사람들은 비즈니스 프로세스를 서술할 때, "~시스템을 사용한다"라는 수준까지 서술하지 세부 사용방법은 서술하지 않는다. 새로운 시스템을 비즈니스 담당자의 일상 업무에 이용하는 방법을 작성하기 전에는, 그것은 시간, 돈, 에너지, 하고자 하는 열의 등을 낭비하는 것에 지나지 않는다. 시스템 유스케이스 작성자가 때때로 전후상황을 설명하기 위해 한두 문장의 비즈니스 프로세스를 첨가하기도 하지만, 새로운 시스템의 기능을 포함시키기 위해 비즈니스 유스케이스를 다시 작성할 생각은 하지 않는다. 그 결과는 비즈니스 유스케이스와 시스템 유스케이스에 차이가 있다는 사실이다. 파이어폰드 사의 러스티 왈터스가 이에 대해 다음과 같이 논평하였다.

> 나는 시스템 유스케이스로 전개되는 비즈니스 유스케이스에 대해 만족할 만큼 경험해보지 못했다. 내 경험으로는 세 가지 수준의 비즈니스 유스케이스를 갖는 것이 매우 일반적이다. 작성을 시작하기 위해 블랙-박스, 즉 구름 수준의 비즈니스가 사용된다. 이것은 곧 화이트-박스, 구름 수준의 비즈니스 유스케이스로 바뀌어 전개되는데, 이는 화이트-박스, 연 수준의 비즈니스 유스케이스를 제시한 것을 의미한다.
>
> 그러나 나는 비즈니스 유스케이스로부터 시스템 유스케이스로 이어지는 명확한 연관성은 발견하지 못하였다.

이는 비즈니스 프로세스로부터 시스템 요구사항을 자동으로 끌어내는 방법을 찾는 사람들에게는 좋지 않은 일이다. 내가 15.1절 '모델링 대 설계'에서 언급했듯, 그런 자동화된 유도가 가능하다고는 생각하지 않는다.

어떤 사람들은 이것이 골칫거리라고 생각한다. 나는 그렇게 생각하지 않는다. 내가 만났던 조직 안의 사람들 대부분은, 가장 낮은 비즈니스 유스케이스와 연 또는 해수면 수준의 시스템 유스케이스를 연결하는 사고의 도약을 할 수 있는 역량이 있다. 더구나 비즈니스 유스케이스를 시스템 유스케이스에 완전히 연결시켜 최종 유스케이스 집합을 작성하는 것이 그렇게 하는 데 드는 시간과 비용에 걸맞는 가치를 주는 경우를 본 적이 없다. 두 가지 노력은 각자의 예산을 사용하고, 각 활동은 목표가 달성되었을 때 적절하게 종료된다.

91쪽의 유스케이스 19, 보험금 청구 처리 (비즈니스)로 시작하는 유스케이스를 다시 검토한다. 실제로 비즈니스 유스케이스 안에서 시스템 유스케이스를 언급하지만, 시스템 유스케이스를 특별히 시스템 요구사항 담당 그룹에 컨텍스트를 제공하려고 작성하였지, 분리된 비즈니스 프로세스 리엔지니어링 활동의 시작으로 작성하지 않았다.

파이어폰드 사의 러스티 왈터스는 다음 기사에서, 비즈니스 프로세스 유스케이스 관련 그의 경험을 들려준다.

> ◆ **러스티 왈터스: 비즈니스 모델링과 시스템 요구사항**
>
> 코오번의 책을 일찍 읽은 덕분에, 나는 이전에 시도했던 경험과 함께 문제 영역을 합리적으로 다룰 수 있었고, 새로 발견한 지식을 활용할 수 있었습니다.
>
> **책을 읽기 전 나의 경험**
> 이 책을 읽기 전에, 나는 어떤 제품군에 속하는 몇 가지 애플리케이션에 대한 기능 요구사항 문서 작업을 돕고 있었다.
>
> 한 애플리케이션에 대해, 우리는 요약, 사용자, 그리고 하위기능 수준의 시스템 유스케이스를 작성했다. 우리는 전적으로 시스템 기능에 집중하였다. 그것을 잘 이해하였으므로, 유스케이스 모델의 결과에 대해 만족하였다. 컨텍스트를 보이기 위해 비즈니스 유스케이스를 만들 필요는 전혀 없어 보였으므로, 요약 수준의 시스템 유스케이스가 우리가 필요로 하는 전부였다.
>
> 제품군 내의 다른 애플리케이션은 같은 그룹이 이전처럼 이 유스케이스 모델을 담당했음에도 불구하고 사정이 완전히 달랐다. 뒤돌아보면 이 문제의 핵심은 다른 관점을 가지고 문제에 접근한 팀 안의 다른 사람들이었다. 나는 비즈니스 프로세스로부터 기술 쪽으로 작업을 하고 있었다. 일부 사람들은 기술로부터 비즈니스 프로세스 쪽으로 작업을 하고 있었다. 말할 필요 없이 각 유스케이스에 대한 설계 범위가 그룹별로 서로 달랐다.
>
> 비즈니스 프로세스-기술 그룹은 시스템 유스케이스를 전혀 작성하지 않았고, 기술-비즈니스 프로세스 그룹은 비즈니스 유스케이스를 전혀 작성하지 않았다. 대신에 그들은 각 그룹이 다른 그룹의 유스케이스를 직접 사용하려는 노력과 함께 서로 정면으로 충돌하는 부분을 조정하였다. 그 당시에는 유스케이스에 범위와 수준을 레이블로 붙이는 데 대한 식견과 이해가 없었으므로, 유스케이스 모델은 복잡하고 혼란스러웠다. 결국 팀은 유스케이스 모델에 만족하지 못했고, 모델에서 좋지 않은 '냄새'가 남을 알았다. 하지만 정확히 무엇이 잘못되었는지는 알지 못했다.

책을 읽은 후 나의 경험

프로세스를 이해하고 문서화하는 목적을 가진 그룹을 통해 내가 깨달았던 것처럼, 핵심 비즈니스로부터 시작하여 기술 쪽으로 작업하는 것이 혼란을 최소화하는 것 같았다.

우리가 소프트웨어/하드웨어 시스템이 아니라 그들의 프로세스와 업무를 처리하는 방식에 대해 토의하기 위해 모였음은 모두에게 명확했다. 혼란은 비즈니스 대 부서 범위와 관련된 영역에서 일어났다.

우리는 최상위 요약 수준의 (구름) 블랙-박스 유스케이스로 나타나는 비즈니스를 가지고 작업을 시작했는데, 가끔씩은 그룹에 속한 사람들이 낮은-수준의 단계까지 잠수해 들어가기는 했지만, 이 비즈니스는 모두에게 명확했다. 당신이 설명한 대로, 우리는 최상위 요약 (구름) 화이트-박스 유스케이스로 재빠르게 이동했다. 우리가 다음으로 낮은-수준의 유스케이스에 대해 토의할 때, 설계 범위로 인해 곧바로 혼란에 빠졌다. 우리가 토의하고 있는 것이 비즈니스인가 특정 부서인가? 이것은 또한 유스케이스를 위해 만든 성공과도 연결되어 있었다. 어떤 경우에는 어떤 단계가 현재 유스케이스의 부분으로는 적절하지 않고, 호출하는 유스케이스에 속해야 한다는 사실을 깨닫고 마지막 두 단계를 결국 삭제하였다. 지금 이 그룹은 비즈니스 유스케이스를 시스템 유스케이스 요구사항 속으로 전개시킬 생각은 전혀 없다.

회의를 하는 동안엔, 과정에 주목하고 수정하는 것이 어려웠지만, 회의 후에는 문제 영역을 이해하기가 훨씬 쉬웠다. 결과를 문서화할 때 나는 설계 범위 컨텍스트 다이어그램을 이용하였는데, 각 유스케이스의 설계 영역과 수준을 당신이 제안한 그림 아이콘으로 표시하였다. 그림 아이콘이 단순해 보일수록 유스케이스를 읽을 때 주는 영향은 크고, 그것을 모두의 마음속에 쉽게 새겨 넣을 수 있었다.

16장

Writing Effective **Use Cases**

누락 요구사항

고객이 이름과 주소를 제공한다처럼, "액터의 의도를 서술하고, 전달 데이터는 별칭을 사용하라."는 조언은 언제나 타당하다. 그럼에도 의도와 별칭은 개발에 필요한 정보로는 명백히 부족하다. 프로그래머와 사용자 인터페이스 설계자는 주소의 의미, 주소의 필드, 필드의 길이와 주소, 우편번호, 전화번호 등에 대한 검증 규칙을 정확하게 알아야 한다. 이 모든 정보는 유스케이스에는 없고 요구사항의 어딘가에 있다.

유스케이스는 요구사항 문서의 3장에 속하는 행위 관련 요구사항일 뿐이다. 따라서 수행성능 요구사항, 비즈니스 규칙, 사용자 인터페이스 설계, 데이터 설명, 유한 상태 기계(finite status machine) 행위자, 우선순위, 그리고 그 외 몇 가지 다른 정보들은 가지고 있지 않다.

"그렇다면, 그런 요구사항들은 어디에 있는가?"라고 시스템 개발자는 외칠 것이다. 우리는 유스케이스는 절대로 그것을 포함해서는 안 되지만, 어딘가에는 반드시 기록되어야 한다고 말할 수 있을 뿐이다.

사실, 다음과 같은 정보는 관련 정보로 각 유스케이스에 첨부할 수 있다.

- 유스케이스 우선순위
- 기대하는 발생 빈도
- 수행성능 요구사항

- 인도 일자
- 이차 액터
- 비즈니스 규칙 (가능하면)
- 공개 쟁점

프로젝트별로 이 목록을 조정하여, 중요하다고 생각되는 것을 포함한다.

많은 경우에, 간단한 스프레드시트나 표로 이 정보를 잘 표현한다. 대다수 사람들은 프로젝트 초기에 스프레드시트를 이용하여 유스케이스 개요를 정리한다. 가장 왼쪽 열에 유스케이스 이름을 적고, 다른 열에는 다음 항목을 채워 넣는다.

- 일차 액터
- 트리거
- 인도 우선순위
- 예측한 복잡성
- 가능한 배포 일정
- 수행성능 요구사항
- 완료 상태
- 그 외 필요한 모든 정보

프로그래머가 행위 요구사항을 필요로 하는 만큼이나 많은, 필요한 항목이 아직도 남아 있다. 처리를 위한 필드 검증을 포함하는 데이터 요구사항 등이 그 예이다.

16.1 데이터 요구사항 정밀도

데이터 요구사항 수집은 다른 작업 산출물처럼 '정밀도'에 대한 에너지 관리 지침을 따른다 (1.5절 에너지 관리). 데이터 요구사항을 세 가지 수준의 정밀도로 나누면 유용하다.

- 정보 별칭
- 필드 목록 또는 데이터 설명
- 필드 상세와 검증정보

정보의 별칭. **사원이 고객 정보를 수집한다** 또는 **사원이 고객 이름, 주소, 전화번호를 수집한다** 라고 작성한다. 어딘가 다른 장소에서 이름, 주소, 전화번호에 대한 추가 설명을 기대한다.

별칭은 한 유스케이스 안에서 적절하다. 더 자세히 작성하는 것은 요구사항 파악을 지연시키며 유스케이스를 더 길고 이해하기 어렵게 하며 불안정하게 (데이터 요구사항에서는 변화에 민감하게) 만든다. 또한, 여러 유스케이스가 동일한 정보 별칭을 참조하는 경향이 있다.

이런 이유로 데이터 요구사항의 세부사항을 유스케이스에서 분리해 낸 다음, 해당 필드 목록을 유스케이스에서 연결한다. 이는 많은 도구에서 하이퍼링크로 처리하기도 하고, 번호가 부여된 요소 간의 연결을 지원하는 도구에서는 요구사항 번호로 처리하기도 한다.

필드 목록. 어떤 시점에 이르면 요구사항 작성자는 각 정보의 별칭이 무엇을 의미하는지 협의해야 한다. **고객 이름**은 성과 이름 두 부분으로 구성되는가 혹은 세 부분인가(혹은 그 이상)? **주소**는 정확히 어떤 정보를 담아야 하는가? 세계 각국의 주소는 다양한 형태를 갖고 있다. 이곳이야말로 작성자가 데이터 설명을 제2 정밀도 수준까지 확장할 적절한 장소이다. 이 작업은 유스케이스 작성과 병행하여 느긋하게 하기도 하고, 유스케이스 작성 후에 사용자 인터페이스 설계 작업과 병행하기도 한다.

제2 정밀도를 다루는 전략에는 여러 가지가 있고, 여기에는 두 가지를 소개한다. 다른 이에게 조언할 때는 『Software for Use』(컨스탄틴과 락우드, 1999)를 참조하기 바란다. 혹시 여러분 스스로가 이 분야에 경험이 많은 전문가일 수도 있다.

- 첫 번째 전략은 각각 별칭이 부여된 항목별로 도구 안에서 분리된 입력항목을 지정하는 것이다. **고객 이름**은 세 개 필드로 구분한다: 첫 번째 이름, 중간 이름, 성. 여기까지는 이 정도로 충분하다. 시간이 지나면 이 입력항목에 필드 세부사항과 점검사항이라는 정밀도를 추가한다. 다음 항목인 필드 세부 사항과 검증에서 설명하듯이, 이 필드의 모든 세부사항이 갖춰질 때까지 계속 추가한다.

- 두 번째 전략은 **이름, 주소, 전화번호**를 유스케이스의 한 단계에서 한꺼번에 작성했다는 점에 주목하는 것이다. 그렇게 했다는 것은, 이 세 가지 정보를 함께 입력하고 보여주는 것이 여러분에게 중요함을 의미한다. 이는 하위 화면이나 필드 묶음을 설계하여, 이 세 가지 정보를 다양한 장소에서 함께 보여 주어야 하는 사용자 인터페이스 설계자에게 도움이 된다. 따라서, "이름, 주소, 전화번호"를 여러분의 도구 안에 단일 입력항목으로 만든다. 거기에 이름 필드, 전화번호 필드, 주소 필드를 나열하지만, 그 목록을 더 이상 확장하지는 않는다.

두 가지 전략의 차이점은, 두 번째 전략에서는 각 필드 목록 쪽에 별칭이 부여된 정보 묶음을 두는 것이다. 정밀도를 더 확장할 때, 그 입력항목 안에서 확장하지 않고, 각 필드별로 새로운 입력항목을 만든다.

어떤 전략을 선택하든지, 프로젝트 진행에 따라 그리고 팀이 데이터에 대해 더 많이 알게 됨에 따라 변경을 할 때 제2수준 정밀도로 정보를 기대할 수 있다. 데이터에 대한 제2 또는 제3의 정밀도를 정의한 다른 사람도 있을 수 있다. 제2수준의 데이터 정밀도를 유스케이스로부터 분리하여 작업하면 더 간편하다.

필드 세부사항과 필드 검증. 프로그래머와 데이터베이스 설계자가 대답을 제대로 알아야 할 질문은 "고객의 이름은 몇 개의 문자로 이루어지는가?"와 "**누락된 데이터**에 대해 어떤 제한이 있는가?"이다. 이것이 필드 타입, 필드 길이 그리고 필드 검증이다.

어떤 프로젝트 팀은 이 항목을 데이터 요구사항 또는 외부 데이터 형식이라 불리는 요구사항의 한 부분으로 포함시킨다. 하이퍼링크된 미디어나 데이터베이스를 사용하는 프로젝트 팀은 필드 정의로 분류된 별개의 입력 항목에 이것을 포함시킨다. 또 다른 프로젝트 팀은 사용자 인터페이스 데이터 세부사항을 사용자 인터페이스 요구사항과 설계 문서에 직접 포함시킨다. 어떤 방식을 선택하든 다음 사항에 주의한다.

- 필드 세부사항과 검증을 제3수준 정밀도로 확장할 필요가 있다.
- 유스케이스는 그런 확장을 할 장소가 아니다.
- 유스케이스를 그 확장과 연결하여야 한다.
- 필드 세부사항은 유스케이스 세부사항과는 독립적으로, 시간에 따라 변경되기 쉽다.

16.2 유스케이스로부터 타 요구사항 교차-연결

데이터 형식은 유스케이스의 일부는 아니지만 유스케이스가 그 데이터를 필요로 하므로, 유스케이스로부터 데이터 설명으로 하이퍼링크를 건다. 복잡한 비

그림 16.1 그림 1.1 요구사항의 '축과 살' 모델의 재현

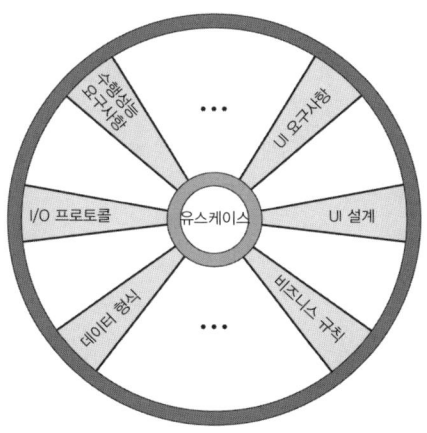

즈니스 규칙은 유스케이스 서술과 잘 조화되지는 않지만, 우리는 그것을 포함하는 항목으로 다시 유스케이스를 연결할 수 있다. 그림 16.1에서 볼 수 있듯이 이런 종류의 축과 살(hub-and-spoke) 연결 방식으로 인해, 많은 비기능적인 요구사항과의 관계에서도 유스케이스는 그 중심에 있다.

유스케이스 형식과는 맞지 않는 요구사항을 유스케이스 안으로 억지로 넣지 않도록 주의한다. 유스케이스는 주로 액터와 시스템 간의 상호작용을 파악할 목적으로 사용한다.

때로는, 유스케이스로 테이프 병합 작업이나 컴파일러 요구사항을 서술하기 어렵다고 불평하는 소리를 듣는다. 진심으로 동감한다. 그런 요구사항은 대수 또는 표 형식을 이용하면 설명하기 쉽다.

전체 요구사항 중 일부만이 유스케이스 형식으로 표현하기에 적합하다. 그래서 유스케이스의 상호작용 부분을 중심축으로 여러 다른 요구사항으로 자연스럽게 연결된다.

17장

Writing Effective **Use Cases**

개발 프로세스에서 유스케이스

17.1 프로젝트 조직에서 유스케이스

관리팀은 유스케이스를 이용하여 시스템이 사용자에게 제공하는 기능을 관리할 수 있다. 각 유스케이스 제목은 일차 액터의 목표이며, 시스템은 액터의 목표 달성에 필요한 기능을 제공한다. 각 유스케이스 본문은 시스템이 요구할 것과 제공할 것을 알려준다.

유스케이스 제목별로 정리

초기 프로젝트를 계획할 때, 표를 만들어서 왼쪽 열 두 개에 유스케이스와 일차 액터 이름을 쓴다. 세 번째 열에는 비즈니스 후원자에게 각 유스케이스의 비즈니스 우선순위나 가치를 쓰게 한다. 네 번째 열에는 개발팀에게 그 기능 구현의 복잡성이나 난이도를 예측하게 한다. 이것은 액터-목표 목록으로부터 자연스럽게 발전한 것이다(45쪽)의 소단원 액터-목표 목록을 참조한다).

이 주제에 대해 켄트 벡은 '계획 게임'(Planning Game, 『(Extreme Programming Explained: Embrace Change』 (1999))[1]이라는 괜찮은 대안(variation)을 제시했다. 비즈니스 후원자가 각 유스케이스의 우선순위를 결정하게 하고 개발자는

---

[1] (옮긴이) 2판의 번역서로 『익스트림 프로그래밍』 (인사이트)가 있다.

개발 비용을 산정하도록 하는 방식이다. 비즈니스 후원자는 작업 비용의 추정치를 본 뒤에 우선순위를 조정할 기회를 갖지만, 추정치를 변경할 수는 없다. 이 아이디어에서 영감을 얻어, 계획표 안의 열을 두 가지 경로로 채울 수도 있다.

유스케이스의 개발 우선순위, 최초 배포판, 또는 개발 팀 등의 정보를 수집하기 위해, 계획표에 원하는 만큼의 열을 추가한다.(표 17.1 참조).

프로젝트의 진행에 따라 이 표를 간단하게 검증하고 조정할 수 있다.

시간이 흐름에 따라, 여러분은 각 유스케이스에 대한 예측을 완료하여, 그것을 팀별로 배정하고, 배포판(release)별, 유스케이스별로 추적한다.

다음에 나오는 짧은 실화는, 팀에 주어진 유스케이스 작업 세트를 평가하고, 예측하고, 우선순위를 부여하고, 줄이기 위해 계획표를 사용하는 내용이다. 이런 방식으로 작업하면 다음과 같은 이점이 있다:

표 17.1 계획표 예제

액터	태스크-수준 목표	비즈니스 요구	기술난이도	우선순위	UC#
누구나	요청시 확인	가장 높음	복잡함	1	2
인가담당자	권한 변경	높음	단순	2	3
구매담당자	판매처 연락 변경	중간	단순	3	4
구매요청자	구매요청 시작	가장 높음	중간	1	5
	구매요청 변경	가장 높음	단순	1	6
	구매요청 취소	낮음	단순	4	7
	요청 물품의 배송 기록	낮음	단순	4	8
	배송 물품 거부	낮음	모름	4	9
승인담당자	제출용 구매요청서 완성	높음	복잡함	2	10
구매담당자	주문요청서 완성	가장 높음	복잡함	1	11
	판매처에 구매주문 시작	가장 높음	복잡함	1	12
	미배송 경고	낮음	중간	4	13
인가담당자	승인담당자의 서명 검증	중간	어려움	3	14
인수담당자	배송 내역 등록	가장 높음	중간	1	15

- 유스케이스 목록을 통해 비즈니스를 지원하는 시스템의 가치를 명확하게 보여 준다.
- 이름 목록은 개발 우선순위, 기간과 더불어 작업 구조를 제공한다.

> ◆ **짧은 실화 하나**
>
> 개발자에게 다음 소프트웨어 배포판(release)에서 지원할 비즈니스 프로세스를 결정하라는 임무를 주었다. 그녀는 7쪽짜리 액터-목표 목록을 들고 나타났다! 그녀는 가치, 복잡도, 트리거 등을 예측했다. 중역인 후원자와 함께 그녀는 그것을 반 쪽으로 줄였다. 그런 다음 비즈니스 프로세스를 위한 주요 성공 시나리오를 작성하였고, 고려해야 할 단계 목록을 중역 후원자와 함께 줄여서 반 쪽 정도의 시스템 수준 목표로 만들었다. 그 정보를 가지고 지점을 순회하였다.
>
> 그녀는 지점에 근무하는 직원의 이익을 위해 어떤 비즈니스 단계가 강조되어야 하는지를 정리한 확실한 그림을 갖고 돌아왔다. 그녀와 후원자는 이후 6개월 동안 개발할 유스케이스 네 개를 최종 식별하였다.

유스케이스 교차 배포 관리

잘 정리된 유스케이스 묶음이 각 배포와 일치한다고 하면 진실인 듯하나, 사실은 그렇지 않다.

상품 주문과 같은 유스케이스는 시간의 흐름에 따라 단계적으로 제공할 여러 종류의 특별한 기능을 요구한다. 일반적으로 단계별 전략은 다음과 같다.

- 1번 배포판에서 단순한 기능을 제공한다.
- 2번 배포판에서 높은-위험 처리를 추가한다.
- 3번 배포판에서 우수 고객 처리를 추가한다.

여러분은 유스케이스를 하나 작성하고 각 배포판별로 일부분을 제공할 수도 있고, 세 개의 유스케이스를 작성할 수도 있다. 어느 것이든 사용할 수 있지만, 두 가지 방식 모두 불편한 점이 있다.

어떤 팀은 배포판별로 완전히 인도되는 단위로 쪼개고자 한다. 따라서 주문하기(기본)에 이어 주문하기(고-위험 처리), 주문하기(우수 고객 추가)를 작성한다. 작업방식은 새로운 요소는 굵은 글씨체로 추가하면서 유스케이스 본문을 반복하거나, 처음 유스케이스를 확장하여 두 번째 유스케이스를 작성하고 두 번째를 확장하여 세 번째를 작성하는 식이다. 유스케이스 분할을 통해 간단하게 추적할 수 있지만, 추적해야 할 유스케이스가 세 배나 되고, 추가 유스케이스를 작성함으로써 다루기 어려워진다.

어떤 사람들은(나 같은 경우) 가능하면 읽기 쉬운 유스케이스를 좋아하며, 한 번에 유스케이스의 일정 부분만이 배포될 것이라는 사실을 인정한다. 처음으로 배포될 부분을 (노란색이나 굵은 글씨로) 강조하고 '유스케이스 5에서 강조된 부분'이라고 참조한다. 이것이 내가 보아 온 대부분의 프로젝트에서 사용하는 방식이고, 꽤나 많이 사용하는 방법이다. 그럼에도 불구하고, 우리가 만족할 만큼 산뜻해 보이지는 않는다.

생각해 볼 수 있는 중도(middle-road) 전략은 완전한 다중 배포(multi-release) 유스케이스 작성으로 시작하는 것이다. 그런 다음 증보판(increment) 시작 부분에서 버전을 기록하고, 이 증보판에서 인도하려 계획한 기능을 분리한다. 다음 증보판에서, 이미 인도가 끝난 유스케이스 부분은 일반 글씨체로 작성하고 다음 배포에 새로 추가될 부분은 **굵은 글씨체**로 작성한다. 이런 전략은, 유스케이스 개수는 여전히 많겠지만, 상대적으로 통제하기 쉬운 방법이다. 작업할 유스케이스가 80개라면, 팀은 80개 이상을 관리하여야 하고 한 증보판에서 여러 개의 유스케이스가 인도되어야 한다고 느낀다. 유스케이스 집합은 늘어나지만 각자의 범위를 가지고 있어 통제가 가능하다.

각 방법의 단점을 알고 있으므로, 어떤 방식으로 작업할지 선택해야 한다.

모든 접근방법에서 가정하는 것은, 조직은 시스템을 점진적으로 인도하는 방식을 사용할 것이며 각 증보판을 위한 기간은 대략 4개월 정도라는 사실이다. 점진적인 개발은 현대 소프트웨어 프로젝트의 표준 권고안으로 자리를 잡았고 『Surviving Object Oriented Projects』(1998)와 「VW Staging」(http://alistair.

cockburn.us/Using+VW+staging+to+clarify+spiral+development)에서 자세하게 논의하였다.

완전한 시나리오 인도

> ◆ **통합에 관한 짧은 실화 하나**
>
> 규모가 제법 큰 프로젝트의 테스트 및 통합 관리자가 점진적인 개발의 위험에 대해 나에게 물어 왔다. 작성 팀이 유스케이스가 아닌 일련의 '특성(feature)별'로 애플리케이션을 개발하여 제공하고 있음이 밝혀졌다. 거기에는 그들이 지원할 '이야기'는 없고 단지 메커니즘만 잔뜩 있었기 때문에, 그 팀은 주어진 부분을 테스트할 수가 없었다. 프로젝트 관리자는 결국 프로젝트 계획을 다시 작성해서, 각 증보판(increment)에 이야기 줄거리를 추가하였다.

모든 유스케이스를 한꺼번에 인도하지는 않는다. 하지만 이런 경우에도 인도하는 각 배포판은 완전한 시나리오를 가져야 한다. 유스케이스는 사용자가 성취하고자 하는 것이 무엇인지 말해주고, 그 안에 포함된 여러 개의 시나리오를 열거한다. 여러분이 인도하려는 소프트웨어는 그러한 시나리오를 처음부터 끝까지 가지고 있어야 한다. 그렇지 않으면 애플리케이션은 제대로 기능을 제공하지 못하게 된다.

계획과 설계는 최종 사용자가 사용할 기능 집합을 구현하기 위해 반드시 일치하여야 한다. 이것은 유스케이스로부터 나오는 완전한 시나리오이다. 기능 테스트 담당자는 유스케이스 호환성을 테스트한다. 배치는 온전하게 사용할 수 있는 유스케이스 안에서만 가능하다.

이것은 사소한 것 같지만, 앞의 실화에서처럼 간과하다가는 큰 손해를 본다.

17.2 작업이나 특성 목록을 위한 유스케이스

의사소통이 원활한 개발팀은 유스케이스로부터 설계작업을 이끌어 낸다. 그렇게 하지 않는다면, 유스케이스를 설계작업으로 연결하고 그 상태를 계속 유지해야 하는 소규모 프로젝트 관리 악몽이 그들을 기다린다.

다음 이메일은 동료로부터 받은 것인데, 그런 예를 보여준다.

> 우리 두 사람은 지난 2주간 요구사항을 다시 점검하고 개발자와의 작업진행 관계를 조정할 목적으로 고객을 방문했다. 우리는 유스케이스에 초점을 맞추었고, 그것은 설계와 개발을 하기에 충분한 90%에서 95% 정도의 정밀도라는 느낌이 들었고, 우리는 자신감을 갖게 되었다. 어떤 특성(feature)이나 특성 집합이 안쪽 또는 바깥쪽에 있는지를 설명할 목적으로 작성한 범위를 정리한 문서가 있었는데, 여러분이 예제로 작성한 범위 항목과 매우 비슷했다. 이 문서는 원래 매우 간단하고 읽기 편했지만, 우리는 '전통적인' 요구사항 문서를 위해 요청을 계속 받아들이게 되었다. 그래서 누군가를 시켜 그것을 약간 확장하였으나, 너무 자세하게 하지 않도록 주의하였다.

> 그런데 어찌된 영문인지, 첫 회의에서 개발자들은 '요구사항'을 검토하자고 했다. 그들이 말하는 '요구사항'은 범위문서에 기록되어 있었다. 우리는 개발팀이 이 문서에 단단히 사로잡혀 있었고 이 문서는 우리가 원하는 수준으로 상세하지는 않음을 알았다. 우리는 유스케이스 주변에 초점을 맞추기를 원했으므로 어느 정도 상세함이 필요했다. 이후 3일을, 여기에도 첨부한 수정된 범위문서를 작성하며 보냈다. 나는 그것을 유스케이스를 '숟가락으로 떠서 먹이기'라고 즐겨 표현한다. 개발 문화에 영향을 주고 싶었고 회사가 유스케이스를 바탕으로 요구사항을 정리하도록 돕고 싶었기에, 특성(feature) 집합은 유스케이스 제목으로, 특성은 시나리오의 각 단계를 이용하여 표현했다. 유스케이스 문서의 단계를 있는 그대로 복사하여, 유스케이스 제목 바로 밑에 있는 범위 부분에 붙여 넣었다.

> 우리가 직면한 문제, 즉, 궁극적으로 이러한 이중-유지보수 작업의 원인이 된 문제는 '시나리오에서 발췌한 문장은 줄 단위 항목으로 표현한 특성(feature)처럼 그

자체만으로는 자신을 잘 표현하지 못한다'는 사실이었다. 시나리오에서 텍스트를 복사한 다음, 표현 일관성을 위해 약간 변경하거나, 그 주변에 어떤 상황을 추가했어야 했다.

이것이 출발점이다. 설계담당자는 방금 설명한 것처럼 번호가 붙은 요구사항 문단이나, 특성 목록을 가지고 작업하기를 희망한다. 유사한 버전의 다른 이야기에서는 '상세한 요구사항'이나 번호를 붙인 문단으로 구성한 문서를 먼저 작성하였다. 어떤 사람은 그 문서를 기반으로 유스케이스를 작성하기도 한다. (이것은 약간의 후퇴로 보이지만, 현실이다.)

유스케이스에 서술한 행위 흐름과 개별 설계자에게 부여되는 설계작업 사이에는 근본적으로 긴장 관계가 존재한다. 설계자는 한 줄 또는 유스케이스에 잠겨있는 특성, 또는 여러 유스케이스에 교차하여 잠겨있는 특성을 가지고 작업한다. 그것은 '결과값을 돌려주는' 메커니즘, 트랜잭션 기록 메커니즘, 또는 화면 프레임워크 검색 등과 같은 것일 수 있다. 설계자는 시스템 흐름을 가지고 작업하는 것이 아니므로 유스케이스 언어로는 자신의 작업을 설명할 수 없다. 이들이 말할 수 있는 최선의 방법은 "나는 지금 5번 유스케이스의 화면 검색 부분을 설계하고 있습니다."라고 하는 것이다.

동시에, 소프트웨어 후원자는 사용자에게 의미가 있는 애플리케이션 전체 흐름을 중심으로 보고자 한다. 따라서 개별 설계작업은 그 자체로는 별 관심거리가 되지 못한다.

유스케이스 문서와 설계작업(task) 목록을 서로 동기화하여 관리하는 작업은 프로젝트 내내 여러 차례 설명하고 반복하게 되는 지루하고 시간이 많이 드는 일이다. 나는 이것을 피해야 할 일로 보고 있다. 지금까지 규모 면에서 50명 이하인 프로젝트에서 유스케이스를 행별 항목으로 분해한 적이 없다. 아마도 이것은 내가 프로젝트에서 개인 간의 의사 전달과 협업을 강조하였고, 작업했던 조직의 작업 문화가 다행히도 좋았기 때문이었을 것이다. 우리는 머릿속으로 또는 노란색 펜을 이용하여 행별 항목으로 분리할 수 있었고, 큰 어려움 없이 주요 행별 항목을 일정 작업 목록에 추가하였다.

다른 대안은 문서 두 가지를 만들고 최신 버전으로 잘 유지하는 것이다. 여러분이 이 전략을 선택했다면, 유스케이스 문서를 한 개발자나 한 개발팀에 지정할 수 있는 조각으로 나눈다. 각 조각은 할당하고, 추적하며, 확인할 프로그램 특성, 메커니즘, 또는 설계작업 등이다. 소프트웨어 개발에 대한 자세한 예측치는 모든 설계작업 추정치의 합이다. 프로젝트 추적은 시작과 완료에 대한 기록으로 구성된다.

다음은 유스케이스를 작업 목록(work list)으로 전환하는 예이다.

유스케이스 34　트레이드-인(Trade-In)[2] 지정

상황 목표: 구매 고객이 상품을 담은 쇼핑 바구니를 들고서, 트레이드-인이 가격에 미치는 영향을 알기 위해 트레이드-인을 추가하고자 한다.
범위: 상거래 소프트웨어 시스템
수준: 하위기능
선조건: 쇼핑 바구니에는 상품이 담겨 있다.
성공 보증: 트레이드-인의 값이 매겨지고, 쇼핑 바구니에 추가되고, 쇼핑 바구니에 들어 있던 상품의 가격을 낮춘다.
최소 보증: 완결되지 않으면, 트레이드-인은 지정되지 않거나 쇼핑 바구니에 추가되지 않는다.
일차 액터: 구매 고객 (임의의 웹 이용자)
트리거: 구매 고객이 트레이드-인을 선택한다.
주요 성공 시나리오:
1. 구매 고객이 트레이드-인을 선택한다.
2. 시스템이 구매 고객에게 정보를 제시한다. 트레이드-인의 가치를 판단하기 위해 일련의 질문을 하고, 대답을 근거로 트레이드-인 값을 결정한다. 제시하는 일련의 질문과 정보는, 구매 고객이 이 과정을 따라가면서 제공하는 답변에 따라 좌우된다. 트레이드-인을 둘러싼 있을법한 비즈니스 지침을 강조하기 위해 질문과 정보의 경로는 미리 결정된다.
3. 시스템은 이동 경로와 트레이드-인 정보를 로그로 남긴다.
4. 구매 고객은 트레이드-인 요약과 가치를 검토하고 판단한다.
5. 구매 고객이 그것을 쇼핑바구니에 추가한다.
6. 시스템은 쇼핑바구니에 트레이드-인과 이동 정보를 추가한다.

---
2 (옮긴이) 신제품 구입시 할인을 받기 위해 소비자가 내놓는 중고품

> 7. 시스템은 트레이드-인을 고려하여 총액을 다시 계산하고, 모든 상품과 상품에 포함된 트레이드-인이 담긴 쇼핑바구니를 보여준다.
>
> 구매 고객은 다른 트레이드-인의 가치를 산정해보기 위해 원하는 만큼 위의 단계를 반복하고, 원할 경우 쇼핑바구니에 위의 설명처럼 상품과 트레이드-인을 추가한다.
>
> **확장:**
>
> 2a. 트레이드-인을 쇼핑바구니에 추가하기 전 언제라도, 구매 고객은 이전 단계로 되돌아가서 이전의 답변을 수정할 수 있다.
>
> 5a. 구매 고객이 트레이드-인을 쇼핑바구니에 추가하지 않는다. 시스템은 다음을 위해 이동 정보를 관리한다.
>
> 5b. 구매 고객이 쇼핑바구니의 특정 상품에 트레이드-인을 적용하고자 한다. 구매 고객은 쇼핑바구니에서 트레이드-인을 적용할 상품을 지정한다.

표 17.2 는 생성한 작업 목록이다.

17.3 설계를 위한 유스케이스

유스케이스는 블랙-박스 행위 요구사항만을 설계 대상으로 제공한다. 요구사항은 설계자의 자유를 침해하지 않고, 시스템이 반드시 해야 하는 모든 것을 언급한다. 이것은 요구사항에 맞는 '좋은' 설계 모델을 작성하는 데 자신의 기술을 사용하는 설계자를 위한 것이다. 요구사항과 설계는 그 이상으로 마주칠 일이 없다.

유스케이스에서 설계로 전환하는 작업에 대해 몇 가지 언급할 것이 있는데, 일부는 좋고 일부는 나쁜 내용이다. 다음은 나쁜 내용이다.

- 유스케이스를 기준으로 설계하지는 않는다
- 유스케이스 구조를 맹목적으로 따르면 기능 분해 방식의 설계를 야기한다. (이것은 객체 지향 혹은 컴포넌트 설계 팀에게는 중대한 관심사이다.)

다음은 좋은 내용이다.

- 어떤 설계 기술은 모든 시나리오를 활용한다.

표 17.2 트레이드-인 파악을 위한 작업 목록

참조	특성	비즈니스요구	버전
EC 10	**트레이드-인 파악**	필수	1.0
EC 10.1	구매 고객이 트레이드-인을 쇼핑바구니에 넣을 수 있는 기능 제공	필수	1.0
EC 10.2	구매 고객의 트레이드-인 정보를 수집하여 가격을 결정할 수 있도록, (템플릿을 바탕으로) 생성된 UI 양식을 통해 보여주고 탐색하는 기능 제공	필수	1.0
EC 10.3	외부의 트레이드-인 시스템(혹은 사이트)으로 가서 트레이드-인의 가격을 결정할 수 있는 기능 제공. 구매 고객과 관련된 트레이드-인 정보는 외부 사이트로 전달되며, 외부 사이트가 트레이드-인의 가치를 평가하여 그 가치와 주요 특징을 리턴한다.	필수	1.0
EC 10.4	트레이드-인의 값어치를 포함한 요약 설명을 구매 고객에게 보여주는 기능 제공	필수	1.0
EC 10.5	구매 고객이 트레이드-인을 추가하거나 삭제하는 기능 제공. 쇼핑바구니에 트레이드-인 추가 시, 구매 고객이 그것을 쇼핑바구니 안의 개별적인 물건에 적용시킬 수도 있고, 전체 물건에 적용시킬 수도 있다.	필수	1.0
EC 10.6	트레이드-인을 고려하여 쇼핑바구니 안 물건의 총액을 다시 계산하는 기능 제공	필수	1.0
EC 10.7	편집을 위해 트레이드-인 질문/답변 절차로 되돌아감으로써 기존의 트레이드-인을 편집하는 기능 제공.	필수	1.0
EC 10.8	기존의 트레이드-인을 쇼핑바구니에서 삭제하고 총액을 다시 계산하는 기능 제공	필수	1.0
EC 10.9	이미 만들어진 트리거에 기반을 둔 어떤 트레이드-인 정보나 단계를 로그로 남기는 기능 제공	필수	1.0

- 유스케이스는 도메인 모델링에 필요한 개념을 언급한다.

먼저 나쁜 것부터 살펴보자.

유스케이스를 기준으로 설계하지는 않는다. 설계 작업과 유스케이스 단위는 정확히 일치하지 않는다. 설계작업의 결과는 결국 유스케이스에서 사용한 비즈니스 객체나 행위 메커니즘으로 귀결된다. 다음에 배포(release)하기로 계획된 유스케이스가 이보다 앞선 배포의 설계 작업에 필요한 주요 정보를 갖고 있는 경우가 있다. 이것은 설계자가 그 정보를 만났을 때, 다음 배포에서 설계를 변경해야 함을 의미한다.

이를 처리하는 방법은 세 가지이다. 첫째, 설계자가 설계에 적용할 만한 주요 정보를 위해 모든 유스케이스를 살펴본다. 이 방법은 대체로 소규모 프로젝트에서나 가능하다. 그러나 그것을 해낼 수만 있다면, 앞서 나가는 것이다.

둘째, 모든 유스케이스를 자세히 살펴보고, 설계에 큰 영향을 줄 것 같은 높은-위험 항목이나 주요 기능을 찾는다. 설계에 혼란을 줄 정도의 기능이 더 이상 없기를 바라면서, 주요 기능에 맞추어 설계를 한다.

셋째, 내가 선호하는 방식으로, 소프트웨어란 자신의 주기를 따라 변경됨을 인정하고 마음을 편안히 가진다. 팀은 실무 뿐만 아니라 각 배포를 설계한다. 내년 언젠가는 변경을 가져올 새로운 요구사항이 나타난다는 사실을 인정한다.

이 대안은 여러분 팀원 중 일부, 특히 데이터베이스 설계 문화에서 온 사람을 불안하게 할 수도 있다. 그 환경에서는 대부분의 경우, 표에 새로운 필드를 추가하거나 데이터베이스를 다시 최적화하는 데 많은 비용이 든다. 예산은 언젠가는 참조될 수 있는 모든 속성을 처음부터 식별해야 한다고 주장한다. 따라서 그들은 속성의 전체 집합에 대하여 20%, 40%, 또는 100%까지 완성되었다고 할 수 있는 소프트웨어를 만들고 배포한다.

그러나 점진적인 개발 방법을 이용하는 요즘 환경에서는, 어떤 속성을 클래스나 표에 추가하는 것은 그리 중요하지 않은 작업으로, 필요할 경우 개발자는 클래스나 엔터티(entity)의 필요한 부분을 바로 정의해도 될 정도로 비용이 적게 든다. 결론은, 클래스나 컴포넌트는 단지 '주어진 기능의 집합에 대해서 완료'되었다는 것이다. 새로운 기능이 제공되면, '완료'의 개념은 달라진다.

◆ 짧은 실화 하나

이 문제는 어떤 프로젝트의 초반에 나타났다. 그때 한 팀장이 완성도가 20% 넘게 클래스를 만들어 본 적이 없다고 불평을 했다. 고객이 원하는 모든 기능이 애플리케이션 안에 구현되어도 결국은 마찬가지였다! 그 팀장의 주장은 데이터베이스 설계 문화로부터 나왔고, 작업은 점진적인 개발 문화를 사용하는 프로젝트에서 수행하고 있음을 그가 깨닫는 데는 제법 오랜 시간이 걸렸다.

이런 논의를 위해 준비하여야 한다. 경제적으로 무시 못 할 불이익이 없다면, 여러분의 팀이 '제시된 기능 집합에 대한 완료' 라는 모델로 작업하기 바란다.

유스케이스와 기능 분해. 여러분이 구조적 분해 기술을 사용한다면, 유스케이스에 대한 기능 분해는 유용하다. 그러나 여러분이 객체지향 설계를 하고 있다면, 다음 주의사항을 지킨다.

객체 지향 설계자를 위한 주의사항

기능 분해 혹은 기능 계층구조를 형성한 유스케이스 집합은 행위 요구사항 전달에는 효과적임이 입증되었다. 작성 결과는 이해하기에 쉽고, 행위는 점점 더 높은 수준으로 정리된다. 이것은 시스템의 수행 기능을 협의해야 하는 사람들의 인생을 보다 편하게 해준다.

그런 기능 분해는 요구사항을 위해서는 좋을 수도 있지만, 소프트웨어 설계에도 좋다는 의미는 아니다. 함께 캡슐화된 데이터와 객체는 소프트웨어 유지보수 및 개선에 유용함이 밝혀졌다. 하지만 요구사항을 수집하거나 의사를 전달하기에 바람직한 구조를 만든다는 보장은 없다. 나의 경험으로는 기능 기반의 구조만큼 좋지 않다. 다시 말해서, 요구사항이 기능 분해로부터 이익을 얻고, 소프트웨어 설계는 데이터에 행위를 더하는 컴포넌트화로부터 이익을 얻는다.

설계자는 유스케이스를 읽어야 하고, 잠시 동안 생각하고 토의한 후에야 필요한 추상화를 생각해낸다. 이렇게 하는 것은 사용자의 일이 아니라 설계자의 일이다.

부주의하거나 미숙한 설계자는 단순히 각 유스케이스를 클래스/객체/컴포넌트로 변환함으로써 요구사항 문서의 기능적인 분해를 반영하는 클래스를 만들 위험이 있다. 경험을 통해 이것은 바람직하지 않은 전략임이 밝혀졌으며, 많은 객체 지향 전문가가 이 위험성에 대해 엄중히 경고하고 있다.

어떤 사람은 사용자-목표 유스케이스가 응집된 커밋과 롤백을 가진 완전한 트랜잭션을 포함하기 때문에, 그 자체를 클래스로 변환하는 것을 옹호할 수도 있다. 그러나 하위기능 유스케이스는 그런 특성을 거의 갖고 있지 않다. 유스케이스 조각조각이 서로 다른 클래스에 속하는 부분적인 메커니즘이다.

시스템 기능을 고려하지 않고 도메인 모델링을 직접 하려는 객체-지향 설계자들에게도 상반되는 위험이 존재한다. 이 설계자는 기능 요구사항 파악에 참여할 기회를 얻지 못했다. 유스케이스는 도메인 설계자에게 도메인의 어떤 면이 검토할 가치가 있는지 알려 준다. 그 정보가 없다면, 도메인 설계자는 시스템과 직접 관련이 없는 부분들을 설계하느라 많은 시간을 낭비하게 된다. 유스케이스는 적절한 도메인 설계에 대한 경계 조건을 제공한다. 이와 관련해서는 「An Open Letter to Newcomers to OO」(http://alistair.cockburn.us/An+open+letter+to+object+technology+newcomers)를 참조하길 바란다. 모든 경우에 있어, 객체와는 다른 구성 체계를 따라 유스케이스의 세계를 나누는 것이 분명하다. 이것이 의미하는 바는 여러분이 설계하는 동안 생각하고 주의해야 한다는 것이다.

이제 좋은 소식을 살펴보자.

설계는 시나리오를 이용한다. 유스케이스는 프로그램을 설계할 때 유용한 시나리오를 제공한다. 특히, 시나리오를 따라 단계별로 설계하는 방식인 책임-중심(responsibility-driven) 설계[3]에 특히 유용하다. 유스케이스는 설계가 완료되었을 때를 보여주고 모든 상황(확장)을 처리하는 다른 설계 기술도 잘 지원한다.

유스케이스는 도메인 개념을 언급한다. 유스케이스는 관련된 도메인 객체의 이름을 꽤나 요란하게 언급한다. 다음의 유스케이스 문장을 살펴보자.

> 시스템은 송장을 작성하여, 각 항목에 가격을 채우고, 세금과 선적 비용을 추가하고, 총액을 계산한다. 송장 하단부에 인도 기간을 적는다.

가격, 세금, 배달, 총액의 속성을 가진 **송장, 송장항목, 송장 하단부**를 알아보는 것은 상상력의 도약을 요구하지는 않는다. 이것은 여러분의 마지막 설계 항

---

[3] ACM SIGPLAN에 실린 켄트 벡과 워드 커닝햄의 논문 「A Laboratory for Object-Oriented Thinking」이나, R. 워프-브룩, B. 윌커스와 L. 위너의 책 『Designing Object-Oriented Software』를 참조한다. http://c2.com/cgi/wiki?CrcCards를 참조한다.

목으로 반드시 필요하지는 않지만, 확실히 비즈니스 객체 세트로는 좋은 출발점이다. 유스케이스 안의 개념으로부터 직접 설계 초안으로 들어가는 프로젝트 팀을 보아 왔다. 그들은 거기에서부터 설계를 강화하고 개선해 나갔다.

17.4 UI 디자인을 위한 유스케이스

래리 컨스탄틴과 루시 락우드는 『Software for Use』에서, 루크 호만은 『GUIs with Clue』에서, 사용자 인터페이스 설계에 대해 내가 할 수 있는 것보다 더 훌륭한 글을 남겼다. 그러나 유스케이스를 작성하는 동안 거의 모든 프로젝트 팀은 다음과 같은 질문을 한다. "어떻게 UI가 없는 유스케이스로부터 실제 UI 설계로 전환하는가?"

여러분 직원 중에서 일부는 사용하기 편리한 인터페이스를 만드는 임무를 받았고, 충분한 기술도 가지고 있다. 이들은 유스케이스를 읽고, 사용자가 편하면서도 유스케이스 단계를 잘 보존하도록 UI를 표현한다. 그 결과로 나온 UI 설계는 유스케이스에서 제시한 요구사항을 충족시킬 것이다. 사용자와 프로그래머는 그런 관점에서 설계를 검토할 것이다.

유스케이스 작성자가 입력할 정보와 입력 순서 제약조건을 식별하기 위해, 데이터 수집 화면에 타이핑을 하고 있다거나 서류 양식을 채우고 있다는 식으로 가정하는 것이 도움이 될 것이다. 이러한 양식은 사용-전문가가 작업을 바라보는 관점을 보여주는 것으로만 해석해야지 요구사항의 한 부분으로 간주하면 안 된다.

요구사항 문서가 UI 디자인을 서술하는 곳은 아니지만, 요구사항 문서에 UI 디자인 예제를 보완하여 폭을 넓히면 많은 도움이 된다. 이런 디자인 정보는 요구사항 문서를 읽기 쉽게 한다. 시스템 행위를 텍스트로(추상적) 그리고 시각적으로(구체적) 표현해주기 때문이다.

UI 디자인은 낮음, 중간, 높음으로 분류되는 세 가지 정밀도 수준을 갖는다.

- 사용자 인터페이스에 대한 낮은-정밀도 묘사는 유한상태기계(finite state

machine)나 상태 차트로 작성한 화면-항해 다이어그램이다. 각 상태는 사용자가 접하게 될 화면의 제목이다. 유한상태기계는 한 화면에서 다른 화면으로 이동하게 하는 사용자 이벤트를 보여 준다.
- 중간-정밀도 묘사는 화면을 그리거나 화면을 축소한 크기의 스냅샷이다. 유스케이스의 마지막 부분에 둠으로써, 독자가 지정한 디자인을 보거나 읽을 수 있다.
- 높은-정밀도 묘사는 모든 항목의 유형, 길이, 그리고 각 화면에 대한 타당성 검토 등을 나열하는데, 요구사항 문서에는 전혀 포함하지 않는다.

17.5 테스트를 위한 유스케이스

유스케이스는 이미 작성된 기능 테스트 명세서를 제공한다. 테스트 그룹 대부분은 유스케이스를 이용한 작업에 대해 긍정적으로 생각한다. 이렇게 쉽게 테스트 작업을 할 수 있는 도구는 유스케이스가 처음이다. 게다가 이 테스트 도구를 요구사항 파악 시점에 받는다! 유스케이스 작성에 참여한다면 더할 나위 없이 좋다.

격식을 갖춘 개발 그룹에서, 테스트 팀이 유스케이스를 분해하여 테스트 항목으로 나누어 번호를 붙이고, 서로 다른 경로를 만들 개별 설정을 식별하는 계획을 작성한다. 그 다음 그 설정을 준비하고 시험할 모든 테스트케이스를 구성한다. 추가로 다양한 조합을 테스트하는 데 필요한 서로 다른 데이터 설정을 모두 검사할 것이고 시스템 수행성능 테스트와 부하 테스트를 설계할 것이다. 마지막 두 작업은 유스케이스로부터 나온 것은 아니다.

이 모든 일이 테스트 팀에게는 마땅히 일상적인 작업이 되어야 한다. 표 17.3과 17.4는 피트 맥브린이 제공하였다(http://www.mcbreen.ab.ca/papers/TestsFromUseCases.html). 처음 것은 유스케이스, 나중 것은 수락 테스트 묶음이다. 예제를 이용하여 작업하고 그것을 각자의 작업 습관에 매핑해 볼 수 있도록, 여러분의 테스트 팀에게 숙제로 남겨둔다.

피트가 테스트케이스 식별에 도움을 주기 위해 이해관계자와 이해관계를 이용한 것과 그의 테스트케이스가 특정 테스트 값을 어떻게 가지는지에 주목한다.

유스케이스 35 📦 상품 주문, 송장 작성 (테스트 예제)

컨텍스트: 고객이 상품을 주문하고, 송장을 작성하여 주문한 상품과 함께 배송한다.

최소 보증: 실패할 경우 상품은 고객에게 할당되지 않을 것이고, 고객의 계좌 정보도 변경되지 않을 것이며, 거래 시도는 로그로 남겨질 것이다.

성공 보증:

상품이 고객에게 할당될 것이다.

송장이 생성될 것이다. (고객 송장 작성 규칙 적용)

배송을 위해 선택목록을 보낼 것이다.

주요 성공 시나리오:

1. 고객이 상품 종류와 수량을 선택한다.
2. 시스템은 요청 수량을 고객에게 할당한다.
3. 시스템이 인증된 송장 작성 권한을 획득한다.
4. 고객이 배달 목적지를 지정한다.
5. 시스템은 선택 목록을 배송처로 송부한다.

확장:

2a. 요청 수량에 대한 상품 재고 부족:

    2a1. 고객은 주문을 취소한다.

2b. 상품 재고 없음:

    2b1. 고객은 주문을 취소한다.

3a. 고객의 신용도가 나쁨 (이 예외를 위한 수락 테스트케이스로 연결):

4a. 배달 목적지가 올바르지 않음: ??

위에 나열된 모든 확장에 대해 최소한 한 개의 테스트케이스는 필요하다. 완전한 범위(coverage)를 위해서는, 데이터 값 테스트를 위해 보다 많은 테스트케이스가 필요하다. 주요 성공 시나리오 테스트케이스(표 17.3과 17.4)가 먼저 나와야 하는데, 이는 데이터 양이 많은 상황에서 시스템이 어떻게 동작하는지를 보여주는 것이 좋기 때문이다. 대개의 경우, 모든 확장 조건과 복구 경로가 알려지기 이전에도 작성할 수 있다.

표 17.3 주요 성공 시나리오 테스트 (신용 위험도 낮음)

초기 시스템 상태 / 입력	신용 위험도가 낮은 고객인 피트가, 품목#1을 가격 10달러에 주문한다. 품목 #1의 재고량은 10개이다.
예상 시스템 상태 / 출력	품목 #1의 재고량은 9개이다. 인도 지시서를 작성한다. 고객 피트를 위해 가격 10달러인 품목#1 한 개에 대한 송장을 작성한다. 거래를 로그로 남긴다.
초기 시스템 상태 / 입력	신용 위험도가 높은 고객인 죠가, 품목#1을 가격 10달러에 주문한다. 품목 #1의 재고량은 10개이다.
예상 시스템 상태 / 출력	품목 #1의 재고량은 9개이다. 인도 지시서에서 현금 결제 시 배달을 지정한다. 거래를 로그로 남긴다.

17.6 실제 유스케이스 작성

여러분의 그룹은 작업 습관을 형성하고 분류하여야 한다. 다음 절에서, 내가 선호하는 작업 방식인 분기-결합 프로세스를 보여준다. 그 당시 IBM에서 앤디 크라우스는 다양한 여러 사용자 그룹을 조정하였으며, 그의 그룹 관련 경험을 명쾌하게 설명한다. 그의 보고서에서 도움이 되는 몇 가지 식견을 얻을 수 있다.

분기-결합 프로세스

팀은 개인보다 두 가지를 더 잘할 수 있는데, 브레인스토밍과 합의 도출(조절)이 그것이다. 그러나 팀은 나뉘어졌을 때 더 많은 문서를 생산한다. 이런 이유로, 내가 선호하는 프로세스는 조정하거나 브레인스토밍할 필요가 있을 때는 한 그룹으로 작업을 하고, 나머지 시간에는 하나 또는 두 개의 그룹으로 작업하는 것이다. 다음은 그 프로세스인데, 먼저 전체적으로 윤곽을 보여주고 다음으로 보다 자세하게 살펴본다.

1. 시스템 기능에 대해 낮은-정밀도 뷰 산출:
   - 사용 시나리오 협의 (그룹).
   - 범위 협의 및 액터와 목표에 대한 브레인스토밍 (그룹).

- 사용 시나리오 작성 (개별).
- 사용 시나리오 취합 (그룹).

2. 높은-정밀도 뷰, 유스케이스 산출:
   - 작성할 유스케이스에 대한 브레인스토밍 (그룹).
   - 유스케이스 양식 협의 (그룹).
   - 유스케이스 작성 (개별).
   - 유스케이스 검토 (개별).
   - 유스케이스 검토 (그룹).

단계 1 – 시스템 기능에 대해 낮은 정밀도 뷰 산출

단계 1은 4회전(round)에 걸쳐 수행한다.

1.1회전. 사용 이야기(usage narrative) 스타일에 대한 협의 (그룹). 팀은 사용 이야기가 무엇이고 어떻게 생겼는지 배우기 위해 함께 시간을 보낸다(1.6절, '사용 이야기와 준비운동'으로 몸풀기를 복습한다). 각자가 사용 이야기 하나를 작성하는데, 모두 같은 주제를 다뤄도 좋고 그렇지 않아도 좋다. 그룹은 제대로 된 이야기는 어떠해야 하는지, 이야기의 길이, 포함하거나 또는 배제해야 할 세부 사항은 무엇인지 등에 대해 공통 아이디어를 얻기 위해, 작성한 문서를 읽고 검토한다. 이것은 몇 시간이 걸릴 수 있다. 이 단계가 끝나면 팀은 무엇을 만들어야 할지(일부분에 대해서라도)에 대한 구체적인 아이디어를 확보한다.

1.2회전. 범위 협의와 액터와 목표에 대한 브레인스토밍 (그룹). 팀은 시스템의 전체적인 목적, 범위, 일차 액터 등을 파악하기 위해 필요한 시간을 갖는다. 비전 기술서, 내부/외부 목록, 설계범위 다이어그램, 일차 액터와 이해관계자 목록, 가장 중요한 사용자 목표에 대한 초기 목록 등을 작성한다. 이러한 항목은 각각 다른 것을 포함하므로, 한 가지에 대한 토의는 다른 항목에 대한 이해에 영향을 준다. 이런 방식으로, 여러 항목을 동시에 완성한다. 팀이 만들어야 할 것을 알고 있다면 몇 시간에서 하루 정도 걸릴 것이다. 만약 아직 모르고 있다면 며칠이 걸릴 수 있다. 끝부분에서 이 논의의 범위 안에 있는 것, 만들어져야 할 것, 그리

고 일차 액터가 누구인지 등에 대한 합의를 한다.

1.3회전. 사용 이야기 작성 (개별). 제안 시스템에서 선택된 기능을 위한 사용 시나리오를 작성하기 위해 팀을 나눈다. 개별적으로 작성한 뒤에 파트너와 바꾸어 보거나 작은 그룹 안에서 돌려가며 본다. 그런 다음 결과를 전체 그룹에 보낸다.

1.4회전. 사용 이야기 취합 (그룹). 팀이 다시 모여 사용 이야기의 (작성 스타일이 아니라) 내용에 대해 토의한다. "이것이 진정으로 우리가 만들고자 하는 유스케이스에 대한 사용 예(시나리오)인가?"라는 질문을 던진다. 구성원이 사용 이야기가 그들이 원하는 시스템의 모습을 보여준다는 결론을 내리기까지, 시스템의 성격에 대해 더 많이 토의할 수도 있고, 다른 작성 주기를 가질 수도 있다.

이 시점에서, 작업의 첫 단계를 완료한다. 팀은 후원자 그룹에 배포할 자료묶음을 만든다. 이 자료묶음은 새로운 시스템에 대한 (낮은 수준의) 기본 뷰를 보여 준다:

- 시스템 비전 기술서
- 범위 내부와 외부에 있는 것에 대한 목록 (기능 범위와 설계 범위 모두)
- 환경 안에 있는 시스템에 대한 스케치
- 주요 일차 액터 목록
- 시스템 이해관계자와 그들의 주요 이해관계 목록
- 가장 중요한 사용자 목표 목록
- 사용 이야기 집합 (각각은 반 쪽이 못됨)

단계 2 – 높은 정밀도 뷰인 유스케이스 작성

단계 2는 5회전으로 수행된다.

2.1회전. 작성할 유스케이스에 대한 브레인스토밍 (그룹). 이 첫 회전에서는 보다 정확한 유스케이스 목록을 만든다. 팀은 시스템이 전체 주기에 걸쳐 만나게

될 모든 일차 액터를 검토하고, 브레인스토밍하고, 열거를 편하게 해주는 기술을 이용한다. 그 다음으로 모든 일차 액터에 대해 상상할 수 있는 모든 사용자-목표를 브레인스토밍하고 목록으로 만든다. 이 활동을 위해 하위-그룹으로 분리할 수도 있다.

성격이 서로 다른 대규모 팀을 다룰 때 유용한 기술 하나는 셋이나 다섯 명으로 구성된 작업 그룹으로 나누는 것이다. 지식을 결합할 필요가 있는 도메인이나 이해관계 그룹이 항상 있게 마련이어서, 작업 그룹에 각 도메인으로부터 온 사람을 포함시킨다. 각 그룹은 토의 실마리를 찾는 데 필요한 모든 지식을 가지고 있으며, 각 개인은 필요한 정보를 쉽게 들을 수 있다. 작은 그룹은 대규모 팀보다 빨리 움직일 수 있다. 팀을 이런 그룹으로 나누면, 동시에 보다 넓은 영역을 다룰 수 있다.

일차 액터와 전체 사용자-목표 목록을 하위그룹을 통해 작성하면, 하위그룹은 결과를 모으기 위해 다시 모인다. 목록을 완성하고 수락하기 위한 그룹 검토를 한다. 이 단계가 끝나면, 팀이 작성할 사용자 목표 유스케이스 전체 세트를 갖게 된다. 물론 시간이 지나면, 거의 예외 없이 새로운 사용자 목표를 발견하게 된다.

팀은 일차 액터와 사용자-목표 목록을 공표한다. 이 시점에서 개발 우선순위, 복잡도, 개발 시간 추정치 등에 대해 필요하면 추가로 토의한다.

2.2회전. 유스케이스 양식에 대한 조정 (그룹). 이 회전에는 팀이 그룹으로 (또는 개별적으로 작성하고 그 개별 버전을 그룹으로 가져옴으로써) 유스케이스를 작성하는 것으로 시작한다. 수준과 작성 방식, 템플릿, 이해관계자와 이해관계, 최소 보증 등에 대해 논의한다. 이 세션이 끝날 때쯤 유스케이스 작성을 위한 초기 표준을 갖게 된다.

2.3회전. 유스케이스 작성 (개별). 이 회전에서, 전문분야에 따라 팀을 하위그룹으로 재구성하는데, 하위그룹 별로 대략 2~4명을 배정한다. 각 전문 하위그룹별로 유스케이스를 선택한다.

이후 며칠간 혹은 몇 주간, 하위그룹은 개인 혹은 두 명이 함께 유스케이스를 작성한다(여러 사람이 함께 작성하는 것이 효과적인지는 모르겠다). 작성한 것이 '제대로' 될 때까지, 초안을 평가하고 개선하기 위해 회람한다. 그 후 요약 유스케이스를 작성한다. 이들은 거의 예외 없이 몇 개의 유스케이스를 쪼개어 하위기능 유스케이스를 만들고, 일차 액터와 새로운 목표를 추가하는 등의 작업을 한다.

한 사람이 일차 작성자로 지정된다 하더라도, 각 유스케이스마다 두 사람을 배정하는 것이 좋다. 비즈니스 규칙에 관한 여러 질문이 표면으로 드러나게 된다. 즉, 무엇이 실제 요구사항이고 무엇이 과거의 유물인가에 대한 질문이 그것이다. 이것은 어떤 사람이 비즈니스 규칙에 관해 물어올 때 도움이 된다. 두 번째 사람은 GUI가 끼어들지 않았는지 그리고 목표가 적절한 수준에 있는지 이중으로 확인하기도 한다.

2.4회전. 유스케이스 검토 (개별). 작성자는 전자문서로든 종이문서로든 초안을 돌려 본다. 흥미롭게도 종이문서는 종이문서만의 고유한 장점이 있다. 종이에는 모든 사람의 의견이 기록되므로, 작성자는 제안을 모두 모아서 유스케이스를 편집할 기회를 한 번 더 가진다. 한 팀에 따르면, 온라인으로 제안을 시도했을 때, 훨씬 여러 차례 개정을 해야 했다. 왜냐하면 한 사람의 의견을 제시하기 위해 편집하는 순간, 새로운 버전이 생기기 때문이다. 모든 경우에, 동료 그룹은 작성 수준과 유스케이스 안의 비즈니스 규칙을 확인해야 한다.

작성자는 시스템 개발자와 시스템 사용전문가에게 유스케이스를 보내서 검토 받아야 한다. 기술 담당자는 유스케이스가 구현하기에 충분히 상세한지 확인한다(데이터 서술과 UI 디자인은 제외). 사용 전문가는 모든 요구사항이 진정한 요구사항인지 그리고 비즈니스를 실제로 그런 방식으로 진행하는지 확인한다.

2.5회전. 유스케이스 검토 (그룹). 결국은 소프트웨어 설계자, 비즈니스 전문가, 사용 전문가, UI 디자이너가 참석하는 그룹 검토를 한다. 작성 팀이 마지막 초

안을 만든 이후 실제로 무슨 일이 일어나는가는 프로젝트와 프로젝트 정책, 그리고 검토 메커니즘에 달려 있다. 작성자는 단계가 이해 가능하고, 올바르며, 구현할 수 있을 정도로 충분히 상세한지를 확인해야 한다. 이것은 공식 검토, 비공식 검토, 사용자 검토, 또는 개발자 검토 등에 의해 이루어진다.

일단 초안이 사용자와 기술자의 정밀 검토를 통과하면, 유스케이스는 자신의 최초 공식 기준선에 도달한다. 이제 설계를 시작하고, 지금부터는 단순히 문구를 바꾸기 위해서가 아니라 오류를 바로잡기 위해서 유스케이스를 변경한다.

유스케이스의 초안을 잡는 작업과 그것을 완성하는 작업의 차이를 곧 알게 된다. 유스케이스를 완성하기 위해 작성자는 다음 작업을 반드시 해야 한다:

- 모든 확장 조건을 제시한다.
- 실패 처리와 연결된 비즈니스 정책을 통해 생각한다.
- 이해관계자의 이해관계가 보호되었는지 검증한다.
- 유스케이스가 실재 요구사항을 모두 언급하는지 검증한다.
- 유스케이스가 사용자나 사용 전문가가 읽기 쉽고, 개발자가 구현할 내용을 알 수 있을 만큼 충분히 명확한지 확인한다.

유스케이스당 필요한 시간

나는 유스케이스 초안 작성에 서너 시간이 걸리고, 확장 처리에 며칠이 걸린다는 사실을 안다. 열 명으로 구성된 어떤 팀은 일주일 동안 유스케이스 요약서 140개를 작성하고(한 사람 당 하루에 2.8개의 유스케이스 요약서를 작성), 이후 4주를 계속 작업하며 다른 요구사항을 추가하는 데 보냈다. 이는 하나의 유스케이스 관련 요구사항이 많게는 2주까지 걸린 것이다. 다른 프로젝트에 종사하던 팀은 평균적으로 유스케이스 하나에 3~5주를 작업하였고, 그 결과로 나온 유스케이스의 품질은 매우 높았다.

대규모 그룹에서 유스케이스 수집

때로는 많은 수의, 다양한, 기술이 없는 사용 전문가 그룹과 함께 작업할 기회를 가진다. 이것은 매우 도전적인 일이다. 아래에 앤디 크라우스가 작성한 훌륭한 보고서를 인용한다. 이 보고서는 서로 다른 전문성을 가진 25명과 유스케이스 세션을 활용하였던 그의 경험을 담고 있다. 이 보고서는 『Object Magazine』에 실렸던 것이다.[4]

◆ 앤디 크라우스: 대규모, 다양한 그룹으로부터 유스케이스 수집

회의 시설에 대해 인색하게 굴지 마라.
여러분은 그들과 함께 몇 주간을 지내야 하고, 세션 동안에 그 사람들을 '주도할' 필요가 있다...... 우리는 한 회의실에서 다른 회의실로 옮겨 다녀야 하는 중요한 지원 관련 문제에 직면했었다. 최대한 한 회의실에 머물도록 노력하기 바란다.

회의실 안에 필요한 사람이 없으면 올바른 유스케이스를 끌어낼 수 없다.
충분하지 않은 것보다는, 지나치게 많은 사람과 관점이 있는 것이 더 낫다...... 우리가 필요로 하는 아이디어와 경험을 가진 사람은 실제 분석가, 간부, 조사 담당자, 데이터 입력 담당자, 23개 부서에서 온 감독관과 '엑스 오피시오(ex officio)' 회원 여러 명이었다. 실제 시스템 액터가 무엇인지 미리 알지 못했다면, 그렇게 많은 사람의 시간을 한 곳에 모으려 할 때 발생하는 실제 문제인 어떤 사용자가 어떤 세션에 들어와야 하는지를 예측할 수 없었을 것이다. 우리는 이 문제를 모든 사용자 영역에서 온 대표들과 '유스케이스 킥-오프'를 단행하여 해결했는데, 여기서 세션에 대한 잠정적인 스케줄을 함께 결정하였다.

대규모 그룹이 소규모 그룹보다 작업하기 어렵다. 여러분이 할 수 있는 한 최선을 다해 대처해야 할 것이다. 무엇보다 조직적이 되어야 한다. 작업을 실제로 진행함에 따라 우리는 규모 면에서 8명에서 25명에 이르는 그룹과 세션을 진행하였는데, 그 정도 규모의 그룹과 작업을 하다 보면 우리가 그 동안 들어왔던 문제를 대부분 만나게 된다. 다양한 배경을 가진 구성원들에게서 선출된 대표를 동시에 한 회의실에 모음으로써, 구성원 간 다른 가치관과 작업 절차에서 비롯된 요구사항의 미묘한 차이를 극복하였다.

사용자와의 세션에서 반나절 이상을 보내지 말기 바란다. 우리가 세션 중에 다룰 수 있는 문제의 양과 세션 전후에 그 문제를 처리할 수 있는 능력을 추정함에 있어서 너무

---

4 크라우스, A가 1996년 5월자 『Object Magazine』(pp 63-65, SIGS Publications, 뉴욕)에 쓴 'Use Case Blue'에서 인용. 허가를 받고 인용함.

나 야심만만했었다는 것을, 이 세션에서 배웠다. 세션에서 수집된 가공되지 않은 문제를 처리하는 데는, 그것을 끌어내는 데 들었던 시간만큼이나 긴 시간이 걸린다. 여러분에게는 나머지 반나절 동안 처리해야 할 많은 잡무, 행정 업무, 계획, 다음 세션에 대한 준비 작업 등이 남아있다.

관리자와 함께 배를 탄다. 관리자와 프로젝트 매니저는 문제를 파악하는 동안 여러 부분에 항상 참석하였다.

유스케이스 작업 기간에 시스템 아키텍처 담당자가 반드시 참석해야 한다. 아키텍트는 개발 프로세스에 전문지식을 도입한다……. 업무 전문가가 도메인 전문지식을 제공하여 프로세스를 힘차게 출발시키고, 일단 프로세스가 움직이면 프로세스의 궤도를 유지한다.

세션 안에 대체할 애플리케이션을 지원하는 담당자가 있다면 목표달성을 위해 보다 나은 기회를 가진다. 조직과 정보서비스 부서에서 온 많은 참가자들이 세션에 참석하였다. 이들은 현재 시스템의 이력에 대한 것 뿐만 아니라 그 당시 파악 중인 요구사항, 특히 외부 인터페이스에 대한 식견을 제공하였다.

유스케이스 파악에 '실제' 사용자 참가는 필수요건이다. 우리는 실제 간부, 분석가, 조사가, 데이터 입력 담당자, 이들을 감독하는 감독관 등이 세션에 참가하도록 보장하였다.

서기를 이용한다. 빠르고 정확한 서기의 중요성은 아무리 강조해도 지나침이 없다……우리는 몇 명의 서기를 초기 세션에 투입하였고, 그들은 너무도 중요한 존재였다…….

프로세스를 촉진하기 위해 누적된 유스케이스 산출물을 게시한다. 유스케이스는 상호작용을 통해 개발하였고, 진행 담당자가 플립 차트 용지에 기록하였고, 서기는 문서편집기로 작성하였다. 그리고는 플립 차트를 회의실 벽면에 붙였다. 플립 차트로 유스케이스를 다루기는 불편했으나, 그렇게 함으로써 뜻밖의 수확을 얻었다. 우리는 무심코 유스케이스를 순서 없이 아무렇게나 늘어놓았다. 새로운 유스케이스가 개발됨에 따라, 두서가 없는 배열 때문에 참가자는 이전에 개발한 유스케이스를 살펴볼 수밖에 없었다.

그런 상황이 반복됨에 따라, 참가자는 기존의 유스케이스에 대해 익숙하게 되는 효과를 얻었고, 이를 통해 새로운 것을 보다 빨리 개발할 뿐만 아니라 '다른 유스케이스와 유사한' 것을 개발하는 데에도 익숙해질 수 있었다.

직책과 액터는 별개이다. 액터 역할과 직책이 다를 수 있음을 사용자에게 이해시키기가 매우 힘들었다. 우리는 잠정적인 액터 목록을 만들 수 있었지만, 사람들은 그 목록을 불편해 하는 것 같았다. 어떻게 하면 그들을 더 편안하게 만들 수 있었을까?

애플리케이션은 여러분이 누구인지는 관심이 없다, 여러분이 쓰고 있는 모자에 관심이 있다. 컴퓨터와의 관계에서 액터 역할을 하는 것은 '모자를 쓰는 것'과 비슷하다는 생각이 떠올라서, 우리는 야구 모자 한 세트를 사서 모자마다 액터 이름을 하나씩 수놓았다. 그 다음날 참석자들이 세션에 도착했을 때, 모자는 회의실 앞 진행 담당자의 테이블 위에 한 줄로 놓여 있었다. 유스케이스 파악 작업이 시작되자 진행 담당자는 '질의(담당자)'라고 쓰인 모자 하나를 집어 머리에 썼다. 결과는 매우 만족스러웠다. 그들의 직책이 무엇이든 상관없이 시스템을 사용하는 동안에는 어떤 '모자'를 써야만(어떤 역할을 해야만) 함을 사용자들이 쉽게 이해하였다.

최초 액터 목록 작성 시, 일부 액터의 누락을 예상한다.……유스케이스 파악 절차를 밟은 지 채 몇 주도 되지 않아서, 우리(진행 담당자)는 시스템 사용자의 감독 업무를 다루는 일부 유스케이스가 누락되었음을 깨달았다. 다양한 부류의 참석자를 확보하려는 우리의 모든 노력에도 불구하고 감독 업무 담당자는 우리의 세션에 포함되지 않았는데, 흥미로운 사실은 그들 밑에서 일하는 사람들이 감독 업무에 대한 어떤 유스케이스도 생각해내지 못했다는 것이다.

'일상 업무 유스케이스'가 유스케이스 브레인스토밍을 촉진할 수 있다. [일상 업무 유스케이스는 사용 이야기(usage narrative)의 다른 이름]…… 사용자는 유스케이스의 '컨텍스트'에 대한 이해가 부족한 듯했다. 그래서 우리는 그들에게 '작업 중지'와 같은 어떤 과업을 수행하기 위해 일상의 활동에서 밟아 가는 단계를 (매우 높은 수준에서) 작성하게 하였다. 그 단계가 진행되다가 어디에선가 시스템이 사용될 것이고, 이것이 '시스템의 사용'에 대한 생각으로부터 그들을 자유롭게 할 수 있는 방법이었다. 3일째 이런 일상 업무 유스케이스를 개발하는 데 하루를 보낸 결과 4일째 드디어 20개의 유스케이스를 탄생시켰다.

'강요에 의한 유스케이스'는 기대하지 않는다. 여느 창조적인 활동이 그렇듯이, 유스케이스 파악 작업에도 나름대로 산과 골이 있다. 창조적인 프로세스에서 사람을 몰아세우는 것은 비생산적이다.

작업의 정체를 예상한다, 촉매로 대응한다. '자극하기', 즉 목표 시스템 사용법과 관련 주제나 이슈에 대한 OHP나 인쇄물 이용은 효과적인 촉매제임이 입증되었다. 우리는 토론을 끌어내기 위해 일부러 논쟁의 여지가 있는 주제나 관점을 도입하곤 했다. 사람들은 찬성할 수 없는 견해와 마주치게 되면, 자신의 의사를 보다 빨리 그리고 명확하게 표현한다는 사실을 알게 되었다.

유스케이스 파악은 사회적인 활동이다. 같은 세션의 후반부에 이르러서, 참가자는 감정이 상했고, 아이디어는 고갈되었고, 참가자는 오로지 자신을 방어하기 위해 진행자에게 반발하였다. 근무시간 후에 가진 몇 번의 친목 모임이 관계 개선에 윤활유로 작용하였고 우리는 모두 친구가 되었다. 우리는 단결할 수 있었고, 유스케이스 세션을 통해 프로젝트의 의사 결정자에게 아이디어를 제공해야 한다는 과업을 바탕으로 서로를 존중하고 지원하게 되었다.

표준 '기술어(descriptor)'[5]가 프로세스의 원활한 진행을 돕는다...... 표준 기술어는 어떤 기준을 따라 분할한 새로운 시스템에 대한 속성을 가지고 있다. (예: 사람, 장소, 위치). 기술어는 정보를 일관되게 표현하기 위한 통로를 제공한다...... 기술어 집합에 이름을 부여하고, 목록을 작성하고, 개선함으로써 계속되는 유스케이스 개선 작업 뿐 아니라 세션 토의에서 일반적으로 사용할 수 있다.

마찬가지로 표준 시스템 책임, 그리고 성공과 실패 시나리오는 우리가 한 유스케이스를 다른 유스케이스로 복사하기보다는 예외에 초점을 둘 수 있게 하였다.

가정(assumption) 목록을 만들고, 유지하고, 보여준다. 작업 진행 중, 특정 기간에 우리는 '가정 읽기'로 세션을 시작할 필요가 있음을 알게 되었다. 그러한 읽기를 통해 이미 고려된 사항에 대한 논쟁을 최소화할 수 있었다.

최소주의자가 된다. 유스케이스 템플릿을 가능한 한 줄인다.

---

5 (옮긴이) 디스크립터-정보의 종류·색인에 쓰이는 어구, 서술자라고도 함

18장
Writing Effective **Use Cases**

유스케이스 요약서와 익스트림 프로그래밍

초경량 방법론인 익스트림 프로그래밍(이하 XP)은, 이 책에서 소개한 것보다 훨씬 가벼운 양식으로 작성한 행위 요구사항을 이용한다(『Extreme Programming Explained』, 켄트 벡, 1999 참조). XP에서는 사용-전문가와 비즈니스 전문가가 개발자와 함께 한다. 함께 있기 때문에 팀은 소프트웨어 요구사항을 자세하게 작성하지 않고, 단지 사용자 스토리(user story)만을 작성하는데, 이것은 작은 기능 조각 주변의 요구사항에 대해 더 논의하기 위한 약속어음과도 같은 것이다.

XP의 사용자 스토리는, 그 간결성 때문에, 47쪽의 표 3.3, 유스케이스 요약서 예제에서 묘사한 유스케이스 요약서나, 224쪽의 표 17.2, 트레이드-인 파악을 위한 작업 목록에서 묘사한 시스템 특성과 닮은 것처럼 보일 수도 있다.

각각의 XP 사용자 스토리는 비즈니스나 기술 담당자가 내용을 이해하고 시간이 얼마나 걸릴지 추정할 수 있을 정도로만 자세하면 된다. 사용자 스토리는 개발자가 3주 이내에 혹은 그보다 빨리 설계, 코딩, 테스트, 배치 등을 할 수 있도록 충분히 작은 작업 단위여야 한다. 일단 이 기준을 만족하면, 팀이 관리할 수 있을 만큼 짧고 간결할 수 있다. 이것은 대개 색인 카드에 작성한다.

XP 사용자 스토리에 대한 작업이 시작되면, 설계자는 그저 카드를 집어 비즈니스 전문가에게 주고 보다 자세하게 설명해달라고 한다. 비즈니스 전문가가 항상 곁에 있으므로, 기능을 제대로 이해할 때까지 대화를 계속한다.

드문 경우이지만, 전일제로 참여하는 사용자가 있는 작고, 잘 짜인 개발팀은 사용 시나리오나 유스케이스 요약서를 요구사항 문서로 채택한다. 이는 요구사항을 제시하는 사람들이 시스템을 설계하는 사람들과 함께 있을 때만 가능한 일이다. 설계자는 시스템을 설계하는 동안 요구사항을 제시하는 사람들과 함께 작업한다. XP의 사용자 스토리처럼, 약속어음과도 같은 기록을 수행하기 위한 조건이 만족된다면 이것은 가능하다. 대부분의 프로젝트에서 이 조건은 만족되지 않는다. 따라서 사용 시나리오는 유스케이스 작성 세션을 시작할 때 준비 운동으로, 유스케이스 요약서는 프로젝트 개요의 일부로 유지하는 것이 최선의 방법이다.

19장

Writing Effective Use Cases

실수 바로잡기

유스케이스를 작성할 때 범하는 가장 흔한 실수는 문장의 주어 생략, 사용자 인터페이스 가정, 너무 낮은 목표 수준 이용 등이다. 다음은 이런 실수의 예이다. 이 장에서는 여러분을 시험하는 것이 아니라 여러분의 시각적인 반사 능력을 보다 날카롭게 하고자 한다.

처음 예제는 짧고 마지막 예제는 긴 것으로 실제 프로젝트에서 가져왔다. 짧은 것부터 먼저 연습하자.

19.1 시스템이 없음

수정 전

유스케이스: 현금 인출

범위: 현금인출기
수준: 사용자 목표
일차 액터: 고객
1. 고객이 카드를 넣고 비밀번호를 입력한다.
2. 고객이 '인출'을 선택하고 금액을 입력한다.
3. 고객이 현금, 카드, 영수증을 받는다.
4. 고객이 떠난다.

작업 메모

이 유스케이스는 일차 액터가 하는 일을 모두 보여 주지만, 시스템의 행위는 보여주지 않는다. 사람들이 얼마나 자주 이런 유스케이스를 작성하는지 그저 놀라울 뿐이다. 그리고 이런 유스케이스를 검토한 사람은 대체로 다음과 같은 반응을 보인다. "시스템이 실제로 수행해야 할 일이 별로 없군. 곧바로 설계에 들어가도 되겠어."

이러한 실수를 바로잡는 방법은, 모든 액터를 행동과 함께 언급하는 것이다.

수정 후

지금부터 여러분은 자다가도 현금인출기 유스케이스를 작성할 수 있어야 한다.

> **유스케이스: 현금 인출**
>
> **범위:** 현금인출기
> **수준:** 사용자 목표
> **일차 액터:** 계좌 소유자
> 1. 고객은 신용카드를 카드 판독기에 통과시킨다.
> 2. 현금인출기는 은행 ID, 계좌 번호, 암호화된 비밀번호를 카드로부터 읽어 들이고, 은행 ID와 계좌번호를 은행 주시스템에 검증한다.
> 3. 고객은 비밀번호를 입력한다. 현금인출기는 그것을 카드로부터 읽은 암호화 비밀번호와 비교하여 검증한다.
> 4. 고객은 '빠른 현금' 메뉴와 5달러의 배수로 인출 금액을 선택한다.
> 5. 현금인출기는 은행 주시스템에 고객 계좌번호와 인출 금액을 알리고, 승인과 새로운 잔고 정보를 받는다.
> 6. 현금인출기는 현금, 카드, 새로운 잔고를 보여주는 영수증을 지급한다.
> 7. 현금인출기는 거래를 로그에 남긴다.

19.2 일차 액터가 없음

수정 전

다음은 현금인출기에서 돈을 인출하는 유스케이스의 일부이다.

유스케이스: 현금 인출

> **범위:** 현금인출기
> **수준:** 사용자 목표
> **일차 액터:** 고객
> 1. 신용카드와 비밀번호를 입력 받는다.
> 2. 거래 유형으로 '현금인출'을 입력 받는다.
> 3. 원하는 금액을 입력 받는다.
> 4. 계좌에 충분한 잔액이 있는지 검증한다.
> 5. 돈, 영수증, 카드를 내어 준다.
> 6. 화면을 초기상태로 설정한다.

작업 메모

이 유스케이스는 시스템 관점에서 작성하였다. 따라서 현금인출기가 하는 일은 모두 보여 주지만, 일차 액터의 행위는 보여 주지 않는다. 이런 종류의 작성방식은 이해, 검증 및 수정이 어렵다. 어떤 경우에는 액터의 행위 관련 주요 정보가 생략된다.

바로잡는 방법은 간단하다. 모든 액터와 액터의 행동을 언급한다.

수정 후

19.1 절과 같다.

19.3 사용자 인터페이스 세부사항이 지나치게 많다

수정 전

유스케이스: 물건 구매

> **범위:** 구매 애플리케이션
> **수준:** 사용자 목표
> **일차 액터:** 고객
> 1. 시스템이 ID와 비밀번호 입력 화면을 보여준다.

2. 고객이 ID와 비밀번호를 시스템에 입력하고, '확인'을 클릭한다.
3. 시스템이 사용자 ID와 비밀번호를 검증하고 개인 정보 화면을 보여준다.
4. 고객은 성과 이름, 상세 주소, 시, 도, 우편번호, 전화번호를 입력하고 '확인'을 클릭한다.
5. 시스템은 사용자가 기존 사용자임을 검증한다.
6. 시스템은 이용 가능한 제품 목록을 제시한다.
7. 고객은 구매할 물건의 사진을 클릭하고, 옆에 수량을 입력하고, 일을 마치면 '완료'를 클릭한다.
8. 시스템이 창고 보관 시스템을 통해 요청된 물건의 재고 수량이 충분한지 확인한다.
...... 등등.

작업 메모

가장 흔하게 일어나는 실수다. 작성자가 사용자 인터페이스에 대해 지나치게 많이 서술함으로써, 이 유스케이스를 진정한 요구사항 문서가 아닌 사용자 매뉴얼로 만들었다. 필요 이상의 UI 세부사항은 이야기 흐름에는 아무것도 추가하지 않으면서, 읽기 어렵게 만들고 요구사항을 불안정하게 한다.

바로잡기 위해서 특정 솔루션을 실제로 지정하지 않고 사용자의 의도를 서술하는 방법을 찾는다. 때로는 다소 창조적인 표현 방법을 요구한다.

수정 후

유스케이스: 물건 구매

범위: 구매 애플리케이션
수준: 사용자 목표
일차 액터: 고객

1. 고객은 ID와 비밀번호로 시스템에 접속한다.
2. 시스템은 사용자를 검증한다.
3. 고객은 이름, 주소, 전화번호를 입력한다.
4. 시스템은 고객이 기존의 고객임을 검증한다.
5. 고객은 제품과 수량을 결정한다.
6. 시스템은 창고 보관 시스템을 통해 요청된 물건이 재고 수량이 충분한지 확인한다.
...... 등등.

19.4 매우 낮은 목표 수준

수정 전

유스케이스: 물건 구매

> **범위: 구매** 애플리케이션
> **수준:** 사용자 목표
> **일차 액터:** 고객/사용자
> 1. 사용자는 ID와 비밀번호로 시스템에 접속한다.
> 2. 시스템은 사용자를 검증한다.
> 3. 사용자는 이름을 입력한다.
> 4. 사용자는 주소를 입력한다.
> 5. 사용자는 전화번호를 입력한다.
> 6. 사용자는 제품을 선택한다.
> 7. 사용자는 수량을 결정한다.
> 8. 시스템은 사용자가 기존의 고객임을 검증한다.
> 9. 시스템은 제품 보관 시스템과 연결을 설정한다.
> 10. 시스템은 제품 보관 시스템에 현재의 재고 수준을 요청한다.
> 11. 창고 보관 시스템이 현재의 재고 수준을 알려 온다.
> 12. 시스템은 요청 수량에 대해 재고가 있는지 검증한다.
> ...... 등등.

작업 메모

길고 지루한 유스케이스다. 사용자 인터페이스를 너무 가까이서 서술한 최하위 단계들을 흠잡을 수는 없지만, 궁극적으로는 진행되는 내용을 짧게 작성하고 명확하게 하려는 것이다.

문서의 길이를 줄이기 위해 다음과 같은 방법을 사용한다.

- 각각을 모으기 위해, 분리된 단계를 이용하고 있는 데이터 항목을 (3단계에서 5단계) 통합한다. "일반적으로, 사용자가 무엇을 제공하려 하는가?"라고 묻는다면 "개인 정보"라는 답을 얻게 되는데, 이것은 수집되어야 하는 모든 개인 정보를 표현하는 훌륭한 별칭이다. 나는 별칭만으로는 너무 막연함

- 을 알기 때문에, 필드 목록에 단서를 남긴다. 필드 목록은 이 유스케이스에 영향을 주지 않고 다른 부분(또는 문서)에서 확장할 수 있도록 한다.
- 같은 방향으로 진행하는 모든 정보를 한 단계로 모은다. (3단계에서 7단계) 이것이 항상 최선은 아니다. 때로는 개인 정보 제공이 제품이나 수량 결정과는 상당히 다른 일이어서, 작성자는 행을 나누어 이 작업을 서술한다. 이것은 취향의 문제이다. 나는 한 방향으로 진행하는 모든 정보를 한데 모으는 것을 선호한다. 그것이 너무 어지럽게 보이거나, 확장으로 인해 나눌 필요가 있다면, 다시 나눈다.
- 약간 더 높은-수준의 목표를 찾는다(8단계에서 11단계). "왜 시스템이 이 모든 일을 하는가?"라고 묻는다면, "창고 보관 시스템을 통해 요청한 제품이 충분한 재고 수량을 가지고 있는지 확인하려 한다"는 답을 얻는다. 이 약간 높은 수준의 목표는 이전처럼 요구사항을 잘 표현하면서도 길이는 짧아졌다.

수정 후

유스케이스: 무엇인가를 구매

> **범위:** 구매 애플리케이션
> **수준:** 사용자 목표
> **일차 액터:** 고객/사용자
> 1. 사용자는 ID와 비밀번호로 시스템에 접속한다.
> 2. 시스템은 사용자를 검증한다.
> 3. 사용자는 개인 정보(이름, 주소, 전화번호)를 제공하고, 제품과 수량을 결정한다.
> 4. 시스템은 고객이 기존의 고객인지 검증한다.
> 5. 시스템은 창고 보관 시스템을 통해 요청한 물건의 재고 수량이 충분한지 확인한다.
> ...... 등등.

19.5 목적과 내용이 서로 다름

이것은 여러분에게 125쪽의 7장 끝에 나오는 연습문제 7.4를 생각나게 할 것이다. 그것은 잘못된 로그인 유스케이스를 고치라는 내용이었다.

그 문제를 아직 해결하지 않았다면, 다음과 같은 세 가지 실수를 찾는다.

- 본문이 유스케이스 이름이 의도한 바와 어울리지 않는다. 사실 이것은 유스케이스 두 개가 서로 합쳐진 것이다.
- 사용자 인터페이스 세부사항을 서술하고 있다.
- 문장이 보통 사람의 언어보다는 프로그래밍 언어의 구조를 이용한다.

여러분이 문제를 풀고 싶지 않다면, 부록 B에 나오는 토의와 해답을 참조한다.

19.6 UI가 지나치게 많은 고급 예제

파이어폰드 사는 친절하게도 다음의 수정 전과 수정 후 예제를 필자가 사용하도록 허락해 주었다. 수정 전 버전은 8쪽에 달하며, 그 중 6쪽은 주요 성공 시나리오와 대안 시나리오에 할애하였다. 수정 후 버전은 길이가 1/3 정도로 줄었으며, 같은 기본 정보를 표현하면서도 사용자 인터페이스는 강요하지 않았다.

주요 성공 시나리오를 주의 깊게 읽고, 어떻게 하면 내용을 잃어버리지 않고 이토록 긴 유스케이스를 보다 만족스럽게 만들 수 있을까 여러분 스스로에게 물어본다. 특히, 문서 내에 나타난 UI 설계에 주목한다. 여러분은 일부 확장을 보아야 하겠지만, 모두를 자세히 읽을 필요는 없다. 필자는 그중 일부를 삭제하였으나, 충분한 분량을 남겨서 여러분이 그런 긴 유스케이스로 작업하는 어려움을 느끼게 하였다. 여러분이라면 이것을 어떻게 줄이겠는가?

유스케이스 제목에 대한 주의사항 하나. 정보 기술 마케팅 용어로는, 구매 고객이 '제품을 선택한다'고 말하는 것은 충분하지 않다. 복잡한 제품군을 만나게 되면, 구매 고객은 자신의 '상황'에 맞는 '해결책을 찾는다'는 것이다. 나는 이 유스케이스를 제품 선택 이라고 이름을 다시 붙이고 싶지만, 그럴 만한 위치가 못된다. '해결책 찾기'라는 제목은, 이것을 작성하고 읽는 세계에서는 옳은 것으로 받아들이므로 그대로 둔다.

파이어폰드 사의 데이브 스콧과 러셀 왈터스에게 감사드린다.

수정 전

유스케이스 36 해결책 찾기 - 수정 전

범위: 웹 시스템
수준: 사용자 목표
일차 액터: 구매 고객 - 구입할 제품을 찾기 원하는 고객이나 대리인
주요 성공 시나리오:

액터 행동	시스템 응답
1. 이 유스케이스는 구매 고객이 전자 상거래 웹사이트를 방문할 때 시작한다.	2. 시스템은 웹사이트를 방문한 구매 고객의 유형에 관한 정보를 입수한다. 3. 시스템은 구매 고객의 신원을 확인할 것을 요구한다: 신원 확인 시작. 시스템이 이 단계에서 신원을 확인하지 못하면, 해결책을 저장하기 전에 반드시 신원이 확인되어야 한다. 4. 시스템은 구매 고객에게 다음의 선택권을 제공한다: 새로운 해결책 만들기, 저장된 해결책 불러오기
5. 구매 고객이 새로운 해결책 만들기를 선택한다.	6. 시스템이 구매 고객이 원하는 것과 관심 분야를 파악하기 위해 첫 번째 질문을 제시한다.
7. 구매 고객은 선택된 제품을 쇼핑바구니에 반복하여 추가할 수 있다. 8. 원하는 것과 관심 분야를 파악하기 위해 질문이 제시되는 동안: 9. 구매 고객은 질문에 답한다.	10. 시스템은 생산 정보, 특징과 장점, 비교 정보와 같은 관련 정보를 보여주면서, 구매 고객이 원하는 것과 관심 분야를 파악하기 위해 이전의 답변에 근거하여 다양한 수와 유형의 질문을 제시한다.

11. 구매 고객이 마지막 질문에 답한다.	12. 원하는 것과 관심 분야에 대한 마지막 질문 후, 시스템은 제품군을 추천하고 생산 정보, 특징과 장점, 비교 정보, 가격과 같은 관련 정보를 제시한다.
13. 구매 고객이 제품군을 선택한다.	14. 시스템은 제품 모델 수요를 파악하기 위해 첫 번째 질문을 제시한다.
15. 추천할 제품 모델을 파악하기 위해 질문이 제시되는 동안: 16. 구매 고객은 질문에 답한다.	17. 시스템은 생산 정보, 특징과 장점, 비교 정보, 가격과 같은 관련 정보를 보여주면서, 제품 모델과 관련하여 구매 고객의 원하는 것과 관심 분야를 파악하기 위해 이전의 답변에 근거하여 다양한 질문을 제시한다.
18. 구매 고객이 마지막 질문에 답한다.	19. 제품 모델 수요에 대한 마지막 질문 후, 시스템은 제품 모델을 추천하고 생산 정보, 특징과 장점, 비교 정보, 가격과 같은 관련 정보를 제시한다.
20. 구매 고객이 제품 모델을 선택한다.	21. 시스템은 표준 제품 모델 옵션을 선택하고, 주요 제품 옵션을 결정하기 위해 첫 번째 질문을 제시한다.
22. 추천할 제품 옵션을 파악하기 위해 질문이 제시되는 동안: 23. 구매 고객은 질문에 답한다.	24. 시스템은 생산 정보, 특징과 장점, 비교 정보, 가격과 같은 관련 정보를 보여주면서, 주요 제품 옵션과 관련하여 구매 고객이 원하는 것과 관심 분야를 파악하기 위해 이전의 답변에 근거하여 다양한 질문을 제시한다.
25. 구매 고객이 마지막 질문에 답한다.	26. 주요 제품 옵션에 대한 마지막 질문 후, 시스템은 선택한 모델과 선택한 옵션을 구매 고객이 확인하도록 제시한다.
27. 구매 고객은 선택된 제품을 검토하고, 구매를 결정한 뒤, 선택된 제품을 쇼핑 바구니에 추가한다.	28. 시스템은 선택한 제품과 스토리보드 정보 (탐색과 답변들)를 쇼핑 바구니에 추가한다. 29. 시스템은 쇼핑 바구니와 선택한 제품의 모습을 모두 보여 준다.
30. 쇼핑 바구니에 추가하는 단계의 반복이 끝난다.	31.

32. 구매 고객은 쇼핑바구니 안의 물품에 대해 개인화된 제안을 요청한다.	33. 시스템은 제안에 사용하는 내용을 파악하기 위해 첫 번째 질문을 제시한다.
34. 제안서의 내용을 파악하기 위해 질문을 제시하는 동안: 35. 구매 고객은 질문에 답한다.	36. 시스템은 생산 정보, 특징과 장점, 비교 정보, 가격과 같은 관련 정보를 보여주면서, 제안 내용을 파악하기 위해 이전의 답변에 근거하여 다양한 질문을 제시한다.
37. 구매 고객이 마지막 질문에 답한다.	38. 제안 내용에 대한 마지막 질문 후, 시스템은 제안서를 만들어서 제시한다.
39. 구매 고객은 제안을 검토하고 인쇄하기로 한다.	40. 시스템은 제안서를 인쇄한다.
41. 구매 고객은 해결책 저장을 요청한다.	42. 구매 고객의 신원이 아직 확인되지 않았다면, <u>신원 확인 시작</u>을 한다. 43. 시스템은 사용자에게 해결책 식별 정보를 요청한다.
44. 구매 고객은 해결책 식별 정보를 입력하고 해결책을 저장한다.	45. 시스템은 해결책을 저장하고 그것을 구매 고객과 연결시킨다.

확장:

*a. 해결책을 찾는 중 어느 때라도, 구매 고객이 미리 지정된 시간이 지나도록 아무런 행동을 하지 않으면, 시스템은 구매 고객에게 아무런 행동도 하지 않았음을 알리고 계속할 것인지를 묻는다. 적절한 시간 내에(30초) 응답하지 않으면, 유스케이스를 종료한다. 그렇지 않은 경우에는 구매 고객이 준비된 절차를 따라 계속 진행한다.

*b. 연속적인 질문/답변 중 어느 때라도, 구매 고객은 어느 질문으로든 되돌아가서 답변을 수정한 후 계속 진행할 수 있다.

*c. 추천 제품이 제시된 후 어느 때라도, 구매 고객은 요청 관련 계산 결과 정보를 볼 수 있다. 시스템은 계산을 수행하고 정보를 제시한다. 구매 고객은 자신이 멈추었던 곳에서부터 해결책 찾기 과정을 계속 진행한다.

*d. 연속적인 질문/답변 중 어느 때라도, 시스템은 이용 가능한 부품을 검색하기 위해 부품 재고 시스템에 접속하고 그리고/또는 제조 스케줄을 검색하기 위해서 공정 계획 시스템에 연결할 수 있다. 부품 가용성과 일정 정보는 제품 선택 정보를 걸러주는데 활용하거나 또는 해결책 검색 과정에서 구매 고객에게 가용성을 보여주는데 사용하기도 한다. <u>부품 가용성 검색 시작 유스케이스</u>와 <u>제조 일정 검색 유스케이스</u>.

*e. 연속적인 질문/답변 중 어느 때라도, 시스템은 관련 산업체 링크를 포함한 관련 정보를

제공할 수 있다. 구매 고객은 관련 링크를 선택한다. 시스템은 최적의 위치로 안내하기 위해 또는 적절한 콘텐츠를 보여주기 위해 제품 관련 정보나 다른 해결책 정보를 이 링크로 전달할 수 있다. 산업체 웹사이트 탐색이 끝나면, 구매 고객이 떠났던 지점으로 시스템이 검증할 제품 요구사항을 가지고 돌아온다. 제품 정보 뷰 시작

*f. 검색 과정 중 어느 때라도, 구매 고객은 연결 요청을 할 수 있다: 연결 요청 시작 유스케이스

*g. 연속적인 질문/답변 중 어느 때라도, 시스템은 시장 데이터 파악을 위한 트리거 지점을 설정할 수 있다. 시스템은 이 지점에서 시스템의 외부에 존재하는 시장 분석을 위해 사용할 수 있는 탐색 경로, 제품 선택, 질문과 답변 정보를 파악한다.

*h. 검색 과정에서 미리 결정된 어떤 지점에서라도, 시스템은 그 지점까지 파악된 해결책 정보를 제공해 주는 지표를 생성할 수 있다. 지표 생성 시작 유스케이스

*i. 어느 때라도 구매 고객은 전자 상거래 애플리케이션을 종료할 수 있다: 마지막 저장 후에 새로운 해결책을 만들었거나 현재의 해결책을 변경하였다면, 시스템은 구매 고객에게 해결책 저장 여부를 묻는다. 해결책 저장 시작

*j. 새로운 해결책을 만들거나 현재 해결책을 변경한 후 어느 때라도, 구매 고객은 해결책을 저장할 수 있다. 해결책 저장 시작

1a. 구매 고객이 관련 제품의 판매처 웹사이트를 이미 방문하여 제품 요구사항을 확정했다. 판매처의 웹사이트가 해결책 찾기를 계속 진행하기 위해 이 전자상거래 시스템으로의 이동을 허가한다:

    1a1. 구매 고객이 제품 요구사항과 신원 정보를 가지고 전자상거래 시스템을 시작한다.

    1a2. 시스템이 제품 정보와 잠정적인 사용자 신원 정보를 접수한다.

    1a3. 시스템은 구매 고객이 검색 과정의 어디에 있는지 확인하고, 검색을 계속하기 위해 질문을 시작할 지점을 결정한다.

    1a4. 결정된 시작점을 기준으로, 우리는 단계 5, 12, 또는 18부터 계속 진행한다.

3a. 구매 고객이 이전에 저장한 해결책을 가지고 작업하고자 한다.:

    3a1. 구매 고객이 해결책 재호출을 선택한다.

    3a2. 시스템은 이 구매 고객이 저장한 해결책의 목록을 제시한다.

    3a3. 구매 고객은 자신이 재호출하기 원하는 해결책을 선택한다.

    3a4. 시스템이 선택된 해결책을 재호출한다.

    3a5. 단계 26부터 계속한다.

23a. 구매 고객이 추천 옵션 중 일부를 변경하고자 한다:

    {정상적인 흐름에 대한 대안들이 있으므로 옵션 선택 유스케이스를 만든다. 시스템이 적절하지 않은 것까지 포함하여 모든 옵션을 보일 수 있다. 만약 구매 고객이 옵션을 잘못 선택하면, 시스템은 메시지와 함께 적절한 옵션을 선택하여 제품 구성방법을 제시한다.}

. . . 그러면 구매 고객이 옵션을 변경할 필요가 있다:

23a1. 구매 고객이 변경을 원하는 옵션을 선택한다.

23a2. 시스템이 이용 가능한 옵션을 제시한다.

23a3. 구매 고객이 원하는 옵션을 선택한다.

26a. 구매 고객이 쇼핑바구니에 있는 제품의 수량을 변경하고자 한다. :

26a1. 구매 고객이 쇼핑바구니에 있는 제품을 선택하고 수량을 변경한다.

26a2. 시스템이 가격을 다시 계산한 후 관련 질문과 응답을 구매 고객 정보와 함께 제시한다. 계산에는 할인, 세금, 비용, 구매 고객 관련 정보에 근거한 특별 가격 등을 고려한다.

26b. 구매 고객이 트레이드-인 제품을 쇼핑바구니에 추가하고자 한다:

26b1. 트레이드-인 항목 참조.

26c. 구매 고객이 저장한 해결책을 재호출하기를 원한다:

26c1. 시스템은 이 구매 고객을 위해 저장한 해결책 목록을 제시한다.

26c2. 구매 고객은 자신이 다시 사용하려는 해결책을 선택한다.

26c3. 시스템이 선택한 해결책을 다시 호출한다.

26c4. 단계 26부터 계속한다.

26d. 구매 고객이 적절한 금융 계획을 가지고 쇼핑바구니의 물건을 융자로 구매하고자 한다:

26d1. 구매 고객이 쇼핑바구니의 물건을 신용구매하기로 결정한다.

26d2. 시스템이 융자 계획을 추천하기 위해, 이전의 답변과는 별개인 질문을 여러 개 던진다.

시스템은 금융 시스템과 연결하여 신용 등급 승인을 얻는다. <u>재정 등급 획득 시작</u>

26d3. 구매 고객이 융자 계획을 선택한다..

26d4. 시스템이 선택한 융자 계획의 세부사항을 결정하기 위해, 이전의 답변을 바탕으로 일련의 질문을 던진다.

26d5. 구매 고객이 융자 계획 세부사항을 확인하고 그 계획으로 진행하기로 결정한다.

26d6. 시스템이 금융 시스템과 함께 융자 계획 주문을 한다. <u>융자 주문 시작</u>

작업 메모

여기서는 액터의 행동을 구분하기 위해 열 두 개를 갖는 양식을 선택했다. 질문과 답변 모델을 제외하고는 어떤 사용자 인터페이스 설계도 시각화하지 않았기에, 질문과 답변을 유스케이스에 서술하였다.

우선 열을 없애고 한 개의 열로 된 양식에 단순한 이야기를 만드는 작업을 하였다. 이를 통해 쪽 넘김 없이 쉽게 이야기 줄거리를 보고자 한다.

결과를 보고 나서, 사용자 인터페이스에 대한 가정과 수준을 높일 수 있는 목표를 샅샅이 뒤져 보았다. 핵심은 **시스템이 이전의 답변에 근거하여 수와 유형이 달라지는 질문을 제시한다**는 문장에 있었다. 이것은 마우스 클릭처럼 명백한 어떤 행위를 말하는 것이 아니고, 사용자가 질문에 대한 답을 입력하는 사용자 인터페이스를 가정한다. 나는 완전히 다른 사용자 인터페이스를 상상하여, 그것이 유스케이스 작성에 어떤 영향을 주는지 알고 싶었다. 그래서 입력을 전혀 하지 않는 설계를 생각해냈다. 사용자는 단지 그림에 대고 클릭만 하게 한다. 그런 후에야 사용자의 의도를 파악하고 UI 의존성을 제거할 수 있었다. 여러분이 보게 되겠지만, 이것을 통해 문장의 길이 또한 상당히 줄였다.

혹시 그 단계의 목표가 너무 낮은 수준은 아닌지 그리고 그것을 높일 수 있는지 알아보기 위해 각 문장의 목표 수준을 다시 확인하였다.

이 작업을 시작할 때, 해결되지 않은 의문 중 하나는, 한 개의 열로 된 양식이 설계자에게 시스템의 임무를 여전히 명확하게 보여줄지 여부였다. 러스티는 보여줄 수 있다고 평가했다. 사실, 그는 다음과 같은 이유로 전보다 더 만족하였다.

- 더 짧고 읽기 쉽다.
- 모든 실제 요구사항이 여전히 거기에 있고, 명백하게 표시되었다.
- 설계 제약이 줄어들었다.

수정 후

유스케이스 37 가능한 해결책 찾기 – 수정 후

범위: 웹 소프트웨어 시스템
수준: 사용자 목표
선조건: 없음
최소 보증: 행동이 없으면, 구매 없음.
성공 보증: 구매 고객은 구매 준비가 된 0개 혹은 그 이상의 제품을 가지고 있다. 시스템은 제품 선택과 탐색 경로에 대한 로그를 가지고 있고, 구매 고객의 특성을 기록한다.

일차 액터: 구매 고객 (임의의 웹 사용자)

트리거: 구매 고객이 해결책 찾기를 선택한다.

주요 성공 시나리오:

1. 구매 고객은 새로운 해결책 찾기를 시작한다.
2. **시스템**은 구매 고객이 제품군, 모델, 모델 선택사항 등을 선택하는 것을 돕기 위해, 구매 고객에게 정보를 보여주기도 하고 구매 고객이 원하는 것과 관심분야를 파악하기 위해 일련의 질문도 던진다. 제시되는 일련의 질문과 화면은 구매 고객이 경로를 따라가며 제시하는 답에 따라 달라진다. 시스템은 구매 고객에게 관심을 끌 만한 것을 강조하고 추천하기 위해 프로그램 된 선택 경로에 따른 그러한 질문을 선택한다. 제시하는 정보에는 제품화 정보, 특성, 장점, 비교 정보 등이 포함되어 있다.
3. **시스템**이 경로를 따라 탐색 정보를 로그로 남긴다.
4. 구매 고객이 최종 제품 구성을 선택한다.
5. 구매 고객이 이것을 쇼핑바구니에 추가한다.
6. **시스템**이 쇼핑바구니에 선택된 제품과 탐색 정보를 추가한다.
7. **시스템**이 쇼핑바구니와 그 안의 모든 제품들을 보여 준다.

구매 고객은 위의 단계들을 원하는 만큼 반복하면서, 원하는 지점까지 탐색하고 서로 다르게 조정된 제품을 선택하고, 원할 경우 이것을 쇼핑바구니에 추가한다.

확장:

*a. 어느 때라도, 구매 고객은 **연결 요청**을 할 수 있다.

1a. 이 웹사이트의 소유주와 정보를 보내는 컴퓨터 소유주 사이의 협약에 의해, 정보를 보내는 컴퓨터는 요청과 함께 구매 고객 유형 정보를 함께 보낼 수 있다:

    1a1. **시스템**은 웹 요청으로부터 특정한 사용과 또는 모든 사용자와 탐색 정보를 추출하여, 그것을 로그 정보에 추가하고, 질문/답변 연속의 어떤 지점에서부터 시작한다.

        1a1a. 다른 사이트에서 받은 정보가 유효하지 않거나 이해할 수 없다: **시스템**은 할 수 있는 최선을 다하여, 모든 입수 정보를 로그로 남기고, 가능하면 계속한다.

1b. 구매 고객이 이전에 저장한 부분적인 해결책을 계속 진행하기를 원한다:

    1b1. 구매 고객이 <u>신원 확인</u>을 하고 해결책을 저장한다.

    1b2. **시스템**이 해결책을 다시 호출하고, 구매 고객이 해결책을 저장하며 중단했던 시스템 상의 지점으로 구매 고객을 돌려보낸다.

2a. 구매 고객이 연속된 질문의 일부나 전체를 무시하기로 선택한다:

    2a1. 구매 고객은 한정된 (혹은 전무한) 개인 특성에 근거하여 추천한 제품을 제시 받고 선택한다.

    2a2. **시스템**은 선택 내용을 로그로 남긴다.

2b. 제품을 바구니에 추가하기 전 어느 때라도, 구매 고객은 새로운 제품 추천 또는 제품 선

택을 위해 이전의 어느 질문으로든 되돌아가서 수정할 수 있다.

2c. 제품을 바구니에 추가하기 전 어느 때라도, 구매 고객은 이용 가능한 테스트 또는 계산 결과를 보여 달라고 요청할 수 있다(예: 이 구성으로 이 정도 무게의 트레일러를 끌 수 있는가):

시스템이 계산을 수행하여 결과를 보여준다.

2d. 웹 사이트 소유주가 판매 지표(동적인 비즈니스 규칙)를 생성하기로 미리 결정해 두었던 지점을 구매 고객이 지나간다.:

시스템이 판매 지표 생성을 한다.

2e. 시스템이 구매 고객에게 신원 확인을 요청하기로 설정되었다:

구매 고객이 신원 확인을 한다.

2f. **시스템**이 제품 이용 가능성과 선택에 영향을 주는 알려진 다른 시스템과 (부품 재고, 공정과 계획) 상호 작용하도록 설정되어 있다:

2f1. **시스템**이 필요한 정보를 얻기 위하여 알려진 다른 시스템과 (부품 재고, 공정과 계획) 상호 작용한다. (부품 이용 가능여부 검색, 제조 일정 검색)

2f2. **시스템**이 제품 그리고/또는 옵션(부품)을 걸러 주거나 가능 여부를 보여 주기 위해 그 결과를 이용한다.

2g. 구매 고객이 관련 산업체 웹 사이트 링크를 제시 받고 선택한다:

구매 고객이 다른 웹 사이트 보기를 한다.

2h. **시스템**이 알려진 고객정보시스템과 상호작용하기로 설정되었다:

2h1. **시스템**이 고객정보시스템에서 고객정보 검색을 한다.

2h2. **시스템**이 그 결과를 이용하여, 질문/답변 연속의 적절한 지점으로 가서 거기서부터 출발한다.

2i. 구매 고객은 재정 신용 등급이 제품 선택 과정에 영향을 줄 것이므로, 알기를 원한다: 구매 고객이 재정신용등급 획득을 한다.

2j. 구매 고객은 이전에 물건을 구매한 적이 있음을 알리고, **시스템**은 알려진 재무 회계 시스템과 상호작용하는 것으로 설정된다:

2j1. **시스템**이 청구 이력 검색을 한다.

2j2. **시스템**이 제품 선택 과정에 영향을 주기 위해 구매 고객의 청구 내역을 이용한다.

2k. 구매 고객이 추천 받은 선택사항의 일부를 변경하기로 결정한다:

시스템은 경로를 따라 유효한 옵션은 제시하고, 다른 것과 호환이 되지 않는 것은 경고하면서, 고객이 원하는 만큼 많이 옵션을 변경하도록 허용한다.

5a. 구매 고객이 쇼핑 바구니에 제품을 추가하지 않기로 결정한다:

시스템은 다음을 위하여 항해 정보를 저장한다.

7a. 구매 고객이 쇼핑 바구니의 내용물을 변경하고자 한다:

시스템은 구매 고객으로 하여금 수량을 변경하거나, 물건을 삭제하거나, 선택 과정의 초기 지점으로 돌아가도록 허락한다.

7b. 구매 고객이 쇼핑바구니의 내용물을 저장할 것을 요청한다:

    7b1. **시스템**이 그것을 구매 고객의 이름과 ID로 저장하기 위해 이름과 ID를 물어보고, 저장한다.

        7b1a. 구매 고객의 신원이 아직 확인되지 않았다:

            구매 고객이 <u>신원 확인</u>을 한다.

7c. 구매 고객이 제공할 트레이드-인을 가지고 있다:

    시스템이 <u>트레이드-인 지정</u>을 한다.

7d. 구매 고객이 쇼핑바구니에 있는 물건에 대해 융자를 받기로 결정한다:

    구매 고객이 <u>융자계획 획득</u>을 한다.

7e. 쇼핑바구니가 저장되지 않은 상태에서 구매 고객이 전자 상거래 시스템을 떠난다:

    7e1. **시스템**이 그것을 구매 고객의 이름과 ID로 저장하기 위해 이름과 ID를 물어보고, 저장한다.

        7e1.a. 구매 고객이 저장하지 않고 종료하기로 결정한다:

            시스템은 탐색 정보를 로그로 남기고 구매 고객의 세션을 종료한다.

7f. 구매 고객이 쇼핑바구니에서 물건을 하나 선택하여, 재고 목록 중 (신품이든 중고품이든) 일치하는 제품이 있는지 알고자 한다:

    7f1. 구매 고객이 <u>재고 목록에서 일치되는 제품 찾기</u>를 요청한다.

    7f2. 구매 고객이 쇼핑바구니의 물건을 재고 목록에서 일치되는 제품과 교환한다.

        7f2a. 구매 고객이 재고 목록 중 일치되는 물건을 원하지 않는다:

        시스템은 원래 쇼핑바구니 품목을 그대로 둔다. 이 품목은 고객이 관심을 가졌었고 재고 목록에 있는 것과 일치한다.

    7f3. **시스템**이, 쇼핑바구니에는 재고 물품과 구성이 동일한 물건이 한 개임을 보증한다.

호출하는 유스케이스: 웹 상에서의 구매, 관련 제품 판매

공개 쟁점:

확장 2c. 어떤 질문이 합법적인가? 다른 관련 시스템은? 인터페이스에 대한 요구사항은 무엇인가?

3부
바쁜 사람들을 위한 주의사항

Writing Effective
Use Cases

20장

Writing Effective **Use Cases**

각 유스케이스를 작성할 때 주의할 사항

주의사항 1. 유스케이스는 산문체 수필이다

서문의 "유스케이스 작성은 기본적으로 산문체 수필을 연습하는 것이다. 일반적인 산문체 서술이 갖는 좋은 표현을 얻는 과정에서 만나는 어려움을 모두 가지고 있다."는 말을 기억한다.

파이어 폰드사의 러셀 왈터스는 다음과 같은 글을 남겼다:

> 나는 위 문장이 문제를 정확하게 지적했다고 생각한다. 이것은 가장 잘못 이해되고 있는 문제로, 아마도 실제 유스케이스 작성자에게는 가장 큰 교훈일 듯싶다. 그러나 적어도 이 책이 출간되기 전까지는 작성자들 스스로 이 교훈에 이를 수 있을지는 장담할 수 없었다. 나는 이것이 근본적인 문제라는 것을 이해하지 못한 채, 약 4년 동안 유스케이스 개념에 대해 작업을 해 오다가, 드디어 당신과 함께 작업할 수 있는 기회를 얻었다. 그리고 그때도, 당신이 재작성을 도와준 유스케이스의 이전과 이후 버전(250쪽의 유스케이스 36)을 분석하고 검토할 기회를 가지고 나서야, 머릿속 전구에 불이 '번쩍'하고 들어왔다. 이 깨달음을 얻기 위해 기다린 4년은 얼마나 길었던가! 따라서 독자가 한 가지만을 이해하고 이 책을 덮어야 한다면, 그것이 효과적인 유스케이스 작성 관련 근본적인 문제에 대한 깨달음이기를 바란다. (허가 하에 인용함)

여러분의 시선을 그림이 아니라 문장에 머물도록 돕고, 여러분이 만나게 될 유스케이스 작성 스타일을 파악하는 데 이 주의사항을 사용하기 바란다.

주의사항 2. 유스케이스를 읽기 쉽게 만든다

여러분은 여러분의 요구사항 문서가 짧고, 명확하며, 읽기 쉬웠으면 할 것이다.

필자는 가끔씩 교실을 걸어 다니며 다음과 같이 말하는 중학교 2학년 작문 교사가 된 것 같은 기분이다.

현재 시제에 능동태 동사를 사용하세요. 수동태를 쓰지 말고, 능동태를 사용하세요. 문장의 주어는 어디로 갔죠? 무엇이 진짜 요구사항인지 말해 보세요. 요구사항이 아닌 것은 언급하지 마세요.

이런 잔소리들이 요구사항 문서를 더 짧고, 더 명확하고, 읽기 쉽게 만들어 준다. 유스케이스를 짧고, 명확하고, 읽기 쉽게 만드는 몇 가지 습관은 다음과 같다.

1. 문제를 짧게 유지하고 초점을 유지한다. 긴 유스케이스는 긴 요구사항을 만드는데, 이것을 즐겁게 읽을 사람은 없다.
2. 높은 곳에서 시작하여 응집된 이야기 줄거리를 만든다. 높은 곳에는 전략적인 유스케이스가 있을 것이다. 사용자 목표와 하위기능-수준 유스케이스는 여기서부터 분기된다.
3. 유스케이스의 이름은 달성할 목표를 나타내는 짧은 동사구를 사용한다.
4. 트리거에서 시작하여 목표를 달성하거나 실패할 때까지 계속하고, 시스템이 트랜잭션 관련 필요한 정보를 저장하도록 한다.
5. 능동 동사구를 사용하여 완전한 문장으로 완료할 수 있도록 하위목표를 서술한다.
6. 액터와 액터의 의도가 매단계마다 시각적으로 드러나게 한다.
7. 실패 상황을 드러내고, 실패 복구 행동을 읽기 쉽게 한다. 다음 단계로 어떤 일이 발생하는지 명확하게 하되, 가능하면 단계 번호를 사용하지 않는다.

8. 본문에서 '만약 ......라면' 문장을 사용하기보다는, 확장에서 대안 행위를 둔다.
9. 신중하게 선택된 상황에서만 확장 유스케이스를 만든다.

주의사항 3. 한 문장 형식

유스케이스에서 행동 단계를 작성하는 데 사용하는 문장은 오직 한 가지 형식이다.

- 현재 시제의 문장
- 능동태 문장에서 능동 동사 사용
- 목표를 성공적으로 달성(프로세스를 앞으로 진행시킴)하는 액터를 서술

다음은 그 예이다.

> 고객은 카드를 넣고 비밀번호를 입력한다.
> 시스템은 고객을 인증하고 잔액이 충분한지 검증한다.
> PAF가 웹사이트로부터 응답을 가로채서 사용자의 포트폴리오를 갱신한다.
> 사원이 '손해'에 대한 상세 검색을 이용하여 손해건 검색을 한다.

비즈니스 유스케이스, 시스템 유스케이스, 요약 유스케이스, 사용자 유스케이스, 하위기능 유스케이스 등에서 격식을 갖춘 유스케이스나 간결한 템플릿을 사용할 때 이 문장형식을 사용한다. 주요 성공 시나리오에서도 확장 시나리오에서도 동일하다. 이 문장형식을 익히기 바란다.

확장의 조건 부분에서는 다른 문법 형식을 사용함으로써 행동 단계와 혼동되지 않도록 하는 것이 좋다. 축약 문장(완전한 문장도 가능)을 사용하고, 가급적(항상 그런 것은 아님) 과거 시제를 사용한다. 조건의 끝에는 마침표 대신에 콜론을(:) 사용한다.

> 비밀번호 입력 대기 시간 초과:
> 비밀번호 오류:
> 파일 없음:

사용자가 중간에 종료하였다:
제출 데이터가 완전하지 않다:

주의사항 4. 하위 유스케이스를 '포함'한다

누군가 여러분을 말리지 않는다면, 꽤나 자연스럽게 낮은 수준의 목표나 유스케이스의 이름을 호출하는 단계를 작성하게 될 것이다. 다음의 예제처럼 말이다.

사원이 '손해'에 대한 상세 검색을 이용하여 <u>손해건 검색</u>을 한다.

UML 용어로 표현하면, 호출하는 유스케이스는 하위 유스케이스를 단지 '포함(include)'하고 있을 뿐이다. 이는 그렇게 하는 게 너무나도 확실하기에 사람들에게 UML의 확장과 특수 관계(부록 A 참조)를 사용하도록 독려하는 작성자와 강사가 없다면 언급할 가치조차 없는 사실이다.

첫 번째 경험법칙에 의하면, 유스케이스 간에 항상 포함관계를 사용하라는 것이다. 이 규칙을 따르는 사람들이 보고한 바에 따르면, 포함관계를 사용한 유스케이스가 포함을 확장과 특수화에 섞어 놓은 것보다는 덜 혼란스러웠다고 한다. 153쪽의 소단원 '확장 유스케이스를 사용하는 시기'를 참고하기 바란다.

주의사항 5. 누가 공을 가졌는가?

사람들은 때로 수동태 또는 시스템의 관점에서 바깥 세상을 바라보는 식으로 유스케이스를 작성한다. 이것은 **신용 한도가 입력되었다**와 같은 문장을 만든다. 이런 문장은 누가 입력하는지를 언급하지 않는다.

유스케이스를 진행하고 있는 장면을 바라보고 기록하는, 즉 높이 나는 새의 관점에서 작성한다. 혹은 어떤 배우가 행동을 하려 하는지 기록한 극본의 형태로 작성한다. 혹은 잠시 동안 축구 경기를 중계한다고 가정하고 '1번 액터가 공을 가지고 있다가, 공을 몰고 가서 2번 액터에게 찬다, 2번 액터는 3번 액터에게 패스한다' 라는 식으로 작성한다.

문장의 첫 번째나 두 번째 단어는 행동의 주체인 액터의 이름을 둔다. 어떤 경우에도, 누가 공을 가졌는지는 항상 명확해야 한다.

주의사항 6. 올바른 목표 수준을 가진다

- 보다 상세한 토의를 위해서 5.5절, '올바른 목표 수준 찾기'를 검토한다.
- 유스케이스에 목표 수준 레이블을 정확히 붙인다: 요약, 사용자, 하위기능
- 여러분의 목표 중 어디에 '해수면-수준'이 있는지, 그리고 얼마나 해수면 수준보다 낮은 (혹은 높은) 단계가 있는지 알기 위해 주기적으로 검토한다. 해수면-수준의 목표에 대한 테스트를 기억하기 바란다:
  - 한 사람이, 한 장소에서, 한 번에 수행한다(2분-20분).
  - 액터는 이것이 끝나면 만족하며 떠난다.
  - 액터가 (고용인이라면) 이런 일을 여러 차례 한 다음 급여 인상 요청을 할 수 있다.
- 대부분의 유스케이스는 주요 성공 시나리오 안에 3단계에서 9단계를 가지며, 단계의 목표 수준은 일반적으로 유스케이스의 목표 수준보다 약간 낮음을 기억하기 바란다.

  아홉 단계보다 더 많은 단계가 있다면, 다음과 같은 부분에서 단계 통합을 모색한다:
  - 같은 액터가 연속적으로 몇 단계에 걸쳐 공을 가지는 부분
  - 사용자의 동작을 묘사한 부분. 이는 일반적으로 사용자 인터페이스 동작들로, 117쪽의 지침 5, '액터의 움직임이 아닌 의도를 보여준다'에 위배된다.
  - 두 액터 사이에 단순히 주고받는 동작이 많은 부분. 이 주고받기를 통해 한 수준 더 높은 무언가를 달성하려고 하는 것은 아닌지 물어본다.
- "왜 사용자/액터는 이 행동을 하는가?"라고 물어본다. 여러분이 얻는 대답이 그 다음으로 높은 목표 수준이다. 여러분은 몇몇 단계를 통합하기 위해 이 목표를 사용할 수도 있다. 그림 20.1은 어떻게 단계의 목표가 다양한 수준에 있는 유스케이스의 목표와 일치하는지 보여 준다.

주의사항 7. GUI는 제외시킨다

방금 작성한 단계가 단순히 사용자 인터페이스를 조작하는 동작이 아니라 액터

그림 20.1 수준을 높이기 위해 '왜'라고 묻는다

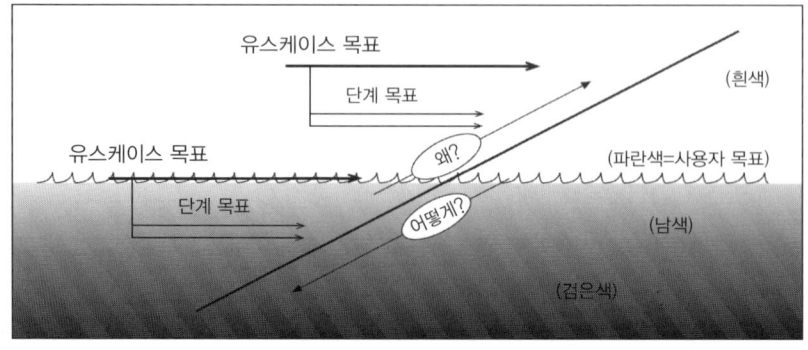

의 실제 목표를 파악해 낸 것인지 검증한다. 이 조언은 기능 요구사항을 작성할 때 적용하는데, 여러분이 사용자 인터페이스 자체를 문서화하기 위해 유스케이스를 작성하는 경우도 있기 때문이다.

요구사항 문서에서, 인터페이스를 조작하는 사용자의 동작을 서술하면 다음과 같은 세 가지 문제가 발생한다.

- 문서가 불필요하게 길어진다.
- 요구사항이 불안정해지는데, 이는 사용자 인터페이스 설계 관련 사소한 변경이 (결국은 요구사항도 아닌) '요구사항'에 변경을 일으킴을 의미한다.
- 여러분이 그 일을 잘 수행하리라 믿어야 하는 UI 설계자의 일을 빼앗는다.

이 책에 나오는 대부분의 유스케이스가 여러분에게 좋은 예제가 될 것이다. 92쪽의 유스케이스 20, 직장인 보장 보험 청구 조사에서 발췌한 다음의 예제도 그중 하나이다.

1. 조정자가 보고서를 검토하고 평가한다 ......
2. 조정자가 ......을 사용하여 장애 등급을 결정한다.
3. 조정자가 ......의 장애 지급 금액을 합산한다.
4. 조정자가 최종 협상 범위를 정한다.

다음은 하지 말아야 하는 일의 예이다:

1. 시스템이 사용자 이름과 비밀번호의 필드가 있는 로그인 화면을 보여준다.
2. 사용자가 사용자 이름과 비밀번호를 입력하고 '확인'을 클릭한다.
3. 시스템이 이름과 비밀번호를 검증한다.
4. 시스템이 기능 선택이 들어 있는 주요 화면을 보여 준다.
5. 사용자가 어떤 기능을 선택하고 '확인'을 클릭한다.

사용자 인터페이스에 대한 동작 묘사로 빠져들기 쉬우므로 경계한다.

주의사항 8. 두 가지 결말

모든 유스케이스는 성공과 실패라는 두 가지 결말을 가진다.

어떤 행동 단계가 하위 유스케이스를 호출할 때, 호출된 유스케이스는 성공하거나 실패한다는 사실을 명심한다. 호출이 주요 성공 시나리오 내에 있었다면, 실패는 확장에서 처리한다. 호출이 확장에서 비롯되었다면, 성공과 실패에 대한 처리를 모두 확장 안에서 서술한다(예로, 97쪽의 유스케이스 22, 손해내역 등록을 참조한다).

여러분은 실제로 목표의 성공과 실패에 대하여 두 가지 임무가 있다. 첫째, 호출된 유스케이스가 모두 실패를 다루는지 확인한다. 둘째, 특히 목표 달성에 실패하는 경우, 유스케이스가 모든 이해관계자의 이해관계를 만족시키는지 확인한다.

주의사항 9. 이해관계자는 보증을 필요로 한다

유스케이스는 일차 액터와 시스템 간에 공개적으로 눈에 보이는 상호작용만을 기록하지는 않는다. 그렇다면, 유스케이스는 행위 요구사항으로 받아들일 것이 못되고, 사용자 인터페이스 문서에 지나지 않는다.

시스템은 이해관계자들 사이의 계약을 반드시 이행한다. 이 이해관계자 중 하나가 일차 액터이다. 다른 사람들은 자신을 보호하기 위해 그곳에 있는 것이 아니다. 유스케이스는 사용자가 시나리오를 따라가는 동안, 다양한 상황에서 시스템이 어떻게 그들의 모든 이해관계를 보호하는지를 서술한다. 유스케이스는 시스템이 그들에게 보장하는 것을 서술한다.

각 유스케이스마다 이해관계자와 그들의 이해관계를 서술하는 데 시간을 들인다. 여러분은 둘에서 다섯 명 정도의 이해관계자를 찾아야 하는데, 이런 이해관계자로 일차 액터, 회사의 소유주, 정부 규제 기관, 다른 사람 등이 있다. 테스트나 유지보수 담당 직원도 유스케이스 운영에 이해관계가 있을 수 있다.

대개, 이해관계자는 대부분의 유스케이스에서 동일하고, 그들의 이해관계도 유스케이스마다 거의 같다. 이들의 이름과 이해관계를 목록으로 만드는 작업은 간단하다. 일반적으로 이해관계는 다음과 같다:

- 일차 액터의 이해관계는 유스케이스 이름에 나와 있다. 대개가 무엇을 얻는 것이다.
- 회사의 이해관계는 보통 '일차 액터가 무엇인가를 공짜로 가져가지 않는다' 라든가 혹은 '본인이 얻은 것에 대해서는 지불을 한다' 와 같은 것들이다.
- 규제 기관의 이해관계는 대개, 회사의 규정 준수 여부와 특정한 로그의 기록여부 등이다.
- 이해관계자 중 하나는 일반적으로 트랜잭션 중간에 일어나는 실패로부터의 복구, 즉 보다 많은 로그를 남기는 일에 관심이 있다.

주요 성공 시나리오와 확장에서 이해관계자가 이해관계를 해결하는 과정을 살펴본다. 이것은 아주 간단하다. 주요 성공 시나리오로부터 유스케이스 본문을 읽어 나가며, 그러한 이해관계가 나타나는지 살펴본다. 여러분은 그것이 자주 누락된다는 사실에 놀라게 된다. 작성자는 주요 성공 시나리오의 중간에 실패가 자주 발생한다는 사실을 생각하지 못한 채, 로그나 복구 정보를 남기지 않는다. 실패에 대한 처리가 이해관계자의 모든 이해관계를 보호하는지 확인한다.

흔히, 새로운 확장 조건을 통해 주요 성공 시나리오에서 누락된 타당성 검증 부분을 찾아내기도 한다. 때로는 수행해야 할 타당성 검증이 너무 많아 작성자는 검증 부분 전체를 (비즈니스 규칙 절과 같은 것을 만들어서) 분리된 작성 영역으로 옮기기도 한다.

로시 사의 피트 맥브린이 이전에 공급했던 시스템을 이용하여 이해관계자의 이해관계를 열거한 목록을 편지로 보내왔다. 그 목록에서 소프트웨어를 운영했던 첫 해에 요청한 모든 변경 요구사항을 발견할 수 있었다. 시스템을 성공적으로 개발하여 인도하였으나, 어떤 이해관계자의 어떤 요구는 만족시키지 못했었다. 당연히 이해관계자는 이것을 생각해 냈고, 변경 요구사항이 들어왔다. 팀이 흥분했던 것은 그들이 이해관계자와 이해관계를 초기에 기록했다면, 이와 같은 변경 요구사항(적어도 그 일부는)은 피할 수도 있었다는 사실 때문이었다. 그 결과 피트는 유스케이스에서 이해관계자의 이해관계를 반드시 파악해야 한다고 강조한다. 이런 확인 작업을 통해 들인 시간에 비해 많은 것을 밝혀낸다.

템플릿의 보증 항목은 유스케이스가 이해관계를 어떻게 만족시키는지 서술한다. 팀원 간의 의사소통이 원활하고, 완전한 격식을 갖출 필요가 없고, 중요도가 비교적 낮은 프로젝트라면 보증 항목을 소홀히 해도 무방하다. 하지만 피해가 예상되거나, 오해로 인한 비용이 높은 주요 프로젝트에서는 보증 항목에 특별히 주의를 기울인다. 그러나 두 경우 모두, 적어도 유스케이스의 성공 종료와 실패 종료 모두를 검사하는 관심과 노력이 필요하다.

주요 성공 시나리오를 작성하기 전에 보증을 먼저 작성하는 것은 좋은 전략이다. 그렇게 하면 타당성 확인 부분의 누락을 뒤늦게 발견하고 문장을 수정하는 것이 아니라 처음 작업부터 필요한 타당성 확인에 대해 생각하기 때문이다.

2.2절, '이해관계를 가진 당사자 간의 계약'과 6.2절 '최소 보증'에서 이 주제에 대해 좀 더 자세히 논의하였다.

주의사항 10. 선조건

선조건은 유스케이스의 타당한 운영 조건을 선언한다. 선조건은 시스템이 그것이 참(true)임을 확신할 수 있어야 한다. 유스케이스 내에서는 선조건을 다시 확인하지 않으므로 여기서 선조건을 기록한다.

선조건을 제시하는 일반 상황은 두 가지다. 가장 일반적인 상황은 '사용자가 로그온하고 인증된다'이다. 다음은 두 번째 유스케이스가 자신이 의존하는 특정 조건이 이전 유스케이스에서 설정되기를 바라면서, 이전 유스케이스에서 어느 정도 진행되던 행동을 넘겨받을 때이다. 이에 대한 예는 사용자가 첫 번째 유스케이스에서 제품을 선택적 혹은 부분적으로 선택하고, 두 번째 유스케이스가 처리 과정에서 이 선택 정보를 이용하는 것이다.

나는 선조건을 접할 때마다 선조건이 설정되는 더 높은 수준의 유스케이스가 있음을 안다.

주의사항 11. 유스케이스 통과/실패 테스트

간단한 통과/실패 테스트는 언제 우리가 유스케이스의 한 부분을 올바르게 작성했는지 알려 준다. 다음의 표 20.1은 내가 발견한 몇 가지 사항을 목록으로 만든 예이다. 모든 물음에 대한 대답은 "예"가 되어야 한다.

표 20.1 유스케이스 통과/실패 테스트

항목	질문
유스케이스 제목	1. 일차 액터의 목표를 언급하는, 능동-동사를 사용한 목표 문장인가?
	2. 시스템이 목표를 달성할 수 있는가?
범위와 수준	3. 항목을 채웠는가?
범위	4. 유스케이스가 범위에 언급된 시스템을 블랙박스로 다루는가? (만약 시스템 요구사항 문서라면, 대답은 반드시 '예'가 되어야 한다. 그러나 만약 유스케이스가 화이트-박스 비즈니스 유스케이스라면 대답은 '아니오'일 수도 있다.)
	5. 범위에 있는 시스템이 설계될 시스템이라면, 설계자가 내부를 모두 설계하여야 하고 외부는 설계하지 않아도 되는가?
수준	6. 유스케이스 내용이 정의된 목표 수준과 일치하는가?
	7. 목표는 정말로 진술된 목표 수준에 있는가?
일차 액터	8. 그가/그녀가/그것이 행위를 가지는가?
	9. 그가/그녀가/그것이 목표시스템을 사용하는 목표가 있으며, 그것은 목표시스템의 서비스 약속인가?
선조건	10. 강제적인가, 그리고 목표시스템에 의해 제 값이 설정되는가?
	11. 유스케이스 안에서는 결코 확인되지 않음이 사실인가?

표 20.1 유스케이스 통과/실패 테스트

항목	질문
이해관계자와 이해관계	12. 그것을 언급하였으며, 시스템은 정의한 대로 그들의 이해관계를 반드시 만족시켜야 하는가? (형식과 허용 정도에 따라 사용법은 다양하다.)
최소 보증	13. 모든 이해관계자의 이해관계가 보호되는가?
성공 보증	14. 모든 이해관계자의 이해관계가 충족되는가?
주요 성공 시나리오	15. 3~9단계로 구성하였는가?
	16. 트리거로부터 성공 보증까지 이어지는가?
	17. 순서에 정당한 변형을 허용하는가?
시나리오 내의 각 단계	18. 이어지는 하나의 목표로 문장을 구성하였는가?
	19. 성공적인 완료 후에 프로세스가 명확하게 앞으로 진행되는가?
	20. 어떤 액터가 목표를 위해 노력하는지 명확한가 – 누가 '공을 차고' 있는가?
	21. 액터의 의도가 명확한가?
	22. 단계의 목표 수준이 전체 유스케이스의 목표 수준보다 낮은가? 가급적이면 유스케이스의 목표 수준보다 약간 아래인가?
	23. 여러분은 그 단계가 시스템의 사용자 인터페이스 디자인을 묘사하지 않는다고 확신하는가?
	24. 그 단계에서 어떤 정보를 전달하는지 명확한가?
	25. 그것이 조건을 '확인'하기보다는 '검증'하는가?
확장 조건	26. 시스템이 그것을 감지하고 처리할 수 있으며, 또 그렇게 해야만 하는가?
	27. 시스템이 실제로 필요로 하는 것인가?
기술과 데이터 변형 목록	28. 이것이 주요 성공 시나리오에 대한 평범한 행위 확장이 아님을 확신하는가?
전체 유스케이스 내용	29. 후원자와 사용자들에게: "이것이 여러분이 원하는 것인가?"
	30. 후원자와 사용자들에게: "배포가 되고 나면, 여러분이 이것을 얻었다고 말할 수 있는가?"
	31. 개발자들에게: "이것을 구현할 수 있는가?"

21장

Writing Effective **Use Cases**

유스케이스 집합을 다룰 때 주의할 사항들

주의사항 12. 끊임없이 전개되는 이야기

어떤 개발 프로젝트에서든, 유스케이스 문서 더미의 제일 위에는 ZZZ 시스템 사용으로 불리는 유스케이스가 하나 있게 마련이다. 이 유스케이스는 액터와 그들의 가장 높은 수준 목표를 담은 목차 그 이상의 것이다. 이것은 시스템을 처음 접하는 사람에게 출발점 역할을 한다. 이 유스케이스는 많은 이야기 줄거리를 가지고 있지는 않지만, 대부분의 사람들이 시스템 관련 문서를 읽을 때 하나의 출발 지점을 원하기 때문에 작성 여부는 선택적이다.

이런 최상위 유스케이스는 시스템의 가장 바깥쪽에 있는 일차 액터의 요약 목표를 보여주는 가장 바깥쪽 유스케이스를 호출한다. 회사 정보시스템의 경우 전형적인 외부 고객인 마케팅, 정보기술, 보안 등의 부서가 존재한다. 이러한 유스케이스는 시스템을 정의하는 해수면-수준 유스케이스의 상호 관계를 보여준다. 대부분의 유스케이스 독자의 '이야기'는 그중 하나로 시작한다.

가장 바깥쪽 유스케이스는 사용자-목표나 해수면-수준 유스케이스로 전개된다. 사용자-목표 유스케이스에서 설계의 범위는 설계 중인 시스템이다. 단계는 사용자의 목표를 달성하기 위해 상호작용하는 사용자와 시스템을 보여준다.

하위 유스케이스가 복잡하거나 여러 곳에서 사용된다면, 해수면-수준 유스케이스 안의 한 단계는 해저-수준(남색 혹은 하위기능) 유스케이스로 전개된다.

하위기능 유스케이스는 유지보수에 많은 비용을 요구하므로, 필요할 때만 사용하도록 한다. 대개 고객 찾기, 제품 찾기 등은 하위기능 유스케이스로 만들어서 관리해야 한다. 때로는 남색 유스케이스 안의 한 단계가 더 짙은 남색 유스케이스로 전개되기도 한다.

유스케이스 집합을 끊임없이 전개되는 이야기로 보는 것의 가치는, 유스케이스의 복잡한 항목을 독자적인 유스케이스로 옮기거나 호출되는 단순한 하위 유스케이스로 전개하는 작업이 '사소한' 것이 된다는데 있다. 원칙적으로 각 행동 단계는 스스로의 유스케이스로 전개될 수 있다. 10.1절의 하위 유스케이스를 참조한다.

주의사항 13. 회사 범위와 시스템 범위

설계 범위는 혼동을 일으킬 수 있다. 사람들은 시스템의 정확한 경계에 대해 서로 다른 생각을 가지고 있다. 특히, 여러분이 작성하고 있는 것이 비즈니스 유스케이스인지 시스템 유스케이스인지 명확하게 밝혀야 한다.

비즈니스 유스케이스 안에서 설계 범위는 비즈니스 운영이다. 이는 조직의 밖에 있는 액터에 관한 이야기인데, 액터는 조직의 관점에서 목표라고 표현하는 것을 달성하려고 한다. 비즈니스 유스케이스에는 기술에 대한 언급이 없는데, 이유는 오직 비즈니스가 어떻게 운영되는지에 관심이 있기 때문이다.

시스템 유스케이스에서 설계 범위는 설계할 컴퓨터 시스템이다. 시스템 유스케이스는 컴퓨터 시스템을 통해 목표를 달성하려는 액터에 관한 이야기이다. 즉, 이것은 기술(technology)에 관한 이야기이다.

대개 비즈니스 유스케이스는 사람과 부서 사이의 상호작용을 서술하는 화이트-박스 형태로 작성하지만, 시스템 유스케이스는 대부분 블랙-박스 형태로 작성한다. 비즈니스 유스케이스의 목적이 현재나 미래의 회사 설계에 대한 서술인 반면, 시스템 유스케이스는 새로운 설계를 위한 요구사항을 산출하는 것이므로, 이와 같은 작성 형태는 일반적으로 타당성을 갖는다. 비즈니스 유스케이스는 비즈니스의 내부를 서술하지만, 시스템 유스케이스는 컴퓨터 시스템의 외부를 서술한다.

    컴퓨터 시스템을 설계 중이라면, 여러분은 비즈니스 유스케이스와 시스템 유스케이스를 모두 갖추어야 한다. 비즈니스 유스케이스는 시스템 기능의 전후 상황, 즉 비즈니스 안에서 시스템의 위치를 설명한다.

    혼란을 줄이기 위해서, 항상 유스케이스에 범위 레이블을 붙인다. 그것이 비즈니스 유스케이스인지 혹은 시스템 유스케이스인지를 보여 주는 그림 아이콘 사용을 고려한다(50쪽의 '소단락, 설계 범위를 강조하기 위한 그림 아이콘 사용'을 참조한다). 유스케이스가 포함하고 있는 시스템 안에 시스템 그림을 두는 것을 고려한다(53쪽의 유스케이스 8, 서비스 요청 입력 및 갱신 (결합 시스템)을 참조한다).

주의사항 14. 핵심 가치와 변형

사람들이 계속해서 새로운 유스케이스 양식을 개발하고 있지만, 경험이 많은 전문가는 양식의 핵심 가치에 대해 이미 합의하였다. 1999 TOOLS USA 회의에서 발표된 두 논문(1999년 파이어스미스와 1999년 릴리)에서 유스케이스를 작성할 때 가장 많이 범하는 실수 12가지를 설명하였다. 그 논문에서 설명된 실수와 바로잡기는 핵심 가치에 반영되었다.

핵심 가치

목표-기반. 유스케이스는 일차 액터의 목표, 여러 액터의 하위 목표, 그리고 그 목표를 달성하려는 목표시스템(SuD)에 둘러싸여 있다. 각 문장은 달성되어야 하는 하위목표를 서술한다.

조감도. 유스케이스는 높은 곳에서 새가 내려 보는 것처럼, 또는 배우들이 등장하는 연극처럼 행동을 기술한다. '안에서 밖을 바라보는' 방식으로 작성하지 않는다.

읽기 쉬움. 궁극적으로 유스케이스, 혹은 어떤 명세서는 사람들이 읽을 것이다.

읽어서 쉽게 이해되지 않는다면 자신의 핵심 목표를 달성하지 못한 것이다. 읽기 쉽게 하기 위해 다소간의 정밀함이나 심지어 정확성을 희생하게 된다. 즉, 그 희생으로 인한 부족함을 읽기 쉬워짐으로써 향상된 상호작용으로 보충할 수 있다. 그러나 일단 읽기 쉽게 하는 작업을 포기한다면, 여러분의 동료는 여러분의 유스케이스를 읽으려 하지 않을 것이다.

여러 목적으로 사용. 유스케이스는 시스템 행위를 서술하는 양식으로서 프로젝트의 다양한 시점에서 다양한 목적으로 사용한다. 예를 들면, 다음과 같은 목적으로 사용하여 왔다.

- 블랙-박스 기능 요구사항을 제공한다.
- 조직의 비즈니스 프로세스 재설계 요구사항을 제공한다.
- 조직의 비즈니스 프로세스를 문서화한다(화이트-박스).
- 사용자나 이해관계자로부터 요구사항 도출을 돕는다(팀이 최종 요구사항을 다른 형식으로 작성할 경우 버린다.)
- 만들고 실행할 테스트케이스를 명세한다.
- 시스템 내부를 문서화한다(화이트-박스).
- 설계나 설계 프레임워크의 행위를 문서화한다.

블랙-박스 요구사항. 기능 명세서로 사용할 때, 설계 중인 시스템(SuD)은 항상 블랙-박스로 다룬다. 화이트-박스 요구사항을 작성해 보려고(시스템의 내부가 어떤 모습일지 추측해 보려고) 노력한 프로젝트 팀의 보고에 따르면, 작성된 유스케이스가 읽기 어렵고, 이해가 잘 안되며, 불안정하고, 설계 진행에 따라 변경된다고 한다.

주요 성공 시나리오 뒤에 나오는 대안 경로. 주요 성공 시나리오 뒤에 대안 경로를 소개하는 독창적인 아이디어는, 유스케이스를 읽기 쉽게 만드는 방식임이 계속 밝혀지고 있다. 분기되는 흐름을 문서의 주요 성공 시나리오에 두면 읽기 어려워진다.

적절한 에너지 소모. 유스케이스를 계속 다듬는다고 그 가치가 올라가지는 않는다. 최초 유스케이스 초안은 그 가치의 반을 이미 창출한 것이나 다름없다. 확장을 추가함으로써 가치를 더할 수 있겠지만, 조금만 더 지나면 문장 표현을 변경한다고 해서 의사 전달이 더 잘 되지는 않는다. 이 시점부터 요구사항의 나머지 부분인 외부 인터페이스, 비즈니스 규칙 등과 같은 일에 에너지를 사용해야 한다. 물론 줄어드는 정도는 프로젝트의 중요도에 따라 다르다.

적절한 변형

핵심 가치를 지켜가는 중에, 수용 가능한 여러 변형들을 발견하였다.

번호를 부여한 단계와 단순한 문단. 어떤 사람들은 단계에 번호를 붙여서 그것을 확장 항목에서 참조할 수 있도록 한다. 다른 사람들은 단순한 문단으로 작성하고 대안도 비슷한 문단 형태로 둔다. 두 가지 접근법 모두 좋다.

간결한 양식 대 격식을 갖춘 양식. 기능 요구사항의 상세화에 에너지를 많이 쏟아야 하는 경우가 있다. 반면, 같은 프로젝트라 하더라도 그런 활동이 에너지 낭비인 경우도 있다(1.2절, '상황에 따라 사용하는 유스케이스가 다르다'와 1.5절 '에너지 관리'를 참조한다). 이것은 부인할 수 없는 사실이므로 항상 하나 이상의 템플릿을 추천하는데, 언제나 간결한 양식과 격식을 갖춘 양식 두 가지를 소개한다. 작성자 별로 선호하는 것이 다르다. 각 양식은 나름대로의 쓰임새가 있다. 157쪽에 있는 유스케이스 25, 실제 로그인(간결한 버전)과 11쪽의 유스케이스 5, 상품 구매(완전한 양식)를 비교하라.

유스케이스를 가진 또는 유스케이스 없는 사전 비즈니스 모델링. 어떤 팀은 시스템의 기능 요구사항을 작성하기 전에 비즈니스 프로세스를 문서화하거나 개선한다. 그들 중에 어떤 팀은 비즈니스 프로세스를 표현하기 위해 유스케이스를 선택하고, 어떤 팀은 다른 비즈니스 프로세스 모델링 양식을 선택한다. 시스템의 기능 요구사항이라는 시각에서 보면, 어떤 비즈니스 프로세스 모델링 표기법을 선택하든 큰 차이는 없다.

유스케이스 다이어그램 대 액터-목표 목록. 어떤 사람은 개발 중인 유스케이스 집합을 보여주기 위해 액터-목표 목록을 이용한다, 반면 어떤 이들은 유스케이스 다이어그램을 선호한다. 유스케이스 다이어그램은 일차 액터와 그들의 사용자 목표 유스케이스를 보여줌으로써, 액터-목표 목록과 같은 역할을 한다.

화이트박스 유스케이스 대 컬래버레이션(collaboration) 다이어그램. 화이트박스 유스케이스와 UML 컬래버레이션 다이어그램은 거의 동일하다. 유스케이스를 문장으로 표현한 컬래버레이션 다이어그램이라고 생각해도 좋다. 단, 컬래버레이션 다이어그램이 컴포넌트의 내부 행동을 기술하지 않는 반면 유스케이스는 그럴 수 있다는 차이가 있다.

적합하지 않은 변형

주요 성공 시나리오 안의 '만약…라면' 문장. 유스케이스 내에 분기점이 딱 하나 있다면, 그 분기점을 주요 문장 내부에 두는 편이 훨씬 간편하다. 하지만 유스케이스는 여러 분기점을 가지므로, 이야기의 줄거리를 놓치게 된다. 만약 … 라면 문장을 사용해 온 사람들이, 주요 성공 시나리오와 그 뒤를 잇는 확장 양식으로 곧 전환할 것이라고 보고해 왔다.

유스케이스 문장의 대안, 시퀀스 다이어그램. 어떤 소프트웨어 개발 도구는, 그 도구가 시퀀스 다이어그램을 제공하므로 유스케이스를 지원한다고 주장한다. 시퀀스 다이어그램도 액터의 상호작용을 보여주기는 하지만,

- 내부 행동을 담지 못한다(시스템이 이해관계자의 이해관계를 보호하는 방법을 보여주기 위해 필요함).
- 훨씬 읽기가 어렵다(전문적인 표기법이며, 훨씬 많은 공간을 차지한다).
- 액터 사이의 화살표 위에 필요한 만큼의 문장을 기입하기 어렵다.
- 대부분의 도구는 팝업 대화상자 뒤에 문장을 숨기게 되어 있어 이야기 줄거리를 따라가기 힘들다.
- 대부분의 도구는 작성자가 매번 유스케이스의 시작점에서 출발하여 각 대

안 경로를 따로 작성하게 한다. 이런 중복은 사람을 피곤하게 하고, 오류가 많이 발생하며, 그리고 각 대안 경로에 어떤 차이가 있나 감지해야 하므로 읽기 어렵게 한다.

시퀀스 다이어그램은 유스케이스 표현에는 좋은 형식이 아니다. 좋은 형식이라고 주장하는 사람들은 자동화 서비스라는 도구의 장점을 강조한다. 자동화 서비스 종류에는 교차-참조, 전-후 하이퍼링크, 이름 일괄 변경 등이 있다. 이런 서비스는 훌륭하지만 (그리고 일반 문서작성 도구는 이런 면이 부족하지만) 유스케이스 작성자와 독자 대부분은 이것이 작성과 읽기의 간편함을 희생한 대가로는 충분하지 않다고 생각한다.

기능 명세서 안의 GUI. 요구사항 작성의 작은 기교(art)는 기능 요구사항 서술에 사용자 인터페이스를 지정하지 않는 것이다. 이 기교는 배우기 어렵지 않고 배울 만한 가치도 있다. 유스케이스 내에 사용자 인터페이스를 서술하는 것을 강력하게 거부하자는 합의가 있었다. 19.6절, 'UI가 지나치게 많은 고급 예제'와 『Designing Software for Use』(컨스탄틴과 락우드, 1999)를 참조한다.

주의사항 15. 유스케이스 집합에 대한 품질 관련 질문

필자는 전체 유스케이스 집합에 대해 세 가지 품질 관련 질문을 한다.

- 유스케이스가 가장 높은 수준으로부터 가장 낮은 수준의 목표까지 전개되어 하나의 이야기를 구성하는가?
- 일차 액터 각각에 대해 가능한 가장 바깥의 설계 범위에서 컨텍스트를 설정하는 가장 높은 수준의 유스케이스가 존재하는가?
- (후원자와 사용자들에게) "이것이 개발되어야 하는 모든 것인가?"

22장
Writing Effective **Use Cases**

유스케이스로 작업할 때 주의할 사항들

주의사항 16. 유스케이스는 단지 제3장일 뿐이다 (제4장은 어디에?)

유스케이스는 전체 요구사항 파악 작업에서 작은 한 부분인, 요구사항 문서의 '제3장'에 지나지 않는다. 유스케이스는 요구사항 작업의 중심이 되는 부분으로 데이터 정의, 비즈니스 규칙, 사용자 인터페이스 설계, 비즈니스 도메인 모델링 등을 연결하는 핵심 혹은 축의 역할을 한다. 그러나 이런 유스케이스도 요구사항의 전부가 아니라 단지 행위 요구사항일 뿐이다.

어떤 팀은 전체 요구사항을 어떻게든 유스케이스 안에 넣으려고 시도하는데, 이와 같은 분위기가 유스케이스 주변에 늘 있었으므로, 이 주의사항은 계속 강조하여야 한다.

주의사항 17. 작업 폭이 우선이다

깊이가 아니라, 낮은 정밀도부터 높은 정밀도에 이르는 작업의 폭이 우선이다. 작업은 정밀도에 따라 확장되므로(그림 22.1 참조), 이것은 에너지 관리에 도움이 된다(1.5절, '에너지 관리'를 참조한다). 다음의 순서대로 작업한다.

1. **일차 액터.** 전체 시스템을 한눈에 파악하는 첫 단계로, 모든 일차 액터를 모은다. 대부분의 시스템은 대체로 규모가 크기 때문에, 추적의 끈을 놓치기

그림 22.1 정밀도와 작업 확장

액터	목표	성공 행동	실패 조건	복구 행동
				복구 행동
				복구 행동
			실패 조건	복구 행동
				복구 행동
				복구 행동
		성공 행동	실패 조건	복구 행동
				복구 행동
				복구 행동
			실패 조건	복구 행동
				복구 행동
				복구 행동
	목표	성공 행동	실패 조건	복구 행동
				복구 행동
				복구 행동
			실패 조건	복구 행동
				복구 행동
				복구 행동
		성공 행동	실패 조건	복구 행동
				복구 행동
				복구 행동
			실패 조건	복구 행동
				복구 행동
				복구 행동

쉽다. 따라서 잠깐 동안이라도 전체 시스템을 한곳에 모아 보면 도움이 된다. 이 액터를 대상으로 브레인스토밍을 함으로써, 처음 시도에서 목표 대부분을 파악할 수 있다.

2. **목표.** 모든 일차 액터의 목표 목록 작성 작업은 아마도 전체 시스템을 한눈에 파악할 수 있는 마지막 기회이다. 충분한 시간과 노력을 들여 최대한 완전하고 정확한 목록을 작성한다. 다음 단계에는 더 많은 사람과 더 많은 작업이 있을 것이다. 사용자, 후원자, 개발자가 함께 이 목록을 검토함으로써, 배포할 시스템을 이해하고 우선순위에 동의하게 한다.

3. **주요 성공 시나리오.** 주요 성공 시나리오는 대체로 짧고 명확하다. 이 시나리오는 시스템이 무엇을 제공하는지에 대한 이야기를 들려준다. 모든 실패

의 경우를 조사하기에 앞서, 시스템이 어떻게 작업하는지를 일단 보여준다.

4. **실패/확장 조건.** 이 조건을 처리하는 방법을 고민하기 전에, 모든 확장 조건을 파악한다. 이 작업은 브레인스토밍 활동인데, 확장-처리 단계를 조사하고 작성하는 활동과는 약간 다른 일이다. 결과 목록은 작성자가 작업표(worksheet)[1]로 이용하는데, 이제 전체 흐름을 놓칠 염려 없이, 가끔은 쉬면서도 빠른 속도로 작업할 수 있다. 자기가 언급한 각 조건을 완성하려는 사람들은 대체로 실패 목록을 완성하지 못한다. 그들은 실패 시나리오를 몇 개 (제법 완전하게) 작성한 뒤 지쳐버린다.

5. **복구 단계.** 전체 유스케이스 단계의 끝부분에 작성됨에도 불구하고, 복구 단계는 놀라울 정도로 자주 사용자 목표, 액터, 실패 조건 등을 새로 밝혀낸다. 작성자는 평소에 언급하지 않던 비즈니스 정책 관련 문제와 부딪히기 때문에 이 작업은 유스케이스 작성 활동 중에 가장 어려운 부분이다. 복구 단계를 작성하며 애매한 비즈니스 정책, 새로운 액터, 혹은 새로운 유스케이스를 발견할 때면, 기울인 모든 노력의 정당성을 입증한 듯한 느낌을 받을 것이다.

6. **데이터 필드.** 공식적으로 유스케이스 작성 작업의 바깥에 있지만, 보통은 같은 사람들이 데이터 필드 목록 안에 데이터 이름(예를 들어 '고객 정보')을 전개하는 업무를 담당한다. (16.1절 '데이터 요구사항의 정밀도'를 참조한다.)

7. **데이터 필드 세부사항과 확인사항.** 어떤 경우에는 유스케이스 작성자가 유스케이스를 검토하는 동안, 다른 사람은 데이터 필드 세부사항과 확인사항을 작성한다. IT 비즈니스 분석가 혹은 사용자도 유스케이스를 작성하는 반면, 대개 IT 기술진이 필드 세부사항을 작성한다. 이는 데이터 형식이 정밀도의 마지막 수준에 도달함을 의미한다. 물론 이 세부사항과 점검사항은 유스케이스의 외부에 있지만, 결국은 작성하여야 한다.

---

[1] (옮긴이) 작업 관련 계획, 공정, 지시 등을 기록한 표

주의사항 18. 12단계 비결

1. 시스템 경계를 찾는다(컨텍스트 다이어그램, 내부/외부 목록).
2. 일차 액터를 대상으로 브레인스토밍 하고 목록을 만든다(액터 프로파일 표).
3. 시스템에 대한 일차 액터의 목표를 집중 토의하고 목록으로 만든다(액터-목표 목록).
4. 위에 언급한 모두를 포함하여 가장 바깥 요약-수준 유스케이스를 작성한다.
5. 전략적인 유스케이스를 다시 살펴보고 개정한다. 목표를 추가하고, 제거하고, 통합한다.
6. 유스케이스를 골라 그 구성요소에 익숙해지도록 시나리오를 전개하거나 작성한다.
7. 이해관계자, 이해관계, 선조건, 보증 등을 작성한 후 다시 확인한다.
8. 주요 성공 시나리오를 작성한다. 이해관계 그리고 보증과 대조하여 그것을 검토한다.
9. 가능한 실패 상황과 대안 성공 상황을 대상으로 브레인스토밍하고 목록으로 작성한다.
10. 각 확장에서 액터와 시스템이 어떻게 행동해야 하는지 작성한다.
11. 자체 공간을 필요로 하는 하위 유스케이스로 분리한다.
12. 처음부터 읽어나가면서 유스케이스를 다시 정리한다. 필요에 따라 적절히 추가하고, 삭제하고, 통합한다. 완성도, 읽기 쉬움, 실패 상황 등을 다시 점검한다.

주의사항 19. 실수 비용을 파악한다.

유스케이스에서 낮아진 품질로 인한 비용은 시스템과 프로젝트에 따라 다르다. 어떤 프로젝트는 사용자와 개발자 간의 의사소통이 아주 원활하므로, 요구사항 문서 작성에 품질을 언급할 필요조차 없다.

크라이슬러 종합 급여 프로젝트 팀이 '익스트림 프로그래밍' 방법론(켄트 벡, 1999)을 이용하여 크라이슬러의 통합급여시스템 소프트웨어를 만드는 동안, 유스케이스 요약서 이상을 작성해 본 적이 없다. 그들은 너무 적은 양을 작성했기에 유스케이스라기보다는 '스토리(story)'라고 부르면서 그것을 색인카드에 적어 넣었다. 실제로 각각은 요구사항 전문가와 개발자 사이의 대화를 위한 약속이었다. 중요한 것은, 14명의 팀원이 2개의 인접한 개발실에 앉아 있었고, 따라서 팀-내부의 의사소통은 매우 원활하였다.

사용 전문가와 개발자 간의 내부 의사소통이 원활할수록, 유스케이스 템플릿의 항목을 생략하여 비용이 낮아진다. 사람들은 간단히 서로 이야기를 나누며 문제를 해결할 것이다.

만약 개발 팀이 분산되어 있는 그룹, 복수로 계약된 그룹, 또는 매우 규모가 큰 그룹과 작업하거나, 매우 중요한 시스템을 개발 중이라면, 낮은 품질로 인한 비용은 훨씬 높다. 시스템 기능을 정확히 작성하는 것이 매우 중요하다면, 이해관계자와 이해관계, 선조건, 최소 보증 등에 세심한 주의를 기울여야 한다.

여러분의 프로젝트 위치가 이 분포도 중 어디인지 파악하여야 한다. 규모가 작고 간단한 프로젝트에서는 상대적으로 작은 실수에 대해 지나치게 흥분하지 말기 바란다. 그런데 오해의 결과가 크다고 판단하면 정확하고 엄격하게 작업한다.

주의사항 20. 청바지가 더 낫다.

이상하게 들릴지 모르지만, 일반적으로 지나치게 많이 작성하는 것보다는 지나치게 적게 작성하는 것으로 인한 손해가 덜하다. 의심이 간다면 보다 적은 문장으로, 보다 높은-수준의 목표를 이용하여, 보다 낮은 정밀도로, 그리고 평범한 이야기 형식으로 유스케이스를 작성한다. 그러면 여러분은 짧고 읽기 쉬운 문서를 갖게 되고, 이것은 사람들이 그것을 읽는 데 신경을 쓰고 질문을 한다는 것을 의미한다. 그 질문을 통해 어떤 정보가 누락되었는지 쉽게 알게 된다.

이 반대 전략은 실패한다. 만약 여러분이 백 개 정도의 유스케이스나 매우 낮은 수준의 유스케이스를 매우 상세하게 작성했다면, 아무도 신경을 써서 읽으려 하지 않을 것이고, 팀의 의사소통을 활발하게 하기는커녕 차단시킬 것이다.

프로그래머가 너무 낮은 목표 수준에서 유스케이스를 작성하는 모습은 흔히 볼 수 있는 잘못이다.

> ◆ **짧은 실화 하나**
>
> 성공적으로 프로젝트를 수행해온 50명이 모인 1500만 달러짜리 프로젝트에서, 우리는 주요 성공 시나리오와 몇 개의 실패조건만을 단순한 문단 형태로 작성하였다. 서로 간의 의사소통이 원활했기 때문에 이것은 통했다. 각 요구사항 작성자는 두 명 또는 세 명 정도의 설계자-프로그래머와 팀을 이루었다. 그들은 바로 옆에 앉거나 하루에도 몇 차례 서로를 방문하였다.

사실, 팀 내부의 의사소통 품질 개선은 모든 프로젝트에 도움이 된다. 위의 이야기에 묘사된 팀 구성 전략은 『Surviving Object-oriented Projects』(코오번, 1998)의 전체론적인 차이 패턴(Holistic Diversity pattern)이다.

주의사항 21. 실패 처리

유스케이스의 위대한 가치 중 하나는 모든 확장 조건을 언급한다는 사실이다. 많은 프로젝트에서 프로그래머가 다음과 같이 작성할 때가 있다.

> 만약 〈조건〉 라면
> 그렇다면 〈이렇게 한다〉
> 그렇지 않다면 ...?...

그는 그렇지 않다면 ......에서, 생각하기 위해 멈춘다. "나는 여기서 시스템이 하기로 되어 있는 일이 무엇인지 궁금하다. 요구사항은 이런 특이한 상황에 대해서는 아무 언급도 없고, 이것에 대해 물어볼 사람도 없는 걸 ...... 아, 어떡하지 ......" 그러고 나서 그는 프로그램 안에 무엇인가를 빨리 입력한다.

프로그램:

else 〈이렇게 하라〉

'else' 부분에 대한 처리는 요구사항 문서에서 반드시 존재해야 한다. 대부분의 경우 그 부분은 중요한 비즈니스 규칙을 포함하고 있다. 종종 사용 전문가들이 이런 상황에서 시스템이 무엇을 해야 하는지를 해결하기 위해 한 곳에 모이거나 동료에게 전화하는 장면을 목격하곤 한다.

실패 상황을 발견하고 실패 처리를 작성하는 과정에서 액터, 목표, 비즈니스 규칙을 새로 발견하는 것은 흔한 일이다. 흔히 이런 상황은 미묘하고 다소간의 연구를 필요로 하며, 시스템의 복잡도를 변경시킨다.

여러분이 성공 시나리오 작성에만 익숙하다면, 다음 유스케이스에 실패와 실패 처리를 담도록 노력하길 바란다. 그 과정에서 발견한 내용으로 인해 놀라고 고무될 것이다.

주의사항 22. 초기에 직책을 활용한다.

직책은 프로젝트의 시작과 끝부분에서는 중요하지만, 중간에는 그렇지 않다.

프로젝트의 시작 부분에서, 시스템이 반드시 충족시켜야 하는 모든 목표를 모아서 그것을 읽기 쉬운 구조로 정리해야 한다. 시스템에 영향을 줄 직책이나 사회적인 역할에 초점을 둠으로써, 효율적으로 브레인스토밍을 할 수 있으며 목표에 이름을 부여하는 최초 시도를 잘 마무리 지을 수 있다. 일단 목표를 나열한 목록을 손에 넣으면, 직책은 언급한 목표를 쉽게 검토하고 우선순위를 부여할 수 있는 구조를 제공한다.

직책은 서로 다른 직무의 숙련 정도와 작업 스타일을 보여준다. 이 정보는 사용자 인터페이스 디자인 작업에 참고용으로 제공한다.

유스케이스 개발을 시작하면, 어떻게 역할이 중첩되는지에 관한 논의가 표면화된다. 역할 이름은 일차 액터를 좀 더 일반적으로 (예를 들어 '주문 담당자') 만들거나 또는 시스템을 실제 사용자로부터 거리를 두는 데 이용되다가, 결국 실제 목표를 가지는 액터의 존재를 작성자에게 상기시키는 단순한 '장소 보유자(placeholder)'가 된다.

시스템을 배포하면, 다시 직책이 중요해진다. 개발 팀은 다음과 같은 작업을 반드시 해야 한다.

- 특정 사용자에게 각 정보에 대한 변경, 읽기 권한을 부여한다.
- 그러한 직책을 가진 사람의 기술 유형과 각 그룹이 사용할 유스케이스를 바탕으로, 새로운 시스템을 위한 교육 자료를 준비한다.
- 구현한 유스케이스 묶음을 함께 넣어서, 배포를 위한 시스템 패키지를 준비한다.

주의사항 23. 액터는 역할을 수행한다.

'액터'는 시스템 사용자의 직책, 혹은 시스템을 사용하는 동안에 사람이 맡은 역할을 의미한다(액터가 사람이라고 가정한다면). 우리가 어떤 의미로 그 용어를 사용하는지는 중요하지 않으므로, 그것을 구분하는 데 너무 많은 시간을 쓰지 않는다.

중요한 것은 시스템이 할 일을 말해주는 목표이다. 정확하게 누가 그 목표를 요청하는지에 대해서는 시스템의 개발 기간 내내 협상하고 재조정한다. 매장 관리자도 판매 사원의 역할을 할 수 있음을 발견했을 때 다음과 같이 할 수 있다.

- 유스케이스에다 일차 액터는 '판매 사원 또는 매장 관리자'라고 적는다. (UML 애호가는 두 액터에서 타원으로 화살표를 그린다.)
- '이 유스케이스를 실행하는 동안에는 매장 관리자가 판매 사원의 역할을 할 수 있다'고 적는다. (UML 애호가는 매장 관리자에서 판매 사원으로 일반화(generalization) 화살표를 그린다.)
- 일차 액터로 '주문 담당자'를 만든다. '판매 사원이나 매장 관리자는 이 유스케이스를 실행할 때 주문담당자의 역할을 한다'고 적는다. (UML 애호가는 판매 사원과 매장 관리자로부터 주문 담당자에게 일반화 화살표를 그린다.)

이들 중 어느 것도 잘못된 것은 없으므로, 고객과 의사를 전달할 수 있다면 어느 것이든 선택한다.

한 사람은 여러 역할을 담당하고 있고, 한 업무에서 한 사람은 단지 한 역할을 수행하는 사람이며, 직책을 가진 사람은 그 직책에 해당하는 여러 역할을 수행함을 알아야 한다. 유스케이스에서 중요한 것은 일차 액터의 이름이 아니라 목표임을 잊지 않는다. 팀이 사용할 규약설정은 매우 유용하며, 그렇게 함으로써 직책 사용에 일관성을 유지할 수 있다.

어떻게 액터 이름이 역할 이름으로 바뀌었다가 다시 액터 이름으로 돌아오는지 확인하기 위해, 68쪽의 소단원, '일차 액터가 중요하지 않은 이유(와 중요한 이유)', 287쪽의 주의사항 22, 초기에 직책을 활용한다를 검토한다.

주의사항 24. 위대한 그림 속임수

내게는 미스터리로 남아 있는 몇 가지 이유들로, 야콥슨의 첫 번째 저서인 『Object-Oriented Software Engineering』(1993)이 출간된 이후 많은 사람들이 유스케이스를 작성할 때 막대기 그림과 타원에 집착해 왔고, 유스케이스가 본질적으로 텍스트 양식임을 주목하는 데는 소홀해 왔다. 이미 그래픽 모델링 도구는 있지만 문서 모델링 도구는 없었던 거대한 CASE 도구 회사가 이 집착에 착안하여, 그림을 강조한 유스케이스 도구를 선보였다. 이것은 OMG의 UML 표준에서도 수정되지 않았는데, 흥미로운 것은 이 표준을 문서 형태의 유스케이스에 경험이 많은 사람들이 작성했다는 사실이다. 나는 거대한 CASE 도구 회사의 로비활동이 OMG의 작업에 영향을 준 것이 아닌가 의심하고 있다. 때로는 "UML은 표준을 공유하는 도구에 불과하다"는 식으로 UML을 설명하던 때도 있었다. 그러므로 각 타원 뒤에 숨어있는 텍스트는 어쩌면 표준의 일부가 아니고, 각 작성자가 결정해야 하는 지엽적인 문제다.

그 이유가 무엇이든, 우리는 지금 타원이 매우 적은 정보만을 전달함에도 불구하고 많은 사람들이 그것이 곧 유스케이스라고 믿고 있는 상황에 놓여 있다. 숙련된 전문가는 이런 현상에 대해 매우 부정적이다. 그림 22.2에 나오는(『The Pragmatic Programmer』(1999)에서 발췌), '요구사항을 쉽게 하는' 유스케이스의 뷰(view)라는 재치 있는 속임수에 대해 앤디 헌트와 데이브 토마스에게 감사한다.

타원이 상식적으로 텍스트를 대신할 수 없음을 인식하는 것이 중요하다. 유스케이스 다이어그램에는 (의도적으로) 순서, 데이터, 수신 액터가 결여되어 있다. 이것의 용도는 다음과 같다.

- 유스케이스를 위한 목차.
- 다양한 중첩목표를 추구하는 액터와 이차 액터에게 다가가는 시스템을 보여주는 시스템 컨텍스트 다이어그램.
- 보다 높은-수준 유스케이스가 낮은-수준 유스케이스와 어떻게 연관되는지 보여주는 '큰 그림'.

275쪽의 주의사항 14, '핵심 가치와 변형'에서 설명한 것처럼, 이것은 모두 좋다. 유스케이스가 근본적으로 텍스트 양식이라는 것만을 기억하며, 타원은 텍스트를 대신하는 것이 아닌, 보충하는 데 이용한다. 그림 22.3과 표 22.1은 컨텍스트 다이어그램을 표현하는 두 가지 방식을 보여 준다. 표는 동일한 액터와 목표를 보여 주는데, 명확하게 하기 위해 공통 유스케이스를 반복한 것이다.

주의사항 25. 위대한 도구 논쟁

슬픈 일이지만 현재 시장에 나와 있는 어떤 도구도 유스케이스를 제대로 지원하지 못한다. 여러 회사가 문서 형태로든 그래픽 형태로든 그것을 지원한다고 주장하지만, 그 도구 중 어느 것도 2.3절, '그래픽 모델'에서 묘사한 것과 유사한

그림 22.2 "엄마, 나 집에 갈래요."

그림 22.3 타원 그림 형태의 컨텍스트 다이어그램. (그래디 부치(Grady Booch)의 필사본 초록에서 인용)

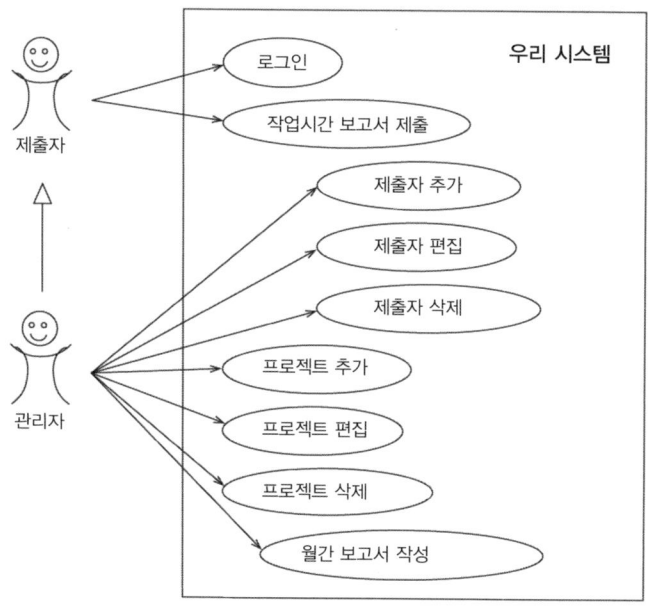

표 22.1 컨텍스트 다이어그램을 위한 액터-목표 목록

액터	목표
제출자	로그인 작업시간 보고서 제출
관리자	로그인 작업시간 보고서 제출 제출자 추가 제출자 편집 제출자 삭제 프로젝트 추가 프로젝트 편집 프로젝트 삭제 월간 보고서 작성

메타모델을 포함하지 않으며, 대부분은 사용하기도 어렵다. 그 결과, 유스케이스 작성자는 난처한 선택을 해야 하는 상황에 직면해 있다.[2]

로터스 노츠. 여전히 내가 가장 선호하는 로터스 노츠는 유스케이스 메타모델은 갖고 있지 않지만 협업, 하이퍼링크, 공통 템플릿, 문서 이력, 유스케이스 집합에 대한 빠른 뷰-와-편집, 그리고 간편한 정렬 보기를 지원한다. 모두 중요한 장점이다. 또한 로터스 노츠는 확장 데이터 서술을 같은 데이터베이스 안에 두면서도 서로 다른 보기를 허용한다. 여러분이 템플릿을 변경하면, 데이터베이스 안의 모든 유스케이스가 변경된다. 템플릿은 설정하기 쉽고 사용하기도 쉽다. 나는 로터스 노츠를 이용하여 고정 비용 프로젝트 입찰에서 후원자인 고객과 함께 200개가 넘는 유스케이스를 검토하였다.

단순 텍스트 도구들이 모두 그러하듯 로터스 노츠의 단점은 유스케이스를 편집하는 동안 단계나 확장번호를 다시 붙이려면 골치 아프다는 것이다. 하이퍼링크도 결국은 쓰지 못하는 데이터가 되어버렸다. 수작업으로 삽입된 역방향 하이퍼링크는 금방 못쓰게 되었다. 하이퍼링크에 대해 자동화된 역방향 하이퍼링크가 없기 때문에, 여러분은 어떤 상위 유스케이스가 지금 보고 있는 유스케이스를 호출했는지 알 수가 없다.

그럼에도 로터스 노츠에 끌리는 것은 주석이 달린 액터-목표 목록을 유스케이스 집합에 대해 동적으로 생성하는 뷰를 제공하는 방식이 사용에 편리하기 때문이다. 새로운 유스케이스를 작성하기만 하면 뷰로 그것을 즉시 보여 준다. 뷰는 동시에 하이퍼링크 된 내용의 목록이고, 액터 목표 목록이며, 진행상태 추적 목록이다. 나는 유스케이스를 우선순위, 배포, 완성도, 제목별로 보거나, 혹은 일차 액터, 주제 영역, 수준, 제목별로 보기도 한다.

---

2 (옮긴이) 여기서 저자가 소개하는 여러 유스케이스 작성 도구는 책이 쓰여진 시점에 나온 도구이거나 미국에서 많이 사용하는 도구들이어서, 현재 국내 사용자들의 유스케이스 작성 도구와는 거리가 있다. 국내의 경우, 유스케이스 작성 시 '유스케이스는 서술이다'라는 관점을 잘 유지하고 있다. 따라서 도구로 그리는 유스케이스 다이어그램과는 달리 워드프로세스를 이용하여 격식을 갖춘 유스케이스 명세서를 작성하는 것이 일반적이다.

하이퍼링크 기능이 있는 문서편집기. 하이퍼링크 기능으로 인해, 문서편집기는 유스케이스를 위한 시각적인 도구가 되었다. 유스케이스 템플릿을 템플릿 파일에 추가한다. 그 템플릿을 이용하여 각 유스케이스를 자체 문서 파일로 만들면, 유스케이스 간 연결을 쉽게 할 수 있다. 파일 이름만 변경하지 않으면 되니까! 작성자는 문서편집기에 익숙하므로 이것을 이용하여 이야기를 작성하는 데 불편함이 없다.

문서 편집기는 로터스 노츠가 가진 모든 단점들을 가지고 있다. 중요한 것은 모든 유스케이스를 배포별 혹은 상태별로 정렬하여 목록으로 만들고 그것을 클릭하여 문서를 여는 기능을 제공하지 않는다. 따라서 따로 개요 목록을 만들고 유지해야 하며, 이 목록은 금방 못쓰게 된다. 템플릿에 대한 전체 갱신 메커니즘이 없으므로, 시간이 흐름에 따라 템플릿의 여러 버전이 쌓이는 경향이 있다.

관계형 데이터베이스. 액터, 목표, 단계 모델을 마이크로소프트 액세스(Access)와 같은 관계형 데이터베이스에 입력하려는 시도가 여러 차례 있었다고 들었다. 이것은 자연스러운 아이디어였지만 그 결과로 만들어진 도구는 사용하기 어려워, 유스케이스 작성자가 문서편집기로 돌아가버렸다.

요구사항 관리 도구. DOORS나 리퀴짓 프로(Requisite Pro)와 같은 전문 요구사항 관리 도구가 점점 보편화되고 있다. 이 도구는 자동화된 정방향 및 역방향 하이퍼링크를 제공하며, 텍스트-기반의 요구사항 서술을 고려하였다. 부정적인 측면은, 유스케이스의 심장부라 할 수 있는 주요 성공 시나리오와 확장 모델을 지원하지 않는다는 사실이다. 나의 경험으로는 그런 도구를 이용하여 작성한 유스케이스는 매우 길었으며, 많은 양의 들여 쓰기, 번호, 행 등으로 인해 읽기 어려웠다(262쪽의 주의사항 2, '유스케이스를 읽기 쉽게 만든다'와 285쪽의 주의사항 20, '청바지가 더 낫다'를 기억한다). 여러분이 그런 도구를 사용하고 있다면, 이야기가 뚜렷이 드러나는 방식을 찾도록 한다.

CASE 도구. 긍정적인 측면에서, CASE 도구는 메타모델 안의 모든 개체에 대한 전체 변경과 자동화된 역방향 하이퍼링크를 지원한다. 그러나 앞에서 설명했듯이, 박스와 화살표를 이용하여 만들기 때문에, 문장을 다루기에는 역부족이다. 시퀀스 다이어그램은 문장으로 작성한 유스케이스를 대신할 수 없으며, 대부분의 CASE 도구는 문자 입력을 위한 다이얼로그 박스 이상은 제공하지 않는다. 나는 유스케이스 작성 팀이 CASE 도구 이용을 거부하고 문서 편집기로 다시 돌아가는 경우를 보아왔다.

이로 인해 여러분은 별로 즐겁지 않은 선택을 해야 한다. 여러분의 선택에 행운이 있기를…

주의사항 26. 제목과 요약서를 이용한 프로젝트 계획 작성

프로젝트 진행과정을 추적하기 위해 사용하는 유스케이스의 긍정적인 면과 부정적인 면에 대해, 그리고 프로젝트 계획 작성 프레임워크로써 액터-목표 목록의 예에 대해, 17.1절 '프로젝트 조직에서 유스케이스'를 검토한다.

유스케이스 계획표. 표의 왼쪽 두 개 열에 액터와 목표를 적고 그 다음 열에는 다음 중 필요한 항목을 기록한다. 비즈니스 가치, 복잡도, 배포, 팀, 완성도, 수행성능 요구사항, 외부 인터페이스 등.

이 표를 이용하여, 팀은 각 유스케이스별 실제 개발 우선순위를 협상할 수 있다. 비즈니스 요구 대 기술적인 어려움, 비즈니스 의존성, 기술 의존성 등에 대해 토의하고, 개발 순서를 제안한다.

유스케이스 일부 인도. 217쪽의 소단원 '유스케이스 교차 배포 관리'에서 설명한 대로, 여러분은 특정한 배포판(release)에서 유스케이스의 일부만을 제공하는 결정을 자주 할 것이다. 대부분의 팀은 간단히 노란색이나 굵은 글씨체로 강조하여 유스케이스의 어느 부분이 현재 배포의 대상인지 표시한다. 유스케이스가 모습을 드러내는 첫 번째 배포판과 유스케이스가 완전한 형태로 인도하는 마지막 배포판을 계획표에 기록하기도 한다.

부록 A

Writing Effective **Use Cases**

UML에서 유스케이스

UML은 사람들이 사용하기로 되어있는 그림 아이콘을 정의한다. UML은 유스케이스의 내용이나 작성 방식을 해결해 주지는 않지만, 사람들이 논의하는 데 필요한 많은 복잡한 아이콘/다이어그램을 제공한다. 무엇보다 여러분의 에너지를 명확한 텍스트를 작성하는데 사용하길 바란다. 다이어그램을 선호한다면, 관계의 기본을 익히고 다음으로 다이어그램을 명확하게 유지하기 위한 단순한 표준을 설정한다.

A.1 타원과 막대기 모양

시스템을 사용하는 사람을 그리기 위해 화이트보드 앞으로 갈 때, 사람을 표현하는 막대기 사람 모양을 그리고, 이 사람이 호출하는 유스케이스를 나타내는 타원을 그리는 것은 지극히 자연스럽다. 막대기 사람 모양에 액터의 이름으로 레이블을 붙이고, 타원에 유스케이스의 이름으로 레이블을 붙인다. 정보는 액터-목표 목록과 같지만, 표현방식은 다르다. 다이어그램은 목차로 사용하기도 한다.

지금까지는, 모두 괜찮고 일상적이다.

문제는 여러분이나 독자가 다이어그램이 시스템의 기능 요구사항을 정의한다고 믿을 때부터 시작된다. 어떤 사람은 다이어그램이 어려운 작업을 간단하게 해준다고 믿으며 다이어그램을 맹신한다(282쪽)의 그림 22.1에서처럼). 이 사람은 문장을 작성할 필요가 없기를 바라면서 다이어그램 안에서 가급적 많은 것을 파악하고자 노력한다. 여기에 이러한 상황의 징후가 되는 사건들이 있다.

최근에 필자의 강의에 참석하는 한 사람이 다이어그램의 양쪽 옆을 테이프로 붙여 이어서 수 피트나 되는 것을 펼쳤다. 이 다이어그램은 타원과 양쪽 방향으로 향하는 화살표, 그리고 '포함', '확장' 그리고 일반화 관계 등을 모두 섞어 놓았다 (물론 각 화살표에 작은 문자를 붙여 놓아서 겨우 구분할 수 있었다). 그는 프로젝트에서 모든 관계를 정확히 연결했는지 여부를 알고자 했고, 그가 그린 수 피트에 달하는 다이어그램으로는 논의 중인 시스템의 기능을 이해하기가 거의 불가능하다는 것을 그는 인식하지 못했다.

다른 사람은 하위 유스케이스를 호출하는 순서를 보여주지 않는 다이어그램의 명백한 결함을 어떻게 '교정'했는지 자랑스럽게 보여주었다. 그 사람은 UML의 선행 관계를 사용하여 하위 유스케이스가 다른 것보다 앞에 있다는 것을 보여주기 위해 화살표를 더 추가했다. 물론, 그 결과는 같은 내용의 텍스트보다 더 많은 공간을 차지하고 읽기도 어려운 엄청나게 복잡한 다이어그램으로 나타났다. 옛 사람의 격언을 바꾸어서 말하면, 읽을 수 없는 하나의 그림 안에 읽을 수 있는 수천 개의 단어를 두어야 했다.

그림은 이차원 기억 장치로 인지 목적, 즉 관계를 강조하기 위해 사용한다. 이 목적으로만 그림을 사용하고, 텍스트를 대체할 목적으로는 사용하지 않는다.

이 목적을 확실히 가지고, UML에 있는 개별 관계를 살펴보자.

A.2 UML의 포함 관계

기준 유스케이스(base use case) 안의 어떤 행동 단계가 유스케이스의 이름을 호출하면, 기준 유스케이스는 호출하는 유스케이스를 포함(include)한다. 이것은 보다 높은-수준과 보다 낮은-수준의 유스케이스 사이에서 일반적이고 명확한 관계이다. 포함된 유스케이스는 기준 유스케이스보다 낮은-수준의 목표를 서술한다.

　행동 단계 안의 동사구는 잠재적으로 하위 유스케이스의 이름이다. 여러분이 그 목표를 자체 유스케이스로 분리해내지 않는다면, 그것은 단순히 하나의 단계이다. 그 목표를 자체 유스케이스로 분리해 낸다면, 내 표현방식으로 하면, '그 단계는 하위 유스케이스를 호출한다' 이고, UML 버전 1.3 이상의 어휘로 표현하면, '그 단계는 포함된 유스케이스의 행위를 포함한다' 이다. UML 버전 1.3 이전에는 보다 낮은-수준의 유스케이스를 사용한다고 표현했다(그 문구는 이제 사용되지 않는다).

　점선 화살표는 (보다 높은-수준) 기준 유스케이스에서 포함된 유스케이스로 연결되는데, 이것이 의미하는 바는 기준 유스케이스가 포함된 유스케이스에 '대해 안다'이다. 그림 A.1의 예를 보자.

지침 13: 보다 높은 목표는 위쪽에 그린다.

다이어그램에서 보다 높은-수준의 목표는 낮은-수준의 목표보다 위쪽에 그린다. 이것이 목표-수준에 대한 혼동을 줄이는데 도움이 되고 읽는 사람에게도 직관적이다. 이 작업을 할 때, 기준 유스케이스로부터 포함 유스케이스로 가는 화살표는 항상 아래쪽을 향하게 된다.

그림 A.1 포함(include) 관계 표현

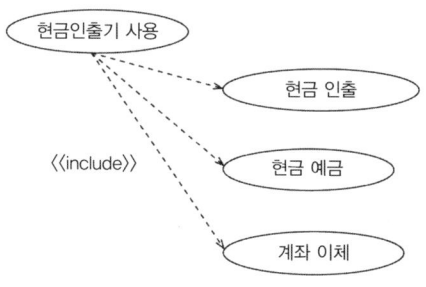

UML은 각 요소에 대한 표준 그림표기(notation)를 사용자가 원하는 그림표기로 바꾸는 것을 허용한다. 필자가 목격한 바에 따르면, 대부분의 사람들이 손으로 그릴 때 기준 유스케이스로부터 포함 유스케이스까지 단순히 연속선 화살표를 그렸다(점선 화살표는 지루하다). 이것은 문제가 되지 않고, 정당화할 수 있다. 그래픽 프로그램에서 제공하는 화살표 형식을 사용할 수도 있다.

대부분의 프로그래머에게 포함 관계란 프로그래밍 언어에서 하위-루틴 호출로 받아들여짐은 명확한 사실이다. 이것은 문제도 아니고 비난 받을 만한 일도 아니다. 오히려 본래의 메커니즘을 자연스럽게 사용하는 것이다. 이러한 메커니즘은 우리가 프로그래밍에서나 일상생활에서 모두 사용한다. 이따금 유스케이스를 매개변수화 하여, 이것을 함수의 매개변수로 전달하거나, 심지어는 리턴 값으로 가지는 것도 타당하다(제14장, 'CRUD와 매개변수화 유스케이스 참조). 그렇다고 하더라도 유스케이스의 궁극적인 목적은 다른 사람과 의사를 교환하는 것이지, CASE 도구나 컴파일러와 의사를 교환하는 것이 아님을 잊지 말기 바란다.

A.3 UML의 확장 관계

확장된 또는 확장 유스케이스는 기준 유스케이스를 제시하고 기준 유스케이스를 가로채는 상황을 정의함으로써 기준 유스케이스를 확장한다. 기준 유스케이스는 확장 유스케이스를 언급하지 않는다. 이것은 가로채기 유스케이스가 추가될 때마다 기준 유스케이스를 갱신해야 하는 유지보수의 악몽 없이, 기준 유스케이스를 원하는 만큼 가로채려고 할 때 유용하다 (10.2절 '확장 유스케이스' 참조.).

행위 측면에서, 확장 유스케이스는 기준 유스케이스의 어떤 내부 조건과 트리거 조건을 지정한다. 조건이 발생하기 전까지 행위는 기준 유스케이스를 통해 흐르다가, 조건이 발생하면 확장 유스케이스로 건너뛰어 계속 흐른다. 확장 유스케이스가 끝나면 행위는 기준 유스케이스의 떠났던 그 지점으로 다시 돌아간다. 레베카 워프스-브록(Rebecca Wirfs-Brock)은 확장 유스케이스를 기준 유스케이스의 패치라고 거창하게 표현했다(프로그래머는 프로그램 패치와 비교하

그림 A.2 확장(extends) 관계 표현

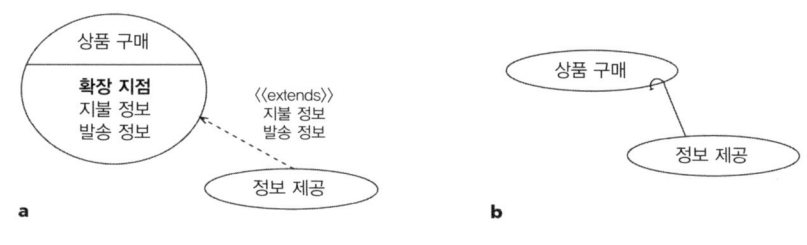

여 생각하길!). 다른 프로그래머는 이것을 모의 프로그램 명령(come-from 문)의 텍스트 버전으로 간주한다.

유스케이스 안에서 확장조건을 작성할 때 꽤나 자연스럽게 확장 양식을 사용한다. 확장 유스케이스는 유스케이스로부터 끌어내고 다시 돌려놓는 처리를 가진 확장 조건이다(10.2절 '확장 유스케이스' 참조). 그것을 자체 유스케이스를 키우고 자체 공간을 마련해 주는 시나리오 확장으로 생각하길 바란다.

확장에 대한 기본 UML 표현은 확장 유스케이스로부터 기준 유스케이스로 점선 화살표(포함과 같음)를 이용하여 그리는데, '《extend》' 라는 문구를 화살표 위 또는 옆에 둔다. 나는 그림 A.2에서처럼 포함과 확장 관계 간의 차이를 강조하기 위해, 확장 유스케이스는 기준 유스케이스 쪽으로 거는 갈고리 모양으로 그린다.

그림 A.2(a)는 확장을 그리는 기본 UML 방식을 보여준다(예제는 『UML Distilled』 (파울러, 1999)에서 인용하였다). 그림 A.2(b)는 갈고리 모양의 연결을 보여준다.

지침 14: 확장된 유스케이스는 아래쪽에 그린다.

일반적으로 확장 유스케이스는 기준 유스케이스보다 낮은 수준이다. 따라서 다이어그램에서 아래쪽에 두어야 한다. 그러나 확장 관계에서 확장 유스케이스는 보다 낮은-수준의 유스케이스로, 보다 높은-수준의 유스케이스에 대해 알고 있다. 그러므로 화살표나 갈고리는 확장 유스케이스로부터 기준 유스케이스로 연결되어야 한다.

지침 15. 서로 다른 화살표 모양을 사용한다.

UML은 의도적으로 유스케이스 기호에 연결하는 화살표의 형식을 해결하지 않은 채 남겨두었다. 어떤 관계도 앞부분이 빈 화살표와 어떤 관계인지를 알려주는 간단한 텍스트로 표현할 수 있다. 기본 사상은 서로 다른 도구 판매업체 또는 프로젝트 팀이 화살표 형식을 필요에 따라 맞추어 쓰기를 원하기 때문이고, UML 표준은 이것을 막지 않는다.

그 결과 불행하게도 모든 관계를 표현할 때 화살표에 차이를 두지 않고 단순히 사용만 함으로써 다이어그램을 읽기 어렵게 만들었다. 읽는 사람은 어떤 관계를 의미하는지 파악하기 위해서 작은 텍스트를 살펴보아야 하고, 후에 그 관계를 기억하게 할 어떤 시각적인 단서도 가지지 못한다. 이는 다른 그림 규약의 부재와 맞물려, 여러 유스케이스 다이어그램을 정말 이해하기 어렵게 만든다.

그런 이유로, 세 가지 관계를 서로 다른 화살표 형태로 만드는 어려움을 감수한다.

- 포함 : 기본 형태를 사용한다. 가장 흔하게 사용되는 화살표이다.
- 일반화 : UML의 표준의 일반화 화살표는 삼각형 머리를 가진 화살표인데 그것을 사용한다.
- 확장 : 완전히 다른 모양을 만든다. 필자는 확장 유스케이스에서 기준 유스케이스로 거는 듯한 갈고리 모양을 사용했다. 독자는 이것이 의미하는 바가 이해할 만하다는 것을 금방 깨닫는다. 이것은 다른 UML의 모양과는 상충되지 않으며, 확장한 유스케이스가 갈고리를 기준 유스케이스에 걸고 있다는 자체 은유도 가지고 있다.

확장(extends)의 정확한 사용

대부분의 경우, 확장 유스케이스를 생성(원래 150쪽 소단원 '확장 유스케이스'를 사용할 때에서 논의되었음)할 때는 기준 유스케이스를 가로채어 활성화해야 하는 비동기 서비스가 여러 개 있을 때다. 흔히 이런 확장 유스케이스는 서로 다른 팀이 개발한다. 이런 경우는 판매용 소프트웨어 패키지를 구축할 때 자주 발생한다. 그림 A.3에서 예를 보여준다.

다른 경우는 잠겨진(편집이 금지된) 요구사항 문서에 내용을 추가할 때이다. 점진적인 단계를 통해 진행되는 프로젝트에서, 여러분은 요구사항을 인도하고 난 후 요구사항 편집을 금지하고, 유스케이스 확장을 통해 기능을 추가한다.

확장 지점(Extension Points)

최초에 확장이 개발된 이유는 이전 시스템의 요구사항 파일을 건드릴 수 없다는 실행지침 때문이었다. 유스케이스가 개발된 최초 전화 시스템에서, 개발 업무는 비동기 서비스를 추가하는 것이었고, 따라서 확장 관계는 업무의 요구로부터 나왔다. 새로운 팀은 안전하게 잠겨진 요구사항 문서 상에서 작업을 할 수 있었고, 원래 시스템 요구사항을 한 줄도 건드리지 않고, 기준 유스케이스 안의 적절하다고 생각되는 곳 어디든지 새로운 비동기 서비스를 위한 요구사항을 추가했다.

그러나 다른 유스케이스 참조에는 문제가 있었다. 만약 줄 번호를 사용하지 않으면, 어떻게 확장 행위로 연결되는 시점을 참조할 수 있겠는가? 그리고 줄 번호를 사용할 경우, 기준 유스케이스를 편집하고 줄 번호를 변경한다면 어떻

그림 A.3 기준 유스케이스를 확장하는 가로채기 유스케이스 세 개

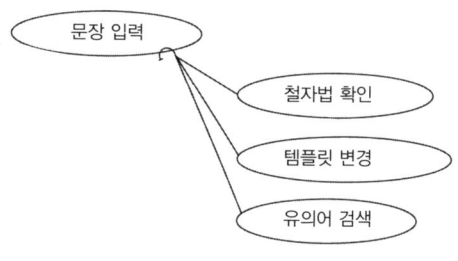

게 되겠는가?

줄 번호는 줄에 붙이는 레이블이라는 사실을 다시 기억하기 바란다. 그러므로 줄 번호는 숫자이거나 순서적일 필요는 없다. 줄 번호는 가독성을 위해 존재하고, 따라서 확장 조건은 참조 지점을 가진다. 그러나 대개는 줄 번호는 일련번호인데, 시간의 흐름에 따라 변경됨을 의미한다.

확장 지점은 이런 문제를 해결하기 위해 도입하였다. 확장 지점은 기준 유스케이스 안에 존재하는 공개적으로 볼 수 있는 레이블로 유스케이스의 행위 안의 어떤 순간을 별칭으로 식별한다(기술적으로 장소의 집합을 참조할 수 있지만, 당분간 그것을 미루어두자).

공개적으로 볼 수 있는 확장 지점은 새로운 문제를 야기했다. 기준 유스케이스의 작성자는 확장 가능한 지점을 알아야 할 책임이 있다. 누군가가 새로운 곳을 확장해야겠다고 생각할 때마다 그 지점으로 돌아가서 변경해야 한다. 확장의 원래 목적은 기준 유스케이스의 변경을 피하고자 함이었음을 기억하기 바란다.

여러분은 위의 문제 중 하나를 처리해야 한다. 공개적으로 선언한 확장 지점은 그 가치보다 문제가 더 많다. 아래 ATM 예제처럼 별칭을 무시하고 기준 유스케이스 안에서 확장 유스케이스 참조를 텍스트로 서술하는 것을 나는 더 좋아한다. 만약 여러분이 확장 지점을 꼭 사용해야 한다면, 다이어그램에서는 그것을 보여주지 말기 바란다. 그것은 타원 안의 공간 대부분을 차지하여, 읽는 사람의 시야를 지배하면서 더 중요한 정보인 목표 이름을 가린다(그림 A.2 참조). 확장 지점이 참조하고 있는 행위 다이어그램에서는 보여지지 않아야 하는데, 그렇게 할 경우 더 혼란스러워지기 때문이다.

확장 지점에 대해 언급할 것이 하나 더 있다. 확장 지점 이름은 확장 유스케이스가 행위를 추가할 필요가 있는 기준 유스케이스 안의 장소 한곳에서만 호출되는 것이 아니라 여러분이 원하는 만큼 많은 곳에서 호출되도록 되어 있다. '다른 은행의 ATM 사용'이라는 확장 유스케이스를 추가할 때, 다른 은행 ATM을 위해 이것을 원할 것이다. 확장 유스케이스는 다음과 같이 서술할 필요가 있다.

트랜잭션 수행을 허락하기 전, 시스템은 추가 서비스 요금 지불에 대해 고객의 동의를 받는다.

......

요청된 트랜잭션을 완료한 후에, 시스템은 고객의 계좌에서 추가 서비스 요금을 부과한다.

물론, 여러분은 당연히 그렇게 서술할 수 있을 것이다.

A.4 UML의 일반화 관계

유스케이스는 좀 더 일반적인 것을 특수화하곤 한다(일반 유스케이스는 특정한 것을 일반화 한다). (특수화된) 자식은 (일반) 부모의 종과 '유사한 종(species)'이 되어야만 한다. 더 정확히 하면 UML 1.3에서는 다음과 같이 표현한다. '유스케이스 간의 일반화 관계가 함축하고 있는 뜻은 자식 유스케이스가 부모 유스케이스에 정의된 모든 속성, 행위의 순서, 확장 지점 등을 모두 가지고 있고, 부모 유스케이스가 가지고 있는 모든 관계에 참가한다는 것이다.'

일반화를 정확히 사용한다.

일반화를 테스트하기 좋은 말은 '어떤 종류의~'라는 문구이다. '사용자가 어떤 종류의 이러저런 행동을 한다'라고 할 때 관심을 가진다. 그럴 경우, 여러분은 일반화를 위한 후보 하나를 가지고 있는 것이다. 다음은 '현금인출기 사용' 유스케이스의 한 부분이다.

1. 고객이 카드를 넣고 비밀번호를 입력한다.
2. 현금인출기 고객의 계좌와 비밀번호를 검증한다.
3. 고객은 다음 중 하나의 트랜잭션을 수행한다.
    A. 현금 인출
    B. 현금 예금
    C. 계좌 이체
    D. 잔액 조회
    고객이 '종료'를 선택할 때까지 트랜잭션을 수행한다.
4. 현금인출기는 카드를 돌려준다.

단계 3에서 고객이 수행한 것은 무엇인가? 일반적인 대답은 '트랜잭션'이다. 고객이 할 수 있는 트랜잭션엔 네 가지 종류가 있다. '일반적인'과 '~종류의'라는 단어는 일반적인 또는 일반화된 목표인 '트랜잭션 수행'이 있음을 암시한다. 일반-텍스트 버전에서, 우리가 유스케이스 사이에 일반화 관계를 사용하고 있음을 몰랐다. 우리는 단순히 사용자가 수행할 수 있고, 계속 수행할 동작 또는 트랜잭션의 종류를 나열했다. UML에서 이것은 일반화 화살표를 그려야 한다는 신호이다.

실제로 우리에게는 두 가지 선택이 있다. 우리는 그림 A.4(a)에서처럼 전체 일반화 비즈니스를 무시하고 특정 동작만을 포함할 수 있다. 또는 그림 A.4(b)에서처럼 'ATM 트랜잭션 하나 수행'이라는 일반 유스케이스를 만들고 그것의 특수화된 동작으로서 특정 동작을 보여줄 수 있다.

여러분이 선호하는 것을 사용하도록 한다. 산문으로 작업하고 있으므로, 필자는 일반화 유스케이스를 작성하지 않는다. 일반적인 목표에 둘 텍스트가 거의 없으므로, 그것을 위해 새로운 유스케이스 쪽를 작성할 필요가 없다. 그러나 그림으로는 '다음 트랜잭션 중 하나 수행'이라는 것을 표현할 방법이 없으므로, 일반화 목표를 찾아서 언급해야 한다.

지침 16. 일반 목표를 위쪽에 그린다.

다이어그램에서 일반 목표를 항상 위쪽에 그리고, 삼각형 화살표 머리를 측면이 아닌 아래쪽으로 향하게 한다. 그림 A.4의 예를 참조한다.

일반화의 위험

유스케이스의 특수화 유스케이스와 더불어 액터의 특수화 액터를 결합할 때 주의한다. 피해야 할 이디엄은 특수화된 유스케이스를 사용하는 특수화된 액터다. 예를 보여주기 위해 그림 4.5에서 제법 정형화된 생각을 표현하려고 노력하였다. 영업 사원은 어떤 거래든 마감할 수 있지만, 어떤 제한금액을 넘어서는 거래를 마감하기 위해서는 영업 관리자라는 특별한 유형의 영업 사원이 필요하다. 하지만, 실제로 표현은 그 반대로 한다.

그림 A.4 일반화 관계 표현. 포함된 유스케이스 집합을 일반적인 행동의 특수화로 변환하였다.

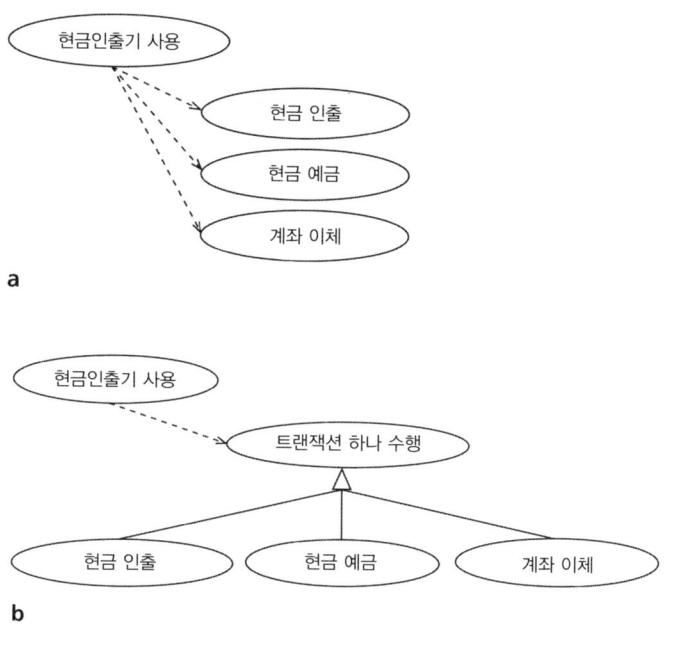

a

b

4.2절 일차 액터를 되돌아보자. 특수 액터는 일반 액터가 수행하는 모든 유스케이스를 수행한다. 따라서 영업 사원은 일반화된 영업 관리자이다. 많은 사람에게 직관적이지 않아 보이지만, 공식적이고 정확하다.

다른 특수화는 제법 자연스러워 보인다. 대량 거래 마감은 보통 거래 마감의 특별한 경우이다. 그러나 UML 규칙에 따르면 특수화된 유스케이스는 일반 유스케이스가 언급되는 곳은 어디든지 대체될 수 있다. 그러므로 그림이 표현하고자 하는 것은 일반 영업사원은 대량 거래를 마감할 수 있다는 것이다.

그림 A.6에서 교정된 다이어그램을 보여준다. 그림을 보고는 다음과 같은 질문을 하게 된다. 소량 거래 마감은 정말로 기본 거래 마감의 특수화인가, 또는 그것을 확장하는가? 텍스트 유스케이스를 가지고 작업할 때는 난처하거나 또는 경제적으로 낭비뿐인 궁지로 몰리지는 않으므로, 관심이 있는 독자를 위해

그림 A.5 위험한 일반화 – 대량 거래 마감

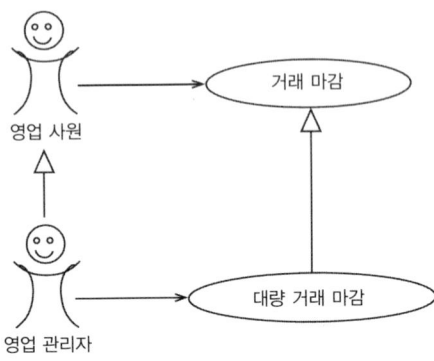

질문을 연습문제로 남겨둔다.

  일반적으로, 일반화 관계와 관련하여 문제점은 전문가 그룹이 하위유형(subtype)과 특수화(specialize) 행위의 의미, 즉 어떤 특성과 선택사양이 수반되어야 하는지에 대한 이해에 아직 도달하지 못했다는 것이다. 유스케이스가 행위에 대한 서술이므로, 그것을 특수화한다는 것이 가지는 의미를 이해할 표준이 존재하기 어렵다.

  여러분이 일반화 관계를 사용한다면, 일반화된 유스케이스를 위의 '하나의 트랜잭션 수행'에서처럼 비워둘 것을 권한다. 그러면 특수화된 유스케이스가 모든 행위를 제공할 것이며, 그러면 서술된 하나의 유스케이스에 대해서만 신경을 쓰면 된다.

A.5 예속 대 하위 유스케이스

UML 1.3 명세서의 확장 텍스트 절에서 편집자는 거의 알려지지 않은 유스케이스 간의 관계 두 개를 설명했는데, 이것을 표현하기 위한 표기 기호도 없고, OCL(Object Constraint Language)로 명세화 하지도 않았고, 단순히 설명하는 문장만 있었다. 이것이 예속(subordinate) 유스케이스와 그 반대인 지배

그림 A.6 정확한 대량 거래 마감

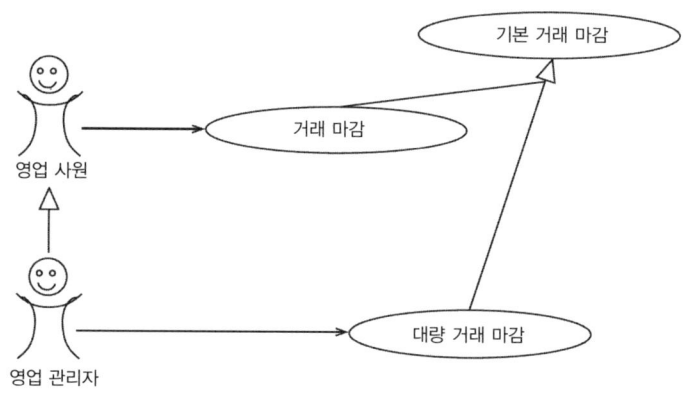

(superordinate) 유스케이스이다.

   이러한 관계의 의도는 대규모 시스템의 유스케이스를 만들기 위해 시스템의 컴포넌트가 함께 작업하는 방법을 여러분에게 보여주는 것이다. 다른 방향에서 보면, 컴포넌트 그 자체는 보이지 않는다. 그들의 유스케이스는 빈 공간에 자신의 자리만을 차지하고 있다. 여러분이 나중에 컬래버레이션 다이어그램(collaboration diagram)으로 적절하게 설명하겠지만, 익명의 컬래버레이션 다이어그램을 그리려 했던 것처럼, 그것은 특별한 종류의 기능 분해이다. UML 명세서에 따르면,

> 하나의 모델 요소를 명세화 하는 유스케이스는 보다 작은 유스케이스의 집합으로 재정의되고, 각각은 첫 번째 유스케이스 혹은 두 번째 또는 …에 포함된 모델 요소의 서비스를 명세화 한다. 하지만 컨테이너 요소의 구조는 유스케이스에 의해 밝혀지지 않음에 주의한다. 이것은 요소에 의해 제공되는 기능을 명세하기 때문이다. 특정 지배(superordinate) 유스케이스의 예속 유스케이스는 수행을 위해 지배 유스케이스와 협력을 한다. 협력 내용은 협업을 통해 명세화 되고, 컬래버레이션 다이어그램으로 표현할 수 있다.

유스케이스 명세서의 설명적인 문장으로 이러한 독특한 관계를 소개하는 목적은 명확하지 않다. 그리고 나는 그것을 설명하라고 권하지 않는다. 나는 주로 문제만을 가져오는데, 그 이유는 이 책에서 '하위 유스케이스'라는 용어를 사용하고 있고, 그리고 누군가가 "코오번의 하위 유스케이스와 UML의 예속(subordinate) 유스케이스의 관계가 무엇인가?"라는 질문을 하게 되기 때문이다.

나는 하위 유스케이스라는 용어를 보다 낮은 목표 수준을 참조하기 위해 사용한다. 일반적으로, 보다 높은 유스케이스는 하위 유스케이스를 호출(포함)한다. 보다 높은 수준과 보다 낮은 수준의 유스케이스를 위해 '예속된'과 '지배하는'이라는 표현을 하곤 한다. 그러나 UML 1.3이 그 단어를 채택한 이후, 사용하는 용어를 바꿨다. 나의 경험으로는 사람들은 '호출 유스케이스'와 '하위 유스케이스'라는 용어를 별 무리 없이 받아들인다. 이러한 용어는 심지어 초보 작성자나 독자에게도 명확하다.

A.6 유스케이스 다이어그램 작성

여러분이 다이어그램 작성 규약을 간단하게 정의하고 따른다면, 유스케이스 다이어그램을 통해 여러분의 독자와 보다 쉽게 의사를 주고받을 수 있음을 알게 된다. 제발 어지러운 화살표를 독자에게 넘겨주고는 독자가 여러분의 의도를 파악했으리라 기대하지 말라. 지침 13부터 지침 16까지는 다양한 유스케이스 관계 관련 도움을 준다. 다음에 제시하는 작성지침 두 개 역시 도움을 줄 것이다.

지침 17. 컨텍스트 다이어그램 안의 사용자 목표

주요 컨텍스트 다이어그램 상에, 사용자-목표 수준보다 낮은 유스케이스는 보여주지 말기 바란다. 결국 다이어그램의 목적은 설계할 시스템의 컨텍스트와 목차 제공이다. 유스케이스를 다이어그램 양식으로 분해할 경우, 분해한 내용을 분리된 쪽에 두길 바란다.

지침 18. 지원 액터는 오른쪽에

나는 모든 일차 액터를 시스템 박스의 왼쪽에 두고, 오른쪽은 지원(이차) 액터

를 위해 남겨두는 것이 유익함을 안다. 이것은 일차 대 이차 액터에 대한 혼동을 줄여준다. 어떤 사람들은 다이어그램에 지원 액터를 그리지 않는다. 이 경우 일차 액터를 어느 쪽에든 둘 수 있다.

A.7 텍스트 기반으로 유스케이스 작성

그림과 관계에 대해 연구하고 걱정하는데 많은 시간을 보낸다면, 여러분은 잘못된 곳에 에너지를 사용하고 있는 것이다. 그 대신에 읽기 쉬운 문장을 작성하는데 그 에너지를 사용하기 바란다. 문장에서는 유스케이스의 관계가 간단하며, 그 결과 여러분은 다른 사람들이 관계에 대해 왜 그렇게 걱정을 하는지 이해가 안 될 것이다.

이것은 여러 유스케이스 전문가의 공통된 견해이다. 그것은 다음 사건과 밀접하게 관련이 있지만, 제안의 심각성을 강조하고자 한다. IBM의 유럽 객체기술협회의 부르스 앤더슨(Bruce Anderson)이 OOPSLA '98의 유스케이스에 대한 토론에서 해준 조언에 감사드린다. 그 토론에서 포함과 확장 간의 차이점, 전개되는 시나리오와 타원의 폭발적인 증가 등과 관련된 심각한 질문이 나왔다. 이에 대해 부르스는 자신의 그룹은 시나리오를 절제하므로 혼란스럽지 않다고 대답했다. 질문자가 묻는 것은 왜 다른 모든 사람이 '시나리오 폭증과 확장을 사용하는 방법'에 대해 신경을 쓰는가 였다. 부르스의 대답은 "저는 코오번이 말한 대로 할 뿐입니다"였는데, 그것은 시간을 들여 문장을 명확하게 작성하고, 확장으로부터 거리를 두며, 다이어그램에는 신경을 쓰지 않는다는 뜻이다.

텍스트 기반으로 훌륭한 유스케이스를 작성하는 사람은 UML의 막대기 사람, 타원, 화살표나 만지작거리는 사람들이 부딪히게 될 문제로 무작정 뛰어들지 않는다. 관계는 여러분이 전개되는 이야기를 작성할 때 자연스럽게 발견된다. 여러분이 그곳에 안주할 때만 문제가 된다. 컨설턴트가 텍스트와 UML에 대한 경험이 많을수록, 이 사실에 적극 동의한다.

부록 B

Writing Effective **Use Cases**

유스케이스 통과/실패 테스트

테스트 항목 모두 "예"라는 답을 받아야 한다.

항목	질문
유스케이스 제목	1. 일차 액터의 목표를 언급하는, 능동-동사를 사용한 목표 문장인가?
	2. 시스템이 목표를 달성할 수 있는가?
범위와 수준	3. 항목을 채웠는가?
범위	4. 유스케이스가 범위에 언급된 시스템을 블랙박스로 다루는가? (만약 시스템 요구사항 문서라면, 대답은 반드시 '예'가 되어야 한다. 그러나 만약 유스케이스가 화이트-박스 비즈니스 유스케이스라면 대답은 '아니오'일 수도 있다.)
	5. 범위에 있는 시스템이 설계될 시스템이라면, 설계자가 내부를 모두 설계하여야 하고 외부는 설계하지 않아도 되는가?
수준	6. 유스케이스 내용이 정의된 목표 수준과 일치하는가?
	7. 목표는 정말로 진술된 목표 수준에 있는가?
일차 액터	8. 그가/그녀가/그것이 행위를 가지는가?
	9. 그가/그녀가/그것이 목표시스템을 사용하는 목표가 있으며, 그것은 목표시스템의 서비스 약속인가?
선조건	10. 강제적인가, 그리고 목표시스템에 의해 제 값이 설정되는가?
	11. 유스케이스 안에서는 결코 확인되지 않음이 사실인가?

항목	질문
이해관계자와 이해관계	12. 그것을 언급하였으며, 시스템은 정의한 대로 그들의 이해관계를 반드시 만족시켜야 하는가? (형식과 허용 정도에 따라 사용법은 다양하다.)
최소 보증	13. 모든 이해관계자의 이해관계가 보호되는가?
성공 보증	14. 모든 이해관계자의 이해관계가 충족되는가?
주요 성공 시나리오	15. 3~9단계로 구성하였는가?
	16. 트리거로부터 성공 보증까지 이어지는가?
	17. 순서에 정당한 변형을 허용하는가?
시나리오 내의 각 단계	18. 이어지는 하나의 목표로 문장을 구성하였는가?
	19. 성공적인 완료 후에 프로세스가 명확하게 앞으로 진행되는가?
	20. 어떤 액터가 목표를 위해 노력하는지 명확한가 – 누가 '공을 차고' 있는가?
	21. 액터의 의도가 명확한가?
	22. 단계의 목표 수준이 전체 유스케이스의 목표 수준보다 낮은가? 가급적이면 유스케이스의 목표 수준보다 약간 아래인가?
	23. 여러분은 그 단계가 시스템의 사용자 인터페이스 디자인을 묘사하지 않는다고 확신하는가?
	24. 그 단계에서 어떤 정보를 전달하는지 명확한가?
	25. 그것이 조건을 '확인'하기보다는 '검증'하는가?
확장 조건	26. 시스템이 그것을 감지하고 처리할 수 있으며, 또 그렇게 해야만 하는가?
	27. 시스템이 실제로 필요로 하는 것인가?
기술과 데이터 변형 목록	28. 이것이 주요 성공 시나리오에 대한 평범한 행위 확장이 아님을 확신하는가?
전체 유스케이스 내용	29. 후원자와 사용자들에게: "이것이 여러분이 원하는 것인가?"
	30. 후원자와 사용자들에게: "배포가 되고 나면, 여러분이 이것을 얻었다고 말할 수 있는가?"
	31. 개발자들에게: "이것을 구현할 수 있는가?"

부록 C

Writing Effective **Use Cases**

연습문제 (일부에 대한) 해답

제3장, 64쪽

연습문제 3.1

전기로 연결된 산업계의 집합이나 우리의 **이웃**을 서술할 수도 있다. 이보다 작은 규모로는 은행 빌딩과 조명시스템을 설계할 수 있다. 새로운 **은행 컴퓨터 시스템과 ATM**(현금인출기), 또는 **ATM**만을 설계할 수도 있다. 또한 새로운 **키받침대 설계**나 **엔터키** 설계에 대해 토의할 수도 있다. 이 이야기 조각만으로는 어떤 시스템이 논의되어야 하는지 구별할 방법이 없다.

연습문제 3.2

다시 얘기하지만 사용자 이야기 조각만으로는 우리가 논의하고 있는 목표시스템을 구별할 수 없다.

그림 B.1 현금인출기의 설계 범위

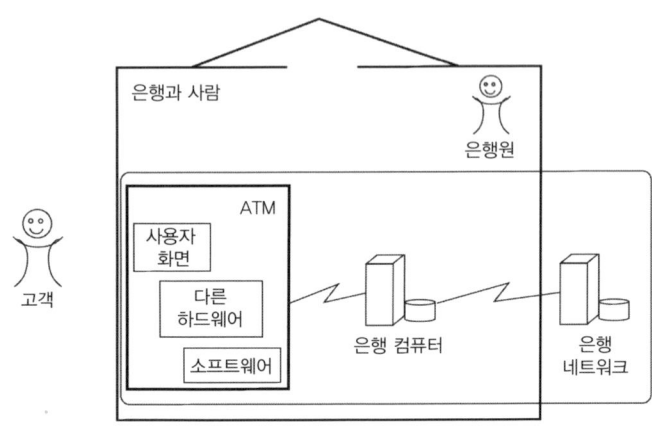

제4장, 74쪽

연습문제 4.2

통과/실패 테스트를 기억하기 바란다. 액터는 행위의 if문 가치를 반드시 실행할 수 있어야 한다. 일차 액터는 목표를 갖고 시스템이 약속한 서비스를 호출한다.

현금인출기(ATM). 목표시스템(SuD)

고객. 일차 액터와 이해관계자.

ATM 카드. 액터가 아님. 행위가 거의 없음. ATM 카드는 단순한 데이터 봉투로, 고객의 입장에서 신속하고, 정확한 타이핑을 대신해 주는 것에 지나지 않는다.

은행. 우리 목적을 위한 액터가 아님. ATM을 보유한 시스템이다.

사용자 화면. 우리 목적을 위한 액터는 아님. 목표시스템의 컴포넌트이다.

은행 소유주. 이해관계자, 일차 액터가 아닐 수 있다.

서비스 담당자. 일차 액터

프린터. 우리 목적을 위한 액터는 아님. SuD의 컴포넌트이다.

은행의 주 컴퓨터 시스템. 이차 액터. 현금인출기와의 대화를 개시하는 상황을 가정한다면, 이것은 일차 액터가 될 수 있다.

은행 창구직원. 작업 할당에 따라 다르다. 누가 현금을 채우고 비우는가? 만약 여러분이 '다시 채우는 사람' 또는 '서비스 직원'이라고 한다면 아마도 은행 창구직원을 일차 액터로 하는 유스케이스를 만들 수 없을 것이다. 만약 '은행 창구직원이 그렇게 한다'라고 하면, 은행 창구직원은 일차 액터이다.

은행 강도. 설계 범위와 여러분의 창의력에 따라 다르다. 은행 강도에게 알맞은 유스케이스는 생각할 수 없었다. 이것은 어떤 고객이 "현금인출기를 훔쳐라!"라고 제안하기 전까지는 고객 유스케이스의 확장 조건이 아니다. 우리가 목표를 어떻게 표현하는가에 따라 강도가 유스케이스(그의 목표는 절대로 성공할 수 없음!)를 가지게 할 수도 있고 고객의 유스케이스 안에서 확장으로 처리할 수 있다.

연습문제 4.3

해답은 여러분들이 선택하는 수용(containing) 시스템에 따라 다르다(그림 B.1 참조).

현금인출기(ATM). 우리 목적을 위한 액터는 아님. 이것은 이제 목표시스템의 컴포넌트이다.

고객. 여전히 일차 액터이고 이해관계자이다.

ATM 카드. 연습문제 4.2에서와 같은 이유로 액터가 아님.

은행. 그림 B.1을 본다. 여러분이 '고객들이 있는 은행'을 수용 시스템으로 선택한다면 이것이 목표시스템이다. 만약 '은행 네트워크'를 선택한다면, 이것은 액터일 확률이 높다(호출되는 은행 시스템 서비스를 정당화 할 수 있는지 여부에 따라 다르다).

사용자 화면. 우리 목적을 위한 액터는 아님. 컴포넌트이다.

은행 소유주. 여러분이 선택한 수용 시스템과 여러분이 지원할 서비스 목표에 따라 다르다. 일차 액터가 아닌 은행의 컴포넌트이거나 은행의 일차 액터가 될 수 있지만, 은행 시스템의 일차 액터는 아닐 확률이 높다.

서비스 담당자. 서비스 담당자의 외곽에 있을 경우 일차 액터이고, 은행 직원이면서 은행을 목표시스템으로 선택했으면 컴포넌트이다.

프린터. 우리 목적을 위한 액터는 아님. 컴포넌트이다.

은행 주 컴퓨터 시스템. 이제 수용 시스템의 컴포넌트이다.

은행 창구직원. (은행의) 컴포넌트이거나 은행 시스템의 일차 액터이다.

은행 강도. 연습문제 4.2와 같음.

제5장, 101쪽

연습문제 5.1

- 요약 (흰색): 저녁식사를 하려고 누군가를 데리고 나감 (☁) (이것은 AMT의 경우에 다소 계획된 답이다)
- 요약 (흰색): ATM 사용, (🔍)
- 사용자 목표 (파란색): ATM에서 현금을 받음, (⋏⋏)
- 하위기능 (남색): 비밀번호 입력, (👁)
- 하위기능 (검은색): 엔터 버튼을 찾음, (⊖)

연습문제 5.2

액터	목표	수준
서비스 담당자	ATM에 작업 지시 ATM 자체 테스트 실행	요약 사용자 목표
은행원	현금 채움 물품 채움	사용자 목표 사용자 목표
고객	ATM 사용 현금 인출 현금 예금 계좌 이체 잔액 조회	요약 사용자 목표 사용자 목표 사용자 목표 사용자 목표

제6장, 109쪽

연습문제 6.1

최소 보증을 찾는 가장 쉬운 방법은 "무엇이 이해관계자를 불행하게 하는가?" 라고 묻는 것이다. 이해관계자는 고객, 은행, 그리고 은행 감독 기관 등이다.

고객은 현금을 가질 수 없다면 불행해질 것이다. 하지만 그것은 최소 보증에서 기대되는 것은 아니다. 고객이 현금을 가질 수 없다고 가정하자. 그런 경우 거래 결과가 인출로 기록된다면 불행하게 된다. 사실, 받은 현금보다 더 많은 금액이 인출로 기록된다면 언제라도 불행하다. 고객은 모든 거래가 로그로 남기를 원하며, 그렇게 함으로써 어떤 잘못으로부터 자신을 보호할 수 있다.

은행은 고객이 가져간 금액보다 적은 금액이 인출로 기록된다면 불행하게 된다. 은행은 또한 스스로를 보호하기 위해 로그를 원하는데, 아마 특별한 종류의 로그를 남김으로써 실패가 발생할 경우 트랜잭션이 어디까지 진행되었는지 알 수 있고, 그 결과로 어떤 에러든 정리할 수 있다.

감독기관은 지침의 준수 여부를 알고자 한다. 따라서 관심은 트랜잭션 로그의 기록에 집중된다.

결과적으로 우리는 인출금액과 인출기록이 같아야 하는 최소보증을 가지고 있다. 아울러 실패의 경우를 대비해서 트랜잭션이 어디까지 처리되었는지에 대한 마이크로로그도 확보해야 한다. 또한, 각 트랜잭션도 로그로 남긴다.

연습문제 6.4

성공 보증은 인출한 금액만큼 인출로 기록하고(요청한 금액에 대한 실패 조건은 아님), 카드를 돌려받고, 기계를 재설정하고, 트랜잭션에 대한 로그를 남기는 것이다.

제7장, 125쪽

연습문제 7.1

여기에 ATM으로부터 현금을 인출하기 위한 서술에 인터페이스를 자세히 기록한 예가 있다. 이와 같은 유스케이스 100개를 보내면 읽는 사람은 불행해진다. 의도 서술을 위한 연습문제 7.2의 해답을 참조한다.

1. 고객이 카드 판독기에 카드를 통과시킨다.
2. ATM은 은행 ID와 계좌번호를 읽는다.
3. ATM은 영어로 또는 스페인어로 진행할지를 고객에게 묻는다.
4. 고객은 영어를 선택한다.
5. ATM은 비밀번호를 입력하고 '엔터'를 누르라고 요청한다.
6. 고객은 비밀번호를 입력하고 '엔터'를 누른다.
7. ATM은 고객이 수행할 활동 목록을 나열한다.
8. 고객은 '현금 인출'을 선택한다.
9. ATM은 고객에서 인출할 금액을 5달러의 배수로 요청을 하고, '엔터'를 누르라고 요청한다.
10. 고객은 금액을 5달러의 배수로 입력하고 '엔터'를 누른다.
11. ATM은 은행 주 컴퓨터 시스템에 고객의 계좌와 인출될 금액을 알린다.
12. 은행 주 컴퓨터 시스템은 인출을 수락하고, ATM에게 새로운 잔액을 알려준다.
13. ATM은 현금을 내어준다.
14. ATM은 고객이 영수증을 받을 것인지 물어본다.
15. 고객은 그렇다고 대답한다.
16. ATM은 새로운 잔액이 적힌 영수증을 발행한다.
17. ATM은 트랜잭션을 로그로 남긴다.

연습문제 7.2

다음은 액터의 의도를 보여주는 간소화된 빠른 현금 버전이다.

1. 고객은 카드 판독기에 ATM 카드를 통과시킨다.
2. ATM은 카드로부터 은행 ID와 계좌번호를 읽은 후, 주 컴퓨터를 통해 검증한다.

3. 고객은 비밀번호를 입력하고, ATM은 비밀번호를 검증한다.
4. 고객은 '빠른 현금'을 선택하고 인출금액을 5달러의 배수로 입력한다.
5. ATM은 주 은행 시스템에 고객 계좌로부터 인출할 금액을 통지하고, 새로운 잔액과 함께 승인받는다.
6. ATM은 현금, 카드 그리고 잔액을 보여주는 영수증을 내어준다.
7. ATM은 트랜잭션 로그를 남긴다.

연습문제 7.4

예제는 세 가지 종류의 오류를 가지고 있다. 첫 번째로 파악해야 할 오류는 유스케이스 이름이나 서술과는 상관없이 로그인 관련 유스케이스가 아니라는 것이다. 그것은 주문 처리 시스템의 사용에 관한 것이다. 여기의 실제 유스케이스는 연수준의 요약 유스케이스이다. 처음 여섯 단계는 로그인에 관한 것이지만, 전적으로 서로 다른 목표 수준에 있으며 분리되어야 한다. 일단 그것을 하면, 사용자가 이 시스템에 로그인은 하지만 결코 로그아웃하지 않음을 알 수 있다.

프로그래머가 작성한 '사용자가 루프 탈출, if 종료, 루프 종료를 선택하지 않는 한'이라는 말은 유스케이스를 검토하는 사용자에게는 의미가 없다. 연속적인 if문은 작성을 어렵게 한다. 단계는 사용자 인터페이스 설계를 서술한다. 이러한 사항은 모두 고쳐야 한다.

'유스케이스가 ......할 때로 시작'하고 '......할 때로 끝난다'는 어떤 강사에 의해 제안된 형식 관련 규약이다. 특별히 잘못된 것은 없다. 이것은 단순한 장식물로 나는 그 필요성을 발견하지 못하였다. 대부분의 사람들은 유스케이스가 단계 1에서 시작하여 작성이 끝날 때 종료된다고 가정한다.

주목해야 할 다른 형식의 문장은 '사용자가 ...... 그래서 주문하기를 사용한다'이다. 이 문장 안의 '사용'은 UML의 포함 관계(이전에는 사용(use) 관계라고 불림)를 참조한다. 나는 이것이 작성을 명확하게 하기보다는 혼란스럽게 함을 알게 되었다. 따라서 '사용자가 ...... 주문한다'라는 표현을 선호한다. 여러분은 다른 유스케이스를 참조하기 위해 프로젝트 팀이 설정한 규약이 어떤 것이든 따를 것이다.

결국 우리는 두 개의 유스케이스로 분리해야 했다. 연-수준의 유스케이스인 주문처리 시스템 사용과 하위기능인 로그인. 로그인은 로그인 유스케이스로 연결할 수 있다. 다른 유스케이스로의 링크는 밑줄을 긋는다는 사실에 주목한다.

유스케이스 38 주문처리 시스템 사용

주요 성공 시나리오:
1. 사용자 로그인.
2. 시스템은 사용 가능한 기능을 보여준다. 사용자는 그중 하나를 선택한다:
   주문하기
   주문 취소
   상태 확인
   카탈로그 전송
   불만 등록
   영업 보고서 실행
3. 사용자가 종료를 선택할 때까지 반복한다.
4. 사용자가 종료를 선택하면 시스템은 사용자를 로그아웃시킨다.

제8장, 142쪽

연습문제 8.1

다음은 실패 조건의 예다. 일반적으로 강의에서는 이것보다 두 배 정도 길게 작성한다. 모든 조건을 검출할 수 있고 반드시 처리하여야 함에 주의한다. 여러분은 어떻게 했는지 궁금하다.

카드 판독기가 깨졌거나 카드에 긁힌 자국이 있다.
타당하지 않는 은행의 카드
비밀번호 오류
고객은 비밀번호를 주어진 시간 안에 입력하지 않는다
ATM이 다운되었다
호스트 컴퓨터가 다운되었거나, 네트워크가 다운되었다
계좌에 충분하지 않은 금액

고객이 금액을 주어진 시간 안에 입력하지 않았다

5달러의 배수가 아니다

요청된 금액이 너무 크다

네트워크 또는 호스트가 트랜잭션 중에 다운되었다

분배기 안에 불충분한 현금

분배하는 중에 현금이 걸림

영수증이 떨어지거나 또는 걸림

고객이 분배기의 돈을 가져가지 않는다

연습문제 8.5

유스케이스 39 웹을 통한 주식 매입

일차 액터: 구매자/사용자
범위: PAF
수준: 사용자 목표
선조건: 사용자는 PAF를 실행했다.
최소 보증: 충분한 로그 정보를 남겨서 PAF가 잘못된 것을 감지할 수 있고 사용자에게 상세한 정보를 요청할 수 있다.
성공 보증: 원거리 웹 사이트는 구매를 인식한다. PAF는 로그를 남기고 사용자의 포트폴리오를 갱신한다.

주요 성공 시나리오:
1. 사용자가 웹을 통한 주식 매입을 선택한다.
2. PAF가 사용할 웹 사이트의 이름을 입력 받는다(E*Trade, Schwab 등).
3. PAF는 사이트에 웹 연결을 열고, 통제를 유지한다.
4. 사용자는 웹 사이트에서 주식 정보를 살펴보고 매입한다.
5. PAF는 웹 사이트로부터 응답을 가로채서 사용자의 포트폴리오를 갱신한다.
6. PAF는 사용자에게 새로운 포트폴리오를 보여준다.

확장:
2a. 사용자가 PAF가 지원하지 않는 웹 사이트를 원한다:
   2a1. 시스템은 유스케이스를 취소할 수 있는 선택사양과 함께 사용자로부터 새로운 제안을 받는다.
3a. 설정 중에 모든 형태의 웹 실패:
   3a1. 시스템은 조언과 함께 실패를 보고한다. 이전 설정을 백업한다.

3a2. 사용자가 이 유스케이스에서 빠져나가거나 다시 시도한다.
4a. 구매 트랜잭션 중에 컴퓨터가 망가지거나 스위치가 꺼진다:
   4a1. (여기서 어떻게 해야 하는가?)
4b. 웹 사이트가 구매를 승인하지 않고 지연시킨다:
   4b1. PAF가 지연 내역을 로그로 남긴다; 사용자에게 결과에 대해 묻기 위해 타이머를 설정한다.
   4b2. (문의된 구매 갱신 참조)
5a. 웹 사이트가 구매로부터 필요한 정보를 돌려주지 않는다:
   5a1. PAF 정보 부족 내역을 로그로 남기고, 사용자에게 <u>문의된 구매 갱신</u>을 하게 한다.
5b. 포트폴리오 갱신 작업 중에 디스크가 망가지거나 가득 찬다:
   5b1. 재기동시, PAF 로그의 불일치를 감지하고 사용자에게 <u>문의된 구매 갱신</u>을 하도록 요청한다.

제11장, 176쪽

연습문제 11.1

유스케이스 40 점화 플러그 청소 서비스 수행

선조건: 차를 차고에 넣고, 엔진을 가동한다.
최소 보증: 고객은 더 큰 문제를 파악한다. 차를 수리하지 않는다.
성공 보증: 엔진이 부드럽게 돌아간다.
주요 성공 시나리오:
1. 덮개를 열고 보호 덮개로 펜더를 덮는다.
2. 점화 플러그를 제거한다.
3. 점화 플러그의 윤활유를 닦아낸다.
4. 간극을 청소하고 조정한다.
5. 플러그 작동을 테스트하고 검증한다.
6. 플러그를 교체한다.
7. 플러그를 조정하기 위해 점화선을 연결한다.
8. 엔진이 부드럽게 돌아가는지 테스트하고 검증한다.
9. 도구와 장비를 청소한다.
10. 펜더로부터 보호 덮개를 제거한다. 차에 묻은 윤활유를 닦는다.

확장:

4a. 플러그가 금이 갔거나 닳았다: 새로운 플러그로 교체한다.

8a. 엔진이 여전히 부드럽게 돌아가지 않는다.

    8a1. 개략적인 엔진 진단을 한다(UC 23).

    8a2. 차의 큰 문제를 고객에게 통지를 한다.

부록 D

Writing Effective Use Cases

용어집

주요 용어

액터(actor). (if문을 수행할 수 있는) 행위를 가진 어떤 것. 기계적인 시스템, 컴퓨터 시스템, 사람, 조직, 또는 이들의 몇 가지 조합.

외부 액터(external actor)는 논의 중인 시스템의 바깥에 있는 액터이다.

이해관계자는 시스템에 의해 보호 받는 이해관계를 가지고 있는 외부 액터로 특정 행동을 취하기 위해 시스템을 필요로 한다. 서로 다른 유스케이스는 서로 다른 이해관계자를 가질 수 있다.

일차 액터는 시스템의 목표를 달성하도록 요청하는 이해관계자이다. 일반적으로 항상 그렇지는 않지만, 일차 액터는 시스템과의 상호작용을 초기화한다. 일차 액터는 상호작용을 개시하는 중재자를 가지거나 어떤 이벤트에 의해 자동으로 시작되는 상호작용을 가질 수 있다.

지원 액터 또는 **이차 액터**는 SuD가 가진 목표에 대응하는 어떤 시스템이다.

보조, 또는 **3차 액터**는 일차 액터가 아닌 이해관계자이다.

중간에 있는 것은 목표시스템(SuD), SuD의 하위시스템, 또는 SuD의 능동적인 컴포넌트이다.

상호작용(interaction). 메시지, 일련의 상호작용들, 또는 일련의 상호작용의 집합

시나리오(scenario). 시나리오는 어떤 조건 아래서 발생하는 일련의 행동과 상호작용으로 조건문이나 분기 없이 표현한다.

구체적인 시나리오는 모든 특정한 개체에 이름이 부여된 시나리오이다. 액터에 이름이 부여되고 가치가 부여된다. 이것은 과거 시제로 상세한 내용을 모두 포함해서 이야기를 서술하는 것과 같다.

사용 이야기(usage narrative)는 다양한 액터의 동기와 의도를 밝힌 구체적인 시나리오이다. 이것은 유스케이스 작성이나 읽기를 위한 준비운동으로 사용한다.

요구사항 작성에서, 때때로 시나리오는 액터와 데이터 값을 위해 '고객'이나 '주소' 같은 장소 확보용(placeholder) 어휘를 사용하여 작성한다. 이러한 것들이 구체적인 시나리오와 구분될 필요가 있을 때, 이것을 **일반 시나리오**라고 부를 수 있다.

유스케이스를 관통하는 **경로**와 유스케이스의 **행로**는 일반 시나리오에서는 비슷한 말이다.

주요 성공 시나리오는 트리거로부터 완료까지, 달성할 목표를 포함하며, 후에 일어날 일을 예약하며, 완전하게 작성된 하나의 시나리오이다. 이것이 유일한 성공 경로는 아니지만, 전형적이고 실제 사례가 되는 성공 시나리오이다.

대안 행로는 주요 성공 시나리오에 대해 확장으로 작성된 다른 시나리오이거나 시나리오 조각이다.

행동 단계는 시나리오에서 작성의 단위이다. 일반적으로 한 문장으로 이루어지며, 대개 한 액터의 행위를 서술한다.

시나리오 확장. 다른 시나리오 안의 특정 조건에서 시작하는 시나리오 조각.

확장 조건은 서로 다른 행위가 발생하는 상황을 언급한다.

확장 유스케이스는 특정 조건에서 시작하여 다른 유스케이스를 가로채는 유스케이스이다. 가로챔을 당하는 유스케이스를 **기준 유스케이스**라고 한다.

확장 지점은 확장 유스케이스가 가로챌 수 있는 기준 유스케이스의 행위 안의 어떤 지점에 대한 태그 또는 별칭이다. 확장 지점은 기준 유스케이스 안의 장소의 집합을 실제로 언급할 수 있으므로 확장 유스케이스는 조건의 집합을 위해 기준 유스케이스를 가로채는 모든 확장 행위를 모을 수 있다.
하위 유스케이스는 시나리오의 한 단계에서 호출하는 유스케이스이다. UML에서 호출하는 유스케이스는 하위 유스케이스의 행위를 **포함한다**고 말한다.

유스케이스. 유스케이스는 시스템의 이해관계자 간의 계약에서 행위 부분을 표현한다. 이것은 다양한 조건 하에 있는 시스템의 행위와 상호작용을 서술한다. 즉 시스템은 이해관계자 중 하나인 일차 액터를 위해, 그의 요청에 응답하여 어떻게 일차 액터의 목표를 달성하는지 또는 실패하는지를 보여준다. 유스케이스는 일차 액터의 목표와 관련된 시나리오를 가지고 있다.

유스케이스 유형

초점. 초점이 비즈니스에 있는지 또는 새로운 시스템에 있는지 여부:

비즈니스 유스케이스의 문구는 유스케이스가 컴퓨터의 운영이 아니라 비즈니스의 운영을 강조함을 보여주는 단면이다. 어떤 목표 수준의 비즈니스 유스케이스든 작성이 가능하지만, 다만 기업 또는 조직 범위에서만 가능하다.

시스템 유스케이스의 문구는 유스케이스가 비즈니스의 운영보다는 컴퓨터의 운영 또는 기계적인 시스템을 강조함을 보여주는 단면이다. 어떤 목표 수준과 어떤 범위에서든 시스템 유스케이스 작성이 가능하다. 기업 범위에서 작성된 시스템 유스케이스는 기업의 행위에 대한 목표시스템의 영향을 강조한다.

격식, 형식(formality). 얼마나 많은 노력, 엄격함, 격식을 사용하는가:

유스케이스 **요약서**는 유스케이스를 한 문단으로 작성한 개요이다.

간결한 유스케이스는 단순한 산문체 문단으로 작성한다. 이것은 유스케이스와 연관된 프로젝트 정보가 빠져있으며, 그리고 서술에서 격식을 갖춘 유스케이스보다 덜 엄격하다.

격식을 갖춘 유스케이스는 완전한 템플릿, 액터 식별, 범위, 수준, 트리거 조건, 선조건, 그 외 나머지 템플릿 머릿글 정보, 그리고 프로젝트 주석 정보 등을 포함한다.

수준(level). 목표가 얼마나 높은지 또는 낮은지:

요약-수준 유스케이스는 아마도 몇 주, 몇 개월, 또는 몇 년에 걸쳐 완료된 여러 사용자-목표 세션을 가지는 유스케이스이다. 이것의 하위 유스케이스는 어느 수준의 유스케이스든 될 수 있다. 이것은 구름( ) 또는 연( ) 모양으로 표현할 수 있다. 구름은 구름 또는 연 수준의 단계를 가진 유스케이스를 표현하는 것이고, 연은 사용자-목표 단계를 가진 유스케이스를 위한 것이다.

사용자-목표 유스케이스는 일차 액터에게 가치가 있는 특정한 그리고 당장 달성하여야 할 목표를 충족한다. 이것은 주로 한 액터가 한 자리에서 2분에서 20분 내에 수행할 수 있는 기능이다(일차 액터가 컴퓨터일 경우 더 작은 시간이 필요함). 단계는 사용자 목표 수준이나 또는 더 낮은 수준에 있다. 사용자-목표 유스케이스는 파도( ) 모양으로 표시한다.

하위기능 유스케이스는 하위 기능 유스케이스는 사용자 목표 유스케이스나 또 다른 하위 기능 유스케이스의 목표의 일정부분을 충족한다; 하위 기능 유스케이스의 단계는 보다 낮은 하위 기능이다. 이것은 물고기( ) 모양 또는 조개( ) 모양으로 표현한다. 조개는 유스케이스가 너무 낮은 수준에 있어서 서술되어서는 안 되는 것들이다.

범위설정. 목표시스템이 얼마나 큰지 또는 작은지:

기업 범위는 목표시스템이 조직 또는 기업임을 나타낸다. 유스케이스 템플릿의 범위 항목은 조직, 비즈니스, 또는 기업의 이름으로 채운다. 유스케이스는 그것이 블랙-박스 유형인가 화이트-박스 유형인가에 따라 회색 빌딩

(⌂) 또는 흰색 빌딩(⌂) 모양으로 표현한다.

시스템 범위는 목표시스템이 기계/하드웨어/소프트웨어 시스템 또는 애플리케이션임을 나타낸다. 유스케이스의 범위 항목에는 시스템의 이름을 서술한다. 유스케이스는 그것이 블랙-박스인가 화이트-박스 유형인가에 따라 회색 상자(▱) 또는 흰색 상자(▱) 모양으로 표현한다.

하위시스템 범위는 이 유스케이스에서 목표시스템이 어플리케이션, 하위시스템, 또는 프레임워크의 일부임을 나타낸다. 이 유스케이스의 범위 항목에는 하위 시스템의 이름이 들어간다. 유스케이스는 볼트(⚙) 모양으로 표현한다.

가시성. 유스케이스에서 어떤 개체를 볼 수 있는가:

블랙-박스 유스케이스는 목표시스템 안의 어떤 컴포넌트도 언급하지 않는다. 이것은 일반적으로 시스템 요구사항 문서에서 사용된다.

화이트-박스 유스케이스는 목표시스템의 컴포넌트의 행위를 서술 형태로 언급한다. 이것은 일반적으로 비즈니스 프로세스 모델링에서 사용한다.

다이어그램

컬래버레이션 다이어그램 UML에서 이 다이어그램은 시퀀스 다이어그램이 보여주는 정보와 같은 정보를 보여주지만 형식이 다르다. 액터는 다이어그램 주변에 놓이고, 액터 간의 상호작용은 번호가 붙은 화살표로 보여준다. 화살표에 붙은 번호로 시간을 알 수 있다.

시퀀스 다이어그램 UML에서 이 다이어그램은 제일 위쪽에 액터를 보여주고, 각 열 간의 간격을 두고, 상호작용은 열 사이의 화살표로 보여주는데, 쭉 아래쪽으로 시간 흐름을 표현한다. 시나리오를 그림으로 잘 보여준다.

유스케이스 다이어그램 UML에서 이 다이어그램은 외부 액터, 시스템 경계를 보여주는데, 타원으로 유스케이스를, 액터와 타원 또는 타원과 타원을 연결하기 위해 화살표를 사용한다. 이것은 컨텍스트 다이어그램으로 그리고 목차로 매우 유용하다.

부록 E

Writing Effective **Use Cases**

참고자료

본문에서 참조한 책

Beck, Kent. Extreme Programming Explained. Reading, MA: Addison-Wesley, 2000. Cockburn, Alistair. Surviving Object-Oriented Projects. Reading, MA: Addison-Wesley, 1998.

Cockburn, Alistair. Software Development as a Cooperative Game. Boston: Addison-Wesley (due 2001).

Constantine, Larry, and Lucy Lockwood. Software for Use. Reading, MA: Addison Wesley, 1999.

Fowler, Martin. UML Distilled. Reading, MA: Addison-Wesley, 1999.

Hammer, Michael, and James Champy. Reengineering the Corporation, Reprint Edition. New York: HarperBusiness, 1994.

Hohmann, Luke. GUIs with Glue (in preparation as of July 2000).

Robertson, Suzanne, and James Robertson. Mastering the Requirements Process.

Reading, MA: Addison-Wesley, 1999.

Wirfs-Brock, Rebecca, Wilkerson, Brian, and Wiener, Lauren. Designing Object-Oriented Software. Upper Saddle River, NJ: Prentice-Hall, 1990.

본문에서 참조한 논문

Beck, Kent, and Ward Cunningham. "A Laboratory for Object-oriented Thinking," ACM SIGPLAN 24(10):1-7, 1989.

Cockburn, Alistair. "VW-staging," at http://members.aol.com/acockburn/papers/vwstage.htm.

Cockburn, Alistair. "An Open Letter to Newcomers to OO," http://members.aol.com/humansandt/papers/oonewcomers.htm.

Cockburn, Alistair. "CRC Cards," at http://members.aol.com/humansandt/papers/crc.htm.

Cunningham, Ward. "CRC Cards," at http://cz.com/cgi/wiki?CrcCards.

Kraus, Andy, and Michael Dillon. "Use Case Blue," Object Magazine, SIGS Publications, May 1996.

Lilly, Susan. "How to Avoid Use Case Pitfalls," Software Development 8(1):40-44, 2000.

McBreen, Peter. "Test Cases from Use Cases," at http://www.mcbrep.ab.ca/papers/TestsFromUseCases.html.

유용한 온라인 정보

웹에는 방대한 양의 정보가 있다. 다음은 몇몇 출발점에 지나지 않는다.

　　　http://www.usecases.org

　　　http://www.foruse.com

　　　http://www.pols.co.uk/use-case-zone/

찾아보기

Writing Effective Use Cases

! (사용자 목표 유스케이스) 3-4, 7-8, 11-13, 78-81
* 확장 133
+ (요약 유스케이스) 4, 9, 78-86, 182, 186-187
- (하위기능) 78-81, 84-86, 88-89, 182-183
: 확장 132
12단계 비결 (주의사항 18) 284

ㄱ

가능한 순서 집합 34-35
가장 바깥쪽 유스케이스 61-62, 83-85, 273
간결한 유스케이스 15, 39, 125
갈등과 양식 169
개발
  복잡성, 범위 45
  우선순위, 범위 45
  건물 그림, 회색/흰색 (비즈니스 유스케이스) 4
검증
  이해관계자 보호 40
  확인 대 검증 (지침 7) 121-122
격식을 갖춘 양식 168
경험 대 형식 168
구름/연 그림, 흰색, 더하기 기호 (요약 유스케이스)
  4, 9, 78-86, 182, 186-187
궁극적인 일차 액터 67-68
그림 아이콘/모델
  목표 수준 77
  범위 56, 63
  표기법 (주의사항 24) 165, 289
  행위에 대한 계약 29

기간이 짧고 부하 큰 프로젝트 표준 171, 174-175
기능 범위 43-45
기술과 데이터 변동 145-147
기술서, 비전 63
기업-시스템 범위 50-52
기초 비즈니스 프로세스 87
끝없이 전개되는 이야기 (주의사항 12) 33, 78, 273

ㄴ

낮은 정밀도
  시스템 기능에 대한 뷰 231-232
  유스케이스 표 185
내부 상태 변화 40
내부 액터와 화이트-박스 유스케이스 74
내부/외부 목록 3-44, 63
내용과 목적이 서로 다름 249
낸시 쥬웰 90
너트와 볼트 유스케이스 50, 55-60
노르웨이 중앙은행 6
논의 중인 시스템. 목표시스템 참조
높은 부하 프로젝트 표준 171, 174-175
높은 수준의 목표 (지침 13) 297
누가 공을 가졌는가? (지침 2, 주의사항 5) 115-116, 264
누락 요구사항 209-214
  데이터 요구사항 정밀도 210-213
  유스케이스로부터 타 요구사항 교차-연결
    213-214
  정보 별칭 211

축과 살(Hub-and-Spoke) 요구사항 모델 19, 213-214
필드 목록. 211
필드 세부사항과 필드 검증. 212-213
느낌표(!) 사용자목표 유스케이스 3-4, 7-8, 11-13, 78-81
니콜 나자르 90

ㄷ

다루기 185-187
다른 유스케이스를 참조 (밑줄) 3
다이어그램 방식 164
단계. 행동 단계 참고
단계의 반복 123-124
단순한 문법으로 행동 단계 표현(지침 1) 115
대량 유스케이스 다루기 185-187
대상 범위와 형식 168
대안 경로 276
대안 흐름(확장) 15
대화와 양식 157-158
더하기 기호 (+) 요약 유스케이스 4, 9, 78-86, 182, 186-187
던 카폴로 90
데이브 스콧 249-258
데이브 토마스 290
데이터
  기술변동 145-147
  요구사항 정밀도 210-213
  필드 상세와 검사(여섯번째와 일곱번째 작업단계) 283
데이터 요구사항 210-213
데일 마젤 57
도구, 사례 165, 289, 293-294
도구의 논쟁 (주의사항 25) 290
도메인 개념 224
두 가지 결말(주의사항 8) 267
두 액터간 상호작용 40
두 열로 된 표 157-159

ㄹ

랍 톰셋 43
래리 컨스탄틴 72, 118, 211
래셔널 소프트웨어 사 160
러스티 왈터스 (=러셀 왈터스) 206-208, 249-258, 26
레베카 워크-브룩 157, 298
로버트슨 16
로시 사 269
로터스 노츠 292
루시 라우드 72, 118
루크 호만 228
리퀴짓 프로 293

ㅁ

마이클 햄머 200
마크 그린버그 90
마틴 파울러 229
매개변수화(parameterized) 유스케이스 195-197
모델링 대 설계 199-204
목적
  목적과 내용이 서로 다름 249
  목적에 따라 달리 만들어진 작성 양식 8-14
  유스케이스의 목적 276
목표 기반 핵심 가치 274-275
목표 수준 77-101
  그림 아이콘 77
  기초 비즈니스 프로세스 87
  끊임없이 전개되는 이야기 (주의사항 12) 33, 78, 273
  너무 낮음, 오류 247-248
  높이기와 낮추기 88-89, 116-117, 247-248
  바깥 범위 유스케이스 61-62, 83-84, 273
  사용자 목표 수준 (해수면 파도 그림, 파란색, 느낌표) 78-81
  시나리오 111
  실패와 대응 31
  액터 개념 모델 29

올바른 목표수준 (주의사항 6) 87-89, 265
요약(전략) 수준 (구름/연 그림, 흰색, 더하기 기호)
  4, 9, 78-86, 182, 186-187
유스케이스 18 (보험 계약 처리) 82
유스케이스 19 (보험 청구 처리, 비즈니스) 91
유스케이스 20 (직장인 보장보험 청구 조사) 92
유스케이스 21 (보험금 청구 처리, 시스템) 94
유스케이스 22 (손해내역 등록) 97
유스케이스 23 (무엇이든 검색, 문제 정의서) 101
유스케이스 길이(주의사항 20 참조) 88-89, 285-286
이차 작업 단계 281-282
인도, 확장 130
일반 목표를 위쪽에 그린다. (지침 16) 304
정밀도 21-22
태스크 양식 170
하위 기능 (해저 물고기/조개 그림, 남색/검은색, 빼기 기호) 78-80, 84-86, 88-89, 182
목표 수준 높이기와 낮추기 88-89, 116-117, 247-248
목표시스템 (SuD)
  시스템 인도시 일차 액터 70
  실수 바로잡기 243-244
  액터들 73
  정의 2
  조건으로 감지 (지침 11) 132-133
  행위에 대한 계약 30-32
목표시스템 충분한 유스케이스 보기 6
무대 뒤의(Offstage) 액터 38-39, 66
문화와 형식 166-167
물고기/조개 그림, 남색/검은색, 빼기 기호(하위기능) 9, 78-80, 84-86, 88-89, 182

ㅂ

배포 (대량 유스케이스) 186
배포와 유스케이스 217-219, 294
번호를 부여한 단계 124-125, 218
범위 (설계 범위) 43-64

가장 바깥쪽 유스케이스 61-62, 83-84
개발 복잡성 45
개발 우선순위 45
그래픽 모델 56, 63
그림 아이콘 50
기능 범위 43-45
기업-시스템 범위 50-52
내부/외부 목록 43-44, 63
비전 기술서 63
실제 유스케이스 50, 55-60
액터-목표 목록 44-46, 63
여러 컴퓨터에 하나의 애플리케이션 53-55
연습문제 64, 313
유스케이스 10 (신규 서비스요청 기록, BSSO에서) 54
유스케이스 11 (서비스 요청 갱신, BSSO에서) 54
유스케이스 12 (갱신요청 기록, 아큐라에서) 55
유스케이스 13 (자원 접근 직렬화) 57-58, 146
유스케이스 14 (잠금 변환 정책 적용) 58-59
유스케이스 15 (접근 호환 정책 사용) 59
유스케이스 16 (접근 선택 정책 사용) 59-60
유스케이스 17 (자원 접근 제어를 목적으로 클라이언트 대기) 60
유스케이스 6 (신규 서비스 추가, 기업) 51-52, 61-62
유스케이스 7 (신규 서비스 추가, 아큐라) 51-52
유스케이스 8 (서비스 요청 입력과 갱신,결합 시스템) 53-54, 74
유스케이스 9 (신규 서비스 추가, 아큐라에) 54
유스케이스 다이어그램 55-56
유스케이스 요약서 46-47, 241
정의 2
트리거 45
범위를 위한 비전 기술서 63
복구 (5 작업 단계) 283
복잡성과 형식 169
복합적인 상호작용 32
본질적인 유스케이스 157-158
볼트 그림(컴포넌트 유스케이스) 50, 55-60
부분 정렬(partial ordering) 33

뷰 수준 3, 8
브레인스토밍
　유스케이스 15, 20
　확장 129-130, 131
브루스 앤더슨 309
블랙/남색, 수면아래 물고기/조개 그림, 빼기 기호
　(하위기능) 9, 78-80, 84-86, 88-89, 182
블랙-박스 요구사항 276
비즈니스
　우선순위, 범위 45
　유스케이스(건물 그림, 회색/흰색) 4, 8, 50
　프로세스에서 기술로 202
　확장 과정에 의해 발견한 규칙 128-129
비즈니스 프로세스 모델링 199
　기술에서 비즈니스 프로세스로 204
　모델링 대 설계 199
　비즈니스 프로세스에서 기술로 202
　비즈니스와 시스템 유스케이스 연결 205
　사용 전문가들 203
　서비스 200
　설계 대 모델링 200
　시스템 유스케이스, 비즈니스로 연결 205
　외부 일차 액터 200
　유스케이스 예제 202
　이해관계자 200
　트리거 200
　표준 171
　핵심 비즈니스, 작업 202
비지니스 프로세스에서 기술로 202-203
빼기(-) 기호 78-81, 84-86, 88-89, 182-183

ㅅ

사용자 목표
　서술을 위한 유스케이스 19-20
　유스케이스 (해수면 파도 그림, 파란색, 느낌표)
　　3-4, 7-8, 11-13, 78-81
　UML에서 컨텍스트 다이어그램 (지침 17) 308
사용자 스토리 241

사용자 인터페이스 (UI)
　유스케이스에서 설계 228-229
　지나치게 많은 세부사항 245-246, 249-258
사용자 인터페이스(UI) 설계 228
사회 상호작용과 일관성 166~167
산문체 수필로써 유스케이스 261
상세 기능 요구사항 표준 171, 175
상자 그림, 회색/흰색(시스템 유스케이스) 4-8, 11-
　13, 50, 205-208, 274-275
상호작용 순서 32-35
샘프슨, 스티브 50
서비스, 비즈니스 프로세스 모델링 199-200
선조건 (주의사항10) 3, 103-105, 269
설계
　모델링 대 설계 199
　시나리오 217
　유스케이스를 위한 213
　일차액터 69-70
　프로젝트 계획 210
설계 범위, 범위 참조
성공 보증 107-108, 317
소프트웨어 퓨처스 CCH 139
쇼여, 짐 10
수잔 로버트슨 16
수잔 릴리 153, 189
수잔 파시니 89
수집
　대규모 그룹에서 유스케이스 236-240
　시나리오 35-37
스티브 아돌프 15-16, 171
스티브 영 46
시각(Timing) (지침 8) 122
시나리오 본문 112
시나리오. 행동 단계, 확장 참고
　달성 목표 112
　디자인 228
　본문 113
　실행조건 112
　인도 219

정의 1-3
종료조건 112
주요 성공 시나리오 3, 22, 36, 111-114, 282
집합 35-37
행위에 대한 계약 29
확장 112
시스템 기능 232-236
시스템 기능 뷰 231-236
시스템 기능에 대한 높은 정밀도 뷰 229, 232-233
시스템 대 비즈니스 유스케이스 (주의사항 13) 274-275
시스템 상호작용(지침 9) 122 -123
시스템 유스케이스(그래픽/회색/화이트-박스) 4-8, 11-13, 50, 205-208, 274-275
실수 바로잡기 243-258
　매우 낮은 목표 수준 247-248
　목적과 내용이 서로 다름 249
　사용자 인터페이스 세부사항이 지나치게 많음 245-246, 249-258
　유스케이스 36 (해결책 찾기-수정 전) 157-159, 250-255, 258
　유스케이스 37 (가능한 해결책 찾기-수정 후) 255-258
　일차 액터가 없음 244-245
실수 비용 (주의사항 19) 284-285
실패, 확장 참조
　시나리오 40
　조건 (4 작업 단계) 22, 283
　처리 (주의사항 21) 20, 286
실패를 통합, 확장 135-140

ㅇ

앞으로 진행하는 과정을 보여준다. (지침 4) 116
애틀랜틱 시스템 조합 16
액터 분석표. 72-73
　궁극적인 일차 액터 67-68
　내부 액터와 화이트-박스 유스케이스 74
　목표 개념 모델 29

목표시스템(=논의 중인 시스템) 73
무대 뒤의 액터 38-39, 66
별칭 72
설계와 액터 68-69
시스템 인도와 일차 액터 70
액터 67-73 목표시스템(SuD), 이해관계자, 일차 액터, 지원(이차 액터) 참조
역할(주의사항 23) 71, 288-289
연습문제 74
유스케이스 작성과 일차 액터 68-69
정밀도 21-22
화이트 박스 유스케이스와 내부 액터 75
UML 71
액터-목표 목록 44-46, 63, 278
액터의 별칭 72
액터의 의도(지침 5) 117
앤디 크라우스 231, 237
앤디 헌트 290
앨런 맥스웰 190
앨런 윌리엄 (=앨런 윌리엄스) 153-154
에너지 관리 21-22, 277, 281-284
에릭 에반스 90
여러 컴퓨터에 하나의 애플리케이션을 실행하는 경우 53-55
역할과 액터 (주의사항 23) 71, 288-289
연/구름 그림, 흰색, 더하기 기호(요약 유스케이스) 4, 9, 78-86, 182, 186-187
예속 대 하위 유스케이스 306-308
오캠(Occam) 프로그래밍 언어 163-164
올바른 목표수준 찾기(주의사항 6) 87-89, 265
완벽성과 형식 170
완전한 격식을 갖춘 유스케이스 4-13, 125, 155-156, 277
외부 일차 액터 200
요구사항 규모 측정 표준 171, 174
요구사항. 누락 요구사항, 유스케이스 참고
　관리 도구 293
　발견 15-16, 171
　유스케이스(주의사항 16) 16-18, 24-25, 281

파악 표준 171-172
요약 유스케이스(구름/연 그림, 화이트, 더하기 기호) 4, 9, 78-86, 182, 186-187
유스케이스 문장의 대안, 시퀀스 다이어그램 278-279
유스케이스 21-22
유스케이스 길이(주의사항 20) 88-89, 285-286
유스케이스 다이어그램 대 액터-목표 목록 278
유스케이스 다이어그램 작성, UML 308-309
유스케이스 묶음 185-187
유스케이스 양식 1, 155
  간결한 양식 8-9, 156, 171-172, 277
  격식 168
  경험 대 형식 168
  그림 표기 (주의사항 24) 164-165, 289-290
  기간은 짧고 부하는 큰 프로젝트 171
  대안 흐름(확장) 159
  대화 158
  두 열로 된 표 157
  목표 대 태스크 170
  문화 166
  복잡성 169
  본질적인 유스케이스 157-158
  비즈니스 설정 166
  비즈니스 프로세스 모델링 표준 171
  사회 상호작용 166
  세부 기능요구사항 표준 171
  양식 표준 171
  양식과 갈등 169
  연습문제 176
  오캄 스타일 163-164
  완전한 격식을 갖춘 4-13, 125, 155-156, 277
  완전한 양식 170
  요구사항 식별 표준 172
  요구사항 표준 규모산정 171
  유스케이스 24 (완전한 격식을 갖춘 유스케이스 템플릿) 156
  유스케이스 25 (실제 로그인, 간결한 버전) 157
  유스케이스 26 (과정 등록) 161
  유스케이스 27 (요구사항 파악 템플릿) 172
  유스케이스 28 (비즈니스 프로세스 템플릿) 172
  유스케이스 29 (규모 예측 템플릿) 174
  유스케이스 30 (높은 부하 템플릿) 174
  유스케이스 31 (상세 요구 템플릿) 175
  이해 수준 167
  이해관계자 요구 166
  일관성과 양식 168
  자원 170
  작성 형식에 영향을 줌 166-171
  적용 범위 168
  컨텍스트 다이어그램 208, 284, 290
  테이블 157-159
  하나의 열로 된 표 157
  CASE 도구 165, 289, 293-294
  if-조건문 방식 163, 176, 278
  RUP 159-161
  UML 149, 165
  밑줄 3, 149
  비즈니스와 시스템 유스케이스 205
  연습문제 154
  하위 유스케이스 149, 153
  확장 유스케이스 150-154
  UML 150-151
유스케이스 연결을 위한 밑줄 3, 149-150
유스케이스 완료 181-183, 프로젝트 계획 참조
유스케이스 완료에 대한 합의 112, 181
유스케이스. 행동 단계, 액터, 양식, 유스케이스 연결, 프로젝트 계획, 요구사항, 범위 (설계 범위) 참고 1-25
  가치를 발하는 시점 19-20
  간결한 유스케이스 8-11, 125, 156-157, 277
  기술 164-165, 289-290
  기술과 데이터 변동 145-147
  길이 (주의사항 20) 88-89, 285-286
  다루기 185-187
  다른 유스케이스 참조 (밑줄) 3, 149
  매개변수화(parameterized) 유스케이스 195-197
  목적에 따라 달리 만들어진 작성 양식 8-14

보증 (주의사항 9) 2, 106-108, 267-269, 317
뷰의 수준 3, 8
브레인스토밍 20
브레인스토밍 사용 15-16
블랙-박스 유스케이스 (회색) 4-7, 9
비즈니스 유스케이스 (빌딩 그림. 회색/흰색) 4, 8, 50
사용 이야기 23-25
사용자-목표 수준 (해수면 파도 그림, 파란색, 느낌표) 3-4, 7-8, 11-13
상황 8-15
생성(create), 검색(retrieve), 갱신(update), 삭제(delete) CRUD 유스케이스 189-195
선조건 (주의사항10) 3, 103-105, 269
시스템 유스케이스 (상자 그림, 회색/흰색) 4-8, 11-13, 50, 205-208, 274-275
실패 조건 21-22
실패 처리 (주의사항 21) 22, 286-287
에너지 관리 21-22, 277, 281-283
완료 181-183
완전한 격식을 갖춘 유스케이스 4-13, 125, 155-156, 277
요구사항 문서화에 사용 15-16
요약 (구름/연 그림, 흰색, 더하기 기호) 4, 9, 78-86, 182, 186-187
유스케이스 템플릿 8
유스케이스로 서술된 사용자 목표 19-20
잠수와 부상(浮上) 접근 방법 사용 15-16
정의 1-4
정확도 21
주요 성공 시나리오 3, 22, 36, 111-114, 282
주요 양식 8-16
축과 살(Hub-and-Spoke) 요구사항 모델 19, 213-214
충분한 유스케이스 6
컴포넌트 유스케이스 (볼트 그림) 50, 55-60
표준 14, 171~176
품질 관련 질문 (주의사항 15) 13, 279
프로젝트 연결 구조로써 18-19

하위 기능 (해저 물고기/조개 그림, 남색/검은색, 빼기 기호) 9, 78-80, 84-86, 88-89, 182
형태 2
화이트-박스 유스케이스 9, 50, 74, 278
XP (익스트림 프로그래밍) 215, 241-242
유스케이스당 필요한 시간 236
유스케이스로부터 빠진 요구사항으로 교차 연결 213-214
유스케이스로부터 요구사항 문서화 14, 요구사항 참조
유스케이스로부터 특성 목록 220-223
유스케이스로부터의 객체-지향 설계 226-227
유스케이스로부터의 작업 목록 220-221
유스케이스를 이용한 프로젝트 계획 작성 (주의사항 26) 215-218, 294
유스케이스에 가치 추가 19
유스케이스의 기능 분해 226
유스케이스의 상황 8-17
유스케이스의 읽기 쉬움 (주의사항 2) 262-263
유스케이스의 주요 양식 8-18
유스케이스의 형식 8
이바 야콥슨 119, 289
이해 수준과 형식 167
이해관계자. 액터 참고
　목표를 가진 액터 간의 상호작용 38-40
　보증이 필요함 (주의사항 9) 2, 106-108, 267-269, 317
　비즈니스 프로세스 모델링 199-200
　정의 1-2, 65-66
　필요성과 양식 166
이해관계자를 위한 보증 (주의사항 9) 267
익스트림 프로그래밍 215, 241-242
인도와 시나리오 219
인터페이스 상세 서술 117
일관성과 양식 168
일런 커랜 89
일반화 관계, UML 300, 303-306
일차 액터 67-73 목표시스템, 이해관계자 참조
　설계와 일차 액터 69-70

시스템 인도와 일차 액터 70
실수 바로잡기 244-245
액터 대 역할 (주의사항 23) 71, 288-289
액터분석표 73
액터의 별칭 72
유스케이스 다루기 186
유스케이스 시작과 일차 액터 67-68
유스케이스 완료를 위한 일차 액터와 사용자 목표 181
유스케이스 작성과 일차 액터 68-69, 69-70
작업의 첫 순서 281-282
정의 1-3, 64
통합 모델링 언어 (UML) 71-72
행위에 대한 계약 29, 35, 38-39
일차 액터, 지원 액터 1-3, 30

ㅈ

자원과 형식 170
작성하기 유스케이스 참조
  프로젝트 계획 231-240
  형식, 영향을 주는 요인 166-171
작업 폭이 우선이다(주의사항 17) 281-283
작업단계 번호 매기기 124-125, 278-279
잠수-부상 접근방법 15
전략적인 유스케이스(구름/연 그림, 흰색, 더하기 기호) 4, 9, 78-86, 182, 186-187
전체론적인 차이 패턴(Holistic Diversity pattern) 286
정밀도
조감도 (지침 3) 116, 275
조개 그림, 남색/검은색, 빼기 기호.(하위 기능) 9, 78-80, 84-86, 88-89, 182
조건
  선조건 (주의사항 10) 3, 103-105, 269
  시나리오 111
  실패 조건 (4 작업 단계) 22, 283
  확장 127
조건 실행 (지침 10) 123-124

조건 처리 들여쓰기 (지침 12) 139
조나단 스위프트 30
조용한 (무대 뒤의) 액터 38-39, 66
존 콜라이지 132
주요 성공 시나리오 3, 22, 36, 111-114, 282
주의사항 262-290
  12단계 비결 (주의사항 18) 284
  간결한 양식 대 격식을 갖춘 양식 277
  관계형 데이터 베이스 293
  그림 표기 (주의사항 24) 164-165, 289-290
  끊임없이 전개되는 이야기 (주의사항 12) 33, 78, 273
  누가 공을 가졌는가? (지침 2, 주의사항 5) 115-116, 264
  대안 경로 276
  데이터 필드 (6 작업 단계) 283
  데이터 필드 세부사항과 확인사항. (7 작업 단계) 283
  도구의 논쟁 (주의사항 25) 290
  로터스 노츠 292
  목표 (2 작업 단계) 282
  목표-기반 핵심 가치 275
  문장 형식 (주의사항 3) 263-264
  번호를 부여한 단계와 단순한 문단 124-125, 277
  복구 단계 (5 작업 단계) 283
  블랙-박스 요구사항 276
  비즈니스 대 시스템 유스케이스 (주의사항 13) 274-275
  사전 비즈니스 모델링 277
  선조건 (주의사항 10) 3, 103-106, 269-270
  시스템 대 비즈니스 유스케이스 (주의사항 13) 274-275
  실수 비용 (주의사항 19) 284-285
  실패 조건 (4 작업 단계) 22, 283
  실패 처리 (주의사항 21) 22, 286-287
  액터는 역할을 수행 (주의사항 23) 71, 288-289
  에너지 관리 21-22, 277, 281-284
  올바른 목표수준 (주의사항 6) 87-89, 265
  요구사항 관리 도구 293

요구사항과 유스케이스 (주의사항 16) 16-18, 24-25, 281
유스케이스 길이 (주의사항 20) 88-89, 285-286
유스케이스 다이어그램 대 액터-목표 목록 278
유스케이스 문장의 대안, 시퀀스 다이어그램 278-279
유스케이스로서 산문체 수필 (주의사항 1) 261-262
유스케이스의 두 가지 결말 (주의사항 8) 267
유스케이스의 여러 목적 276
유스케이스의 읽기 쉬움 (주의사항 2) 262-263, 275-276
이해관계자에 대한 보증 (주의사항 9) 2, 106-108, 267-269, 317
인도 그리고 유스케이스 217-219, 294
일차 액터 (1작업 단계) 281-282
작업 폭이 우선이다(주의사항 17) 281-283
전체론적인 차이 패턴 286
조감도 (지침 3) 116, 275
주요 성공 시나리오 (3 작업 단계) 3, 22, 36, 111-114, 282
직책 (주의사항 22) 287-288
컬래버레이션 다이어그램 (UML) 대 화이트-박스 유스케이스 278
통과/실패 테스트 (주의사항 10) 270-271
품질 관련 질문 (주의사항 15) 14, 279
프로젝트 계획 215-219, 294
하위 유스케이스 포함 (주의사항 4) 264
하이퍼링크 기능이 있는 문서편집기 293
핵심 가치와 변형 (주의사항 14) 275
화이트-박스 유스케이스 대 컬래버레이션 다이어그램 (UML) 278
 CASE 도구 165, 289, 293-294
 GUI는 제외 (주의사항 7) 265-267, 279
 If-조건문 방식 163, 176, 278
주제 영역 186~187
줄무늬 바지 그림,행위에 대한 계약 35-37
지원(이차) 액터
 정의 73
 행위에 대한 계약 29-30
 UML에서 오른쪽에(지침 18) 308
지침
 검증 대 확인 (지침 17) 121
 누가 공을 가졌는가? (지침 2, 주의사항 5) 115-116, 264
 보다 높은 수준의 목표 (지침 13) 297-298
 시각 (지침 8) 122
 시스템 상호작용-(지침 9) 122
 액터의 의도(지침 5) 117
 위쪽에 그리는 목표 (지침 16) 304
 조감도 (지침 3) 116, 275
 조건에 이를때까지 수행(지침 10) 123
 조건으로 감지 (지침 11) 132-133
 조건 처리 들여쓰기 (지침 12) 139
 지원 액터는 오른쪽 (지침 18) 308-309
 컨텍스트 다이어그램 안의 사용-자 목표(지침 17) 308
 합리적인 행동 단계의 집합 (지침 6) 119-121
 행동 단계를 표현하는 단순한 문법(지침 1) 115
 행동 단계의 전진 (지침 4) 116
 화살표 모양 (지침 15) 300
 확장은 아래쪽에 그린다(지침 14) 299
직책(주의사항 22) 287
질 쉬크탄즈 90

ㅊ

책임-중심(responsibility-driven) 설계 227
처리 확장 137-142
최소 보증 106-108, 316
최종 조건, 시나리오 112
축과 살(Hub-and-Spoke) 요구사항 모델 19, 213-214

ㅋ

컨텍스트 다이어그램 208, 284, 290
컬래버레이션 다이어그램 (UML) 대 화이트-박스 유스케이스 278

컴포넌트 유스케이스(볼트 그림) 50, 55-60
케리 베어 89
켄트 백 215, 227, 241, 284
크라이슬러 종합 급여 시스템 284

ㅌ

타원과 막대기 모양, UML 295
탐색 기술 46
태스크 대 목표형식 170
텍스트 기반의 유스케이스와 UML 309
토니 호어 163-164
통과/실패 테스트(주의사항 10) 270-271
통합 모델링 언어 (UML) 295-309
  범위 55-56
  범위를 위한 유스케이스 요약서 46-47, 241
  보다 높은 수준의 목표 (지침 13) 297-298
  사용 이야기 23-25
  사용 전문가들 203
  서로 다른 화살표 모양 사용 (지침 15) 300
  액터 71-72
  예속 대 하위 유스케이스 306-308
  유스케이스 다이어그램 양식 165-166
  유스케이스 다이어그램 작성 308-309
  유스케이스 연결 150-151
  일반 목표를 위쪽에 그린다. (지침 16) 304
  일반화 관계 300, 303-306
  지원 액터는 오른쪽 (지침 18) 308-309
  컨텍스트 다이어그램 안의 사용자 목표 (지침 17) 308
  컬래버레이션(collaboration) 대 화이트-박스 유스케이스 다이어그램 278
  타원과 막대기 모양 295-296
  텍스트 기반으로 유스케이스 작성 309
  패키지 186
  포함 관계 296-298, 300
  행위에 대한 계약 39
  확장 관계 298-303
  확장 유스케이스 150-151
  확장 지점 301-303
  확장된 유스케이스는 아래쪽에 그림 (지침 14) 299-300
통합 조건, 확장 135-137
트리거
  범위 44
  비즈니스 프로세스 모델링 200
  액터 67-68
  완료 181-183
  정의 108
트리샤 메그달린 90

ㅍ

파도 그림, 파란색, 느낌표 (사용자-목표 유스케이스) 3-4, 7-8, 11-13, 78-81
파란색, 해수면 파도 그림, 느낌표(사용자-목표 유스케이스) 3-4, 7-8, 11-13, 78-81
파멜라 프래트 90
파울라 아이비 89
파이어맨스 펀드 인슈어런스 89
파이어폰드 206-207, 249-250
패키지(묶음), UML 187
포함(include) 관계
  하위 유스케이스 포함 (주의사항 4) 264
  UML 295
폴 보우자이드 46
폴 브램블 166
폴 포드 46
표 형식 157-159
표준 14, 171-176
품질 관련 질문 (주의사항 15) 13, 279
프로젝트 계획 215-240
  (주의사항 26)을 위한 유스케이스 215-219
  대규모 그룹에서 유스케이스 수집 236-240
  배포와 유스케이스 217-219, 294
  분기-결합 프로세스 231-236
  설계를 위한 유스케이스 223-228
  설계문서와 작업계획 220-223

시나리오와 설계 227
시스템 기능에 대해 낮은-정밀도 뷰 산출 232-234
실제 유스케이스 작성 231-240
완전한 시나리오 인도 219
유스케이스 34 트레이드-인(Trade-In) 지정 222-223
유스케이스 35 상품 주문, 송장 작성 (테스트 예제) 230-231
유스케이스당 필요한 시간 236
유스케이스로부터의 객체-지향 설계 226-227
유스케이스와 기능 분해 226
유스케이스의 도메인 언급 227-228
작업이나 특성 목록을 위한 유스케이스 220-223
제시된 기능집합에 대한 완료 226
책임-중심(responsibility-driven) 설계 227
테스트를 위한 유스케이스 229-231
특성 목록을 위한 유스케이스 220-223
UI 디자인을 위한 유스케이스 228-229
UI 디자인을 위한 정밀도 228-229
프로젝트 계획에서 테스트 케이스 229-231
프로젝트 계획을 위한 분기-병합 프로세스 231
프로젝트 연결 구조로써 유스케이스 18-19
피트 맥브린 229-230, 269
필드 목록 212
필드 세부사항과 필드 검증 212-213

ㅎ

하나의 열로 된 표 157
하위 유스케이스
  연결 149
  포함 관계(주의사항 4) 264
하위기능(심해 물고기/조개 기호, 남색/검정, 빼기 기호) 9, 78-80, 84-86, 88-89, 182
하위목표, 행위에 대한 계약 29-31
하이퍼링크 기능이 있는 문서편집기 293
해수면수준 기호, 파란색, 느낌표 (사용자 목표 유스케이스) 3-4, 6-7, 11-13, 78-80
해저 물고기/조개 그림, 남색/검은색, 빼기 기호 (하위기능) 9, 78-80, 84-86, 88-89, 182
핵심 가치와 변동(주의사항 14) 275
핵심 비즈니스 200
행동 단계 115-125, 시나리오 참조
  검증과 확인 121
  누가 공을 가졌는가? (지침 2, 주의사항 5) 115-116, 264
  단계번호 124, 277
  단순한 문법(지침 1) 115
  문장 형식 (주의사항 3) 263-264
  반복 단계 123
  시각 (지침 8) 122
  시나리오 113
  시스템 상호작용-(지침 9) 122
  앞으로 진행하는 과정(지침 4) 116
  액터의 의도(지침 5) 117
  연습문제 125, 263, 267
  인터페이스 상세 서술 117
  조감도 116, 275
  조건에 이를때까지 수행(지침 10) 123
  합리적인 행동 단계의 집합 (지침 6) 119-121
  확장 128
행동 단계를 위한 문장 형식 (주의사항3) 263-264
행위, 행위를 위한 계약 참조
행위에 대한 계약. 행동 단계, 목표 수준, 시나리오, 주의사항 참고 29-42
  가능한 순서의 집합 34-35
  그래픽 모델 40, 289-290
  끊임없이 전개되는 이야기 (주의사항 12) 33, 78, 273
  내부 상태 변화 40
  두 액터 간의 상호작용 40
  목표 실패와 대응 32
  목표시스템(=논의중인 시스템) 30, 39
  무대 뒤의 액터 38-39, 66
  복합적인 상호작용 32
  부분 정렬 33
  상호작용 순서 33-34
  시나리오 32-33

시나리오 수집 35-36
실패 시나리오 40
액터와 목표 개념 모델 29, 31
이해관계자 보호를 위한 타당성 검사 40
이해관계자와 이해 개념 모델 38-39
일차 액터 30, 38
주요 성공 시나리오 (3 작업 단계) 3, 22, 36, 111-114, 282
줄무늬 바지 그림 36-37
지원 액터 30-31
하위목표 30-31
UML 40
화이트-박스 유스케이스 9, 50, 74, 278
확장 127-143 시나리오 참조
  강조 133
  목표 달성 128, 137
  발견한 비즈니스 규칙 128-129
  브레인스토밍 129-130, 131
  실패 안의 실패 140
  실패를 통합한다. 135-140
  연습문제 142
  유스케이스 만들기 141-142
  유스케이스 연결 150-154
  정당화 134
  정의 3
  조건 129
  조건으로 감지 (지침 11) 132-133
  조건처리 들여쓰기 (지침 12) 139
  통합조건 135-140
  행동 단계 127-128
  확장 처리 137-142

RUP 140
  UML에서 아래쪽에 그린다 (지침 14) 299
확장관계, UML 298
확장을 위한 별표 133
확장을 위한 콜론(:) 132
확장지점, UML 301-303
회색/흰색, 빌딩 그림 (비즈니스 유스케이스) 4, 8, 50
회색/흰색, 상자 그림 (시스템 유스케이스) 4-8, 11-13, 50, 205-208, 274-275
흰색, 구름/연 그림, 더하기 기호 (요약 유스케이스) 4, 9, 78-86, 182, 186-187
흰색/회색, 빌딩 그림 (비즈니스 유스케이스) 4, 8, 50
흰색/회색, 상자 그림 (시스템 유스케이스) 4-8, 11-13, 50, 205-208, 274-275

A-Z

CASE 도구 165, 289, 293-294
CRUD 유스케이스 189-195
DOORS 293
GUI는 제외 (주의사항 7) 265-267, 279
if-조건문 형식 163, 176, 278
RUP(Rational Unified Process)
  확장 140
  양식 159-163
UI. 사용자 인터페이스 참고
UML. 통합 모델링 언어 참고
UML의 화살표 모양 300
VW-Staging (코오번) 183, 218-219
XP (익스트림 프로그래밍) 215, 241-242

주의 사항

1. **읽을 만한 것을 작성한다.**
   간결하고 읽을 만한 유스케이스는 도움이 되지만, 읽기 어려운 유스케이스는 그렇지 않다.

2. **먼저 폭을 중심으로 작업하고, 낮은 정밀도에서 높은 정밀도로 작업한다.**
   - 정밀도 수준 1 : 일차 액터 이름과 목표
   - 정밀도 수준 2 : 유스케이스 요약서와 주요 성공 시나리오
   - 정밀도 수준 3 : 확장 조건
   - 정밀도 수준 4 : 확장 처리 단계

3. **각 단계에 대해:**
   다음 목표를 보여준다.
   - 사용자 인터페이스가 아닌, 액터의 의도를 파악한다.
   - 액터가 정보를 전달하거나, 조건을 검증하거나, 또는 상태를 갱신하게 한다.
   - 단계의 연속성(의 부족)을 표현하기 위해 단계 사이에 주석을 단다.
   - 다음으로 높은 수준 목표를 찾기 위해 "왜"라고 묻는다.

4. **데이터 설명을 위해(유스케이스 텍스트 안에는 정밀도 수준 1 만을 놓는다):**
   - 정밀도 수준 1 : 데이터 별칭
   - 정밀도 수준 2 : 별칭과 연관된 데이터 필드들
   - 정밀도 수준 3 : 필드 타입, 길이, 타당성 정보

아이콘

설계 범위	목표 수준
조직(블랙-박스)	매우 높은 요약
조직(화이트-박스)	요약
시스템(블랙-박스)	사용자-목표
시스템(화이트-박스)	하위기능
컴포넌트	너무 낮음

아이콘의 대안으로, 유스케이스 이름 뒤에 다음과 같은 문자를 추가한다:
- 요약 유스케이스 이름 뒤에 '+'를 추가한다.
- 사용자-목표 유스케이스 이름 뒤에 '!'를 추가하거나 아무것도 추가하지 않는다.
- 하위기능 유스케이스 이름 뒤에 '-'를 추가한다.

작성 절차

1. **시스템 범위와 경계를 제시한다.**
   초기 컨텍스트 다이어그램과 내부/외부 목록을 위해 변경내역을 추적한다.

2. **브레인스토밍을 하고 일차 액터를 나열한다.**
   시스템을 사용하는 모든 유형의 액터를 찾는다.

3. **브레인스토밍을 하여 시스템을 위한 사용자 목표를 모두 열거한다.**
   초기 액터-목표 목록을 이제 이용할 수 있다.

4. **가장 바깥쪽 유스케이스를 파악하여 누가 정말 관심을 가지는지 알아본다.**
   각 일차 액터를 위한 가장 바깥쪽 유스케이스를 확인한다.

5. **요약 유스케이스를 다시 살펴보고 개정한다. 목표를 추가, 삭제, 합병한다.**
   시간-기반 트리거와 시스템 경계의 다른 이벤트를 이중으로 확인한다.

6. **확장할 유스케이스 하나를 선택한다.**
   자세히 파악하기 위해 사용 시나리오 작성을 고려한다.

7. **이해관계자와 이해관계, 선조건과 보증을 파악한다.**
   시스템은 선조건과 이해관계 보증을 보장 한다.

8. **주요 성공 시나리오를 작성한다.**
   모든 이해관계와 보증을 충족하기 위해 3개에서 9개의 단계를 사용한다.

9. **브레인스토밍을 하고 확장 조건을 모두 나열한다.**
   시스템이 감지할 수 있는 조건과 처리해야 할 조건을 모두 포함한다.

10. **확장 처리 단계를 작성한다.**
    확장은 주요 성공 시나리오로 돌아가거나, 돌아가지 않고 성공적으로 종료하거나 또는 실패한다.

11. **하위 유스케이스를 위해 복잡한 흐름을 추출한다. 사소한 하위 유스케이스는 병합한다.**
    하위 유스케이스 추출은 쉽지만, 프로젝트의 비용을 증가시킨다.

12. **유스케이스 집합을 다시 조정한다. 필요에 따라 추가, 삭제, 합병한다.**
    가독성, 완전성을 확인한 다음에 이해관계자의 관심사를 만족시킨다.